실무에 바로 쓰는
Go 언어 핸즈온 가이드

실무에 바로 쓰는 **Go 언어 핸즈온 가이드**

1쇄 발행 2022년 12월 26일

지은이 아미트 사하
옮긴이 김찬빈
펴낸이 장성두
펴낸곳 주식회사 제이펍

출판신고 2009년 11월 10일 제406-2009-000087호
주소 경기도 파주시 회동길 159 3층 / **전화** 070-8201-9010 / **팩스** 02-6280-0405
홈페이지 www.jpub.kr / **원고투고** submit@jpub.kr / **독자문의** help@jpub.kr / **교재문의** textbook@jpub.kr

소통기획부 김정준, 이상복, 송영화, 권유라, 송찬수, 박재인, 배인혜
소통지원부 민지환, 이승환, 김정미, 서세원 / **디자인부** 이민숙, 최병찬

진행 및 교정·교열 권유라 / **내지 및 표지 디자인** 이민숙 / **내지편집** 북아이
용지 신승지류유통 / **인쇄** 해외정판사 / **제본** 일진제책사

ISBN 979-11-92469-67-6 (93000)
값 35,000원

제이펍은 독자 여러분의 아이디어와 원고 투고를 기다리고 있습니다. 책으로 펴내고자 하는 아이디어나 원고가 있는
분께서는 책의 간단한 개요와 차례, 구성과 지은이/옮긴이 약력 등을 메일(submit@jpub.kr)로 보내주세요.

실무에 바로 쓰는
Go 언어 핸즈온 가이드

Practical Go: Building Scalable Network and Non-Network Applications

아미트 사하 지음 / **김찬빈** 옮김

삶이라 부르는 전투 가운데 '그래, 바로 이거야!'라는 느낌과
'대체 내가 뭘 하고 있는 거지?'라는 느낌 사이에서
매일 치열하게 살아가는 분들을 위해 이 책을 바칩니다.

— 아미트 사하

차례

지은이 · 옮긴이 소개 _____

지은이

아미트 사하Amit Saha

호주 시드니에 위치한 아틀라시안Atlassian의 소프트웨어 엔지니어다. 저서로는 《파이썬으로 풀어보는 수학》(에이콘출판사, 2016)와 《Write Your First Program》(PHI Learning, 2013)이 있다. 작성한 글들은 기술 잡지, 학회, 연구 저널 등에 등재되었다. ⌂ https://echorand.me

옮긴이

김찬빈kesuskim@gmail.com

숭실대학교에서 정보통신공학 학사와 석사를 취득하였다. Go 언어의 매력에 빠져 2017년부터 시스템 엔지니어로 근무하며 다양한 시스템 도구와 대규모 트래픽 서비스를 Go 언어로 구현하고 운영하였다. 또한, 기존에 작성된 시스템 중 개선이 필요한 부분을 Go 언어로 포팅하여 비약적인 성능 향상을 이루기도 했다. 평소 동료 개발자들에게 Go 언어의 매력을 전하는 한편, 백발의 개발자를 꿈꾸며 개발과 삽질을 즐기는 중이다. 옮긴 책으로 《Go 언어를 활용한 네트워크 프로그래밍》(제이펍, 2022)이 있다.

존 어런들 John Arundel

저명한 Go 언어 개발자이자 강사와 멘토로 활동하고 있다. 40여 년간 소프트웨어를 작성하고 마침내 소프트웨어 작성 방법을 알았다고 생각한다. 숲과 야생동물, 잔잔한 침묵에 둘러싸인 영국 콘월 지역 동화 속 오두막집에 살고 있다. 🏠 https://bitfieldconsulting.com

옮긴이 머리말

Go 언어를 공부하기는 쉽습니다. 공식 홈페이지에서 소개하는 Tour of Go(https://go.dev/tour)를 마치면 웬만한 문법을 다 깨닫게 됩니다. 실제로 Go 언어는 키워드가 매우 적어서 대부분의 숙련된 개발자는 일부 Go에서만 존재하는 개념(고루틴과 채널)을 제외하고는 바로 실전 개발에 사용할 수 있을 정도입니다.

하지만 Go 언어를 제대로 사용하기는 쉽지 않습니다. Go 언어에는 자바의 스프링만큼 압도적으로 유명한 라이브러리가 존재하지 않습니다. 그래서 자바로 웹 개발을 해야 한다면 단순히 스프링부터 공부하면 된다는 사실상의de facto 공식이 있지만, Go 언어를 사용하여 무언가를 개발할 때는 이것부터 하면 된다는 공식이 없습니다. Go 언어를 제대로 사용하려면 Go 언어 자체에 대한 지식 외에도 운영체제나 파일 입출력 등에 대한 지식, 네트워크 지식, 디자인 패턴이나 알고리즘에 대한 지식 등이 함께 필요합니다. 표준 라이브러리에서 지원하는 많은 기능을 제대로 사용하면 거의 모든 것을 만들 수 있지만, 먼저 그것들을 이해해야 합니다.

이 책은 Go 언어를 제대로 사용하기 위한 가이드라인을 제시합니다. 다양한 분야에서 일종의 해답을 제시하며, 독자에게 생각할 거리를 던져줍니다. 먼저 그것을 이해하고, 이를 바탕으로 본인이 구현하고자 하는 바를 구현할 수 있을 것입니다.

올해 2022년은 사회적으로나, 개인적으로나 참 다사다난한 일들이 많아서 마음이 참 어려웠는데, 많은 분의 도움을 받아서 성공적으로 책이 나올 수 있었습니다.

이 책이 나오기 위한 시작과 끝을 집행해주신 제이펍 장성두 대표님, 제 손을 떠난 원고로부터 이 책이 나오기 위한 모든 과정을 이끌어주신 제이펍의 권유라 에디터와 임직원, 그리고 모든 과정 가운데 저를 항상 지지해준 가족들, 사랑하는 아내, 그 외에도 언급하지 못한 모든 분에게 진심으로 감사드립니다.

김찬빈

김경민(교보생명(디지털부문))

이 책은 Go 언어 입문서는 아니기에 Go 언어의 기본 문법을 익힌 분께 추천합니다. 실무에서 가볍고 심플한 HTTP 서버, gRPC 애플리케이션 구축이 필요할 때 이 책이 좋은 솔루션이 될 것입니다. 구현 코드뿐 아니라 테스트 코드까지 잘 작성되어 있어, Go 언어 기반의 TDD, 리팩토링에 대한 인사이트까지 가져갈 수 있는 좋은 책이라 말씀드리고 싶습니다.

 김용현(Microsoft MVP)

Go 언어는 문법이 간결하고 고루틴 등을 이용한 동시성을 지원하며, 통신/암호 라이브러리가 내장되어 있어 네트워크 기능 개발에 널리 사용되고 있습니다. 이 책은 Go의 기본을 알고 있으나 경험이 적은 초급 개발자, C/C++ 등 타 언어를 통한 경험이 있는 중급 개발자를 대상으로 합니다. 실무에 꼭 필요한 지식을 실습하며 빠르게 습득할 수 있습니다. 초심자를 위해 친절하지만 불필요하게 설명하는 부분이 없어 본질과 장점에만 집중하는 Go 언어의 정수를 잘 나타내는 도서입니다. 백엔드 개발자에게 이 책이 큰 도움이 되기를 소망합니다.

김진영(야놀자)

Go 언어에 막 흥미가 생겨서 시작하시려는 단계라면 이 책을 읽기 전에 우선 Go 언어의 문법과 기본 개념 학습이 필요합니다. 다만 앞선 조건을 만족하더라도 읽어나갈 때 약간의 난이도가 느껴질 수 있습니다. HTTP와 gRPC 방식을 비교하며 설명하는 부분, 동작하게 하는 것에서 끝이 아니라 테스트하는 방법까지 한 단계씩 꼭 숙지시키고 내용을 전개하는 부분이 인상적이었습니다.

양성모(현대오토에버)

이 책은 Go 언어 입문자를 위한 기초 문법을 다루는 책은 아닙니다. 책의 내용을 이해하기 위하여 별도로 공부해야 할 내용도 많습니다. 하지만 이 책은 상용 시스템이 잘 갖추어야 할 요건임에도 실제 구현하자면 고민스러웠던 내용을 다루고 있습니다. Go 언어를 실제 업무에서 사용하고 있다면 이 책이 큰 도움이 될 것입니다.

 이용진(SAP LABS KOREA)

제목처럼 실무에 바로 사용 가능한 팁이 가득한 책입니다. 그런 이유로 Go 언어에 익숙하지 않은 초보자에게는 적합하지 않습니다. 이 책에서는 SHELL, BAT 파일을 이용해서 업무에 필요한 CLI를 대신할 수 있는 Go CLI를 만드는 방법부터 웹 서버를 실제로 구현하는 방법까지 자세히 설명합니다. Go를 이용해 실제 프로젝트를 진행하고 있다면 도움이 될 수 있는 내용이 가득합니다.

 정태일(삼성SDS)

Go 언어를 활용하여 커맨드 라인, HTTP 클라이언트/서버, RPC 애플리케이션을 만들어보며 기초 지식을 배울 수 있었습니다. 간단한 기능을 구현하며 점진적으로 강건한 애플리케이션을 만들 수 있도록 가이드하고, 연습 문제를 통해 더 나은 애플리케이션 구현을 위한 고민과 연습을 할 수 있어 유익했습니다.

 정현준(매드업)

Go 언어만이 아니라 gRPC나 클라우드에서의 활용까지 실용적인 가이드를 깔끔한 번역으로 잘 설명했습니다. 개인적으로는 원래 Go를 좋아하지 않아 큰 관심이 없었지만, 이 책을 계기로 공부하고 싶은 마음이 생겼습니다.

제이펍은 책에 대한 애정과 기술에 대한 열정이 뜨거운 베타리더의 도움으로
출간되는 모든 IT 전문서에 사전 검증을 시행하고 있습니다

이 책 출간이 가능하게 해준 와일리Wiley 팀 여러분께 모두 감사의 말씀 전합니다. 먼저 와일리 출판 사에서 책을 출간하고 싶다는 제 첫 이메일에 답장해준 짐 미나텔Jim Minatel에게 감사합니다. 이후에 짐은 데본 루이스Devon Lewis에게 저를 연결해주었습니다. 데본 루이스는 저의 제안에 대해 논의하고 이 책이 만들어지기까지 책임지고 전체 과정을 총괄했습니다. 다음으로 프로젝트 매니저로서 프로젝트 전반에 걸쳐 저를 지도해준 게리 슈워츠Gary Schwartz에게 감사합니다. 그는 각 장의 내용이 올바르게 전달되는지 확인해주었습니다. 꼼꼼하게 편집자 역할을 해준 주디 플린Judy Flynn에게 감사합니다. 마지막으로, 교정 과정을 감독해준 바라트 쿠마르 라자세카란Barath Kumar Rajasekaran에게 감사합니다. 이렇게 훌륭한 사람들과 함께 팀으로 일하게 되어 더욱 열심히 할 수 있었습니다.

존 어런들은 이 책의 기술 평론가가 되어달라는 저의 부탁을 친절하게 들어주었고, 그의 통찰력과 논평 덕분에 이 책의 품질뿐만 아니라 Go 프로그래머로서 제 실력 또한 더욱 향상할 수 있었습니다.

항상 질문의 답을 주고 의문점을 해결해준 Golang nuts 커뮤니티[1]와 gRPC 메일링 리스트에 있는 모든 분에게 감사드립니다. Go 언어를 처음 배우던 때 대부분의 시간은 'Go by example' 프로젝트(관련 주소 https://gobyexample.com)의 코드를 복사하고 붙여넣는 데 보냈기에, 이렇게 매우 큰 도움이 된 프로젝트를 만들고 유지해준 분들의 노력에 찬사를 보내고 싶습니다.

마지막으로 Golang Weekly에 기사를 투고하는 저자들과 그 기사 내의 링크를 작성한 저자들, The Go Time 팟캐스트를 발행하고 관리하는 쿠퍼프레스Cooperpress 직원분들의 노력에 정말 감사드립니다. 그들 덕분에 Go 언어 학습에도 큰 도움이 되었고, Go 커뮤니티에 일어나는 최신 이슈들을 알 수 있었습니다.

아미트 사하

1 　[옮긴이] Golang nuts는 Google Groups의 Go 커뮤니티입니다.

이 책에 대하여 _____

2009년에 구글은 Go 프로그래밍 언어를 처음으로 공개하였고, 2012년이 되어 버전 1.0이 나오게 되었습니다. Go 언어가 커뮤니티에 발표된 이후 버전 1.0 릴리스까지 계속하여 코드가 상위 호환될 것이라는 약속 덕분에, Go 언어는 커맨드 라인 애플리케이션에서부터 대규모 분산 시스템의 핵심 인프라 도구에 이르기까지 확장성 있고 고성능의 소프트웨어를 작성하는 데 사용되었습니다. Go 언어는 근래의 성공적인 소프트웨어 성공 역사에 크게 기여하였습니다. 수년간 제가 Go 언어에 개인적으로 관심을 가진 것은 (조금 더 좋게 표현할 방법이 없어서 정말 아쉬운데) Go 언어가 '본질적으로 지루하기 때문'입니다. 네, 저는 그 점이 좋았습니다. 이는 마치 제가 두 번째로 배운 프로그래밍 언어인 C 언어의 강력함과 제가 좋아하는 언어 중 하나인 파이썬의 다양한 기능들batteries-included을 합친 것 같습니다. Go 언어로 더 많은 프로그램을 작성할수록, 프로덕션 수준의 소프트웨어 작성을 위해 언어에서 제공해주는 모든 도구와 기능에 더욱 감탄하게 됩니다. 종종 '이 애플리케이션에서 실패를 처리하는 패턴을 구현할 수 있을까?'라는 의문을 품고 표준 라이브러리 패키지의 문서를 살펴보면 항상 의문에 대한 답을 발견할 수 있었습니다. Go 언어의 기초를 이해하고 나면 표준 라이브러리 패키지를 활용하여 소프트웨어 개발자로서 큰 노고 없이 고성능의 애플리케이션을 작성할 수 있습니다.

이 책의 목표는 Go 언어의 다양한 기능을 소개하고, 여러 범주의 애플리케이션을 개발해보며 표준 라이브러리와 일부 커뮤니티에서 유지되는 라이브러리들을 활용하는 방법을 알아보는 것입니다. 언어의 기초를 어느 정도 배웠다면 이 책이 다음 단계로 나아가는 데 도움이 될 것입니다. 그래서 언어의 다양한 기능과 라이브러리를 사용하여 실전에서 필요로 하는 특정한 문제를 손으로 직접 해결해 나가는 방식으로 책을 썼습니다.

그래서 이 책의 목적은 언어의 어떤 기능에 대한 자세한 탐구, 또는 특정 패키지에 대한 모든 기능을 알아보는 것이 아닙니다. 커맨드 라인 도구, 웹 애플리케이션, gRPC 애플리케이션을 만들기 적당한 정도의 지식을 배우게 될 것입니다. 간결하고 실용적인 가이드를 제공하기 위해 애플리케이션을 실제로 개발할 때 핵심적으로 필요한 기초 요소 지식building block을 고심하여 선택하였습니다. 그래서 이 책은 고수준 사례에 대해 의도적으로 다루지 않습니다. 왜냐하면 고수준 사례는 대개 도메인에 한정된 소프트웨어 패키지에 종속적이기에 어느 하나에 대해 깊이 다루고 그것을 추천하게 되면 다른 것을 빠뜨릴 수밖에 없기 때문입니다. 또한 책에서 애플리케이션을 작성할 때 가능한 한 표준 라이브러리 패키지만을 사용하려고 하였습니다. 이 역시 마찬가지로 책을 읽으며 지식을 습득할 때 특정 구현에 치우쳐 전체 흐름을 놓치지 않도록 하기 위해서입니다. 아무튼 제가 고심하여 선택한 지식 요소가 튼튼한 뼈대가 되어 고수준의 라이브러리를 선택할 때도 기준점이 되고, 이를 활용하여 여러분이 애플리케이션을 개발할 때 도움이 되기를 희망합니다.

이 책이 다루는 범위

이 책은 Go 프로그래밍 언어를 활용하여 다양한 범주의 애플리케이션을 개발하기 위한 개념과 패턴을 소개합니다. 특히 커맨드 라인 애플리케이션, HTTP 애플리케이션, gRPC 애플리케이션에 초점을 맞춥니다.

시작하기에서는 Go 개발 환경을 세팅하고, 책의 나머지 부분에서 자주 보게 될 컨벤션에 대해 살펴봅니다.

1장과 2장에서는 커맨드 라인 애플리케이션을 개발하는 방법에 대해 알아봅니다. 표준 라이브러리 패키지를 활용하여 확장성 있고 테스트 가능한 커맨드 라인 프로그램을 개발하는 방법에 대해 배우게 됩니다.

3장과 4장에서는 실서비스 가능한 HTTP 클라이언트를 개발하는 방법에 대해 알아봅니다. 타임아웃을 설정하는 방법, 커넥션 풀링에 대한 이해, 미들웨어 컴포넌트를 구현하는 방법 등에 대해 배우게 됩니다.

5장부터 7장까지는 HTTP 서버 애플리케이션을 개발하는 방법에 대해 알아봅니다. 데이터를 스트리밍하기 위한 방법, 미들웨어 컴포넌트를 구현하는 방법, 핸들러 함수 간에 데이터를 공유하는 방법, 애플리케이션의 안정성을 개선하기 위한 다양한 기법을 배우게 됩니다.

8장부터 10장까지는 gRPC를 활용하여 RPC 애플리케이션을 개발하는 방법에 대해 깊게 탐구합니다. 프로토콜 버퍼, 다양한 RPC 통신 패턴을 구현하는 방법, 애플리케이션의 일반 기능을 구현하기 위해 클라이언트 사이드와 서버 사이드의 인터셉터를 구현하는 방법을 배우게 됩니다.

11장에서는 애플리케이션에서 오브젝트 스토어, 관계형 데이터베이스에 접근하여 데이터를 조회하고 저장하는 등의 사용 방법에 대해 배우게 됩니다.

부록 A에서는 애플리케이션에 계측을 추가하는 방법을 간략하게 설명합니다.

부록 B에서는 애플리케이션을 배포하는 일부 가이드라인을 제시합니다.

각 주제를 어우르는 장의 그룹은 서로 독립적입니다. 그러니 어떤 그룹이든 첫 번째 장부터 읽기 시작하면 됩니다. 그룹 내에서는 이전 장에 대한 참조가 있기도 합니다.

이전 장의 내용을 바탕으로 다음 장의 내용을 설명하기 때문에, 각 그룹 내에서 순서대로 처음부터 끝까지 읽기를 추천합니다. 가령 HTTP 클라이언트를 작성해야 한다면 3장을 먼저 읽고 나서 4장을 읽으면 됩니다.

또한 책을 읽어나가며 반드시 코드를 직접 작성하고 실행해보며, 연습 문제 또한 직접 도전해보기를 권합니다. 저도 이 책을 작성하며 그랬듯이, 여러분의 코드 에디터에서 직접 프로그램을 작성하고 실행해보면 확실하게 Go 근육Go muscle을 길러줄 것입니다.

이 책의 독자 지원

이 책의 소스 코드는 https://github.com/practicalgo/code에 게시되어 있습니다.

시작하기에 앞서 먼저 필요한 소프트웨어를 설치합니다. 또한 코드와 책의 내용에 사용된 규약과 가정들에 대해 살펴봅니다. 마지막으로 이 책에서 사용할 핵심 기능과 이에 대한 지식을 복습할 수 있는 자료를 소개합니다.

Go 설치하기

책에 기록된 코드는 Go 버전 1.16 이상에서 동작합니다. https://go.dev/learn/ 페이지의 절차를 따라 운영체제에 맞는 최신 버전의 Go 컴파일러를 설치해주세요. 보통 윈도우와 맥OS 사용자의 경우 설치 프로그램을 다운로드하고 그래픽 환경의 설치 과정을 진행하게 됩니다. 리눅스의 경우 배포판 내의 패키지 리포지터리에 이미 최신 버전의 Go 컴파일러가 존재하는 경우가 있기에 패키지 매니저를 사용하여 설치하실 수 있습니다.

성공적으로 설치를 완료하였다면 책 안에서 작성하는 프로그램을 수행하는 데는 더 이상 별도의 작업이 필요하지 않습니다. 터미널 프로그램에서 go version 커맨드를 수행하여 모든 동작이 정상적으로 설정되었는지 확인하세요. 설치된 Go 버전과 운영체제, 그리고 CPU 아키텍처 정보가 나오면 성공입니다. 예를 들어 제 맥북 에어 M1에서는 다음과 같은 출력을 확인할 수 있었습니다.

```
$ go version
go version go1.16.4 darwin/arm64
```

위와 같은 출력을 확인하였다면 다음 단계로 넘어갈 준비를 마쳤습니다.

에디터 선택하기

아직 별도로 선호하는 Go 언어의 에디터나 통합 개발 환경integrated development environment, IDE이 없다면 비주얼 스튜디오 코드Visual Studio Code의 사용을 권장합니다(https://code.visualstudio.com/download). 이미 빔Vim을 사용하고 있다면 빔 고vim-go 익스텐션을 사용하세요(https://github.com/fatih/vim-go).

프로토콜 버퍼 툴체인 설치

책의 일부에서는 프로토콜 버퍼protobuf와 Go 언어의 gRPC 도구를 사용합니다. 이를 위해 프로토콜 버퍼 컴파일러인 protoc, 프로토콜 버퍼로부터 Go 코드를 생성해주는 protoc-gen-go, gRPC 코드를 생성해주는 protoc-gen-go-grpc 등 세 가지 프로그램을 각각 설치해야 합니다.

리눅스와 맥OS

컴파일러를 설치하기 위하여 리눅스 또는 맥OS에서 다음의 단계를 수행하세요.

1. https://github.com/protocolbuffers/protobuf/releases 링크로부터 Assets 섹션에서 운영체제와 CPU 아키텍처에 맞는 최신 버전 릴리스 파일을 다운로드합니다(이 책이 번역되는 시점에서 최신 버전은 3.16.1입니다). 예를 들어 x86_64 아키텍처의 리눅스 시스템에서는 protoc-3.16.0-linux-x86_64.zip이라는 이름의 파일을 다운로드합니다. 맥OS의 경우 protoc-3.16.3-osx-x86_64.zip이라는 이름의 파일을 다운로드합니다.

2. unzip 커맨드를 사용하여 파일의 압축을 해제하고 $HOME/.local 디렉터리에 복사해주세요. 아래의 커맨드를 사용하면 됩니다.

```
$ unzip protoc-3.16.3-linux-x86_64 .zip -d $HOME/.local
```

3. 마지막으로 $PATH 환경 변수에 $HOME/.local/bin 디렉터리를 추가해주세요. 터미널에서 다음의 커맨드를 수행하면 됩니다.

```
$ export PATH="$PATH:$HOME/.local/bin"
```

위의 커맨드를 Bash 셸의 경우는 $HOME/.bashrc 파일에, Z 셸의 경우 $HOME/.zshrc 파일에 추가하여 셸이 초기화될 때 자동으로 $PATH 환경 변수가 업데이트되도록 합니다.

지금까지의 단계를 잘 완료하였으면, 새로운 터미널 윈도우를 열고 protoc --version 커맨드를 수행하세요.

```
$ protoc --version
libprotoc 3.16.0
```

터미널에 위와 같은 출력이 나온다면 다음 단계로 넘어갈 수 있습니다.

프로토콜 버퍼의 Go 언어 플러그인, protoc-gen-go(릴리스 버전 1.26)를 설치하기 위해서 터미널 윈도우에 다음의 커맨드를 실행하세요.

```
$ go install google.golang.org/protobuf/cmd/protoc-gen-go@v1.26
```

Go 언어의 gRPC 플러그인, protoc-gen-go-grpc(릴리스 버전 1.1)를 설치하기 위해서 터미널 윈도우에 다음의 커맨드를 실행하세요.

```
$ go install google.golang.org/grpc/cmd/protoc-gen-go-grpc@v1.1
```

이후 셸의 초기화 파일($HOME/.bashrc 혹은 $HOME/.zshrc)에 다음의 내용을 추가하세요.

```
$ export PATH="$PATH:$(go env GOPATH)/bin"
```

새로운 터미널 윈도우를 열고 다음의 커맨드를 실행하세요.

```
$ protoc-gen-go --version
protoc-gen-go v1.26.0
$ protoc-gen-go-grpc --version
protoc-gen-go-grpc 1.1.0
```

위와 같은 출력을 확인할 수 있다면 성공적으로 툴체인이 설치된 것입니다.[2]

윈도우

NOTE   다음의 단계를 수행하기 위하여 관리자 권한으로 윈도우 파워셸PowerShell을 실행해야 합니다.

프로토콜 버퍼 컴파일러를 설치하려면 다음의 단계를 수행합니다.

1. https://github.com/protocolbuffers/protobuf/releases에서 아키텍처에 맞는 최신 버전의 릴리스를 설치합니다(이 책이 번역되는 시점에서 3.19.1이 최신입니다). Assets 섹션에서 `protoc-3.19.1-win64.zip` 명칭의 파일을 찾습니다.

2. 컴파일러를 저장할 디렉터리를 생성합니다. 예를 들어 `C:\Program Files` 디렉터리 하위에는 다음과 같이 디렉터리를 생성합니다.

```
PS C:\> mkdir 'C:\Program Files\protoc-3.19.1'
```

3. 그다음으로 생성한 디렉터리 내에 다운로드한 `.zip` 파일의 압축을 풉니다. `.zip` 파일을 다운로드한 디렉터리에서 다음의 커맨드를 실행합니다.

```
PS C:\> Expand-Archive .\protoc-3.19.1-win64\ -DestinationPath
'C:\Program Files\'protoc-3.19.1'.
```

4. 마지막으로 위의 경로를 Path 환경 변수에 추가하도록 업데이트합니다.

```
PS C:\> [System.Environment]::SetEnvironmentVariable
("Path", $env:Path + ";C:\Program Files\protoc-3.19.1\bin", "Machine")
```

새로운 파워셸 윈도우를 열고, 다음의 커맨드를 수행합니다.

---

2   옮긴이 2022년 10월 기준으로 mac M1 환경에서 테스트 한 결과는 다음과 같습니다.
설치
`brew install golang protobuf protoc-gen-go protoc-gen-go-grpc`
버전
`go1.19.2 darwin/arm64`
`libprotoc 3.20.1`
`protoc-gen-go v1.28.1`
`protoc-gen-go-grpc 1.2.0`

환경, 테스트 시간에 따라 버전이 약간씩 상이할 수 있으나, 동작에는 문제가 없을 것입니다.

```
$ protoc --version
libprotoc 3.19.1
```

터미널에 위와 같은 출력이 나온다면 다음 단계로 넘어갈 수 있습니다.

프로토콜 버퍼의 Go 언어 플러그인, `protoc-gen-go`(릴리스 버전 1.26)를 설치하기 위해서 터미널 윈도우에 다음의 커맨드를 실행하세요.

```
C:\> go install google.golang.org/protobuf/cmd/protoc-gen-go@v1.26
```

Go 언어의 gRPC 플러그인, `protoc-gen-go-grpc`(릴리스 버전 1.1)를 설치하기 위해서 터미널 윈도우에 다음의 커맨드를 실행하세요.

```
C:\> go install google.golang.org/grpc/cmd/protoc-gen-go-grpc@v1.1
```

윈도우 파워셸 윈도우를 열고 다음의 커맨드를 실행하세요.

```
$ protoc-gen-go --version
protoc-gen-go v1.26.0
$ protoc-gen-go-grpc --version
protoc-gen-go-grpc 1.1.0
```

위와 같은 출력을 확인할 수 있다면 성공적으로 툴체인이 설치된 것입니다.

도커 데스크톱 설치

이 책의 마지막 장에서는 소프트웨어 컨테이너 내에 존재하는 애플리케이션을 실행시킬 수 있어야 합니다. 이를 위해 도커 데스크톱Docker Desktop을 사용하면 됩니다(https://www.docker.com/get-started 링크를 참조하세요). 맥OS와 윈도우의 경우 링크를 따라 웹사이트에서 운영체제와 아키텍처에 알맞은 인스톨러를 다운로드한 후 절차대로 설치를 완료합니다.

리눅스의 경우 배포판에 따라 다양한 설치 과정이 존재할 수 있습니다. https://docs.docker.com/engine/install/#server에서 배포판에 맞는 설치 단계를 따르면 됩니다. 또한 개발 환경에서는 편의성을 위해 sudo를 사용하지 않고 루트 외의 사용자로 컨테이너를 실행할 수 있도록 설정하는 것이 좋습니다(실서비스 환경에서는 추천하지 않습니다).

운영체제 환경에 맞는 설치 방법을 마친 후에 다음의 커맨드를 수행하여 도커 허브Docker Hub에서 도커 이미지를 다운로드하고 컨테이너를 실행시켜 설치가 성공적으로 완료되었는지 확인합니다.

```
$ docker run hello-world
Unable to find image 'hello-world:latest' locally
latest: Pulling from library/hello-world
109db8fad215: Pull complete
Digest: sha256:0fe98d7debd9049c50b597ef1f85b7c1e8cc81f59c8d
623fcb2250e8bec85b38
Status: Downloaded newer image for hello-world:latest
Hello from Docker!
This message shows that your installation appears to be
working correctly.
..
```

이제 필요한 소프트웨어 설치를 마쳤습니다. 다음으로는 앞으로 사용할 일부 컨벤션에 대해 살펴봅니다.

이 책에 대한 가이드

다음 절에서는 이 책을 가장 잘 활용할 수 있는 이런저런 정보에 대해 알아봅니다. 제일 먼저 코드 목록을 이해하기 위한 모듈 경로에 대해 이야기해봅시다.

Go 모듈

이 책에서 모든 애플리케이션의 첫 번째 단계는 모듈을 초기화하는 것으로 시작합니다. 즉, 다음의 **go** 커맨드를 수행합니다.

```
go mod init <모듈 경로>
```

책의 모든 모듈 경로에는 github.com/username/<application-name>으로 구성된 **플레이스홀더** placeholder를 사용합니다. 즉, 하나 이상의 패키지로 구성된 모듈을 작성하는 경우 임포트 경로는 다음과 같습니다.

```
github.com/username/<application-name>/<package>
```

작성한 애플리케이션을 외부에 공유하지 않고 사용한다면 위에 적힌 그대로 모듈 경로를 사용해도 됩니다. 하지만 작성한 애플리케이션을 외부에 공유해야 하거나, 향후에 다른 프로젝트에서 작성한 애플리케이션을 라이브러리 형태로 사용해야 한다면, 여러분 고유의 모듈 경로를 사용하세요. 대개 모듈 경로는 프로젝트의 리포지터리를 가리키며, https://bitbucket.org나 https://github.com, 혹은 https://gitlab.com에 위치한 Git 리포지터리입니다. 위에 적힌 모듈 경로의 username을 리포지터리 호스팅 서비스에 존재하는 여러분의 username으로 바꿔주면 됩니다. 또한 이 책의 모듈 경로로 github.com/practicalgo/code/<chap1>/<application-name>을 사용하였는데, 이는 단순히 플레이스홀더 경로가 아니고, 실제로 존재하는 프로젝트 리포지터리 경로(https://github.com/practicalgo/code)에 따라 사용하였다는 사실을 주의 깊게 봐주세요.

커맨드 라인과 터미널

책 전반적으로 커맨드 라인 프로그램을 실행시켜야 하는 경우가 있습니다. 리눅스와 맥OS는 기본 터미널 프로그램을 사용하여 기본 셸을 사용하는 것만으로 충분합니다. 윈도우는 기본 명령 프롬프트 프로그램 대신에 파워셸을 사용합시다. 책에서 소개하는 대부분의 커맨드 라인 프로그램의 실행 결과는 리눅스/맥OS 터미널에서의 결과로서 셸의 $ 기호를 사용하여 표기하지만, 동일한 커맨드는 윈도우에서도 실행 가능할 것입니다. 디렉터리를 생성하거나 파일을 복사하는 등의 작업에 대해 리눅스/맥OS와 윈도우에서 사용 가능한 별도의 커맨드를 제시할 것입니다.

용어

책 전반적으로 애매모호함을 피하고 올바른 이해를 돕기 위하여 다음의 몇몇 용어를 사용하였습니다.

❶ 강건성과 회복 탄력성

강건성robustness과 **회복 탄력성**resiliency이라는 두 용어는 모두 예상치 못한 상황에 대처할 수 있는 애플리케이션의 능력을 표현할 때 사용합니다. 하지만 다음에서 설명하는 바와 같이 일반적이지 않은 상황에서 두 용어의 의미는 다르게 사용됩니다. 어떠한 시스템이 **강건하다**는 건 예상치 못한 상황이 발생하더라도 어느 수준까지는 별문제 없이 동작하는 것을 말합니다. 이는 대개 시스템이 정상적으로 최선의 상태에 있는 것이 아닌, 차선의 상태에 있는 경우를 의미합니다. 반면에 어떠한 시스템이 **회복 탄력성을 갖고 있다**는 의미는 예상치 못한 상황에서 어느 정도의 시간이 걸리더라도 다시 정상적으로 동작하는 것을 의미합니다. 이 차이점을 자세히 알아보기 위해 책의 일부 내용을 빌려 다음의 예시를 살펴봅시다.

2장에서는 사용자가 설정한 프로그램을 실행하는 기능을 갖는 커맨드 라인 애플리케이션에 대해 타임아웃을 필수적으로 설정하는 방법을 배웁니다. 타임아웃을 필수로 설정하여 사용자가 입력을 잘

못하여 애플리케이션이 무기한 멈춰버리는 상황을 피할 수 있습니다. 사용자가 프로그램이 최대 어느 정도의 시간 동안 실행될 수 있을지 설정하여 해당 시간을 초과하면 애플리케이션이 정상적으로 종료되기 전에 강제로 종료시킵니다. 이렇게 프로그램이 끝나기를 무작정 기다리는 것이 애플리케이션의 정상 동작은 아닙니다. 타임아웃 설정은 프로그램 실행 시간이 생각 이상으로 길어지는 예상치 못한 상황에서 애플리케이션이 복구되기 위해 필요한 차선책입니다. 이와 비슷한 예시를 4장, 7장, 10장, 11장에서 주로 네트워크 요청을 주고받을 때 보게 될 것입니다. 이러한 기법을 애플리케이션의 강건성이라 칭합니다.

10장에서는 작성한 gRPC 클라이언트 애플리케이션의 일시적인 실패에 대한 처리 방법을 배웁니다. 곧 해결될 수 있지만 일시적으로 발생한 실패에 대처할 수 있도록 애플리케이션을 작성할 것입니다. 이러한 경우 애플리케이션에 회복 탄력성이 있다고 합니다. 또한 일시적인 실패에서 회복되기를 기다리는 시간 제한을 두어 이 제한을 초과하면 동작을 완수할 수 없다고 봅니다. 따라서 애플리케이션에 강건성 역시 추가되어야 합니다.

요약하자면, 회복 탄력성과 강건성 모두 애플리케이션 내의 예외를 처리하기 위해 존재하며, 이 책에서는 이러한 기법들에 대해 두 용어를 사용합니다.

② 실서비스 준비 상태

애플리케이션 개발 완료 후 아직 실제 서비스 환경에 배포하기 전의 단계를 나타내기 위해 **실서비스 준비 상태**production readiness라는 용어를 사용합니다. 만약 실제 서비스 환경이 여러분의 개인 서버에 불과하여서 유일한 사용자가 여러분 혼자라면 이 책에서 배우게 될 기법들만으로도 충분합니다. 하지만 애플리케이션이 이미 많은 사용자를 대상으로 서비스되고 있는 서비스 환경이라면, 이 책에서 소개하는 기법을 기반이자 초석으로 삼아야 합니다. 실서비스 준비 상태란 다방면의 도메인 특정 기법들을 포괄하는 지식으로 구성됩니다. 이러한 지식의 예로는 애플리케이션의 강건성과 회복 탄력성, 상태 관측과 보안 등이 있습니다. 이 책은 이러한 주제를 구현할 수 있는 일부분만을 소개합니다.

참조 문서

책의 목록에 소개하는 코드는 다양한 표준 라이브러리 패키지와 일부 서드 파티 패키지를 사용합니다. 다양한 함수와 타입에 대한 설명은 문맥상 사용법에 국한됩니다. 책의 지식을 최대한으로 활용하기 위해서는 어떤 패키지나 함수에 대해 더 알아보기 위해 어느 곳을 깊게 들여다봐야 할지 알아야 합니다. 표준 라이브러리 패키지들의 핵심 문서들은 모두 https://pkg.go.dev/std에 있습니다. 가령 net/http라는 패키지를 임포트할 경우 이에 대한 문서는 https://pkg.go.dev/net/http에서 찾아볼 수 있습니다. io.ReadAll()과 같은 함수를 참조하는 경우 해당 함수에 대한 문서는 https://
pkg.go.dev/io의 io 패키지 문서 내에 있습니다.

서드 파티 패키지 문서의 경우 https://pkg.go.dev/<임포트 경로>에서 찾아볼 수 있습니다. 가령
Go 언어 gRPC 패키지의 임포트 경로는 google.golang.grpc이며, 해당 패키지의 문서는 https://
pkg.go.dev/google.golang.org/grpc에 있습니다.

Go 복습 자료

책에서 구현할 기능들에 사용될 Go 언어의 다양한 기능들을 복습하기 위해 https://go.dev/tour에
서 'Go를 향한 여행(A Tour of Go)'을 살펴보세요.[3] for 반복문, 함수, 메서드, 구조체struct 타입, 인터페
이스interface 타입, 에러 인터페이스 값error value 등의 기능들을 살펴볼 수 있습니다. 다음은 책에서 광
범위하게 사용할 일부 핵심 주제들과 해당 주제에 대한 추가 학습 자료의 레퍼런스를 살펴봅니다.

구조체 타입

표준 라이브러리와 서드 파티 패키지에서 정의된 구조체 타입을 사용할 것이며, 또한 필요에 따라 구
조체 타입을 정의할 것입니다. 단순히 구조체 타입의 객체를 정의하는 것에서 그치지 않고 다른 구조
체 타입이나 인터페이스 타입을 임베딩하여 사용할 것입니다. 'Effective Go'의 'Embedding' 절에서 임
베딩에 대한 개념을 자세히 설명합니다(관련 주소는 https://go.dev/doc/effective_go#embedding
입니다). 또한 테스트 작성 시에 익명 구조체 타입을 사용할 것입니다. 익명 구조체에 대한 설명은
앤드루 게런드Andrew Gerrand가 발표한 '(아마도) 당신이 Go에 대해 몰랐던 10가지 사실들[10 things
you (probably) don't know about Go]'이라는 자료에서 찾아볼 수 있습니다(관련 주소 https://talks.golang.
org/2012/10things.slide#1).

인터페이스 타입

다양한 라이브러리 함수를 사용하고 테스트 가능한 애플리케이션을 작성하기 위해서는 인터페이스
타입을 활용합니다. 예를 들어 표준 입출력을 사용하는 애플리케이션의 테스트를 작성하기 위하여
io.Reader와 io.Writer 인터페이스를 사용합니다.

어느 인터페이스를 구현하는 커스텀 타입을 정의하는 방법을 배우는 것이 Go 애플리케이션을 작성
하는 데에 있어서 매우 중요하며, 이 과정 가운데 언어의 나머지 기능을 활용하여 함께 작동하도록

---

3   옮긴이 한국어 버전은 https://go-tour-ko.appspot.com/에서 찾아볼 수 있습니다.

연결할 수 있습니다. 예를 들어, HTTP 핸들러 함수 간에 데이터를 공유하려면 `http.Handler` 인터 페이스를 구현하는 커스텀 타입을 정의하면 됩니다.

해당 주제의 좋은 복습 자료로는 'Go를 향한 여행'의 인터페이스 섹션(관련 주소 https://go.dev/tour/ methods/9)을 참조하면 됩니다.

고루틴과 채널

애플리케이션 내의 동시 실행concurrent execution을 구현하기 위해 고루틴goroutine과 채널을 사용 할 것입니다. 이에 관해 'Go를 향한 여행'의 동시성concurrency 섹션을 읽어보길 권합니다(관련 주소는 https://go.dev/tour/concurrency/1입니다). 여러 채널과 통신하는 동작에서 `select` 구문을 사용하는 것을 주의 깊게 봐주세요.

테스팅

표준 라이브러리의 `testing` 패키지를 이용하여 모든 테스트를 작성할 것이며, Go 언어가 기본적으로 지원하는 테스트 기능을 활용하여 모든 테스트를 실행할 것입니다. 또한 표준 라이브러리의 `net/http/httptest` 패키지를 이용하면 뛰어난 수준으로 HTTP 클라이언트와 서버를 테스트할 수 있으며, 비슷하게 gRPC 테스트를 위한 라이브러리도 존재합니다. 이 책의 마지막 장에서는 도커 데스크톱을 이용하여 로컬 테스트 환경을 생성할 수 있는 서드 파티 패키지를 활용합니다(관련 주소는 https://github.com/testcontainers/testcontainers-go입니다).

몇몇 테스트(특히 커맨드 라인 애플리케이션 테스트)를 작성할 때는 '테이블 기반 테스트' 스타일을 차용합니다. 테이블 기반 테스트에 대한 자세한 내용은 https://github.com/golang/go/wiki/TableDrivenTests에서 확인하실 수 있습니다.

요약

이 책을 소개하는 이번 장에서는 이 책의 나머지 부분에서 다양한 애플리케이션을 빌드하기 위해 필요한 소프트웨어를 설치하는 방법을 알아보았고, 책을 자세히 이해하기 위한 몇 가지 컨벤션과 관련 정보를 소개하였습니다. 마지막으로 이 책의 자료를 최대한 활용하기 위하여 익숙해져야 하는 언어의 핵심 기능을 설명하였습니다.

좋습니다! 이제 1장에서 테스트 가능한 커맨드 라인 애플리케이션을 작성할 여정을 떠날 준비를 모두 마쳤습니다.

## CHAPTER 1

커맨드 라인 애플리케이션 작성

이번 장에서는 커맨드 라인 애플리케이션을 작성하기 위한 기본 개념을 배웁니다. 표준 라이브러리 패키지를 이용하여 커맨드 라인 인터페이스를 생성하고, 사용자 입력을 받아들이고, 애플리케이션을 테스트하는 기법에 대해 알아봅니다.

이제 시작합시다!

1.1 첫 애플리케이션

모든 커맨드 라인 애플리케이션은 본질적으로 다음 단계를 수행합니다.

- 사용자의 입력을 받아들입니다.
- 사용자가 입력한 값을 검증합니다.
- 사용자가 입력한 값을 사용하여 특정한 작업을 수행합니다.
- 대개 성공 혹은 실패의, 작업 수행 결과를 사용자에게 반환합니다.

커맨드 라인 애플리케이션에서 사용자는 다양한 방법으로 입력값을 입력할 수 있습니다. 일반적으로 프로그램을 실행할 때 인수argument로 넘기는 방법과 직접 입력하는 방법, 총 두 가지 방법이 있습니다. 먼저 사용자의 이름과 **인사**greeter할 횟수를 입력받아서 인사하는 커맨드 라인 애플리케이션을 구현해봅니다. 사용자의 이름은 명시적으로 요청하여 받을 것이며, 인사할 횟수는 애플리케이션을 실행하며 인수로 넘깁니다. 구현할 프로그램은 사용자가 입력한 메시지를 지정된 횟수만큼 화면에 출력합니다. 완성된 애플리케이션의 실행 예시는 다음과 같습니다.

```
$ ./application 6
Your name please? Press the Enter key when done.
Joe Cool
Nice to meet you Joe Cool
Nice to meet you Joe Cool
Nice to meet you Joe Cool
Nice to meet you Joe Cool
Nice to meet you Joe Cool
Nice to meet you Joe Cool
```

먼저 사용자의 이름을 입력받는 함수를 살펴봅니다.

```go
func getName(r io.Reader, w io.Writer) (string, error) {
    msg := "Your name please? Press the Enter key when done.\n"
    fmt.Fprintf(w, msg)
    scanner := bufio.NewScanner(r)
    scanner.Scan()
    if err := scanner.Err(); err != nil {
        return "", err
    }
    name := scanner.Text()
    if len(name) == 0 {
        return "", errors.New("You didn't enter your name")
    }
    return name, nil
}
```

getName() 함수는 두 개의 매개변수parameter를 받습니다. 첫 번째 매개변수인 r은 io 패키지의 Reader 인터페이스를 구현하는 변수입니다. 이러한 변수의 예시로는 os 패키지에 정의된 Stdin 변수가 있습니다. 이는 대개 프로그램을 실행하는 터미널 세션에서 프로그램의 표준 입력을 나타냅니다.

두 번째 매개변수인 w는 io 패키지의 Writer 인터페이스를 구현하는 변수입니다. 이러한 변수의 예시로는 os 패키지에 정의된 Stdout 변수가 있습니다. 이는 대개 프로그램을 실행하는 터미널 세션에서 프로그램의 표준 출력을 나타냅니다.

직접 os 패키지에서 Stdin과 Stdout 변수를 참조하여 사용하지 않는 이유가 궁금하실 수 있습니다. 직접 Stdin, Stdout 변수를 참조하여 사용할 경우 유닛 테스트 작성이 매우 불편해집니다. 애플리케이션의 입력을 특정하게 변경하는 것이 불가능해지며, 마찬가지로 애플리케이션의 출력을 검증할 수도 없게 됩니다. 따라서 함수의 매개변수로 인터페이스인 writer와 reader를 **주입**하여 reader가 참조하는 값인 r, writer가 참조하는 값인 w를 제어할 수 있도록 합니다.

함수는 fmt 패키지의 Fprintf() 함수를 사용하여 지정된 writer인 w에 프롬프트를 작성합니다. 그리고 reader인 r을 사용하여 bufio 패키지에 정의된 NewScanner() 함수를 호출하고, Scanner 타입의 변수를 생성합니다. 이 변수를 사용하면 reader로부터 Scan() 함수를 이용하여 어떠한 종류의 입력 데이터라도 스캔할 수 있습니다. Scan() 함수는 기본적으로 개행 문자열을 읽을 때까지 데이터를 읽고, 반환합니다. 그리고 Text() 함수는 읽은 데이터를 문자열로 반환합니다. 사용자가 공백 문자열을 입력하지 않도록 하기 위하여 len() 함수를 사용하고, 정말 공백 문자열을 입력할 경우에는 에러를 반환합니다.

getName() 함수는 string 타입과 error 타입, 두 개의 값을 반환합니다. 사용자의 입력으로 이름을 성공적으로 읽어 들인 경우 이름과 함께 nil 에러가 반환됩니다. 하지만 오류가 발생한 경우 공백 문자열과 함께 에러가 반환됩니다.

그다음으로 중요한 함수는 parseArgs()입니다. 입력 매개변수로 문자열의 슬라이스를 받고 config 타입과 error 타입, 두 개의 값을 반환합니다.

```go
type config struct {
    numTimes int
    printUsage bool
}

func parseArgs(args []string) (config, error) {
    var numTimes int
    var err error
    c := config{}
    if len(args) != 1 {
        return c, errors.New("Invalid number of arguments")
    }

    if args[0] == "-h" || args[0] == "--help" {
        c.printUsage = true
        return c, nil
    }
```

```
    numTimes, err = strconv.Atoi(args[0])
    if err != nil {
        return c, err
    }
    c.numTimes = numTimes

    return c, nil
}
```

parseArgs() 함수는 config 타입의 객체 c를 생성하여 인수 데이터를 저장합니다. config 구조체는 메모리 내에 애플리케이션의 런타임 동작을 정의하는 데 사용됩니다. 해당 구조체에는 출력할 인사 횟수를 결정하는 정숫값의 numTimes 필드와, 사용자에게 애플리케이션을 동작하는 대신 사용법을 보여주는지의 여부를 정하는 불리언Boolean값의 printUsage 필드, 총 두 개의 필드로 구성됩니다.

프로그램에서 사용하기 위한 커맨드 라인 인수는 os 패키지에 정의된 Args 슬라이스에서 사용 가능합니다. 슬라이스의 첫 번째 요소element는 실행된 프로그램 자체의 이름이며, os.Args[1:] 슬라이스[1]에 포함된 부분만 신경 쓰면 됩니다. parseArgs() 함수 호출 시 사용하는 매개변수로는 바로 그 커맨드 라인 인수의 문자열 슬라이스를 사용합니다. 함수는 먼저 인수 슬라이스의 개수가 1이 아닌지를 확인하며, 만약 1이 아니라면 다음 코드와 같이 빈 config 객체와 문자열을 포함하는 에러를 반환합니다.

```
if len(args) != 1 {
    return c, errors.New("Invalid number of arguments")
}
```

인수가 단 하나만 지정되었고 그 값이 -h이거나 -help인 경우 다음 코드와 같이 printUsage 필드를 true로 설정하고 객체 c와 nil 에러를 반환합니다.

```
if args[0] == "-h" || args[0] == "-help" {
    c.printUsage = true
    return c, nil
}
```

---

1 [옮긴이] 첫 번째 요소 이후의 값

마지막으로 인수의 값이 인사할 횟수라고 생각하고 strconv 패키지의 Atoi() 함수를 이용하여 숫자의 문자열을 그에 해당하는 정숫값으로 변환합니다.

```
numTimes, err = strconv.Atoi(args[0])
if err != nil {
    return c, err
}
```

만일 Atoi() 함수가 nil 외의 에러값을 반환하면 함수는 그대로 반환되며, 정상적으로 처리되면 변환된 정숫값을 numTimes에 할당합니다.

```
c.numTimes = numTimes
```

지금까지 사용자로부터 입력을 받는 법과 커맨드 라인 인수를 읽어 들이는 법을 알아보았습니다. 다음으로는 입력값이 논리적으로 올바른지 확인해야 합니다. 즉, 애플리케이션에서 사용할 수 있는지를 검사해야 합니다. 예를 들어 사용자가 인사할 횟수로 0을 입력하였다면 논리적으로 올바르지 않은 값입니다. validateArgs() 함수에서 이러한 값의 검증을 수행합니다.

```
func validateArgs(c config) error {
    if !(c.numTimes > 0) {
        return errors.New("Must specify a number greater than 0")
    }
    return nil
}
```

numTimes 필드의 값이 0보다 크지 않을 경우 validateArgs() 함수에 의해 에러가 반환됩니다.

커맨드 라인 인수 값을 처리하고 검증하고 나면 애플리케이션의 runCmd() 함수를 수행하여 config 타입의 객체 c에 포함된 값에 따라 해당하는 동작을 수행합니다.

```
func runCmd(r io.Reader, w io.Writer, c config) error {
    if c.printUsage {
        printUsage(w)
        return nil
    }

    name, err := getName(r, w)
    if err != nil {
```

```
        return err
    }
    greetUser(c, name, w)
    return nil
}
```

`printUsage` 필드의 값이 `true`인 경우(즉, 사용자가 매개변수로 `-help` 또는 `-h`를 지정한 경우)에는 `printUsage()` 함수를 호출하고 `nil` 에러를 반환합니다. 그 외에는 `getName()` 함수를 호출하여 사용자의 이름을 입력받도록 합니다.

`getName()` 함수가 `nil` 외의 에러를 반환하는 경우 `getName()` 함수 역시 그대로 해당 에러를 반환하며, 그 외의 경우 `greetUser()` 함수를 호출합니다. `greetUser()` 함수는 설정값에 따라 사용자에게 화면에 인사를 표출합니다.

```
func greetUser(c config, name string, w io.Writer) {
    msg := fmt.Sprintf("Nice to meet you %s\n", name)
    for i := 0; i < c.numTimes; i++ {
        fmt.Fprintf(w, msg)
    }
}
```

예제 1.1은 지금까지의 인사 애플리케이션의 전체적인 코드를 나타냅니다.

예제 1.1 **인사 애플리케이션**

```
// chap1/manual-parse/main.go
package main

import (
    "bufio"
    "errors"
    "fmt"
    "io"
    "os"
    "strconv"
)

type config struct {
    numTimes   int
    printUsage bool
}
```

```go
var usageString = fmt.Sprintf(`Usage: %s <integer> [-h|--help]

A greeter application which prints the name you entered <integer> number
of times.
`, os.Args[0])

func printUsage(w io.Writer) {
    fmt.Fprintf(w, usageString)
}
func validateArgs(c config) error {
    if !(c.numTimes > 0) {
        return errors.New("Must specify a number greater than 0")
    }
    return nil
}

// TODO – 이전에 정의한 parseArgs() 함수 삽입
// TODO – 이전에 정의한 getName() 함수 삽입
// TODO – 이전에 정의한 greetUser() 함수 삽입
// TODO – 이전에 정의한 runCmd() 함수 삽입

func main() {
    c, err := parseArgs(os.Args[1:])
    if err != nil {
        fmt.Fprintln(os.Stdout, err)
        printUsage(os.Stdout)
        os.Exit(1)
    }
    err = validateArgs(c)
    if err != nil {
        fmt.Fprintln(os.Stdout, err)
        printUsage(os.Stdout)
        os.Exit(1)
    }

    err = runCmd(os.Stdin, os.Stdout, c)
    if err != nil {
        fmt.Fprintln(os.Stdout, err)
        os.Exit(1)
    }
}
```

main() 함수는 먼저 커맨드 라인 인수 슬라이스의 두 번째 값부터[2] 매개변수로 하여 parseArgs() 함수를 호출합니다. 해당 함수는 config 객체의 c 값과 에러 객체의 값 err, 두 개의 값을 반환합니다. nil 외의 에러가 반환될 경우 다음의 단계를 수행합니다.

1. 에러를 출력합니다.
2. os.Stdout을 writer로 하여 printUsage() 함수를 호출하고 사용 방법을 출력합니다.
3. os 패키지의 Exit() 함수를 1의 종료 코드exit code로 호출하여 프로그램 실행을 종료합니다.

커맨드 라인 인수가 정상적으로 파싱되었다면 parseArgs() 함수가 반환하는 config 객체 c를 매개변수로 validateArgs() 함수를 호출합니다.

마지막으로 validateArgs() 함수가 nil 에러를 반환하면 os.Stdin을 reader로, os.Stdout을 writer로, config 객체 c를 매개변수로 runCmd() 함수를 호출합니다.

chap1/manual-parse/ 경로로 새로운 디렉터리를 생성하고, 디렉터리 안에서 모듈을 초기화합니다.

```
$ mkdir -p chap1/manual-parse
$ cd chap1/manual-parse
$ go mod init github.com/username/manual-parse
```

그다음으로 예제 1.1의 코드를 파일명 main.go로 저장하고, 빌드합니다.

```
$ go build -o application
```

별다른 인수 없이 빌드된 결과를 실행해봅시다. 오류와 함께 사용법이 출력되는 것을 볼 수 있습니다.

```
$ ./application
Invalid number of arguments
Usage: ./application <integer> [-h|--help]

A greeter application which prints the name you entered <integer> number
of times.
```

---

2   옮긴이 os.Args[1:]

게다가 프로그램의 종료 코드가 1인 것을 확인할 수 있습니다.

```
$ echo $?
1
```

윈도우 운영체제의 파워셸을 사용하는 경우, echo $LastExitCode를 입력하면 종료 코드를 확인할 수 있습니다.

이렇게 종료 코드를 확인하는 것은 커맨드 라인 애플리케이션에서 주의 깊게 보아야 할 특징 중 하나입니다. 모든 성공적이지 않은 실행은 종료 시에 os 패키지에 정의된 Exit() 함수를 이용하여 0이 아닌 종료 코드를 반환해야 합니다.

-h나 -help를 인수로 넘기면 사용법을 출력하게 됩니다.

```
$ ./application -help
Usage: ./application <integer> [-h|-help]

A greeter application which prints the name you entered <integer> number
of times.
```

마지막으로, 프로그램이 정상적으로 동작하는 경우를 봅시다.

```
$ ./application 5
Your name please? Press the Enter key when done.
Joe Cool
Nice to meet you Joe Cool
Nice to meet you Joe Cool
Nice to meet you Joe Cool
Nice to meet you Joe Cool
Nice to meet you Joe Cool
```

이제 애플리케이션이 다음과 같은 세 가지의 다른 입력 시나리오에 대해 정상적으로 동작함을 직접 테스트해보았습니다.

1. 커맨드 라인 인수가 아무것도 전달되지 않는 시나리오
2. 커맨드 라인 인수로 -h 혹은 -help를 전달하는 시나리오
3. 지정된 횟수만큼 사용자에게 인사를 하는 시나리오

하지만 이렇게 수동으로 테스트를 진행하는 것은 오류가 발생하기도 쉽고 번거롭습니다. 다음으로는 애플리케이션의 테스트를 자동화하는 방법을 알아봅니다.

1.2 유닛 테스트 작성

표준 라이브러리의 testing 패키지를 사용하면 애플리케이션의 동작을 검증하는 테스트를 작성할 수 있습니다.

먼저 parseArgs() 함수를 생각해봅니다. 이 함수는 다음과 같이 정의되었습니다.

```
func parseArgs(args []string) (config, error) {}
```

입력으로 프로그램이 실행될 때 지정된 커맨드 라인 인수의 문자열 슬라이스를 받습니다. 반환 값으로는 config 타입 객체의 값과 error 타입 객체의 값을 반환합니다.

어떤 하나의 테스트 케이스를 추상화하기 위하여 testConfig 구조체를 정의합니다. testConfig 구조체는 커맨드 라인 인수 입력값을 나타내는 문자열 슬라이스의 args 필드, 발생할 수 있는 에러를 포함하는 err 필드, 그리고 반환된 config 객체의 값의 구조체를 임베딩한 config 구조체 필드로 구성됩니다.

```
type testConfig struct {
    args []string
    err error
    config
}
```

예시 테스트 케이스는 다음과 같습니다.[3]

```
{
    args:       []string{"-h"},
    err:        nil,
    config:     config{printUsage: true, numTimes: 0},
},
```

---

3 [옮긴이] testConfig 구조체에 사용될 테스트 케이스

위의 테스트 케이스는 프로그램이 실행될 때 커맨드 라인 인수로 -h를 넘겼을 때를 검증합니다.

다음과 같이 테스트 케이스 슬라이스에 몇 개의 테스트 케이스를 더 추가하여 초기화합니다.

```
tests := []testConfig{
    {
        args:   []string{"-h"},
        err:    nil,
        config: config{printUsage: true, numTimes: 0},
    },
    {
        args:   []string{"10"},
        err:    nil,
        config: config{printUsage: false, numTimes: 10},
    },
    {
        args:   []string{"abc"},
        err:    errors.New("strconv.Atoi: parsing \"abc\": invalid syntax"),
        config: config{printUsage: false, numTimes: 0},
    },
    {
        args:   []string{"1", "foo"},
        err:    errors.New("Invalid number of arguments"),
        config: config{printUsage: false, numTimes: 0},
    },
}
```

위의 테스트 구성 슬라이스를 정의하고 나서 슬라이스의 각 요소에 대해 args 필드의 값을 사용하여 parseArgs() 함수를 호출하고, 반환된 값 c와 err에 대해 각각 요소의 config 객체의 값과 error 객체의 값을 비교합니다. 예제 1.2는 parseArgs 함수 테스트의 전체적인 코드를 나타냅니다.

예제 1.2 parseArgs() 함수에 대한 테스트

```
// chap1/manual-parse/parse_args_test.go
package main

import (
    "errors"
    "testing"
)

// TODO - 이전에 정의한 testConfig 구조체 삽입
func TestParseArgs(t *testing.T) {
    // TODO - 이전에 정의한 test[] 슬라이스 삽입
```

```
    for _, tc := range tests {
        c, err := parseArgs(tc.args)
        if tc.err != nil && err.Error() != tc.err.Error() {
            t.Fatalf("Expected error to be: %v, got: %v\n",
                tc.err, err)
        }
        if tc.err == nil && err != nil {
            t.Errorf("Expected nil error, got: %v\n", err)
        }
        if c.printUsage != tc.config.printUsage {
            t.Errorf("Expected printUsage to be: %v, got: %v\n",
                tc.config.printUsage, c.printUsage)
        }
        if c.numTimes != tc.config.numTimes {
            t.Errorf("Expected numTimes to be: %v, got: %v\n",
                tc.config.numTimes, c.numTimes)
        }
    }
}
```

예제 1.1의 코드를 저장했던 디렉터리에서 예제 1.2의 코드를 파일명 parse_args_test.go로 저장하세요. 그리고 go test 커맨드를 사용하여 테스트를 수행합니다.

```
$ go test -v
=== RUN TestParseArgs
--- PASS: TestParseArgs (0.00s)
PASS
ok      github.com/practicalgo/code/chap1/manual-parse          0.093
```

go test 커맨드 시에 -v 플래그를 넘겨주면 현재 테스트 중에 실행되는 함수 정보와 결과를 출력합니다.

다음으로 func validateArgs(c config) error의 형태로 정의된 validateArgs() 함수를 생각해봅시다. 함수 규격에 따라 테스트 케이스의 슬라이스를 정의합니다. 하지만 이번에는 이름을 갖는 **구조체** 타입을 정의하는 대신, 다음과 같이 **익명의 구조체** 타입을 정의합니다.

```
tests := []struct {
    c config
    err error
}{
    {
```

```
        c: config{},
        err: errors.New("Must specify a number greater than 0"),
    },
    {
        c: config{numTimes: -1},
        err: errors.New("Must specify a number greater than 0"),
    },
    {
        c: config{numTimes: 10},
        err: nil,
    },
}
```

각 테스트 케이스는 config 타입의 입력 객체 c와 error 값의 err, 총 두 개의 필드로 구성됩니다. 예제 1.3은 이에 대한 테스트 함수를 나타냅니다.

예제 1.3 validateArgs() 함수에 대한 테스트

```
// chap1/manual-parse/validate_args_test.go
package main

import (
    "errors"
    "testing"
)

func TestValidateArgs(t *testing.T) {
    // TODO – 위에서 정의한 tests 슬라이스 삽입
    for _, tc := range tests {
        err := validateArgs(tc.c)
        if tc. err != nil && err.Error() != tc.err.Error() {
            t.Errorf("Expected error to be: %v, got: %v\n", tc.err, err)
        }
        if tc.err == nil && err != nil {
            t.Errorf("Expected nil error, got: %v\n", err)
        }
    }
}
```

예제 1.2와 동일한 서브디렉터리에 예제 1.3의 코드를 파일명 validate_args_test.go로 저장합니다. 그리고 go test 커맨드를 사용하여 테스트를 진행하면, TestParseFlags 테스트와 TestValidateArgs 테스트를 모두 수행할 것입니다.

이제 마지막으로 runCmd() 함수의 유닛 테스트를 작성합시다. 이 함수의 시그니처signature는

runCmd(r io.Reader, w io.Writer, c config)입니다.[4] 이에 대한 테스트 케이스를 다음과 같이 정의합니다.

```
tests := []struct {
    c config
    input string
    output string
    err error
}{
    {
        c: config{printUsage: true},
        output: usageString,
    },
    {
        c: config{numTimes: 5},
        input: "",
        output: strings.Repeat("Your name please? Press the Enter key when done.\n", 1),
        err: errors.New("You didn't enter your name"),
    },
    {
        c: config{numTimes: 5},
        input: "Bill Bryson", output: "Your name please? Press the Enter key when done.\n"
+ strings.Repeat("Nice to meet you Bill Bryson\n", 5),
    },
}
```

c 필드는 입력되는 구성 정보의 config 객체를 나타내는 필드이며, input 필드는 사용자가 프로그램에 입력하는 문자열 정보이고, output 필드는 예상 실행 결과, err 필드는 각 테스트의 구성 정보와 입력 정보로 테스트를 수행할 때 발생할 에러를 나타내는 필드입니다.

사용자로부터 입력을 받는 동작을 흉내 내야 하는 테스트를 작성해야 한다면 다음의 코드를 사용하여 문자열로부터 io.Reader를 생성할 수 있습니다.

```
r := strings.NewReader(tc.input)
```

위에서 생성한 io.Reader r을 사용하여 getName() 함수를 호출하면 scanner.Text() 함수가 호출될 때는 tc.input 변수에 존재하는 문자열이 반환됩니다.

---

4 [옮긴이] 함수의 시그니처란 함수 혹은 메서드가 정의된 형태, 곧 입력으로 어떤 매개변수를 받고 출력으로 어떤 값을 반환하는지를 나타내는 용어입니다.

비슷하게 표준 출력을 흉내 내야 한다면 new(bytes.Buffer)으로 Writer 인터페이스를 구현하는 공백의 Buffer 객체를 만들 수 있습니다. 이후에는 Buffer에 쓰여진 데이터를 읽기 위해서 byteBuf.String() 메서드를 사용합니다. 예제 1.4는 runCmd() 함수에 대한 전체적인 테스트를 나타냅니다.

예제 1.4 runCmd() 함수에 대한 테스트

```
// chap1/manual-parse/run_cmd_test.go
package main

import (
    "bytes"
    "errors"
    "strings"
    "testing"
)

func TestRunCmd(t *testing.T) {
    // TODO - 이전에 정의한 tests 슬라이스 삽입

    byteBuf := new(bytes.Buffer)
    for _, tc := range tests {
        rd := strings.NewReader(tc.input)
        err := runCmd(rd, byteBuf, tc.c)
        if err != nil && tc.err == nil {
            t.Fatalf("Expected nil error, got: %v\n", err)
        }
        if tc.err != nil && err.Error() != tc.err.Error() {
            t.Fatalf("Expected error: %v, Got error: %v\n", tc.err.Error(), err.Error())
        }
        gotMsg := byteBuf.String()
        if gotMsg != tc.output {
            t.Errorf("Expected stdout message to be: %v, Got: %v\n", tc.output, gotMsg)
        }
        byteBuf.Reset()
    }
}
```

다음 테스트 케이스를 수행하기 전에 byteBuf.Reset() 메서드를 호출하여 버퍼를 비웠습니다. 예제 1.4의 코드를 예제 1.1, 1.2, 1.3과 동일한 디렉터리에 파일명 run_cmd_test.go로 저장하고 테스트를 수행해봅니다.

```
$ go test -v
=== RUN TestParseArgs
--- PASS: TestParseArgs (0.00s)
```

```
=== RUN TestRunCmd
--- PASS: TestRunCmd (0.00s)
PASS
ok github.com/practicalgo/code/chap1/manual-parse      0.529s
```

코드의 어느 부분이 테스트되었고 어느 부분이 테스트되지 않았는지 시각적으로 알고 싶다면, 다음의 커맨드를 수행하여 커버리지 프로필coverage profile을 생성합니다.

```
$ go test -coverprofile cover.out
PASS
coverage: 71.7% of statements
ok github.com/practicalgo/code/chap1/manual-parse      0.084s
```

위의 출력을 보면, 작성한 테스트가 실제로 코드를 테스트하는 범위가 main.go 파일 내에 존재하는 코드의 71.7%임을 확인할 수 있습니다. 정확히 코드의 어느 부분인지 확인하려면 다음의 커맨드를 수행합니다.

```
$ go tool cover -html=cover.out
```

위의 커맨드를 수행하면 운영체제에 설정된 기본 브라우저가 열리며 현재 코드의 커버리지를 HTML 파일로 보여줍니다. 주의 깊게 살펴볼 점은, main() 함수는 아직 별도로 테스트를 작성하지 않았기 때문에 커버되지 않았다고 나왔습니다. 이를 해결하기 위해 연습 문제 1.1을 풀어봅시다.

연습 문제 1.1 | main() 함수 테스트하기

이번 연습 문제에서는 main() 함수에 대한 테스트를 작성합니다. 여타 함수에 대한 테스트와는 달리 main() 함수 테스트에서는 여러 입력 인수에 따라 종료 상태 코드를 테스트해야 합니다. 그를 위해 테스트에서는 다음을 수행해야 합니다.

1 애플리케이션을 빌드합니다. 특별하게 TestMain() 함수를 사용하면 도움이 될 것입니다.
2 os.Exec()을 사용하여 빌드한 애플리케이션에 다양한 커맨드 라인 인수를 주어 실행합니다. os.Exec()을 사용하면 표준 출력과 종료 코드를 확인할 수 있습니다.

축하합니다! 이제 첫 커맨드 라인 애플리케이션을 작성하였습니다. 사용자가 제공한 입력을 처리하기 위해 os.Args 슬라이스를 파싱하였습니다. io.Reader 인터페이스와 io.Writer 인터페이스를 사용하여 유닛 테스트 가능한 코드를 작성하는 방법을 배웠습니다.

다음으로 표준 라이브러리의 flag 패키지를 이용하여 커맨드 라인 인수를 파싱하고, 전달된 데이터를 검증하는 방법 등에 대해 알아봅니다.

1.3 flag 패키지 사용

flag 패키지를 사용하기 전에 먼저 커맨드 라인 애플리케이션의 사용자 인터페이스가 일반적으로 어떻게 생겼는지 되짚고 넘어갑시다. application이라는 이름의 커맨드 라인 애플리케이션이 있다고 합시다. 보통 다음과 같은 인터페이스를 갖습니다.

```
application [-h] [-n <value>] -silent <arg1> <arg2>
```

사용자 인터페이스의 각 요소는 다음을 의미합니다.

- -h는 안내 문구를 출력할지 지정하는 불리언 옵션값입니다.
- -n <value>는 사용자가 n이라는 옵션에 대해 지정하는 값입니다. 애플리케이션 내의 로직에서 해당 데이터가 어떠한 타입의 값을 갖는지 결정하면 됩니다.
- -silent는 -h에 이어 또 다른 불리언 옵션값입니다. 이렇게 지정하는 것은 불리언 값을 true로 주는 것과 같은 의미입니다.

arg1과 arg2는 **위치 인수**positional argument를 나타냅니다. 위치 인수의 데이터 타입과 그에 대한 처리는 전적으로 애플리케이션에 달려 있습니다.[5]

위와 같이 flag 패키지는 커맨드 라인 애플리케이션의 인자를 처리하기 위한 표준 동작의 타입과 메서드를 구현합니다. 애플리케이션 실행 시에 -h를 지정해주면 그 외의 모든 인수를 무시하고 애플리케이션 사용법을 출력합니다.

애플리케이션의 옵션은 보통 **필수적인**required 옵션과 **부가적인**optional 옵션이 공존합니다.

위치 인수는 **필수적인 옵션 뒤**에 위치한다는 사실을 주의 깊게 봐주세요. flag 패키지는 위치 인수를 파싱하는 순간 -, --으로 시작하는 옵션[6]을 처리하지 않습니다.

---

5 (옮긴이) 위치 인수란 순서대로 인수를 전달하는 방법을 의미합니다. 즉 순서(위치)가 뒤바뀌면 의미가 달라지므로, 애플리케이션에서 이를 처리할 때 주의해주어야 합니다. 인수를 사용하는 또 다른 방법으로 키워드 인수가 있습니다. 어떠한 값을 전달하기 위해 해당 값과 한 쌍을 이루는 키를 같이 전달하는 방식입니다.

6 (옮긴이) 필수적인 옵션 혹은 부가적인 옵션

표 1.1은 커맨드 라인 인수 샘플에 대해 패키지의 파싱 동작을 요약합니다.

표 1.1 flag 패키지의 커맨드 라인 인수 파싱 동작

커맨드 라인 인수	flag 파싱 동작
-h	애플리케이션 사용법 출력
-h 1 hello -h	애플리케이션 사용법 출력
-n 1 Hello	n의 값을 1로 설정하고 애플리케이션의 위치 인수로 Hello 사용 가능
-n 1 - Hello	n의 값을 1로 설정하고 그 외의 것은 무시
Hello -n 1	-n 1은 무시

옵션 -n으로 넘기는 값만큼 사용자의 이름을 출력하도록 인사 애플리케이션을 다시 작성해봅시다. 다시 작성된 애플리케이션의 사용자 인터페이스는 다음과 같을 것입니다.

```
$ ./application -n 2
Your name please? Press the Enter key when done.
Joe Cool
Nice to meet you Joe Cool
Nice to meet you Joe Cool
```

위의 결과를 예제 1.1과 비교해볼 때 중요한 변경점은 parseArgs() 함수 부분입니다.

```go
func parseArgs(w io.Writer, args []string) (config, error) {
    c := config{}
    fs := flag.NewFlagSet("greeter", flag.ContinueOnError)
    fs.SetOutput(w)
    fs.IntVar(&c.numTimes, "n", 0, "Number of times to greet")
    err := fs.Parse(args)
    if err != nil {
        return c, err
    }
    if fs.NArg() != 0 {
        return c, errors.New("Positional arguments specified")
    }
    return c, nil
}
```

함수는 io.Writer 인터페이스를 만족하는 변수 w와 파싱할 인수를 나타내는 문자열 배열, 총 두 개의 매개변수를 입력으로 받으며 config 객체와 error 값을 반환합니다. 인수를 파싱하기 위하여 다음과 같이 FlagSet 객체를 생성합니다.

```
fs := flag.NewFlagSet("greeter", flag.ContinueOnError)
```

flag 패키지에 정의된 NewFlagSet() 함수를 사용하면 FlagSet 객체를 생성할 수 있습니다. 이 객체는 커맨드 라인 애플리케이션의 인수를 처리하기 위한 추상 객체입니다. NewFlagSet() 함수의 첫 번째 매개변수는 애플리케이션 사용법에 보여줄 애플리케이션 자체의 이름입니다. 두 번째 매개변수는 커맨드 라인 인수를 파싱할 때, 즉 fs.Parse() 함수 수행 도중 오류가 발생하는 경우 어떻게 처리해야 할지를 설정합니다. ContinueOnError 옵션을 지정할 경우 Parse() 함수에서 nil 외의 에러를 반환하더라도 프로그램을 계속해서 실행합니다. 이는 파싱 에러를 직접 처리해야 할 때 유용합니다. 그 외에 사용 가능한 옵션으로는 오류 발생 시에 프로그램을 종료하는 ExitOnError와 panic() 함수를 호출하는 PanicOnError가 있습니다. ExitOnError와 PanicOnError의 차이점은 후자의 경우 recover() 함수를 사용하여 프로그램이 종료되기 전에 마무리 정리 작업cleanup action을 수행할 수 있습니다.

SetOutput() 메서드는 NewFlagSet() 함수를 사용하여 생성한 FlagSet 객체의 진단 메시지 혹은 출력 메시지를 작성하는 데 사용할 writer를 지정합니다. 기본적으로 표준 에러인 os.Stderr의 값을 갖습니다. 이 값을 특정 writer의 w로 지정하여 함수의 동작을 검증하기 위한 유닛 테스트를 작성할 수 있습니다.

다음으로는 첫 번째 플래그 옵션을 정의합니다.

```
fs.IntVar(&c.numTimes, "n", 0, "Number of times to greet")
```

IntVar() 메서드는 int 타입의 값을 받을 수 있는 옵션을 생성합니다. 이 메서드의 첫 번째 매개변수로는 해당 값을 저장할 변수의 주소값[7]을 받습니다. 두 번째 매개변수로는 옵션 자체의 이름, 즉 n을 받습니다. 세 번째 매개변수로는 해당 옵션의 기본 값을 받으며, 마지막 매개변수로는 사용자에게 보여줄 이 옵션의 목적을 나타내는 문자열을 받습니다. 프로그램의 사용법을 출력할 때 마지막 매개변수에 입력된 문자열이 자동으로 보이게 됩니다. 비슷하게 int 타입 외의 다른 타입(float, string, bool)에 해당하는 메서드도 존재합니다. 그 외에 사용자 지정custom 타입에 대해서도 플래그 옵션을 정의할 수 있습니다.[8]

다음으로는 args[] 슬라이스를 매개변수로Parse() 함수를 호출합니다.

---

7   [옮긴이] 즉, 포인터 값

8   [옮긴이] custom이라는 단어는 문맥에 따라서 '사용자 지정'이라고 번역하였고, 혹은 음차하여 '커스텀'이라고도 하였습니다.

```
err := fs.Parse(args)
if err != nil {
    return c, err
}
```

이 함수는 슬라이스의 요소를 읽고 각 요소를 정의된 flag 옵션들에 대해 검사합니다.

옵션 검사를 진행하며 지정된 플래그 값을 설정된 각 변수에 할당하고, 에러가 발생할 경우 NewFlagSet() 함수의 두 번째 매개변수에 지정된 값에 따라 에러를 반환하거나 혹은 프로그램의 실행을 종료시킵니다. nil 외의 에러가 반환되면 parseArgs() 함수는 빈 config 객체와 error 값을 반환합니다.

에러값이 nil로 반환되면 위치 인수가 지정되었는지를 확인하고, 지정된 경우에는 객체 c와 error 값을 반환합니다.

```
if fs.NArg() != 0 {
    return c, errors.New("Positional arguments specified")
}
```

인사 프로그램이 별도의 위치 인수를 필요로 하지 않으니 이를 확인하고 하나 이상의 값이 지정된 경우 에러를 출력합니다. NArg() 메서드는 플래그 옵션이 파싱된 이후에 주어진 위치 인수의 개수를 반환합니다.

예제 1.5는 전체적인 프로그램을 나타냅니다.

예제 1.5 flag 패키지를 이용한 인사 프로그램

```
// chap1/flag-parse/main.go
package main

import (
    "bufio"
    "errors"
    "flag"
    "fmt"
    "io"
    "os"
)

type config struct {
    numTimes int
```

```
}

// TODO - 예제 1.1의 getName() 함수 정의 삽입
// TODO - 예제 1.1의 greetUser() 함수 정의 삽입
// TODO - 예제 1.1의 runCmd() 함수 정의 삽입
// TODO - 예제 1.1의 validateArgs() 함수 정의 삽입

func parseArgs(w io.Writer, args []string) (config, error) {
    c := config{}
    fs := flag.NewFlagSet("greeter", flag.ContinueOnError)
    fs.SetOutput(w)
    fs.IntVar(&c.numTimes, "n", 0, "Number of times to greet")
    err := fs.Parse(args)
    if err != nil {
        return c, err
    }
    if fs.NArg() != 0 {
        return c, errors.New("Positional arguments specified")
    }
    return c, nil
}
func main() {
    c, err := parseArgs(os.Stderr, os.Args[1:])
    if err != nil {
        fmt.Fprintln(os.Stdout, err)
        os.Exit(1)
    }
    err = validateArgs(c)
    if err != nil {
        fmt.Fprintln(os.Stdout, err)
        os.Exit(1)
    }
    err = runCmd(os.Stdin, os.Stdout, c)
    if err != nil {
        fmt.Fprintln(os.Stdout, err)
        os.Exit(1)
    }
}
```

parseArgs() 함수에서 -h, -help 인수를 처리하기 때문에 config 구조체에 더 이상 printUsage 필드가 없습니다. chap1/flag-parse/의 새로운 디렉터리를 생성하고 모듈을 초기화합니다.[9]

---

9 (옮긴이) printUsage 필드가 없기 때문에, 예제 1.1의 함수(getName, greetUser, runCmd, validateArgs) 내에서 사용되는 printUsage 필드를 삭제하거나 주석처리해주시면 됩니다.

```
$ mkdir -p chap1/flag-parse
$ cd chap1/flag-parse
$ go mod init github.com/username/flag-parse
```

다음으로는 예제 1.5의 코드를 파일명 main.go로 저장하고 빌드합니다.

```
$ go build -o application
```

별도의 인수를 지정하지 않고 커맨드를 실행합니다. 다음과 같은 오류 메시지가 출력되는 것을 확인할 수 있습니다.

```
$ ./application
Must specify a number greater than 0
```

커맨드에 -h 옵션을 지정하여 실행합니다.

```
$ ./application -h
Usage of greeter:
 -n int
    Number of times to greet
flag: help requested
```

플래그 파싱을 처리하는 로직에서 -h 옵션을 인식하고 NewFlagSet() 함수 호출 시에 지정된 애플리케이션 이름, 설정된 옵션들의 이름과 데이터 타입, 설명이 포함된 사용법 메시지를 출력합니다. 위 출력의 마지막 줄은 명시적으로 -h 옵션을 정의하지 않았기 때문에 Parse() 함수가 에러를 반환하여 main() 함수의 에러 처리 로직에 의해 보이게 됩니다. 다음 절에서 이러한 동작을 개선할 방법을 알아봅니다.

다음으로는 -n 옵션에 정수 이외의 값을 지정하여 프로그램을 실행해봅니다.

```
$ ./application -n abc
invalid value "abc" for flag -n: parse error
Usage of greeter:
   -n int
    Number of times to greet
invalid value "abc" for flag -n: parse error
```

정수 외의 값을 지정하여 타입 검사 오류가 발생하였습니다. 게다가 오류가 두 번 발생한 것에 주목하세요. 이번 장의 후반부에서 이 문제를 수정할 것입니다.

마지막으로 정상적인 -n 옵션값으로 프로그램을 실행해봅니다.

```
$ ./application -n 4
Your name please? Press the Enter key when done.
John Doe
Nice to meet you John Doe
Nice to meet you John Doe
Nice to meet you John Doe
Nice to meet you John Doe
```

1.3.1 플래그 파싱 로직 테스트

우리가 지금까지 작성한 인사 프로그램의 첫 번째 버전 대비 가장 주요한 변화는 flag 패키지를 이용한 커맨드 라인 인수 파싱 방법에 있습니다. 여러분은 이미 인사 프로그램, 특히 parseArgs() 함수를 유닛 테스트에 용이한 방식으로 작성했다는 사실을 이해하셨을 겁니다. 즉, 다음과 같습니다.

1. 함수 내에서 새로운 FlagSet 객체를 생성합니다.
2. FlagSet 객체의 Output() 메서드를 사용하여 FlagSet의 모든 메서드가 지정된 io.Writer 객체의 w 변수로 출력되도록 합니다.
3. 파싱할 인수를 매개변수 args로 전달합니다.

parseArgs() 함수는 잘 캡슐화되었으며, 전역적인 상태를 사용하지 않습니다.[10] 예제 1.6은 이 함수에 대한 테스트를 나타냅니다.

예제 1.6 parseArgs() 함수에 대한 테스트

```
//chap1/flag-parse/parse_args_test.go
package main

import (
    "bytes"
    "errors"
    "testing"
)
```

---

10 (옮긴이) 즉, 부수 효과를 발생시키지 않습니다.

```go
func TestParseArgs(t *testing.T) {
    tests := []struct {
        args     []string
        err      error
        numTimes int
    }{
        {
            args:     []string{"-h"},
            err:      errors.New("flag: help requested"),
            numTimes: 0,
        },
        {
            args:     []string{"-n", "10"},
            err:      nil,
            numTimes: 10,
        },
        {
            args:     []string{"-n", "abc"},
            err:      errors.New("invalid value \"abc\" for flag -n: parse error"),
            numTimes: 0,
        },
        {
            args:     []string{"-n", "1", "foo"},
            err:      errors.New("Positional arguments specified"),
            numTimes: 1,
        },
    }
    byteBuf := new(bytes.Buffer)
    for _, tc := range tests {
        c, err := parseArgs(byteBuf, tc.args)
        if tc.err == nil && err != nil {
            t.Errorf("Expected nil error, got: %v\n", err)
        }
        if tc.err != nil && err.Error() != tc.err.Error() {
            t.Errorf("Expected error to be: %v, got: %v\n",
                tc.err, err)
        }
        if c.numTimes != tc.numTimes {
            t.Errorf("Expected numTimes to be: %v, got: %v\n",
                tc.numTimes, c.numTimes)
        }
        byteBuf.Reset()
    }
}
```

예제 1.5의 코드를 저장했던 디렉터리에 예제 1.6의 코드를 파일명 parse_args_test.go로 저장합니다.

runCmd() 함수에 대한 유닛 테스트는 예제 1.4의 코드와 printUsage가 true로 설정된 경우의 테스트를 제외하고는 동일합니다. 테스트하고자 하는 테스트 케이스는 다음과 같습니다.

```
tests := []struct {
    c config
    input string
    output string
    err error
} {
    {
        c: config{numTimes: 5},
        input: "",
        output: strings.Repeat("Your name please? Press the Enter key when done.\n", 1),
        err: errors.New("You didn't enter your name"),
    },
    {
        c: config{numTimes: 5},
        input: "Bill Bryson",
        output: "Your name please? Press the Enter key when done.\n" +
strings.Repeat("Nice to meet you Bill Bryson\n", 5),
    },
}
```

전체적인 테스트 코드는 책의 코드 리포지터리의 flag-parse 서브디렉터리 내의 run_cmd_test.go 파일에 있습니다.

validateArgs() 함수에 대한 테스트 역시 마찬가지로 예제 1.3의 코드와 동일합니다. 책의 코드 리포지터리의 flag-parse 서브디렉터리 내의 validate_args_test.go 파일을 확인하세요. 이제, 모든 테스트를 수행합니다.

```
$ go test -v
=== RUN TestSetupFlagSet
--- PASS: TestSetupFlagSet (0.00s)
=== RUN TestRunCmd
--- PASS: TestRunCmd (0.00s)
=== RUN TestValidateArgs
--- PASS: TestValidateArgs (0.00s)
PASS
ok      github.com/practicalgo/code/chap1/flag-parse    0.610s
```

좋습니다. 인사 애플리케이션의 플래그 파싱 로직을 flag 패키지를 이용하여 재작성하였고, 유닛 테스트 또한 업데이트하여 새로 작성된 함수를 테스트하도록 하였습니다. 다음으로는 몇 가지 방법으로 애플리케이션의 사용자 인터페이스를 개선하는 작업을 할 것입니다. 하지만 그 전에 먼저 연습 문제 1.2를 풀어봅시다.

연습 문제 1.2 | HTML 인사 페이지 생성기

이번 연습 문제에서는 인사 애플리케이션을 업데이트하여 사용자의 홈페이지 역할을 하는 HTML 페이지를 생성하도록 합니다. 애플리케이션 내에 새로운 옵션 -o를 추가하고, 해당 옵션의 변숫값을 파일시스템 경로로 사용합니다. -o 옵션을 지정할 경우, 인사 애플리케이션은 다음의 내용(사용자 이름으로 Jane Clancy가 입력된 경우)을 포함하는 HTML 페이지를 -o 옵션에 지정된 경로에 생성하도록 합니다.

```
<h1>Hello Jane Clancy</h1>
```

이번 연습 문제에서 html/template 패키지를 사용해도 됩니다.

1.4 사용자 인터페이스 개선

다음 절에서는 인사 애플리케이션의 사용자 인터페이스를 세 가지 방법으로 개선할 것입니다.

- 중복된 오류 메시지를 제거합니다.
- 도움말 사용법 메시지를 사용자 정의합니다.
- 위치 인수를 통해 사용자의 이름을 입력 받을 수 있도록 합니다.

이러한 개선 사항들을 구현하며 사용자 정의 에러값을 작성하는 방법, 사용자 정의 메시지에 사용할 FlagSet 객체를 수정하는 방법, 그리고 애플리케이션 내에서 위치 인수에 접근하는 방법을 배우게 됩니다.

1.4.1 중복된 오류 메시지 제거

오류 메시지가 두 번 출력되었던 것을 기억하실 겁니다. 이는 main() 함수에서 다음의 코드 때문에 발생합니다.

```
c, err := parseArgs(os.Stderr, os.Args[1:])
if err != nil {
```

```
        fmt.Println(err)
        os.Exit(1)
    }
```

Parse() 함수 호출 도중에 오류가 발생하면 fs.SetOutput() 함수에 설정된 writer에 해당 에러를 출력하게 됩니다. 그러고 나서 반환된 에러는 위의 코드와 같이 main() 함수에 의해 출력되게 됩니다.[11] 언뜻 보기에는 그냥 main() 함수의 출력 부분을 빼버리면 되는 간단한 문제처럼 보입니다. 하지만 그렇게 되면 위치 인수가 지정되지 않은 경우 등 사용자가 지정한 에러가 반환되면 그 또한 출력되지 않는다는 것을 의미합니다. 그러므로 사용자 정의 에러값을 생성하고, 그 값을 반환하도록 하겠습니다. 반환된 에러가 사용자 정의 에러일 때만 출력하도록 하고, 그 외에는 출력하지 않도록 할 것입니다.

사용자 정의 에러값은 다음과 같이 생성됩니다.

```
var errPosArgsSpecified = errors.New("Positional arguments specified")
```

parseArgs() 함수에서는 다음의 에러를 반환하도록 코드를 업데이트합니다.

```
if fs.NArg() != 0 {
    return c, errPosArgSpecified
}
```

그리고 main() 함수의 코드를 다음과 같이 업데이트합니다.

```
c, err := parseArgs(os.Stderr, os.Args[1:])
if err != nil {
    if errors.Is(err, errPosArgSpecified) {
        fmt.Fprintln(os.Stdout, err)
    }
    os.Exit(1)
}
```

errors.Is() 함수를 사용하여 반환된 에러값 err가 errPosArgSpecified 값과 일치하는지 확인하고, 일치하는 경우에만 오류 메시지를 화면에 출력합니다.

---

11 [옮긴이] fmt.Println(err) 부분

1.4.2 사용법 메시지 사용자 정의

예제 1.5의 코드를 예제 1.1과 비교해보면 별도로 usageString을 지정하지 않은 것을 확인할 수 있습니다. 이는 flag 패키지에서 FlagSet에 정의된 이름과 옵션들을 기반으로 사용법 메시지를 자동으로 만들어 주기 때문에 그렇습니다. 이를 사용자가 직접 정의customize하려면 어떻게 해야 할까요? 다음과 같이 FlagSet 객체의 Usage 속성값에 함수를 정의하여 이를 해결할 수 있습니다.

```
fs.Usage = func() {
    var usageString = `
A greeter application which prints the name you entered a specified
number of times.

Usage of %s: `

    fmt.Fprintf(w, usageString, fs.Name())
    fmt.Fprintln(w)
    fs.PrintDefaults()
}
```

FlagSet 객체의 Usage 속성값으로 사용자 정의 함수custom function를 설정하면 플래그 파싱에 오류가 발생할 때 해당 함수를 호출합니다. 사용자 정의 함수가 익명 함수anonymous function로 정의되어서 지정된 writer 객체 w를 사용하여 사용자 정의된 사용법 메시지를 표출하는 데에 사용됨을 확인하세요. 함수 내에서는 설정된 FlagSet의 이름을 Name() 메서드를 통해 접근합니다. 이후에는 개행 문자를 출력한 뒤 정의된 플래그 옵션값들의 이름과 데이터 타입, 기본값을 출력해주는 PrintDefaults() 메서드를 호출합니다. 업데이트된 parseArgs() 함수는 다음과 같습니다.

```
func parseArgs(w io.Writer, args []string) (config, error) {
    c := config{}
    fs := flag.NewFlagSet("greeter", flag.ContinueOnError)
    fs.SetOutput(w)
    fs.Usage = func() {
        var usageString = `
A greeter application which prints the name you entered a specified number of times.

Usage of %s: <options> [name]`
        fmt.Fprintf(w, usageString, fs.Name())
        fmt.Fprintln(w)
        fmt.Fprintln(w, "Options: ")
        fs.PrintDefaults()
    }
    fs.IntVar(&c.numTimes, "n", 0, "Number of times to greet")
```

```
    err := fs.Parse(args)
    if err != nil {
        return c, err
    }
    if fs.NArg() > 1 {
        return c, errInvalidPosArgSpecified
    }
    if fs.NArg() == 1 {
        c.name = fs.Arg(0)
    }
    return c, nil
}
```

다음으로는 마지막으로 개선할 부분을 구현해봅니다. 이제 인사 프로그램에서 위치 인수를 통해 이름을 받도록 합니다. 위치 인수가 지정되지 않은 경우 사용자에게 직접 이름을 입력받도록 합니다.

1.4.3 위치 인수를 통해 이름 받기

먼저 string 타입의 name 필드를 포함하도록 config 구조체를 다음과 같이 업데이트합니다.

```
type config struct {
    numTimes    int
    name        string
}
```

그리고 greetUser() 함수를 다음과 같이 업데이트합니다.

```
func greetUser(c config, w io.Writer) {
    msg := fmt.Sprintf("Nice to meet you %s\n", c.name)
    for i := 0; i < c.numTimes; i++ {
        fmt.Fprintf(w, msg)
    }
}
```

다음으로는 사용자 정의 에러값을 다음과 같이 업데이트합니다.

```
var errInvalidPosArgSpecified = errors.New("More than one positional argument specified")
```

parseArgs() 함수가 위치 인수를 찾도록 업데이트하고, 찾은 경우에는 config 객체의 name 속성값을 설정하도록 합니다.

```
    if fs.NArg() > 1 {
        return c, errInvalidPosArgSpecified
    }
    if fs.NArg() == 1 {
        c.name = fs.Arg(0)
    }
```

이름이 지정되지 않았거나 이름이 공백인 경우에만 사용자에게 이름을 입력 받도록 runCmd() 함수를 업데이트합니다.

```
func runCmd(rd io.Reader, w io.Writer, c config) error {
    var err error
    if len(c.name) == 0 {
        c.name, err = getName(rd, w)
        if err != nil {
            return err
        }
    }
    greetUser(c, w)
    return nil
}
```

예제 1.7은 지금까지의 변화된 부분을 포함하는 전체적인 프로그램을 보여줍니다.

예제 1.7 **사용자 인터페이스가 업데이트된 인사 프로그램**

```
// chap1/flag-improvements/main.go
package main

import (
    "errors"
    "fmt"
    "os"
)

type config struct {
    numTimes int
    name     string
}

var errInvalidPosArgSpecified = errors.New("More than one positional argument specified")

// TODO - 예제 1.5의 getName() 함수 정의 삽입
// TODO - 위에서 정의한 greetUser() 함수 정의 삽입
```

```
// TODO – 위에서 정의한 runCmd() 함수 정의 삽입
// TODO – 예제 1.5의 validateArgs() 함수 정의 삽입
// TODO – 위에서 정의한 parseArgs() 함수 정의 삽입

func main() {
    c, err := parseArgs(os.Stderr, os.Args[1:])
    if err != nil {
        if errors.Is(err, errInvalidPosArgSpecified) {
            fmt.Fprintln(os.Stdout, err)
        }
        os.Exit(1)
    }
    err = validateArgs(c)
    if err != nil {
        fmt.Fprintln(os.Stdout, err)
        os.Exit(1)
    }
    err = runCmd(os.Stdin, os.Stdout, c)
    if err != nil {
        fmt.Fprintln(os.Stdout, err)
        os.Exit(1)
    }
}
```

chap1/flag-improvements/ 경로에 새로운 디렉터리를 생성하고 모듈을 초기화합니다.

```
$ mkdir -p chap1/flag-improvements
$ cd chap1/flag-improvements
$ go mod init github.com/username/flag-improvements
```

다음으로는 예제 1.7의 코드를 파일명 main.go로 저장하고, 다음의 커맨드로 빌드합니다.

```
$ go build -o application
```

빌드한 애플리케이션에 -help 인수를 주어 실행시키면, 사용자 정의 도움말이 나오는 것을 확인할 수 있습니다.

```
$ ./application -help

A greeter application which prints the name you entered a specified number of times.

Usage of greeter: <options> [name]
```

```
Options:
  -n int
    Number of times to greet
```

이제 위치 인수에 이름을 지정해봅시다.

```
$ ./application -n 1 "Jane Doe"
Nice to meet you Jane Doe
```

다음으로는 잘못된 플래그 값을 지정해봅시다. -n 옵션으로 문자열 값을 지정합니다.

```
$ ./application -n a "Jane Doe"
invalid value "a" for flag -n: parse error

A greeter application which prints the name you entered a specified number of times.

Usage of greeter: <options> [name]

Options:
  -n int
    Number of times to greet
```

주목할 만한 두 가지 요소는 다음과 같습니다.

- 이전과는 달리 오류가 단 한 번만 출력됩니다.
- 기본 사용법 대신에 직접 사용자가 지정한 도움말이 출력됩니다.

몇 가지 조합의 전달 인자를 주어 커맨드 라인 애플리케이션을 테스트한 뒤, 다음 절에서 유닛 테스트를 업데이트합니다.

1.5 유닛 테스트 업데이트

지금까지 수정한 함수들의 유닛 테스트를 업데이트하며 이번 장을 마무리합니다. 먼저 parseArgs() 함수를 생각해봅시다. 테스트 케이스를 정의하기 위해 새로운 익명의 struct를 정의합니다.

```
tests := []struct {
    args    []string
```

```
    config
    output      string
    err       error
}{..}
```

각 필드는 다음의 의미를 가집니다.

- **args**: 파싱할 커맨드 라인 인수를 포함하는 문자열 슬라이스
- **config**: 인수를 기반으로 생성된 config 객체 값을 나타내는 임베딩된 구조체 필드
- **output**: 예상되는 표준 출력을 저장하는 문자열
- **err**: 예상되는 오류를 저장하는 에러값

다음으로는 다양한 테스트 케이스를 나타내는 테스트 케이스 슬라이스를 정의합니다. 첫 번째 케이스는 다음과 같습니다.

```
{
    args: []string{"-h"},
    output: `
A greeter application which prints the name you entered a specified number of times.

Usage of greeter: <options> [name]

Options:
  -n int
    Number of times to greet
`,
    err: errors.New("flag: help requested"),
    config: config{numTimes: 0},
},
```

위의 테스트는 프로그램의 인수로 -h를 전달하였을 때의 동작을 테스트합니다. 즉, 사용법 메시지를 출력하는 동작입니다. 그리고 parseArgs() 함수의 -n 옵션으로 다양한 값을 지정하였을 때의 동작을 테스트하는 두 개의 테스트 케이스를 살펴봅시다.

```
{
    args: []string{"-n", "10"},
    err: nil,
    config: config{numTimes: 10},
},
{
```

```
        args: []string{"-n", "abc"},
        err: errors.New("invalid value \"abc\" for flag -n: parse error"),
        config: config{numTimes: 0},
    },
```

마지막 두 개의 테스트 케이스는 위치 인수로 이름을 지정하는 테스트 케이스입니다.

```
    {
        args: []string{"-n", "1", "John Doe"},
        err: nil,
        config: config{numTimes: 1, name: "John Doe"},
    },
    {
        args: []string{"-n", "1", "John", "Doe"},
        err: errors.New("More than one positional argument specified"),
        config: config{numTimes: 1},
    },
```

"John Doe"를 하나의 쌍따옴표로 전달하면 유효한 값으로 인식하지만, 각 단어를 별도로 쌍따옴표 없이 전달하면 별도의 두 개의 위치 인수로 인식되어 함수가 에러를 반환합니다. 예제 1.8은 전체적인 테스트를 나타냅니다.

예제 1.8 parseArgs() 함수 테스트

```go
// chap1/flag-improvements/parse_args_test.go
package main

import (
    "bufio"
    "bytes"
    "errors"
    "testing"
)

func TestParseArgs(t *testing.T) {
    tests := []struct {
        args []string
        config
        output string
        err    error
    }{
        // TODO - 위에서 정의한 테스트 케이스 삽입
    }
```

```
        byteBuf := new(bytes.Buffer)
        for _, tc := range tests {
            c, err := parseArgs(byteBuf, tc.args)
            if tc.err == nil && err != nil {
                t.Fatalf("Expected nil error, got: %v\n", err)
            }
            if tc.err != nil && err.Error() != tc.err.Error() {
                t.Fatalf("Expected error to be: %v, got: %v\n", tc.err, err)
            }
            if c.numTimes != tc.numTimes {
                t.Errorf("Expected numTimes to be: %v, got: %v\n",
                    tc.numTimes, c.numTimes)
            }
            gotMsg := byteBuf.String()
            if len(tc.output) != 0 && gotMsg != tc.output {
                t.Errorf("Expected stdout message to be: %#v, Got: %#v\n", tc.output, gotMsg)
            }
            byteBuf.Reset()
        }
    }
```

예제 1.7의 코드를 저장한 디렉터리에 예제 1.8의 코드를 파일명 parse_args_test.go로 저장합니다. validateArgs() 함수의 테스트는 예제 1.3의 코드와 같으며, 책의 코드 리포지터리의 flag-improvements 서브디렉터리 내의 validate_args_test.go 파일에 있습니다.

runCmd() 함수에 대한 유닛 테스트는 예제 1.4의 코드와 사용자 이름을 위치 인수로 받는다는 새로운 설정 구성을 제외하고는 동일합니다. 테스트 케이스 슬라이스는 다음과 같이 정의됩니다.

```
tests := []struct {
    c config
    input string
    output string
    err error
}{
    // 사용자 입력으로 공백 문자열을 입력하는 동작 테스트
    {
        c: config{numTimes: 5},
        input: "",
        output: strings.Repeat("Your name please? Press the Enter key when done.\n", 1),
        err: errors.New("You didn't enter your name"),
    },

    // 위치 인수를 지정하지 않아서 사용자에게 입력을 받는 동작 테스트
    {
```

```
            c: config{numTimes: 5},
            input: "Bill Bryson",
            output: "Your name please? Press the Enter key when done.\n" +
strings.Repeat("Nice to meet you Bill Bryson\n", 5),
        },
        // 위치 인수로 사용자 이름을 입력하는 동작 테스트
        {
            c: config{numTimes: 5, name: "Bill Bryson"},
            input: "",
            output: strings.Repeat("Nice to meet you Bill Bryson\n", 5),
        },
    }
```

예제 1.9는 전체적인 테스트를 나타냅니다.

예제 1.9 runCmd() 함수에 대한 테스트

```
// chap1/flag-improvements/run_cmd_test.go
package main

import (
    "bytes"
    "errors"
    "strings"
    "testing"
)

func TestRunCmd(t *testing.T) {
    tests := []struct {
        c      config
        input  string
        output string
        err    error
    }{
        // TODO - 위의 테스트 케이스 삽입
    }
    byteBuf := new(bytes.Buffer)
    for _, tc := range tests {
        r := strings.NewReader(tc.input)
        err := runCmd(r, byteBuf, tc.c)
        if err != nil && tc.err == nil {
            t.Fatalf("Expected nil error, got: %v\n", err)
        }
        if tc.err != nil && err.Error() != tc.err.Error() {
            t.Fatalf("Expected error: %v, Got error: %v\n", tc.err.Error(), err.Error())
        }
        gotMsg := byteBuf.String()
```

```
        if gotMsg != tc.output {
            t.Errorf("Expected stdout message to be: %v, Got: %v\n", tc.output, gotMsg)
        }
        byteBuf.Reset()
    }
}
```

예제 1.8의 코드를 저장한 디렉터리에 예제 1.9의 코드를 파일명 run_cmd_test.go로 저장합니다.

이제 테스트를 수행합니다.

```
$ go test -v
=== RUN TestParseArgs
--- PASS: TestParseArgs (0.00s)
=== RUN TestRunCmd
--- PASS: TestRunCmd (0.00s)
=== RUN TestValidateArgs
--- PASS: TestValidateArgs (0.00s)
PASS
ok      github.com/practicalgo/code/chap1/flag-improvements      0.376s
```

1.6 요약

이번 장에서는 먼저 커맨드 라인 인수를 직접 파싱하여 기본적인 커맨드 라인 인터페이스를 구현하였습니다. 이후에는 flag 패키지를 활용하여 표준 커맨드 라인 인터페이스를 정의하는 방법을 알아보았습니다. 인수의 플래그 파싱과 검증 로직을 직접 구현하지 않고도 표준 패키지의 내장 지원 기능을 활용하여 사용자가 정의한 입력 변수를 처리하고 데이터 타입을 검증하는 방법을 배웠습니다. 유닛 테스트에 직관적이도록 캡슐화된 함수를 작성하였습니다.

다음 장에서는 커맨드 라인 애플리케이션의 서브커맨드를 구현해보고, 애플리케이션의 강건성을 위한 작업 등을 살펴보며 flag 패키지에 대한 여정을 계속할 것입니다.

2 CHAPTER

고급 커맨드 라인 애플리케이션

이번 장에서는 flag 패키지를 사용하여 서브커맨드를 활용하는 커맨드 라인 애플리케이션을 구현하는 방법을 배웁니다. 이후에는 콘텍스트를 활용하여 커맨드 라인 애플리케이션의 동작을 예측 가능하도록 제어하는 방법을 살펴봅니다. 마지막으로 애플리케이션 내에서 콘텍스트와 운영체제 시그널 처리를 함께 사용하는 방법을 알아봅니다. 이제 시작합시다.

2.1 서브커맨드 구현

서브커맨드sub-command는 논리적으로 개별의 기능에 대해 커맨드 라인 애플리케이션을 독립적인 별도의 커맨드와 옵션, 인수를 갖도록 분리하는 방법입니다. 원래의 애플리케이션, 즉 최상위 계층top-level의 커맨드가 있고, 각각의 고유한 옵션과 인수를 갖는 서브커맨드의 집합이 있습니다. 예를 들어 Go 언어 자체의 툴체인은 하나의 단일 애플리케이션인 최상위 계층의 루트 커맨드, go로 배포됩니다. Go 언어 개발자는 툴체인이 제공하는 다양한 고유의 기능들을 build, fmt, test와 같은 별도의 서브커맨드를 사용하여 접근합니다.

1장에서 커맨드 라인 애플리케이션을 만들기 위해 먼저 FlagSet 객체를 생성했던 것을 기억하실 겁니다. 서브커맨드를 갖는 애플리케이션을 만들기 위해서는 각 서브커맨드마다 하나의 FlagSet 객체를 생성해야 합니다. 그리고 어느 서브커맨드가 지정되었는지에 따라 해당 서브커맨드에 알맞은 FlagSet 객체를 사용하여 남은 커맨드 라인 인수를 파싱합니다(그림 2.1을 확인하세요).

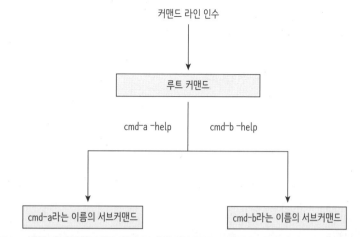

커맨드 라인 인수

루트 커맨드

cmd-a -help   cmd-b -help

cmd-a라는 이름의 서브커맨드   cmd-b라는 이름의 서브커맨드

그림 2.1 메인 애플리케이션은 커맨드 라인 인수를 보고 알맞은 서브커맨드 핸들러를 호출함

cmd-a와 cmd-b의 두 개의 서브커맨드를 갖는 애플리케이션의 main() 함수를 생각해봅시다.

```go
func main() {
    var err error
    if len(os.Args) < 2 {
        printUsage(os.Stdout)
        os.Exit(1)
    }
    switch os.Args[1] {
    case "cmd-a":
        err = handleCmdA(os.Stdout, os.Args[2:])
    case "cmd-b":
        err = handleCmdB(os.Stdout, os.Args[2:])
    default:
        printUsage(os.Stdout)
    }

    if err != nil {
        fmt.Println(err)
    }
    os.Exit(1)
}
```

애플리케이션을 실행할 때 전달된 커맨드 라인 인수는 os.Args 슬라이스에 존재합니다.

1. 두 번째 인수가 cmd-a인 경우 handleCmdA() 함수를 호출합니다.

2. 두 번째 인수가 cmd-b인 경우 handleCmdB() 함수를 호출합니다.

3. 별도의 서브커맨드 없이 애플리케이션이 호출되었거나 위의 두 상황에 해당하지 않은 경우 printUsage() 함수가 호출되며 도움말 메시지를 출력하고 애플리케이션을 종료합니다.

handleCmdA() 함수는 다음과 같이 구현됩니다.

```
func handleCmdA(w io.Writer, args []string) error {
    var v string
    fs := flag.NewFlagSet("cmd-a", flag.ContinueOnError)
    fs.SetOutput(w)
    fs.StringVar(&v, "verb", "argument-value", "Argument 1")
    err := fs.Parse(args)
    if err != nil {
        return err
    }
    fmt.Fprintf(w, "Executing command A")
    return nil
}
```

위의 함수는 1장의 인사 애플리케이션에서 구현했던 parseArgs() 함수와 매우 유사합니다. 새로운 FlagSet 객체를 생성하고, 다양한 옵션으로 셋업을 수행하고, 특정 인수의 슬라이스를 파싱합니다. handleCmdB() 함수는 cmd-b 서브커맨드만의 필요한 셋업을 수행합니다.

printUsage() 함수는 다음과 같이 정의됩니다.

```
func printUsage(w io.Writer) {
    fmt.Fprintf(w, "Usage: %s [cmd-a|cmd-b] -h\n", os.Args[0])
    handleCmdA(w, []string{"-h"})
    handleCmdB(w, []string{"-h"})
}
```

fmt.Fprintf() 함수를 사용하여 애플리케이션의 사용법 메시지를 출력하고, 이후에는 -h 하나를 포함하는 인수 슬라이스를 매개변수로 각 서브커맨드의 핸들러 함수를 호출합니다. 그 결과로 각 서브커맨드의 사용법 메시지를 출력하게 됩니다.

예제 2.1은 전체적인 프로그램을 보여줍니다.

예제 2.1 커맨드 라인 애플리케이션에서 서브커맨드 구현하기

```go
// chap2/sub-cmd-example/main.go
package main

import (
    "flag"
    "fmt"
    "io"
    "os"
)

// TODO – 이전에 정의한 handleCmdA() 함수 정의 삽입

func handleCmdB(w io.Writer, args []string) error {
    var v string
    fs := flag.NewFlagSet("cmd-b", flag.ContinueOnError)
    fs.SetOutput(w)
    fs.StringVar(&v, "verb", "argument-value", "Argument 1")
    err := fs.Parse(args)
    if err != nil {
        return err
    }
    fmt.Fprintf(w, "Executing command B")
    return nil
}

// TODO – 이전에 정의한 printUsage() 함수 정의 삽입

func main() {
    var err error
    if len(os.Args) < 2 {
        printUsage(os.Stdout)
        os.Exit(1)
    }
    switch os.Args[1] {
    case "cmd-a":
        err = handleCmdA(os.Stdout, os.Args[2:])
    case "cmd-b":
        err = handleCmdB(os.Stdout, os.Args[2:])
    default:
        printUsage(os.Stdout)
    }
    if err != nil {
        fmt.Fprintln(os.Stdout, err)
        os.Exit(1)
    }
}
```

chap2/sub-cmd-example/ 경로로 새로운 디렉터리를 생성하고, 디렉터리 안에서 모듈을 초기화합니다.

```
$ mkdir -p chap2/sub-cmd-example
$ cd chap2/sub-cmd-example
$ go mod init github.com/username/sub-cmd-example
```

그다음으로 예제 2.1의 코드를 파일명 main.go로 저장하고, 빌드 후 별도의 인수 없이 실행합니다.

```
$ go build -o application

$ ./application
Usage: ./application [cmd-a¦cmd-b] -h
Usage of cmd-a:
  -verb string
        Argument 1 (default "argument-value")
Usage of cmd-b:
  -verb string
        Argument 1 (default "argument-value")
```

아무 서브커맨드나 실행해봅시다.

```
$ ./application cmd-a
Executing command A

$ ./application cmd-b
Executing command B
```

이제 여러 개의 FlagSet 객체를 생성하여 커맨드 라인 애플리케이션에서 서브커맨드를 구현하는 방법을 살펴보았습니다. 각 서브커맨드는 독립적인 커맨드 라인 애플리케이션과 같이 구성됩니다. 따라서 서브커맨드는 애플리케이션 내의 연관 없는 기능을 분리하여 구현하기에 훌륭한 방법입니다. 예를 들어 Go 언어 커맨드 라인 툴셋의 go build라는 서브커맨드는 빌드와 연관된 기능들을 제공하며, go test라는 서브커맨드는 테스트와 연관된 기능을 제공합니다.

이 개념을 바탕으로 더욱 확장성 있는 애플리케이션을 작성하기 위한 방법을 살펴봅시다.

2.1.1 서브커맨드 주도 애플리케이션 아키텍처

커맨드 라인 애플리케이션을 개발함에 있어서 메인 패키지는 가급적 최소화하고 실질적인 기능은 별도의 패키지로 분리하거나, 혹은 서브커맨드 구현을 위한 패키지로 분리하는 것이 확장성의 측면에 있어서 좋은 방향입니다. 메인 패키지는 커맨드 라인 인수를 파싱하고 연관된 서브커맨드 핸들러 함수를 호출합니다. 인수를 제대로 인식할 수 없는 경우 서브커맨드의 사용법 메시지를 포함하여 도움말 메시지를 출력합니다(그림 2.2 참조).

다음으로는 이 책의 후반부에서 작성할 범용 커맨드 라인 네트워크 클라이언트의 기반 코드를 작성해봅니다. 이 프로그램의 이름은 my network client의 줄임말로 mync라 부릅시다. 지금은 서브커맨드의 세부 구현은 신경 쓰지 않습니다. 이 책의 후반부에서 이와 관련한 구현 시에 다시 살펴보도록 합니다.

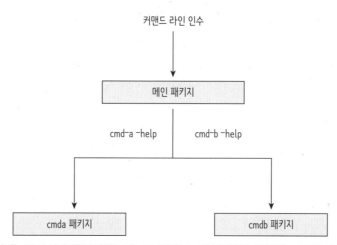

그림 2.2 **메인 패키지는 루트 커맨드를 구현합니다. 서브커맨드는 각 커맨드에 해당하는 고유한 패키지를 구현합니다.**

먼저 main 패키지의 구현체를 살펴봅니다. 파일명 main.go의 하나의 파일로 시작합니다(예제 2.2를 참조하세요).

예제 2.2 **main 패키지 구현체**

```
// chap2/sub-cmd-arch/main.go
package main

import (
    "errors"
    "fmt"
    "github.com/username/chap2/sub-cmd-arch/cmd"
    "io"
```

```go
    "os"
)

var errInvalidSubCommand = errors.New("Invalid sub-command specified")

func printUsage(w io.Writer) {
    fmt.Fprintf(w, "Usage: mync [http¦grpc] -h\n")
    cmd.HandleHttp(w, []string{"-h"})
    cmd.HandleGrpc(w, []string{"-h"})
}

func handleCommand(w io.Writer, args []string) error {
    var err error
    if len(args) < 1 {
        err = errInvalidSubCommand
    } else {
        switch args[0] {
        case "http":
            err = cmd.HandleHttp(w, args[1:])
        case "grpc":
            err = cmd.HandleGrpc(w, args[1:])
        case "-h":
            printUsage(w)
        case "-help":
            printUsage(w)
        default:
            err = errInvalidSubCommand
        }
    }

    if errors.Is(err, cmd.ErrNoServerSpecified) ¦¦ errors.Is(err, errInvalidSubCommand) {
        fmt.Fprintln(w, err)
        printUsage(w)
    }
    return err
}

func main() {
    err := handleCommand(os.Stdout, os.Args[1:])
    if err != nil {
        os.Exit(1)
    }
}
```

코드 최상단에서 서브커맨드의 구현체를 포함하는 서브커맨드 패키지 cmd를 임포트합니다. 애플리케이션의 모듈을 초기화할 것이기 때문에 임포트 경로로 cmd 패키지의 절대 경로를 지정합니다.[1] main() 함수에서는 인수의 두 번째 값부터 포함한 매개변수로 handleCommand() 함수를 호출합니다.

```
err := handleCommand(os.Args[1:])
```

handleCommand() 함수의 매개변수로 공백 슬라이스를 받은 경우,[2] 즉 인수로 아무 값도 전달되지 않은 경우 커스텀 에러값을 반환합니다.

```
if len(args) < 1 {
    err = errInvalidSubCommand
}
```

커맨드 라인 인수가 지정된 경우 args 슬라이스의 첫 번째 요솟값에 따라 switch..case 구문에 정의된 대로 알맞은 커맨드 핸들러 함수를 호출합니다.

1. 첫 번째 요솟값이 http이거나 grpc인 경우 알맞은 핸들러 함수를 호출합니다.
2. 첫 번째 요솟값이 -h이거나 -help인 경우 printUsage() 함수를 호출합니다.
3. 위의 두 조건을 모두 만족하지 않는 경우 printUsage() 함수를 호출하고, 커스텀 에러값을 반환합니다.

printUsage() 함수는 먼저 fmt.Fprintf(w, "Usage: mync [http¦grpc] -h\n")으로 메시지를 출력한 뒤 인수 슬라이스에 "-h"만을 포함하여 서브커맨드 구현체를 호출합니다.

chap2/sub-cmd-arch/ 경로로 새로운 디렉터리를 생성하고, 디렉터리 안에서 모듈을 초기화합니다.

```
$ mkdir -p chap2/sub-cmd-arch
$ cd chap2/sub-cmd-arch
$ go mod init github.com/username/chap2/sub-cmd-arch/
```

예제 2.2의 코드를 새로 생성한 디렉터리 내에 파일명 main.go로 저장합니다.

---

1 [옮긴이] 초기화된 모듈 이름으로 go.mod 파일의 최상단에 module [모듈명]이 설정됩니다. 그에 따라 서브커맨드 패키지 cmd의 임포트 경로는 [모듈명]/cmd가 됩니다.
2 [옮긴이] 커맨드 라인 인수 슬라이스의 첫 번째 값은 실행되는 프로그램 이름 자체입니다.

다음으로 http 서브커맨드를 처리하는 HandleHttp() 함수를 살펴봅시다(예제 2.3을 살펴보세요).

예제 2.3 HandleHttp() 함수 구현체

```go
// chap2/sub-cmd-arch/cmd/httpCmd.go
package cmd

import (
    "flag"
    "fmt"
    "io"
)

type httpConfig struct {
    url string
    verb string
}

func HandleHttp(w io.Writer, args []string) error {
    var v string

    fs := flag.NewFlagSet("http", flag.ContinueOnError)
    fs.SetOutput(w)
    fs.StringVar(&v, "verb", "GET", "HTTP method")

    fs.Usage = func() {
        var usageString = `
http: A HTTP client.

http: <options> server`

        fmt.Fprintf(w, usageString)
        fmt.Fprintln(w)
        fmt.Fprintln(w)
        fmt.Fprintln(w, "Options: ")
        fs.PrintDefaults()
    }

    err := fs.Parse(args)
    if err != nil {
        return err
    }

    if fs.NArg() != 1 {
        return ErrNoServerSpecified
    }

    c := httpConfig{verb: v}
```

```
        c.url = fs.Arg(0)
        fmt.Fprintln(w, "Executing http command")
        return nil
}
```

HandleHttp() 함수는 FlagSet 객체를 생성하고 옵션값과 사용자 지정 사용법, 그 외의 에러 핸들링을 설정합니다.

cmd라는 이름의 새로운 서브디렉터리를 생성하고, 생성한 디렉터리 안에 예제 2.3의 코드를 파일명 httpCmd.go로 저장합니다.

HandleGrpc() 함수 또한 비슷한 구현체를 갖습니다(예제 2.4를 살펴보세요).

예제 2.4 HandleGrpc() 함수 구현체

```
// chap2/sub-cmd-arch/cmd/grpcCmd.go
package cmd

import (
    "flag"
    "fmt"
    "io"
)

type grpcConfig struct {
    server string
    method string
    body   string
}

func HandleGrpc(w io.Writer, args []string) error {
    c := grpcConfig{}
    fs := flag.NewFlagSet("grpc", flag.ContinueOnError)
    fs.SetOutput(w)
    fs.StringVar(&c.method, "method", "", "Method to call")
    fs.StringVar(&c.body, "body", "", "Body of request")

    fs.Usage = func() {
        var usageString = `

grpc: A gRPC client.

grpc: <options> server`
        fmt.Fprintf(w, usageString)
        fmt.Fprintln(w)
```

```
        fmt.Fprintln(w)
        fmt.Fprintln(w, "Options: ")
        fs.PrintDefaults()
    }

    err := fs.Parse(args)
    if err != nil {
        return err
    }

    if fs.NArg() != 1 {
        return ErrNoServerSpecified
    }

    c.server = fs.Arg(0)
    fmt.Fprintln(w, "Executing grpc command")
    return nil
}
```

cmd라는 이름의 서브디렉터리에 예제 2.4의 코드를 파일명 grpcCmd.go로 저장합니다.

예제 2.5는 사용자 지정 에러값인 ErrNoServerSpecified를 cmd 패키지 내의 별도의 파일로 저장하는 코드입니다.

예제 2.5 **사용자 지정 에러값**

```
// chap2/sub-cmd-arch/cmd/errors.go
package cmd

import "errors"

var ErrNoServerSpecified = errors.New("You have to specify the remote server.")
```

예제 2.5의 코드를 cmd 서브디렉터리 내에 파일명 errors.go로 저장합니다. 결과적으로 다음과 같은 소스 트리 구조를 갖게 됩니다.

```
.
|____cmd
| |____grpcCmd.go
| |____httpCmd.go
| |____errors.go
|____go.mod
|____main.go
```

모듈의 루트 디렉터리에서 애플리케이션을 빌드합니다.

```
$ go build -o application
```

빌드한 애플리케이션을 여러 가지 인수로 실행해봅시다. 먼저 -help, -h를 인수로 줘봅니다.

```
$ ./application -help
Usage: mync [http¦grpc] -h

http: A HTTP client.

http: <options> server

Options:
-verb string
  HTTP method (default "GET")

grpc: A gRPC client.

grpc: <options> server

Options:
-body string
  Body of request
-method string
  Method to call
```

다음으로 넘어가기 전에 먼저 **main** 패키지와 **cmd** 패키지의 유닛 테스트를 작성하여 구현한 동작이 정상적인지 확인하도록 합니다.

2.1.2 메인 패키지 테스트

먼저 **main** 패키지의 유닛 테스트를 작성합시다. handleCommand() 함수가 패키지 내의 다른 함수들을 호출하는 핵심 함수입니다. 이 함수는 다음과 같이 정의됩니다.

```
err := handleCommand(w io.Writer, args []string)
```

이 테스트는 프로그램 실행 시에 전달된 인수를 포함하는 문자열 슬라이스를 매개변수로 함수를 호출하고 예상대로 동작하였는지 검증합니다. 테스트 구성 정보를 살펴봅시다.

```go
testConfigs := []struct {
    args []string
    output string
    err error
}{
    // 애플리케이션에 인수가 지정되지 않은 경우의 동작 테스트
    {
        args: []string{},
        err: errInvalidSubCommand,
        output: "Invalid sub-command specified\n" + usageMessage,
    },
    // 애플리케이션에 인수로 -h가 지정된 경우 동작 테스트
    {
        args: []string{"-h"},
        err: nil,
        output: usageMessage,
    },
    // 알 수 없는 애플리케이션 서브 커맨드가 지정된 경우 동작 테스트
    {
        args: []string{"foo"},
        err: errInvalidSubCommand,
        output: "Invalid sub-command specified\n" + usageMessage,
    },
}
```

예제 2.6은 테스트의 전체적인 코드를 나타냅니다.

예제 2.6 main 패키지의 유닛 테스트

```go
// chap2/sub-cmd-arch/handle_command_test.go
package main

import (
    "bytes"
    "testing"
)

func TestHandleCommand(t *testing.T) {
    usageMessage := `Usage: mync [http|grpc] -h

http: A HTTP client.

http: <options> server

Options:
  -verb string
    HTTP method (default "GET")
```

```
grpc: A gRPC client.

grpc: <options> server

Options:
  -body string
    Body of request
  -method string
    Method to call


    // TODO – 위에서 정의한 testConfigs 삽입

    byteBuf := new(bytes.Buffer)

    for _, tc := range testConfigs {
        err := handleCommand(byteBuf, tc.args)
        if tc.err == nil && err != nil {
            t.Fatalf("Expected nil error, got %v", err)
        }

        if tc.err != nil && err.Error() != tc.err.Error() {
            t.Fatalf("Expected error %v, got %v", tc.err, err)
        }

        if len(tc.output) != 0 {
            gotOutput := byteBuf.String()
            if tc.output != gotOutput {
                t.Errorf("Expected output to be: %#v, Got: %#v", tc.output, gotOutput)
            }
        }
        byteBuf.Reset()
    }
}
```

예제 2.2의 main 패키지가 저장된 코드와 동일한 서브디렉터리에 예제 2.6의 코드를 파일명 handle_command_test.go로 저장합니다.

아직 main 패키지에서 cmd 패키지의 특정 서브커맨드에 해당하는 함수를 호출하는 테스트를 작성하지 않았습니다. 연습 문제 2.1에서 이를 해결해봅시다.

특정 서브커맨드가 지정되었을 시 해당 함수가 호출되도록 handleCommand() 함수에 대한 테스트를 수정해봅니다. 연습 문제 1.1의 해결 방법이 본 연습 문제를 해결하는 데에도 도움이 됩니다.

2.1.3 Cmd 패키지 테스트

cmd 패키지를 테스트하기 위해서는 이전에 메인 패키지 테스트에서 정의했던 것과 비슷한 테스트 케이스를 정의해야 합니다. 다음은 TestHandleHttp() 함수에 대한 테스트 케이스입니다.

```
testConfigs := []struct {
    args []string
    output string
    err error
}{
    // 위치 인수를 지정하지 않고 서브커맨드 http를 호출하는 동작 테스트
    {
        args: []string{},
        err: ErrNoServerSpecified,
    },
    // 인수로 "-h"를 지정하고 서브커맨드 http를 호출하는 동작 테스트
    {
        args: []string{"-h"},
        err: errors.New("flag: help requested"),
        output: usageMessage,
    },
    // 위치 인수로 서버의 URL을 지정하고 서브커맨드 http를 호출하는 동작 테스트
    {
        args: []string{"http://localhost"},
        err: nil,
        output: "Executing http command\n",
    },
}
```

전체적인 테스트에 대한 코드는 chap2/sub-cmd-arch/cmd/handle_http_test.go 파일에 있습니다.

TestHandleGrpc() 함수의 테스트 구성 정보는 다음과 같습니다.

```
testConfigs := []struct {
    args []string
    err error
```

```
        output string
}{
    // 위치 인수를 지정하지 않고 서브커맨드로 grpc를 호출하는 동작 테스트
    {
        args: []string{},
        err: ErrNoServerSpecified,
    },
    // 인수로 "-h"를 지정하고 서브커맨드 grpc를 호출하는 동작 테스트
    {
        args: []string{"-h"},
        err: errors.New("flag: help requested"),
        output: usageMessage,
    },
    // 위치 인수로 서버의 URL을 지정하고 서브커맨드 grpc를 호출하는 동작 테스트
    {
        args: []string{"-method", "service.host.local/method", "-body", "{}", "http://localhost"},
        err: nil,
        output: "Executing grpc command\n",
    },
}
```

전체적인 테스트에 대한 코드는 chap2/sub-cmd-arch/cmd/handle_grpc_test.go 파일에 있습니다.

이제 애플리케이션의 소스 트리는 다음과 같아야 합니다.

```
.
|____cmd
| |____grpcCmd.go
| |____handle_grpc_test.go
| |____handle_http_test.go
| |____httpCmd.go
| |____errors.go
|____handle_command_test.go
|____go.mod
|____main.go
```

모듈의 최상단에서 작성한 모든 테스트를 수행해봅니다.

```
$ go test -v ./...
=== RUN TestHandleCommand
--- PASS: TestHandleCommand (0.00s)
PASS
ok github.com/practicalgo/code/chap2/sub-cmd-arch    0.456s
=== RUN TestHandleGrpc
```

```
--- PASS: TestHandleGrpc (0.00s)
=== RUN TestHandleHttp
--- PASS: TestHandleHttp (0.00s)
PASS
ok github.com/practicalgo/code/chap2/sub-cmd-arch/cmd    0.720s
```

좋습니다. 이제 두 패키지에 대한 유닛 테스트 작성을 완료하였습니다. 서브커맨드가 지정되지 않았 거나 잘못된 서브커맨드가 지정될 경우 main 패키지가 에러를 출력하고, 올바른 서브커맨드가 지정 될 경우 해당하는 함수를 정상적으로 호출하는지 동작을 검증하는 테스트를 작성하였습니다. 또한 cmd 패키지의 서브커맨드 구현체가 정상적으로 동작하는지 검증하는 테스트를 작성하였습니다.

연습 문제 2.2에서는 GET과 POST, HEAD, 총 세 가지의 HTTP 메서드만 허용하도록 검증validation하 는 기능의 http 서브커맨드를 구현해봅니다.

연습 문제 2.2 | HTTP 메서드 검증기

이번 연습 문제에서는 http 서브커맨드에 검증 기능을 추가해봅니다. 메서드 옵션값으로 GET(기본값), POST, HEAD, 총 세 가지 값만 허용하도록 합니다.

메서드의 값으로 세 가지 외의 값이 주어진 경우 프로그램은 "Invalid HTTP method"라는 문구를 출력하고 0 이외의 종료 코드를 반환하며 종료되어야 합니다. 메서드의 값을 검증하는 테스트를 작성하세요.

이번 절에서는 서브커맨드를 갖는 커맨드 라인 애플리케이션을 작성하는 방법에 대해 알아보았습니 다. 대규모의 커맨드 라인 애플리케이션을 작성할 때 기능을 여러 개의 서브커맨드로 분리하여 정리 하는 것은 사용자 경험 개선에 도움이 됩니다. 다음으로는 커맨드 라인 애플리케이션에서 일정 수준 의 예측 가능성predictability과 강건성을 구현하는 방법에 대해 알아봅니다.

2.2 강건한 애플리케이션 작성

강건한 애플리케이션의 특징은 어느 수준만큼 런타임의 동작이 제어된다는 것입니다. 예를 들어 프 로그램 내에서 HTTP 요청을 해야 하는 경우 사용자가 지정한 시간 내에 요청이 완료되도록 하고, 요 청이 완료되지 못한 경우[3] 오류 메시지와 함께 요청을 종료합니다. 이러한 메시지들이 나온다면 사용 자가 프로그램의 동작을 예측하기가 훨씬 용이할 것입니다. 표준 라이브러리에 있는 context 패키지

3　[옮긴이] 서버 내부 오류 혹은 타임아웃 등의 이유로

를 사용하면 애플리케이션을 이와 같은 방식으로 제어할 수 있습니다. context 패키지에는 context 구조체 타입과 세 개의 함수가 정의되어 있습니다. 세 함수는 각각 withDeadline(), withCancel(), withTimeout()이며, 코드가 실행되는 중에 일정 수준의 런타임을 보증하기 위하여 사용됩니다. 여러 표준 라이브러리 패키지 함수들의 첫 번째 매개변수로 콘텍스트 객체를 전달해주는 경우가 있습니다. 이러한 예시로 net 패키지, net/http 패키지, 그리고 os/exec 패키지에 속한 함수들이 있습니다. 대개 콘텍스트는 외부 리소스와 통신하는 경우 가장 일반적으로 사용되지만, 예측 불가능한 동작이 발생할 가능성이 있는 기능을 구현해야 하는 모든 경우에 동등하게 콘텍스트를 사용할 수 있습니다.

2.2.1 데드라인을 사용한 사용자 입력

프로그램이 사용자에게 입력하도록 요청하고, 사용자는 5초 내로 입력을 마치고 엔터를 눌러야 하며, 그렇지 못한 경우에는 그냥 기본값을 사용하도록 하는 상황을 가정해봅시다. 좀 부자연스러운 예시이기는 하지만, 애플리케이션 내에서 사용자가 원하는 어떠한 동작에 타임아웃을 강제할 방법을 보여줍니다.

먼저 main() 함수를 봅시다.

```go
func main() {
    allowedDuration := totalDuration * time.Second

    ctx, cancel := context.WithTimeout(context.Background(), allowedDuration)
    defer cancel()

    name, err := getNameContext(ctx)

    if err != nil && !errors.Is(err, context.DeadlineExceeded) {
        fmt.Fprintf(os.Stdout, "%v\n", err)
        os.Exit(1)
    }
    fmt.Fprintln(os.Stdout, name)
}
```

context.WithTimeout() 함수를 사용하여 새로운 콘텍스트를 생성합니다. context.WithTimeout() 함수는 두 개의 매개변수를 받습니다. 첫 번째 매개변수는 **부모** Context 객체이며, 두 번째 매개변수는 콘텍스트가 만료되는 시간(밀리초, 초, 혹은 분으로 지정)을 정의하는 time.Duration 객체입니다. 다음의 예시에서 totalDuration의 값을 5로 설정한다면 타임아웃은 5초로 설정됩니다.

```
allowedDuration := totalDuration * time.Second
```

다음으로 context 객체를 생성합니다.

```
ctx, cancel := context.WithTimeout(context.Background(), allowedDuration)
defer cancel()
```

별도로 사용할 부모 콘텍스트가 없기 때문에 context.Background() 함수를 사용하여 공백의 콘텍스트를 생성합니다. WithTimeout() 함수는 두 개의 값을 반환합니다. 첫 번째 값은 함수에서 생성된 콘텍스트 값인 ctx이고, 두 번째 값은 콘텍스트를 취소하는 함수인 cancel입니다. 콘텍스트를 취소하는 cancel 함수는 defer를 사용하여 main 함수가 반환되기 직전에 반드시 호출되도록 하여 콘텍스트를 해제해줍니다. 그리고 다음과 같이 getNameContext() 함수를 호출합니다.

```
name, err := getNameContext(ctx)
```

반환된 에러가 context.DeadlineExceeded인 경우 사용자에게 따로 에러를 출력하지 않고 이름만 출력하며, 그 외의 에러가 발생한 경우에는 에러를 출력하고 0 외의 종료 코드를 반환하고 프로그램을 종료합니다.

```
if err != nil && !errors.Is(err, context.DeadlineExceeded) {
    fmt.Fprintf(os.Stdout, "%v\n", err)
    os.Exit(1)
}
fmt.Fprintln(os.Stdout, name)
```

이제 getNameContext() 함수를 살펴봅시다.

```
func getNameContext(ctx context.Context) (string, error) {
    var err error
    name := "Default Name"
    c := make(chan error, 1)

    go func() {
        name, err = getName(os.Stdin, os.Stdout)
        c <- err
    }()

    select {
```

```
        case <-ctx.Done():
            return name, ctx.Err()
        case err := <-c:
            return name, err
    }
}
```

이 함수의 구현체에 대한 전반적인 아이디어는 다음과 같습니다.

1. 고루틴goroutine에서 getName() 함수를 실행합니다.

2. 해당 함수가 반환되면 에러값을 채널에 씁니다.

3. select..case 구문 블록으로 두 개의 채널에서 읽기가 일어날 때까지 기다립니다.

    a. ctx.Done() 함수가 반환하는 값을 쓰는 채널[4]

    b. getName() 함수가 반환할 때 쓰는 채널[5]

4. 3번 단계의 a와 b 중 먼저 끝나는 단계에 따라, 콘텍스트의 데드라인 기한이 초과하여 에러와 함께 이름의 기본값을 반환하거나 getName() 함수가 반환한 이름 값이 반환됩니다.

예제 2.7은 전체적인 코드를 나타냅니다.

예제 2.7 **사용자 입력에 타임아웃 구현하기**

```
// chap2/user-input-timeout/main.go
package main

import (
    "bufio"
    "context"
    "errors"
    "fmt"
    "io"
    "os"
    "time"
)

var totalDuration time.Duration = 5

func getName(r io.Reader, w io.Writer) (string, error) {
    scanner := bufio.NewScanner(r)
```

---

4   [옮긴이] 콘텍스트가 종료되는 시점에 호출됩니다.
5   [옮긴이] 2번 단계의 에러값

```
    msg := "Your name please? Press the Enter key when done"
    fmt.Fprintln(w, msg)
    scanner.Scan()
    if err := scanner.Err(); err != nil {
        return "", err
    }
    name := scanner.Text()
    if len(name) == 0 {
        return "", errors.New("You entered an empty name")
    }
    return name, nil
}

// TODO - 이전에 정의한 getNameContext() 함수 삽입

// TODO - 이전에 정의한 main() 함수 삽입
```

chap2/user-input-timeout/ 경로로 새로운 디렉터리를 생성하고, 디렉터리 안에서 모듈을 초기화합니다.

```
$ mkdir -p chap2/user-input-timeout
$ cd chap2/user-input-timeout
$ go mod init github.com/username/user-input-timeout
```

다음으로 예제 2.7의 코드를 파일명 **main.go**로 저장합니다. 그리고 다음의 명령어로 빌드합니다.

```
$ go build -o application
```

프로그램을 실행합니다. 5초 내에 아무런 이름을 입력하지 않으면 프로그램은 다음과 같이 동작합니다.

```
$ ./application
Your name please? Press the Enter key when done
Default Name
```

하지만 5초 내로 이름을 입력하고 엔터를 누르면 입력한 이름이 나오게 됩니다.

```
$ ./application
Your name please? Press the Enter key when Done
John C
John C
```

WithTimeout() 함수는 현재 시간 기준으로 상대적인 어느 시점에 만료되는 콘텍스트를 생성함을 알아보았습니다. 반면에 WithDeadline() 함수는 절대 시간 기준으로 어느 시점에 만료되는 콘텍스트를 생성해야 할 때 유용합니다. 예를 들어 반드시 6월 28일 오전 10시 이전에 실행되어야 하는 어느 함수가 있다고 하면, WithDeadline() 함수로 생성한 콘텍스트를 사용할 수 있을 것입니다.

다음으로는 연습 문제 2.3에서 애플리케이션 내의 타임아웃 동작을 테스트하는 방법을 알아봅시다.

연습 문제 2.3 | 타임아웃 만료 동작에 대한 유닛 테스트

타임아웃이 정상적으로 만료되는지 검증하는 테스트를 작성하세요. 한 가지 가장 직관적인 방법은 테스트 내에서 입력을 전혀 하지 않음으로써 데드라인이 만료되도록 하는 것입니다. 물론 데드라인이 만료되지 않도록 입력을 제공하는 '정상적인 방법'도 테스트해야 합니다. 테스트가 너무 시간이 걸리지 않도록 타임아웃 시간을 몇백 밀리초 정도로 작게 주는 것이 좋습니다.

2.2.2 사용자 시그널 처리

표준 라이브러리 함수의 상당수가 매개변수로 콘텍스트를 받습니다. os/exec 패키지의 execCommandContext 함수를 통해 이를 실제로 사용하는 방법을 알아봅시다. 해당 함수는 외부 프로그램으로 실행시키는 커맨드의 최대 실행 시간을 제어해야 하는 경우에 유용하게 사용 가능합니다. 이를 위한 콘텍스트는 WithTimeout() 함수를 통해 생성 가능합니다.

```
package main

import (
    "context"
    "fmt"
    "os"
    "os/exec"
    "time"
)

func main() {
    ctx, cancel := context.WithTimeout(context.Background(), 10*time.Second)
    defer cancel()

    if err := exec.CommandContext(ctx, "sleep", "20").Run(); err != nil {
        fmt.Fprintln(os.Stdout, err)
    }
}
```

리눅스 혹은 맥OS에서 위의 코드를 실행시키면 다음과 같은 에러가 발생합니다.[6]

```
signal: killed
```

CommandContext() 함수는 콘텍스트가 만료되면 커맨드로 실행시키는 외부 프로그램을 강제로 종료 force kill합니다. 위의 코드에서는 10초 뒤에 취소되는 콘텍스트를 생성합니다. 이후에 생성한 콘텍스트를 이용하여 20초간 잠드는 "sleep", "20"이라는 커맨드를 실행시킵니다. 그 결과 커맨드가 강제로 종료됩니다. 따라서 어느 애플리케이션에서 외부 커맨드를 실행해야 하지만, 그 외부 커맨드가 반드시 어느 시점에서는 실행을 종료해야 한다면 위에서 소개한 기법을 사용할 수 있습니다.

다음으로는 프로그램에서 제어해야 할 또 다른 부분인, 사용자에 대해 알아봅시다. 사용자 시그널이란 사용자가 사용하는 프로그램의 일반적인 워크플로를 인터럽트하는 하나의 방법입니다. 리눅스와 맥OS에서 가장 일반적인 두 개의 사용자 시그널에는 Ctrl+C 키 조합이 눌렸을 때 발생하는 SIGINT 시그널과 kill 커맨드가 수행될 때 발생하는 SIGTERM 시그널이 있습니다.

다음은 이와 관련한 단계를 나타냅니다.

1. WithTimeout() 함수를 사용하여 콘텍스트를 생성합니다.
2. SIGINT와 SIGTERM 시그널을 처리하는 시그널 핸들러를 설정합니다. 어느 한 시그널을 수신할 경우 시그널 핸들링 코드는 1단계에서 반환된 취소 함수(cancel)를 호출합니다.
3. CommandContext() 함수의 매개변수로 1단계에서 반환된 콘텍스트를 사용하여 외부 프로그램을 실행합니다.

1단계는 다음과 같이 createContextWithTimeout()이라는 이름의 함수로 구현합니다.

```
func createContextWithTimeout(d time.Duration) (context.Context, context.CancelFunc) {
    ctx, cancel := context.WithTimeout(context.Background(), d)
    return ctx, cancel
}
```

context 패키지의 WithTimeout() 함수는 사용자가 지정한 만큼의 시간(createContextWithTimeout 함수 매개변수의 d)이 만료되면 취소되는 콘텍스트를 생성할 때 사용합니다. WithTimeout() 함수의

---

6 [옮긴이] 윈도우 환경에서는 sleep.exe 등 sleep을 실행할 수 없는 상황이 많으므로 파일을 찾을 수 없다는 에러가 발생합니다.

첫 번째 매개변수는 context.Background() 함수에서 생성되는 nil이 아닌 공백의 콘텍스트 객체 입니다. WithTimeout() 함수의 반환 값으로 ctx라는 이름의 콘텍스트와 cancel이라는 이름의 취소 함수가 반환됩니다. 프로그램이 실행되는 동안 콘텍스트를 사용해야 하므로 이곳에서 바로 취소 함 수를 호출하지는 않습니다.

2단계는 다음과 같이 setupSignalHandler()라는 이름의 함수로 구현합니다.

```go
func setupSignalHandler(w io.Writer, cancelFunc context.CancelFunc) {
    c := make(chan os.Signal, 1)
    signal.Notify(c, syscall.SIGINT, syscall.SIGTERM)
    go func() {
        s := <- c
        fmt.Fprintf(w, "Got signal: %v\n", s)
        cancelFunc()
    }()
}
```

이 함수는 SIGINT 시그널과 SIGTERM 시그널을 처리할 수 있는 기본적인 방법을 구현합니다. 먼저 os 패키지에 정의된 Signal 구조체 타입의 처리 수용력capacity이 1인 채널을 생성합니다. 그리고 signal 패키지의 Notify() 함수를 호출하여 syscall.SIGINT 시그널과 syscall.SIGTERM 시그널에 수신 채 널listening channel을 설정합니다. 이후에는 해당 시그널을 대기하기 위하여 고루틴을 생성합니다. 시 그널을 수신하면 cancelFunc() 함수를 호출하게 되는데, 이 함수는 위에서 생성된 ctx 콘텍스트를 취소하는 함수입니다. 해당 함수를 호출하게 되면 os.execCommandContext() 함수의 구현체가 내부 에서 이를 인지하고 커맨드를 강제로 중단합니다.

물론 SIGINT 시그널이나 SIGTERM 시그널이 수신되지 않는 경우에는 정의된 ctx 콘텍스트의 생명주 기만큼 커맨드가 정상적으로 실행될 수 있습니다.

3단계는 다음의 함수로 구현합니다.

```go
func executeCommand(ctx context.Context, command string, arg string) error {
    return exec.CommandContext(ctx, command, arg).Run()
}
```

예제 2.8은 전체 프로그램을 나타냅니다.

예제 2.8 **사용자 시그널 처리**

```go
// chap2/user-signal/main.go
package main

import (
    "fmt"
    "os"
    "time"
)

// TODO - 위의 createContextWithTimeout() 함수 정의 삽입
// TODO - 위의 setupSignalHandler() 함수 정의 삽입
// TODO - 위의 executeCommand() 함수 정의 삽입

func main() {
    if len(os.Args) != 3 {
        fmt.Fprintf(os.Stdout, "Usage: %s <command> <argument>\n", os.Args[0])
        os.Exit(1)
    }
    command := os.Args[1]
    arg := os.Args[2]

    // 1단계 구현
    cmdTimeout := 30 * time.Second
    ctx, cancel := createContextWithTimeout(cmdTimeout)
    defer cancel()

    // 2단계 구현
    setupSignalHandler(os.Stdout, cancel)

    // 3단계 구현
    err := executeCommand(ctx, command, arg)
    if err != nil {
        fmt.Fprintln(os.Stdout, err)
        os.Exit(1)
    }
}
```

먼저 커맨드 라인 인수가 필요한 만큼 전달되었는지 확인하는 것으로 main() 함수를 시작합니다. 위의 구현체는 매우 기본적인 사용자 인터페이스이며, 애플리케이션이 다음과 같이 실행되기를 기대합니다.

```
./application sleep 60
```

이 실행 명령에서 sleep은 실행할 커맨드[7]이며 60은 해당 커맨드의 인수입니다. 이후에는 문자열 변수 command와 arg에 각각 커맨드와 인수를 저장합니다. 30초의 타임아웃 기간을 지정한 time. Duration 객체를 매개변수[8]로 createContextWithTimeout() 함수를 호출합니다. 이 함수는 ctx라는 이름의 콘텍스트와 cancel이라는 이름의 취소 함수를 반환합니다. 바로 다음 구문statement에서 취소 함수를 defer로 호출합니다.

그리고 os.Stdout과 콘텍스트의 취소 함수인 cancel을 매개변수로 setupSignalHandler() 함수를 호출합니다.

마지막으로 생성된 콘텍스트 객체 ctx와 실행할 커맨드인 command, 커맨드의 인수인 arg을 매개변수로 하여 executeCommand() 함수를 호출합니다. 반환할 에러가 있는 경우에 해당 에러를 화면에 출력합니다.

chap2/user-signal 경로로 새로운 디렉터리를 생성하고, 디렉터리 안에서 모듈을 초기화합니다.

```
$ mkdir -p chap2/user-signal
$ cd chap2/user-signal
$ go mod init github.com/username/user-signal
```

다음으로 예제 2.8의 코드를 파일명 main.go로 저장하고 빌드합니다.

```
$ go build -o application
```

타임아웃 시간이 30초로 설정되어 있다는 것을 감안해 먼저 잠들 시간을 지정하여 sleep 커맨드를 실행해봅시다.

```
$ ./application sleep 60
^CGot signal:interrupt
signal: interrupt
```

60초만큼 잠들도록 sleep 커맨드를 실행하고, 수동으로 직접 Ctrl+C 키를 눌러서 이를 종료하였습니다. 오류 메시지는 커맨드가 어떻게 종료되었는지 보여줍니다.

---

7 [옮긴이] 서브커맨드
8 [옮긴이] cmdTimeout

다음으로는 10초간 잠들도록 해봅시다.

```
$ ./application sleep 10
```

10초는 타임아웃 시간인 30초보다 작으므로 정상적으로 깔끔하게 종료됩니다. 마지막으로 31초만큼 잠들도록 sleep 커맨드를 실행해봅시다.

```
$ ./application sleep 31
signal: killed
```

타임아웃 콘텍스트에서 타임아웃을 감지하고 프로세스를 종료한 것을 확인할 수 있습니다.

2.3 요약

이번 장에서는 확장성 있는 커맨드 라인 애플리케이션 구현 패턴에 대해 알아보았습니다. 서브커맨드 기반 인터페이스 애플리케이션 구현 방법을 알아보았고, 서브커맨드를 사용하여 애플리케이션의 확장성 있는 아키텍처를 설계해보았습니다. 그리고 context 패키지를 이용하여 애플리케이션의 런타임 동작을 제어하는 방법과, 이를 구현하는 방법을 배웠습니다. 마지막으로 고루틴과 채널을 사용하여 사용자가 콘텍스트와 시그널을 통해 애플리케이션을 인터럽트하는 방법을 알아보았습니다.

다음 장에서는 HTTP 클라이언트를 구현하며 커맨드 라인 애플리케이션을 작성하는 여정을 계속할 것입니다. 이번 장에서의 지식을 토대로 다음 장에서 HTTP 클라이언트를 구현해봅시다.

3

HTTP 클라이언트 작성

이번 장에서는 테스트 가능한 HTTP 클라이언트를 작성하는 방법에 대해 알아봅니다. 이번 장을 통해 데이터를 송수신하는 방법, 데이터를 직렬화serialization 및 역직렬화deserialization하는 방법, 바이너리 데이터를 처리하는 방법 등, HTTP의 핵심 개념에 익숙해지게 됩니다. 이러한 개념을 이해하고 나면 독립적인 클라이언트 애플리케이션을 작성하고, 여러 서비스 간의 통신 아키텍처상에서 HTTP API를 호출하는 서비스의 Go 클라이언트를 작성할 수 있게 됩니다. 이번 장에서 배운 기능과 기법들을 활용하여 이전 장에서 구현한 커맨드 라인 애플리케이션 mync http 서브커맨드를 개선해봅니다. 이제 시작합니다!

3.1 데이터 다운로드

아마 HTTP 상에서 데이터를 다운로드 받는 데 적합한 커맨드 라인 프로그램인 wget이나 curl을 사용해보셨을 겁니다. net/http 패키지에 정의된 함수와 타입을 이용하여 비슷한 프로그램을 작성하는 방법을 알아봅시다. 먼저 매개변수로 HTTP URL을 받고 해당 URL의 콘텐츠를 포함하는 바이트 슬라이스와 error 값을 반환하는 함수를 정의해봅시다.

```
func fetchRemoteResource(url string) ([]byte, error) {
    r, err := http.Get(url)
    if err != nil {
        return nil, err
    }
    defer r.Body.Close()
```

```
    return io.ReadAll(r.Body)
}
```

net/http 패키지에 정의된 Get() 함수는 지정된 url로 HTTP GET 요청을 하고 Response 타입의 객체와 error 값을 반환합니다. Response 객체 r에는 여러 개의 필드가 있고, 그중 하나인 io.ReadCloser 타입의 Body 필드는 HTTP 요청의 응답 보디 데이터를 포함합니다. defer 구문을 사용하여 함수가 종료되기 전에 Body 필드의 Close 메서드를 호출하여 보디를 닫습니다. 그리고 io 패키지의 ReadAll() 함수를 이용하여 콘텐츠의 보디(r.Body)를 읽고 해당 함수의 반환 값(바이트 슬라이스와 에러값)을 그대로 반환합니다. 이제 애플리케이션을 빌드하기 위하여 main 함수를 정의합시다. 예제 3.1은 이에 대한 전체적인 코드입니다.

예제 3.1 **기본 데이터 다운로더**

```go
// chap3/data-downloader/main.go

package main

import (
    "fmt"
    "io"
    "net/http"
    "os"
)

func fetchRemoteResource(url string) ([]byte, error) {
    r, err := http.Get(url)
    if err != nil {
        return nil, err
    }
    defer r.Body.Close()

    return io.ReadAll(r.Body)
}

func main() {
    if len(os.Args) != 2 {
        fmt.Fprintf(os.Stdout, "Must specify a HTTP URL to get data from")
        os.Exit(1)
    }

    body, err := fetchRemoteResource(os.Args[1])
    if err != nil {
        fmt.Fprintf(os.Stdout, "%v\n", err)
```

```
        os.Exit(1)
    }

    fmt.Fprintf(os.Stdout, "%s\n", body)
}
```

main() 함수는 커맨드 라인 인수로 URL을 받고, 일부 기본적인 에러 핸들링을 구현합니다. chap3/data-downloader/ 경로로 새로운 디렉터리를 생성하고, 디렉터리 안에서 모듈을 초기화합니다.

```
$ mkdir -p chap3/data-downloader
$ cd chap3/data-downloader
$ go mod init github.com/username/data-downloader
```

다음으로 예제 3.1의 코드를 파일명 main.go로 저장합니다. 애플리케이션을 빌드하고 실행해봅시다.

```
$ go build -o application
$ ./application https://golang.org/pkg/net/http/
```

터미널에 많은 양의 HTML이 출력되는 것을 확인할 수 있습니다. 만약 이미지 URL을 사용하여 애플리케이션을 실행하면 이미지의 바이너리 데이터 덤프가 화면에 그대로 출력됩니다. 잠시 후에 이러한 상황을 개선하도록 하고, 먼저 작성한 데이터 다운로더 프로그램을 테스트할 방법을 알아봅시다.

3.1.1 데이터 다운로더 테스트

데이터 다운로더 애플리케이션이라는 특성을 생각해볼 때, 이를 테스트하려면 fetchRemoteResource() 함수가 해당 URL에서 데이터를 성공적으로 반환하는지 검증해야 합니다. URL이 올바르지 않거나 접근이 불가능할 경우 에러값을 반환해야 합니다. 데이터를 제공하는 테스트 HTTP 서버를 설정하려면 어떻게 해야 할까요? net/http/httptest 패키지의 NewServer() 함수를 사용하면 됩니다. 다음의 코드는 startTestHTTPServer()라는 이름의 함수를 정의하며, 이 함수는 모든 요청에 "Hello World"라는 문자열을 반환하는 HTTP 서버를 시작합니다.

```
func startTestHTTPServer() *httptest.Server {
    ts := httptest.NewServer(
        http.HandlerFunc(
            func(w http.ResponseWriter, r *http.Request) {
                fmt.Fprint(w, "Hello World")
            }))
```

```
        return ts
}
```

httptest.NewServer() 함수는 생성한 서버를 나타내는 다양한 필드를 설정한 httptest.Server 객체를 반환합니다. 6장에서 더 자세하게 살펴볼 http.Handler 타입의 객체만을 함수의 매개변수로 전달해주면 됩니다. 매개변수로 전달하는 핸들러 객체는 테스트 서버의 핸들러를 설정합니다. 예시 코드는 GET 메서드 외에도 모든 HTTP 요청에 대해 "Hello World"라는 문자열을 반환하는 catchall 핸들러를 테스트 서버의 핸들러로 설정합니다. 암묵적으로 모든 요청을[1] HTTP 200 상태 코드의 성공으로 처리합니다.

예제 3.2는 위의 함수를 사용하여 작성한 테스트 함수입니다.

예제 3.2 fetchRemoteResource() 함수 테스트

```go
// chap3/data-downloader/fetch_remote_resource_test.go
package main

import (
    "fmt"
    "net/http"
    "net/http/httptest"
    "testing"
)

// TODO – 위에서 정의한 startTestHTTPServer() 함수 삽입

func TestFetchRemoteResource(t *testing.T) {
    ts := startTestHTTPServer()
    defer ts.Close()
    expected := "Hello World"
    data, err := fetchRemoteResource(ts.URL)

    if err != nil {
        t.Fatal(err)
    }
    if expected != string(data) {
        t.Errorf("Expected response to be: %s, Got: %s", expected, data)
    }
}
```

---

1   [옮긴이] 명시하지는 않았지만 net/http 패키지에서

테스트 함수는 먼저 startTestHTTPServer() 함수를 호출하여 테스트 서버를 생성합니다. 반환된 객체 ts에는 테스트를 위해 생성되고 시작한 테스트 서버에 대한 데이터를 포함합니다. defer 구문으로 Close 메서드를 호출하면 테스트 실행이 끝날 때 서버가 정상적으로 종료됩니다. 반환된 객체 ts의 URL 필드에는 서버의 IP 주소와 포트 조합을 나타내는 문자열이 있습니다. 이 URL 값은 fetchRemoteResource() 함수 실행 시 매개변수로 전달됩니다. 이후의 테스트는 반환된 결과가 예상한 문자열 "Hello World"와 일치하는지 검증합니다. 예제 3.2의 코드를 예제 3.1의 코드가 저장된 곳과 같은 디렉터리에 파일명 fetch_remote_resource_test.go로 새로 저장하고, go test 커맨드를 사용하여 테스트를 수행합니다.

```
$ go test -v
=== RUN TestFetchRemoteResource
--- PASS: TestFetchRemoteResource (0.00s)
PASS
ok github.com/practicalgo/code/chap3/data-downloader 0.872s
```

좋습니다. 기본적인 HTTP 데이터 다운로더를 구현해보았고, 정상적으로 원격 URL에서 데이터를 다운로드하는지 검증하는 테스트를 작성해보았습니다.

이번 장의 첫 번째 연습 문제 3.1에서는 mync 커맨드 라인 애플리케이션에 다음의 기능을 추가해봅니다.

연습 문제 3.1 ┃ http 서브커맨드에서 데이터를 다운로드 받을 수 있도록 개선

이전 장에서 mync 커맨드 라인 애플리케이션에 http와 grpc 두 개의 서브커맨드를 구현하였습니다. 하지만 해당 서브커맨드에 별다른 기능이 존재하지는 않습니다. 이번 연습 문제에서 http 커맨드의 GET 서브커맨드를 구현해봅니다. 연습 문제 2.2의 답안을 참고하면 이번 문제 해결에 도움이 됩니다.

3.2 수신 데이터 역직렬화

이전에 작성한 fetchRemoteResource() 함수는 다운로드된 데이터를 단순히 터미널에 출력합니다. 이러한 동작은 애플리케이션 사용자에게 딱히 유용하지 않으며 가령 이미지나 텍스트가 아닌 종류의 데이터[2]는 쓸모없는 값으로 보일 것입니다.[3] 그래서 대부분의 경우에는 수신한 데이터에 어떠

---

2   [옮긴이] 바이너리 데이터
3   [옮긴이] 화면에 그대로 바이너리 데이터가 아스키(ASCII) 형태로 변환되어 덤프 더미가 그대로 출력됨

한 처리processing를 해야 합니다. 일반적으로 이러한 처리를 데이터의 **언마샬링**unmarshalling, 혹은 **역직렬화**deserialization라고 하며, 이는 데이터 바이트를 애플리케이션이 이해할 수 있는 데이터 구조체로 변환하는 작업입니다. 이후에는 애플리케이션 내에서 로 바이트raw bytes 데이터를 직접 질의하거나 파싱할 필요 없이 언마샬링된 데이터 구조체를 사용할 수 있습니다. 이에 반대되는 동작을 **마샬링**marshalling, 혹은 **직렬화**serialization라고 하며, 이는 데이터 구조체를 저장하기에 적합한, 또는 네트워크로 전송하기에 적합한 형태의 데이터 포맷으로 변환하는 작업입니다. 이번 절에서는 데이터 언마샬링에 대해 살펴봅니다. 데이터 마샬링에 대해서는 다음 절에서 살펴봅니다.

어떠한 데이터의 특정 바이트가 역직렬화될 수 있는 데이터 구조는 데이터의 특성과 긴밀하게 결합되어 있습니다. 예를 들어, 프로그래밍 언어에 중립적인 JSONjavascript object notation 데이터의 바이트를 구조체 타입 슬라이스로 언마샬링하는 작업은 일반적인 역직렬화 작업입니다. 마찬가지로 Go 언어에서만 한정적으로 사용하는, `encoding/gob` 패키지에 정의된 gob 데이터의 바이트를 구조체 타입으로 역직렬화하는 것도 JSON을 역직렬화하는 것과는 또 다른 역직렬화 작업입니다. 바이트의 데이터 포맷에 따라 어느 역직렬화를 적용해야 하는지 다양할 수 있습니다. 표준 라이브러리의 `encoding` 패키지와 그 안에 속한 서브 패키지에는 범용적으로 사용되는 JSON, XML, CSV, gob 등의 데이터 포맷을 마샬링 및 언마샬링을 할 수 있는 기능을 제공합니다.

HTTP 응답으로 JSON 포맷을 받아서 맵 데이터 자료구조로 역직렬화하는 예시를 살펴봅시다. 응답이 JSON 포맷이 아닌 경우 역직렬화를 수행하지 않습니다. 역직렬화 동작은 `json.Unmarshal()` 함수로 구현되며, 해당 함수는 언마샬링을 수행할 데이터 객체의 타입[4] 같이 전달해주어야 합니다.[5] 따라서 이러한 동작을 하는 클라이언트를 작성하기 위해서는 다음의 단계를 수행합니다.

1. 먼저 직렬화할 JSON 데이터를 검사합니다.
2. JSON 데이터를 표현하기에 적합한 `map` 형태의 자료구조 데이터를 생성합니다.

복잡성을 줄이고 이식성을 높이기 위해 어떤 소프트웨어 패키지를 호스팅하는 가상의 HTTP 서버를 생각해봅시다. 이 서버에는 다음과 같이 현재 사용 가능한 패키지들의 이름과 패키지의 최신 버전을 포함하는 JSON 문자열을 반환하는 API가 존재합니다.

---

4 〔옮긴이〕 함수의 두 번째 매개변수로
5 〔옮긴이〕 JSON의 경우 `map[string]interface{}`를 전달하여 임의의 데이터를 언마샬링할 수 있습니다.

```
[
    {"name": "package1", "version": "1.1"},
    {"name": "package2", "version": "1.2"},
]
```

위의 JSON 데이터를 역직렬화할 수 있는 구조체 타입을 정의해봅시다. 이 구조체 타입은 하나의 패키지 정보를 나타내며, pkgData라는 이름을 갖습니다.

```
type pkgData struct {
    Name    string `json:"name"`
    Version string `json:"version"`
}
```

구조체에는 Name과 Version이라는 두 개의 필드가 존재합니다. 구조체 태그인 `json:"name"`과 `"json:"version"`은 JSON 데이터 중 어느 키값이 해당 필드로 식별되는지를 결정합니다. 이제 데이터를 표현하는 자료구조를 정의하였으니 패키지를 나타내는 JSON 데이터를 pkgData 객체의 슬라이스로 역직렬화할 수 있습니다.

fetchPackageData() 함수는 패키지 서버의 url로 GET 요청을 보내고, pkgData 구조체 객체의 슬라이스와 에러값을 반환합니다. 오류가 있거나 데이터가 직렬화될 수 없는 경우에는 다음과 같이 공백의 슬라이스와 에러값이 반환됩니다.

```
func fetchPackageData(url string) ([]pkgData, error) {
    var packages []pkgData
    r, err := http.Get(url)
    if err != nil {
        return nil, err
    }
    defer r.Body.Close()
    if r.Header.Get("Content-Type") != "application/json" {
        return packages, nil
    }
    data, err := io.ReadAll(r.Body)
    if err != nil {
        return packages, err
    }
    err = json.Unmarshal(data, &packages)
    return packages, err
}
```

예시에서 사용하는 가상의 패키지 서버는 웹 브라우저를 사용하여 실제 패키지 데이터를 제공하는 HTML 페이지를 반환하는 웹 백엔드 기능도 존재합니다.[6] 따라서 클라이언트 코드에서는 응답 보디 데이터가 실제로 JSON 데이터인 경우에만 역직렬화를 진행하도록 합니다. 이를 위해 응답 HTTP 헤더의 Content-Type 필드의 값이 application/json인지 아닌지를 확인합니다.

응답 헤더의 값은 응답 객체의 Header 필드에서 접근 가능하며, Header 필드는 map[string][] string[7]의 타입으로 구성됩니다. 따라서 헤더의 특정 키에 해당하는 값을 얻어오려면 헤더의 키값을 매개변수로 Get() 메서드를 호출하면 됩니다.

헤더의 Content-Type 값이 application/json이 아닌 경우 공백의 슬라이스와 nil 에러를 반환합니다(필요에 따라 실제 에러값이 반환되도록 애플리케이션을 설계할 수 있습니다). Content-Type 값이 application/json인 경우 io.ReadAll() 함수를 사용하여 보디를 읽습니다. 이후에는 몇몇 오류 처리를 한 뒤, 실제로 역직렬화할 객체와 보디 데이터를 매개변수로 json.Unmarshal() 함수를 호출합니다.

예제 3.3은 pkgquery 패키지의 전체 구현을 나타냅니다.

예제 3.3 **패키지 서버에서 데이터 조회하기**

```go
// chap3/pkgquery/pkgquery.go

package pkgquery

import (
    "encoding/json"
    "io"
    "net/http"
)

type pkgData struct {
    Name    string `json:"name"`
    Version string `json:"version"`
}

// TODO - 위에서 정의한 fetchPackageData() 함수 삽입
```

---

6   [옮긴이] 다음 절에서 이에 대해 구현합니다.
7   [옮긴이] 키-값들에 해당하는 map 자료구조입니다. 값들이([]string)인 이유는 동일한 헤더 키값에 대해 여러 개의 값이 존재할 수 있기 때문입니다.

chap3/pkgquery/ 경로로 새로운 디렉터리를 생성하고, 디렉터리 안에서 모듈을 초기화합니다.

```
$ mkdir -p chap3/pkgquery
$ cd chap3/pkgquery
$ go mod init github.com/username/pkgquery
```

예제 3.3의 코드를 파일명 pkgquery.go로 저장합니다.

pkgquery 패키지의 기능을 테스트하려면 어떻게 해야 할까요? main 패키지를 구현하여 가상 패키지 서버의 구현체를 사용해볼 수 있을 것입니다. 혹은, 이전에 했던 것처럼 JSON 데이터를 반환하는 테스트 HTTP 서버를 구현할 수도 있습니다. startTestPackageServer() 함수는 JSON 데이터를 반환하는 테스트 서버를 구현합니다.

```go
// chap3/pkgquery/pkgquery_test.go

package pkgquery

import (
    "fmt"
    "net/http"
    "net/http/httptest"
    "testing"
    "time"
)

// TODO – 이전에 정의한 startTestPackageServer() 함수 삽입

func TestFetchPackageData(t *testing.T) {
    ts := startTestPackageServer()
    defer ts.Close()
    packages, err := fetchPackageData(ts.URL)
    if err != nil {
        t.Fatal(err)
    }
    if len(packages) != 2 {
        t.Fatalf("Expected 2 packages, Got back: %d", len(packages))
    }
}
```

이제 테스트 서버가 구현되었으니, 예제 3.4처럼 전체적인 테스트 함수를 작성합니다.

```go
// chap3/pkgquery/pkgquery_test.go

package pkgquery

import (
    "fmt"
    "net/http"
    "net/http/httptest"
    "testing"
    "time"
)

// TODO - 이전에 정의한 startTestPackageServer() 함수 삽입

func TestFetchPackageData(t *testing.T) {
    ts := startTestPackageServer()
    defer ts.Close()
    packages, err := fetchPackageData(ts.URL)
    if err != nil {
        t.Fatal(err)
    }

    if len(packages) != 2 {
        t.Fatalf("Expected 2 packages, Got back: %d", len(packages))
    }
}
```

startTestPackageServer() 함수를 호출하여 테스트 HTTP 서버를 시작합니다. 이후 createHTTP
ClientWithTimeout() 함수를 호출하여 HTTP 클라이언트 객체를 생성합니다. 그다음에는 HTTP
클라이언트 객체인 client와 요청을 보낼 URL을 매개변수로 fetchPackageData() 함수를 호출합
니다.

마지막으로 서버에 GET 요청을 보내서 JSON 포맷의 패키지 데이터를 받아옵니다. 혹여나 nil 에러
가 반환되었는지 확인하고, pkgData 객체가 포함된 슬라이스 변수에 두 개의 값이 반환되었는지 확
인합니다.

pkgquery.go 코드가 저장된 디렉터리에 예제 3.4의 코드를 파일명 pkgquery_test.go로 저장합니
다. 테스트를 수행해봅니다.

```
$ go test -v
=== RUN TestFetchPackageData
```

```
--- PASS: TestFetchPackageData (0.00s)
PASS
ok github.com/practicalgo/code/chap3/pkgquery/    0.511s
```

예상대로 테스트가 정상적으로 수행됩니다. 실용적인 시나리오에서는 테스트 서버가 아니라 접근 가능한 여느 서버에서 데이터를 가져오는 HTTP 클라이언트를 작성할 것입니다. 이를 위해 다음의 단계를 수행해야 합니다.

1. 서드 파티 서버의 JSON API 스키마를 살펴봅니다.

2. 응답 데이터를 역직렬화할 구조체를 생성합니다.

3. 테스트 가능한 HTTP 클라이언트를 작성하기 위해 1단계의 JSON API 스키마를 참조하여 유사한 데이터를 반환하는 테스트 서버를 구현합니다.

HTTP 헤더의 `Content-Type` 헤더 정보를 통해 데이터의 포맷을 결정하고 역직렬화를 진행할지 말지 결정하는 방법을 살펴보았습니다. 또한 `Content-Type` 헤더 정보를 통해 데이터가 터미널에서 읽을 수 있는 형태[8]인지, 데이터를 읽기 위해 이미지 뷰어나 PDF 리더와 같은 전용 프로그램이 필요한지를 결정할 수 있습니다. 연습 문제 3.2에서는 사용자가 요청한 주소에서 파일을 다운로드 받아서 저장하는 기능의 `http` 서브커맨드를 구현해봅니다.

연습 문제 3.2 | 다운로드한 데이터를 파일로 저장하기

`http` 서브커맨드에 `-output`이라는 옵션을 구현합니다. 이 옵션은 문자열의 파일 경로를 입력 받으며, 옵션을 지정한 경우 다운로드한 데이터를 터미널에 표출하는 대신 파일로 저장합니다.

3.3 데이터 송신

위에서 구현한 패키지 정보를 반환하는 서버에 대해 다시 한번 생각해봅시다. HTTP GET 요청을 통해 이미 존재하는 패키지 데이터를 확인할 수 있습니다. 이제 가령 서버에 새로운 패키지 데이터를 추가하고 싶다고 합시다. 서버에 새로운 패키지를 생성하거나 등록하려면 패키지 데이터 자체(.tar.gz 파일)와 일부 메타데이터(패키지 이름과 버전)를 서버에 전송하는 작업이 필요합니다. 단순한 예시를 위해 서버에서 별도의 상태 관리가 없다고 가정하고, 데이터의 포맷이 알맞으면 모든 요청을 성공으

---

8 [옮긴이] 아스키 형태

로 응답하도록 합니다. REST 규격을 준수하는 HTTP 프로토콜에서는 서버로 데이터를 송신할 때 POST와 PUT, 그리고 PATCH 요청을 보낼 수 있습니다. 일반적으로 자원을 생성할 때는 POST 메서드를 사용합니다. 새로운 패키지 등록을 위해 POST 메서드를 사용하려면 다음의 단계를 수행합니다.

1. `net/http` 패키지에 정의된 `Post` 함수를 이용하여 HTTP POST 요청을 생성합니다. 함수의 시그니처는 `http.Post(url, contentType, packagePayload)`이며, 첫 번째 매개변수 `url`은 POST 요청을 보낼 URL이고 두 번째 매개변수 `contentType`은 전송할 데이터의 값을 식별하기 위해 `Content-Type` 헤더의 값으로 사용되며 세 번째 매개변수 `packagePayload`는 전송할 요청 보디가 포함된 `io.Reader` 객체입니다.

2. 이번 단계의 핵심은 요청 보디 한 번에 바이너리의 패키지 데이터와 메타데이터를 모두 포함하여 전송해야 한다는 점입니다. 이를 위해 HTTP Content-Type 헤더 값을 `multipart/form-data`로 사용합니다.

먼저 JSON 보디의 메타데이터만을 전송하는 POST 요청을 살펴봅니다. 그 후에는 `multipart/form-data` 요청 내에 메타데이터뿐만 아니라 패키지 데이터까지 전송하도록 발전시킵니다.

패키지 정보를 기술하는 JSON 포맷은 다음과 같습니다.

```
{"name": "package1", "version": "1.1"}
```

새로운 패키지를 등록하기 위해 위와 동일한 스키마의 JSON을 사용하여 메타데이터를 기술할 것입니다. 패키지의 등록 결과로 서버에서 반환되는 값 역시 JSON이며, 다음의 모양을 갖습니다.

```
{"id": "package1-1.1"}
```

이를 처리하기 위한 구조체 타입은 다음과 같습니다.

```
type pkgRegisterResult struct {
    ID string `json:"id"`
}
```

마지막으로 HTTP POST 요청으로 JSON 보디를 전송하는 방법을 알아봅시다.

```
func registerPackageData(url string, data pkgData) (pkgRegisterResult, error) {
    p := pkgRegisterResult{}
    b, err := json.Marshal(data)
    if err != nil {
        return p, err
    }

    reader := bytes.NewReader(b)
    r, err := http.Post(url, "application/json", reader)
    if err != nil {
        return p, err
    }
    defer r.Body.Close()

    // TODO - 서버 응답 처리
    ...
}
```

이 함수는 두 개의 매개변수를 받습니다. 첫 번째 매개변수 url은 요청을 보낼 HTTP 서버의 URL이며, 두 번째 매개변수 data는 JSON 데이터로 직렬화하여 요청 보디에 사용할 pkgData 타입의 객체입니다.

서버에서 패키지 등록에 성공하면 pkgRegisterResult 구조체 타입 객체 p를 생성하여 반환합니다.

함수는 먼저 encoding/json 패키지에 정의된 Marshal() 함수를 사용하여 요청 보디에 JSON 데이터로 전송할 pkgData 객체를 바이트 슬라이스로 변환합니다. 이전에 정의한 구조체 태그[9]는 JSON 객체의 키로 사용됩니다. {"Name": "package1", "Version": "1.0"} 값을 갖는 pkgData 객체의 경우 Marshal() 함수는 {"name": "package1", "version": "1.0"}으로 인코딩된 JSON 문자열을 포함하는 바이트 슬라이스를 반환합니다. 이후에는 bytes 패키지의 NewReader() 함수를 사용하여 반환된 바이트 슬라이스로부터 io.Reader 객체를 생성합니다. io.Reader 객체 reader 변수가 생성된 후에 http.Post(url, "application/json", reader)와 같이 Post() 함수의 보디로 사용합니다.

nil 외의 에러가 발생하면 함수는 공백의 pkgRegisterResult 객체와 에러 객체 err를 반환합니다. 서버로부터 성공적으로 응답을 받았다면 응답 보디를 읽은 후에 이를 pkgRegisterResult 응답 객체로 역직렬화합니다.

---

9 옮긴이 구조체 타입 필드 뒷 부분의 `json:"id"`

```
func registerPackageData(url string, data pkgData) (pkgRegisterResult, error) {
    // 이전에 살펴본 것처럼 서버로 요청을 송신합니다.
    respData, err := io.ReadAll(r.Body)
    if err != nil {
        return p, err
    }
    if r.StatusCode != http.StatusOK {
        return p, errors.New(string(respData))
    }
    err = json.Unmarshal(respData, &p)
    return p, err
}
```

HTTP 200상태 코드[10]의 성공적인 응답을 받지 못하면 해당 응답 보디를 포함하는 에러 객체를 반환합니다. 성공적인 응답을 받은 경우 응답 보디를 언마샬링하고 **pkgRegisterResult** 객체 p와 언마샬링 도중에 생길 수 있는 에러 객체 **err**를 반환합니다.

지금까지 살펴본 패키지를 등록하는 코드를 실행시키기 위해 **pkgregister**라는 새로운 패키지[11]를 생성합니다. 예제 3.5는 이에 대한 전체 코드를 나타냅니다.

예제 3.5 **새로운 패키지 등록**

```
// chap3/pkgregister/pkgregister.go
package pkgregister

import (
    "bytes"
    "encoding/json"
    "errors"
    "io"
    "net/http"
)

type pkgData struct {
    Name    string `json:"name"`
    Version string `json:"version"`
}
type pkgRegisterResult struct {
    Id string `json:"id"`
}
```

---

10 [옮긴이] http.StatusOK
11 [옮긴이] Go 패키지

```go
func registerPackageData(url string, data pkgData) (pkgRegisterResult, error) {
    p := pkgRegisterResult{}
    b, err := json.Marshal(data)
    if err != nil {
        return p, err
    }
    reader := bytes.NewReader(b)
    r, err := http.Post(url, "application/json", reader)
    if err != nil {
        return p, err
    }
    defer r.Body.Close()
    respData, err := io.ReadAll(r.Body)
    if err != nil {
        return p, err
    }
    if r.StatusCode != http.StatusOK {
        return p, errors.New(string(respData))
    }
    err = json.Unmarshal(respData, &p)
    return p, err
}
```

chap3/pkgregister/ 경로로 새로운 디렉터리를 생성하고, 디렉터리 안에서 모듈을 초기화합니다.

```
$ mkdir -p chap3/pkgregister
$ cd chap3/pkgregister
$ go mod init github.com/username/pkgregister
```

예제 3.5의 코드를 파일명 pkgregister.go로 저장합니다. 작성한 이 함수는 어떻게 테스트할 수 있을까요? 이전 절에서 접근했던 방식과 같이, 실제 패키지 서버와 동일한 동작을 하는 테스트 서버를 구현하는 방식을 취할 것이며, 이를 위해 다음의 단계를 수행합니다.

1. POST 요청을 처리하기 위한 HTTP 핸들러 함수를 구현합니다.

2. POST 요청 내에 포함된 JSON 데이터를 pkgData 객체로 변환하기 위해 언마샬링을 수행합니다.

3. 언마샬링 도중 오류가 발생하였거나 pkgData 객체의 Name 필드나 Version 필드가 공백 문자열인 경우 사용자에게 HTTP 400 상태 코드를 반환합니다.

4. 패키지 ID에 Name과 Version 필드 문자열을 '·'로 연결concatenate한 값으로 할당합니다.

5. pkgRegisterResult 객체를 생성하고, 이전 단계에서 할당한 ID 값을 ID 필드에 지정합니다.

6. 생성된 객체[12]를 마샬링하고 응답 콘텐츠의 HTTP 헤더의 값을 application/json으로 설정한 뒤, 마샬링된 결과 문자열을 응답합니다.

다음은 위의 단계를 수행하는 별도의 **핸들러 함수** 구현체입니다. (5장에서 핸들러 함수에 대해 자세히 알아봅니다.)

```go
func packageRegHandler(w http.ResponseWriter, r *http.Request) {
    if r.Method == "POST" {
        // 요청 내에 포함된 패키지 데이터
        p := pkgData{}
        // 패키지 등록의 응답
        d := pkgRegisterResult{}
        defer r.Body.Close()
        data, err := io.ReadAll(r.Body)
        if err != nil {
            http.Error(w, err.Error(),
            http.StatusInternalServerError)
            return
        }
        err = json.Unmarshal(data, &p)
        if err != nil || len(p.Name) == 0 || len(p.Version) == 0 {
            http.Error(w, "Bad Request", http.StatusBadRequest)
            return
        }
        d.ID = p.Name + "-" + p.Version
        jsonData, err := json.Marshal(d)
        if err != nil {
            http.Error(w, err.Error(),
            http.StatusInternalServerError)
            return
        }
        w.Header().Set("Content-Type", "application/json")
        fmt.Fprint(w, string(jsonData))
    } else {
        http.Error(w, "Invalid HTTP method specified", http.StatusMethodNotAllowed)
        return
    }
}
```

예제 3.6은 위 함수의 테스트 함수를 나타냅니다. 하나는 정상적인 경로로 정상적인 패키지 등록 정보를 패키지 서버로 보내는 테스트와, 공백의 JSON 보디를 보내는 또 다른 테스트, 총 두 개의 테스트가 있습니다.

---

12 [옮긴이] pkgData

```go
// chap3/pkgregister/pkgregister_test.go
package pkgregister

// TODO - 위에서 정의한 packageRegHandler() 함수 삽입
func startTestPackageServer() *httptest.Server {
    ts := httptest.NewServer(http.HandlerFunc(packageRegHandler))
    return ts
}

func TestRegisterPackageData(t *testing.T) {
    ts := startTestPackageServer()
    defer ts.Close()
    p := pkgData{
        Name:    "mypackage",
        Version: "0.1",
    }

    resp, err := registerPackageData(ts.URL, p)
    if err != nil {
        t.Fatal(err)
    }
    if resp.ID != "mypackage-0.1" {
        t.Errorf("Expected package id to be mypackage-0.1, Got: %s", resp.ID)
    }
}

func TestRegisterEmptyPackageData(t *testing.T) {
    ts := startTestPackageServer()
    defer ts.Close()
    p := pkgData{}
    resp, err := registerPackageData(ts.URL, p)
    if err == nil {
        t.Fatal("Expected error to be non-nil, got nil")
    }
    if len(resp.ID) != 0 {
        t.Errorf("Expected package ID to be empty, got: %s", resp.ID)
    }
}
```

예제 3.5의 코드를 저장했던 디렉터리에서 예제 3.6의 코드를 파일명 `pkgregister_test.go`로 저장하세요. 그리고 테스트를 수행합니다.

```
$ go test -v
=== RUN TestRegisterPackageData
--- PASS: TestRegisterPackageData (0.00s)
=== RUN TestRegisterEmptyPackageData
--- PASS: TestRegisterEmptyPackageData (0.00s)
PASS
ok github.com/practicalgo/code/chap3/pkgregister    0.540s
```

이번 절에서 JSON 데이터를 송수신하고 마샬링, 언마샬링하는 기법을 살펴보았습니다. 이를 활용하여 연습 문제 3.3에서는 mync http 서브 커맨드에 POST 요청을 보낼 수 있도록 구현해봅니다.

연습 문제 3.3 | http 서브 커맨드를 개선하여 JSON 보디를 포함하는 POST 요청 보내기

이전에 구현한 http 서브 커맨드는 GET 메서드만을 지원했습니다. 이번 연습 문제에서는 이를 개선해 -body 옵션으로 JSON 보디를 문자열 형태로 받거나 혹은 -body-file 옵션으로 JSON 보디의 문자열이 포함된 파일명을 받아서 POST 요청을 보내봅니다. 이를 테스트하기 위해 이번 절을 참조하여 테스트 HTTP 서버를 구현해봅니다.

이번 장에서 JSON 데이터를 처리하기 위한 기법을 배웠는데, 이 기법은 JSON뿐 아니라 많이 사용되는 데이터 포맷인 XML에도 적용 가능합니다(encoding/xml 패키지를 통해 사용 가능합니다). 다시 새로운 패키지를 등록하는 부분으로 돌아와서, 지금까지는 패키지의 메타데이터, 패키지 이름과 버전을 JSON 포맷으로 전송하는 방법에 대해 살펴보았습니다. 하지만 패키지 바이너리 데이터를 같이 보내는 방법은 아직 살펴보지 않았습니다. 이제 multipart/form-data 콘텐츠 타입을 사용해서 이를 확인해봅시다.

3.4 바이너리 데이터 취급

HTTP 콘텐츠 타입 multipart/form-data를 사용하면 name=package1, version=1.1과 같이 키와 값을 포함하는 보디를 전송할 수 있으며, 또한 HTTP 요청 내에 파일의 데이터를 포함시켜 전송할 수 있습니다. 생각하시는 것처럼 이를 위한 메시지를 생성하고 서버로 전송하는 것은 단순히 객체를 만들고 마샬링하는 것 이상의 작업이 필요합니다.

multipart/form-data 메시지를 생성하는 방법을 알아보기 전에 먼저 다음과 같은 메시지를 살펴봅시다.

```
--91f7de347fb9749c83cea1d596e52849fb0a95f6698459e2baab1e6c1e22
Content-Disposition: form-data; name="name"

mypackage
--91f7de347fb9749c83cea1d596e52849fb0a95f6698459e2baab1e6c1e22
Content-Disposition: form-data; name="version"

0.1
--91f7de347fb9749c83cea1d596e52849fb0a95f6698459e2baab1e6c1e22
Content-Disposition: form-data; name="filedata"; filename="mypackage0.1.tar.gz"
Content-Type: application/octet-stream

data
--91f7de347fb9749c83cea1d596e52849fb0a95f6698459e2baab1e6c1e22–
```

위의 메시지는 세 부분으로 구성됩니다. 각 부분은 무작위로 생성되는 바운더리 문자열boundary string으로 구분됩니다. 예시에서 **91f…**으로 시작하는 줄이 바운더리 문자열입니다. 두 개의 대시(-)는 HTTP/1.1 스펙의 일부입니다.

메시지의 첫 번째 부분의 폼 필드form field는 이름 필드의 값이 **"name"**이며 이 부분의 값은 **mypackage**입니다.

두 번째 부분의 폼 필드는 이름 필드의 값이 **"version"**이며, 이 부분의 값은 **0.1**입니다.

세 번째 부분의 폼 필드는 이름 필드의 값이 **"filedata"**이며, 파일명 필드의 값이 **"mypackage-0.1.tar.gz"**이며, 이 부분의 값은 문자열 **data**입니다. 또한 세 번째 부분에는 콘텐츠가 단순히 플레인 텍스트 데이터가 아니라는 것을 나타내기 위해 **Content-Type** 헤더에 **application/octet-stream** 값을 지정하였습니다. 여기서는 단순히 예시를 위하여 **data**라는 문자열을 사용하였지만, 실제로는 이미지나 PDF 파일 등의 바이너리 데이터가 포함될 것입니다.

표준 라이브러리 **mime/multipart** 패키지에는 멀티파트 보디를 읽고 쓰기 위해 필요한 모든 타입과 메서드를 정의합니다. 이를 사용하여 패키지 정보와 메타데이터를 포함하는 멀티파트 보디를 생성하는 방법을 알아봅시다.

1. 바이트 버퍼를 매개변수로 하여 **multipart.NewWriter()** 메서드를 사용하여 반환되는 객체를 **mw**에 할당합니다.

2. **mw.CreateFormField("name")** 메서드를 사용하여 폼 필드의 이름 필드를 생성하고 이를 **fw**에 할당합니다.

3. `fmt.Fprintf()` 메서드를 사용하여 필드의 값을 나타내는 바이트를 mw에 씁니다.

4. 각 폼 필드에 대해 2단계와 3단계를 반복합니다.

5. `mw.CreateFormFile("filedata", "filename.txt")` 메서드를 사용하여 바이너리 필드를 생성하고 이를 fw에 할당합니다. 파일의 내용을 저장하기 위한 필드의 이름은 `filedata`로 하고, 필드의 값에는 파일명 `"filename.txt"`를 설정합니다.

6. `io.Copy()` 메서드를 호출하여 파일의 데이터를 mw writer 로 복제합니다.

7. 여러 개의 파일을 전송하려면 필드 이름("filedata")은 동일하되 파일명은 다르게 설정합니다.

8. `mw.Close()` 메서드를 호출하여 멀티파트 메시지를 닫습니다.

위 단계의 실제 구현체를 살펴봅시다. 먼저 `pkgData` 구조체가 패키지 콘텐츠를 포함할 수 있도록 업데이트합니다.

```
type pkgData struct {
    Name     string
    Version  string
    Filename string
    Bytes    io.Reader
}
```

Filename 필드에는 패키지의 파일명을 저장하고, Bytes 필드에는 열린 파일을 나타내는 `io.Reader`를 저장합니다.

예제 3.7은 주어진 `pkgData` 객체 데이터를 패키징하여 멀티파트 메시지를 생성하는 코드입니다.

예제 3.7 **멀티파트 메시지 생성**

```
// chap3/pkgregister-data/form_body.go
package pkgregister

import (
    "bytes"
    "fmt"
    "io"
    "mime/multipart"
)

func createMultiPartMessage(data pkgData) ([]byte, string, error) {
    var b bytes.Buffer
    var err error
```

```
    var fw io.Writer

    mw := multipart.NewWriter(&b)

    fw, err = mw.CreateFormField("name")
    if err != nil {
        return nil, "", err
    }
    fmt.Fprintf(fw, data.Name)

    fw, err = mw.CreateFormField("version")
    if err != nil {
        return nil, "", err
    }
    fmt.Fprintf(fw, data.Version)

    fw, err = mw.CreateFormFile("filedata", data.Filename)
    if err != nil {
        return nil, "", err
    }
    _, err = io.Copy(fw, data.Bytes)
    err = mw.Close()
    if err != nil {
        return nil, "", err
    }

    contentType := mw.FormDataContentType()
    return b.Bytes(), contentType, nil
}
```

매개변수로 `bytes.Buffer` 객체 변수 b를 전달하여 `multipart.NewWriter()` 메서드를 호출하고, 반환된 `multipart.Writer` 객체를 mw 변수에 저장합니다. 이후에 `CreateFormField()` 메서드를 name과 version 필드에 대해 두 번 호출합니다. 그리고 `CreateFormFile()` 메서드를 호출하여 파일의 데이터를 메시지 내에 삽입합니다. 마지막으로 `multipart/form-data` 메시지의 바이트 슬라이스를 얻어오기 위해 `b.Bytes()` 메서드를 호출하고 이를 반환합니다.

`chap3/pkgregister-data/` 경로로 새로운 디렉터리를 생성하고, 디렉터리 안에서 모듈을 초기화합니다.

```
$ mkdir -p chap3/pkgregister-data
$ cd chap3/pkgregister-data
$ go mod init github.com/username/pkgregister-data
```

그다음은 registerPackageData() 함수를 살펴봅시다. 이 함수는createMultipartMessage() 함수를 호출하여 multipart/form-data 페이로드를 생성합니다.

```go
type pkgRegisterResult struct {
    Id       string `json:"id"`
    Filename string `json:"filename"`
    Size     int64  `json:"size"`
}

func registerPackageData(
    client *http.Client, url string, data pkgData,
) (pkgRegisterResult, error) {
    p := pkgRegisterResult{}
    payload, contentType, err := createMultiPartMessage(data)
    if err != nil {
        return p, err
    }
    reader := bytes.NewReader(payload)
    r, err := http.Post(url, contentType, reader)
    if err != nil {
        return p, err
    }
    defer r.Body.Close()
    respData, err := io.ReadAll(r.Body)
    if err != nil {
        return p, err
    }
    err = json.Unmarshal(respData, &p)
    return p, err
}
```

createMultipartMessage() 함수를 호출하여 멀티파트 데이터와 콘텐츠 타입을 각각 payload, contentType 변수에 담습니다. 그리고 payload 데이터를 읽기 위해 io.Reader 객체를 만들고 http.Post() 함수에 io.Reader를 전달하여 HTTP POST 요청에 페이로드를 전송합니다. 그리고 반환된 응답을 읽은 후 pkgRegisterResult 객체 변수 p에 언마샬링 합니다. pkgRegisterResult 객체에 패키지의 파일명과 전송한 파일의 크기를 나타내는 두 개의 필드를 추가한 것을 확인하세요. 이에 따라 서버 측에서 데이터를 정상적으로 읽었다는 사실을 검증할 수 있습니다.

예제 3.8은 createMultipartMessage() 함수를 사용하는 pkgregister 패키지의 전체 구현 코드입니다.

예제 3.8 멀티파트 메시지를 사용한 패키지 등록

```go
// chap3/pkgregister-data/pkgregister.go
package pkgregister

import (
    "bytes"
    "encoding/json"
    "io"
    "net/http"
    "time"
)

type pkgData struct {
    Name     string
    Version  string
    Filename string
    Bytes    io.Reader
}

func createHTTPClientWithTimeout(d time.Duration) *http.Client {
    client := http.Client{Timeout: d}
    return &client
}

type pkgRegisterResult struct {
    Id       string `json:"id"`
    Filename string `json:"filename"`
    Size     int64  `json:"size"`
}

// TODO - 위에서 정의한 registerPackageData() 함수 삽입
```

예제 3.7의 코드를 저장했던 디렉터리에서 예제 3.8의 코드를 파일명 `pkgregister.go`로 저장하세요. 이 패키지를 테스트하기 위해 `multipart/form-data`로 인코딩된 패키지 등록 데이터를 받고 JSON을 반환하는 테스트 서버를 구현할 것입니다. `http.Request` 객체에 정의된 `ParseMultipartForm()` 메서드는 테스트 서버의 핵심 기능입니다. 이 메서드는 `multipart/form-data`로 인코딩된 메시지를 포함하는 요청 보디를 파싱하고 `mime/multipart` 패키지에 정의된 `multipart.Form` 객체의 형태로 사용 가능하도록 임베딩 된 객체를 생성합니다. `multipart.Form` 구조체는 다음과 같이 정의됩니다.

```go
type Form struct {
    Value map[string][]string
    File  map[string][]*FileHeader
}
```

Value 필드는 폼 필드 이름을 키로 갖고 폼 필드의 값으로 문자열 슬라이스를 갖는 맵 객체입니다. 폼은 하나의 필드 이름에 여러 개의 값을 가질 수 있습니다. File 필드의 키 역시 마찬가지로 이전 예시의 filedata와 같이 폼 필드 이름을 가지며, 각 파일의 데이터를 나타내는 FileHeader 객체의 슬라이스를 값으로 갖는 맵 객체입니다. FileHeader 구조체는 다음과 같이 정의됩니다.

```go
type FileHeader struct {
    Filename string
    Header textproto.MIMEHeader
    Size int64
}
```

필드 이름이 꽤나 직관적입니다. 이 구조체 데이터의 객체 예시는 다음과 같습니다.

```
{"Filename": "package1.tar.gz", "Header": map[string]string{"ContentType":"application/
octet-stream"}, "Size": "200"}
```

파일 데이터를 얻어오기 위해서는 FileHeader 객체에 정의된 Open() 메서드를 호출하여 반환된 File 객체를 사용하면 파일에 저장된 데이터를 읽어올 수 있습니다. 서버에서 이를 처리하는 핸들러 함수를 살펴봅시다.

```go
func packageRegHandler(w http.ResponseWriter, r *http.Request) {
    if r.Method == "POST" {
        d := pkgRegisterResult{}
        err := r.ParseMultipartForm(5000)
        if err != nil {
            http.Error(
                w, err.Error(), http.StatusBadRequest,
            )
            return
        }
        mForm := r.MultipartForm
        f := mForm.File["filedata"][0]
        d.ID = fmt.Sprintf(
            "%s-%s", mForm.Value["name"][0], mForm.Value["version"][0],
        )
        d.Filename = f.Filename
        d.Size = f.Size
        jsonData, err := json.Marshal(d)
        if err != nil {
            http.Error(w, err.Error(), http.StatusInternalServerError)
```

```
            return
        }
        w.Header().Set("Content-Type", "application/json")
        fmt.Fprint(w, string(jsonData))
    } else {
        http.Error(
            w, "Invalid HTTP method specified",
            http.StatusMethodNotAllowed,
        )
        return
    }
}
```

위에서 언급한 핵심 함수 부분, err := r.ParseMultipartForm(5000)이 호출된 것을 볼 수 있습니다. 숫자 5000은 메모리상에 버퍼링할 최대 바이트 수치를 의미합니다. nil 외의 에러가 발생하면 HTTP 400 Bad Request 에러를 반환합니다. 정상적으로 처리되면 요청 객체의 MultipartForm 속성에 접근하여 파싱된 폼 데이터를 읽어옵니다. 이어서 폼의 키-값 쌍과 파일 데이터를 읽어온 뒤 패키지 ID를 만들고 Filename과 Size 속성값을 설정한 뒤 데이터를 JSON 객체로 마샬링하여 응답으로 보냅니다. 좋습니다. 이제 작성한 코드를 테스트할 수 있는 테스트 함수를 살펴봅시다. 예제 3.9는 테스트 함수 코드입니다.

예제 3.9 **멀티파트 메시지를 사용한 패키지 등록 테스트**

```
// chap3/pkgregister-data/pkgregister_test.go
package pkgregister
import (
    "encoding/json"
    "fmt"
    "net/http"
    "net/http/httptest"
    "strings"
    "testing"
    "time"
)

// TODO – 이전에 정의한 packageHandler() 함수 삽입


func startTestPackageServer() *httptest.Server {
    ts := httptest.NewServer(http.HandlerFunc(packageHandler))
    return ts
}
```

```
func TestRegisterPackageData(t *testing.T) {
    ts := startTestPackageServer()
    defer ts.Close()
    p := pkgData{
        Name:     "mypackage",
        Version:  "0.1",
        Filename: "mypackage-0.1.tar.gz",
        Bytes:    strings.NewReader("data"),
    }

    pResult, err := registerPackageData(ts.URL)
    if err != nil {
        t.Fatal(err)
    }
    if pResult.ID != fmt.Sprintf("%s-%s", p.Name, p.Version) {
        t.Errorf(
            "Expected package ID to be %s-%s, Got: %s", p.Name, p.Version, pResult.ID,
        )
    }
    if pResult.Filename != p.Filename {
        t.Errorf(
            "Expected package filename to be %s, Got: %s", p.Filename, pResult.Filename,
        )
        if pResult.Size != 4 {
            t.Errorf("Expected package size to be 4, Got: %d", pResult.Size)
        }
    }
}
```

예제 3.8의 코드를 저장했던 디렉터리에서 예제 3.9의 코드를 파일명 `pkgregister_test.go`로 저장하세요. 테스트를 수행합니다.

```
$ go test -v
=== RUN TestRegisterPackageData
--- PASS: TestRegisterPackageData (0.00s)
PASS
ok      github.com/practicalgo/code/chap3/pkgregister-data 0.728s
```

mime/multipart 패키지는 HTTP 요청 보디에서 바이너리 데이터를 읽고 쓰기 위한 모든 기능을 포함합니다. 해당 패키지를 이용하여 클라이언트 애플리케이션에서 파일을 전송하는 방법에 대해 알아보았습니다. 마지막 연습 문제에서는 mync 커맨드 라인 애플리케이션에서 파일 전송 기능을 추가해봅니다.

3.5 요약

먼저 HTTP URL에서 데이터를 다운로드 받는 방법을 알아보았습니다. 그리고 응답 바이트 데이터를 프로그램이 이해할 수 있는 자료구조로 역직렬화하는 방법을 알아보았습니다. 그다음으로는 자료구조 데이터를 직렬화하여 바이트로 변경하고 이를 HTTP 요청 보디에 데이터를 전송하는 방법을 알아보았습니다. 마지막으로 multipart/form-data 메시지를 사용하여 HTTP 요청 보디에서 임의의 파일을 송수신하는 방법을 알아보았습니다. 그리고 모든 방법에 대해 작성한 동작의 코드를 검증할 수 있는 테스트를 작성하였습니다.

다음 장에서는 실서비스 가능한 HTTP 클라이언트를 개발하기 위해 필요한 몇몇 고급 기법들에 대해 알아봅니다.

4
CHAPTER

고급 HTTP 클라이언트

이번 장에서는 HTTP 클라이언트를 작성하는 방법에 대해 깊게 알아봅니다. 이전 장에서는 HTTP 를 통해 할 수 있는 다양한 동작을 중점적으로 살펴보았습니다. 이번 장에서는 강건하고 확장 가능한 HTTP 클라이언트를 작성할 때 사용되는 다양한 기법들을 중점적으로 살펴볼 것입니다. 클라이언트 내에 타임아웃을 설정하는 방법과 클라이언트 단의 미들웨어를 생성하는 방법, 그리고 커넥션 풀링 에 대해 살펴봅니다. 이제 시작합니다!

4.1 커스텀 HTTP 클라이언트 사용

이전 장에서 작성한 데이터 다운로더 애플리케이션을 생각해봅시다. 다운로드하려는 대상 서버가 항 상 100% 정상적으로 동작하는 일은 드뭅니다. 사실, 꼭 서버가 아니더라도 애플리케이션이 전송한 요청 정보가 지나가는 네트워크 장비들 모두 오동작의 가능성이 있습니다. 클라이언트는 이에 대해 서 어떻게 대처해야 할까요? 이제부터 알아봅시다.

4.1.1 과부화 상태의 서버에서 다운로드
항상 과부화되어서 모든 응답에 60초의 지연시간이 생기는 테스트 HTTP 서버를 생성하는 다음의 함수를 생각해봅시다.

```go
func startBadTestHTTPServer() *httptest.Server {
    ts := httptest.NewServer(
        http.HandlerFunc(
            func(w http.ResponseWriter, r *http.Request) {
                time.Sleep(60 * time.Second)
                fmt.Fprint(w, "Hello World")
            }))
    return ts
}
```

time 패키지의 Sleep() 함수를 호출한 부분을 잘 살펴보세요. 이는 클라이언트에 응답을 전송하기 전에 60초의 지연시간을 갖게 합니다. 예제 4.1은 이렇게 만들어진 나쁜 상태의bad 테스트 서버에 HTTP GET 요청을 보내는 테스트 함수를 나타냅니다.

예제 4.1 나쁜 상태의 테스트 서버에 fetchRemoteResource() 함수 테스트

```go
// chap4/data-downloader/fetch_remote_resource_bad_server_test.go
package main

import (
    "fmt"
    "net/http"
    "net/http/httptest"
    "testing"
    "time"
)

// TODO - 위에서 정의한 startBadTestHTTPServer 함수 삽입

func TestFetchBadRemoteResource(t *testing.T) {
    ts := startBadTestHTTPServer()
    defer ts.Close()

    data, err := fetchRemoteResource(ts.URL)
    if err != nil {
        t.Fatal(err)
    }

    expected := "Hello World"
    got := string(data)
    if expected != got {
        t.Errorf("Expected response to be: %s, Got: %s", expected, got)
    }
}
```

chap4/data-downloader 경로로 새로운 디렉터리를 생성합니다. chap3/data-downloader 디렉터리에 있던 모든 파일을 복사한 뒤, go.mod 파일을 다음과 같이 수정합니다.

```
module github.com/username/chap4/data-downloader

go 1.17[1]
```

그다음으로는 예제 4.1의 코드를 파일명 fetch_remote_resource_bad_server_test.go로 저장하고, 테스트를 수행합니다.

```
$ go test -v
=== RUN   TestFetchBadRemoteResource
--- PASS: TestFetchBadRemoteResource (60.00s)
=== RUN   TestFetchRemoteResource
--- PASS: TestFetchRemoteResource (0.00s)
PASS
ok          github.com/practicalgo/code/chap4/data-downloader 60.142s
```

보시는 것처럼 TestFetchBadRemoteResource 함수의 테스트는 실행하는 데 60초가 걸립니다. 사실 나쁜 상태의 서버가 응답하는 데 60초가 아니라 600초가 걸려도 fetchRemoteResource() 함수(예제 3.1의 코드)는 그만큼 기다릴 것입니다. 당연하게도 이는 사용자 경험에 매우 나쁜 영향을 끼치게 됩니다.

2장에서 강건한robust 애플리케이션을 만드는 방법을 잠시 살펴보았습니다. 이를 활용하여 일정 시간을 초과하면 더 이상 서버로부터 응답을 기다리지 않도록 우리가 작성한 데이터 다운로드 함수를 개선하는 방법을 살펴봅니다.

데이터 다운로드 함수가 지정한 특정 시간까지만 기다리도록 하기 위해서는 커스텀 HTTP 클라이언트를 사용해야 합니다. 단순히 http.Get() 함수를 사용하면 암시적으로 net/http 패키지에 정의된 기본 HTTP 클라이언트를 사용하게 됩니다. 기본 클라이언트는 DefaultClient 변수에 정의된 객체를 사용하는데, 이 객체는 var DefaultClient = &Client{}로 생성되어 할당됩니다. Client 구조체는 net/http 패키지에 정의되며 해당 구조체의 필드 값을 수정하여 HTTP 클라이언트를 설정할 수 있습니다. 이제 Timeout 필드에 대해 살펴봅시다. 이후에는 다른 필드인 Transport 필드에 대해 살펴볼 것입니다.

---

1   [옮긴이] 해당 부분은 현재 사용중이신 Go 버전에 맞게 업데이트하시면 됩니다.

Timeout 필드의 값은 time.Duration 객체이며, 근본적으로 클라이언트가 서버로 연결을 맺고 요청을 보내며 응답을 받아서 읽는 데 걸리는 최대 시간을 나타냅니다. Timeout 필드의 값을 지정하지 않으면 최대 시간이 강제되지 않기에 클라이언트는 서버가 응답하는 순간까지, 혹은 클라이언트나 서버의 연결이 종료되는 순간까지 기다립니다.

다음은 100밀리초의 타임아웃을 갖는 HTTP 클라이언트를 생성하기 위한 예시입니다.

```
client := http.Client{Timeout: 100 * time.Millisecond}
```

위의 구문으로 생성된 HTTP 클라이언트가 보내는 요청은 최대 100밀리초 내에 완료되어야 합니다. 이렇게 생성한 커스텀 클라이언트를 활용하여 fetchRemoteResource() 함수를 다음과 같이 변경할 수 있습니다.

```go
func fetchRemoteResource(
    client *http.Client, url string,
) ([]byte, error) {
    r, err := client.Get(url)
    if err != nil {
        return nil, err
    }
    defer r.Body.Close()
    return io.ReadAll(r.Body)
}
```

http.Get() 함수를 직접 호출하지 않고 fetchRemoteResource() 함수의 매개변수로 전달된 http.Client 객체의 Get() 메서드를 호출한 부분을 잘 살펴보세요. 예제 4.2는 애플리케이션의 전체 코드입니다.

예제 4.2 **타임아웃이 적용된 커스텀 HTTP 클라이언트를 사용한 데이터 다운로더 애플리케이션**

```go
// chap4/data-downloader-timeout/main.go
package main

import (
    "fmt"
    "net/http"
    "os"
    "time"
)
```

```
// TODO - 위에서 정의한 fetchRemoteResource() 함수 삽입

func createHTTPClientWithTimeout(d time.Duration) *http.Client {
    client := http.Client{Timeout: d}
    return &client
}


func main() {
    if len(os.Args) != 2 {
        fmt.Fprintf(
            os.Stdout,
            "Must specify a HTTP URL to get data from",
        )
        os.Exit(1)
    }
    client := createHTTPClientWithTimeout(15 * time.Second)
    body, err := fetchRemoteResource(client, os.Args[1])
    if err != nil {
        fmt.Fprintf(os.Stdout, "%#v\n", err)
        os.Exit(1)
    }
    fmt.Fprintf(os.Stdout, "%s\n", body)
}
```

createHTTPClientWithTimeout()라는 이름으로 새로운 함수를 정의하고, 매개변수로 받은 time.
Duration 값을 사용하여 커스텀 HTTP 클라이언트를 생성하였습니다. main() 함수에서 타임아웃으로 15초를 지정하여 생성한 client 로 fetchRemoteResource() 함수에 URL을 매개변수로 전달하여[2] 호출합니다. 예제 4.2의 코드를 새로 생성한 디렉터리 chap4/data-downloader-timeout 에 파일명 main.go로 저장하고 디렉터리 내에서 모듈을 초기화합니다.

```
$ mkdir -p chap4/data-downloader-timeout
$ go mod init github.com/username/data-downloader-timeout
```

타임아웃 동작을 점검하기 위하여 응답이 지연되는 나쁜 상태의 HTTP 서버를 준비하기보다는, 테스트를 작성하여 확인해봅시다.

---

2   옮긴이 os.Args[1]

4.1.2 타임아웃 동작 테스트

예제 4.1의 코드를 예제 4.3과 같이 수정합니다.

예제 4.3 **나쁜 상태의 서버에** fetchRemoteResource() **함수 테스트**

```go
// chap4/data-downloader-timeout/fetch_remote_resource_bad_server_old_test.go
package main

import (
    "fmt"
    "net/http"
    "net/http/httptest"
    "testing"
    "time"
)

func startBadTestHTTPServerV1() *httptest.Server {
    // TODO - startBadTestHTTPServer 함수의 보디 부분 정의 삽입
}

func TestFetchBadRemoteResourceV1(t *testing.T) {
    ts := startBadTestHTTPServerV1()
    defer ts.Close()

    client := createHTTPClientWithTimeout(200 * time.Millisecond)
    _, err := fetchRemoteResource(client, ts.URL)
    if err == nil {
        t.Fatal("Expected non-nil error")
    }

    if !strings.Contains(err.Error(), "context deadline exceeded") {
        t.Fatalf("Expected error to contain: context deadline exceeded,
Got: %v", err.Error())
    }
}
```

예제 4.1의 startBadTestHTTPServer() 함수의 이름을 startBadTestHTTPServerV1()으로 바꿉니다. 그 외 주요 변경 사항은 다음과 같습니다.

1. createHTTPClientWithTimeout() 함수를 호출하여 http.Client 객체를 생성합니다. 이후 생성된 객체는 fetchRemoteResource() 함수 호출 시 매개변수로 전달됩니다.

2. 에러 메시지 문자열에 클라이언트의 서버로의 연결이 닫혔음을 나타내는 일부 문자열[3]이 포함되었는지 확인합니다.

예제 4.2의 코드가 저장된 디렉터리에 예제 4.3의 코드를 파일명 fetch_remote_resource_bad_server_old_test.go로 저장하고, 테스트를 수행합니다.

```
$ go test -v
=== RUN TestFetchBadRemoteResourceV1
2020/11/15 15:17:43 httptest.Server blocked in Close after 5 seconds,
waiting for connections:
 *net.TCPConn 0xc00018a040 127.0.0.1:65227 in state active
FAIL
exit status 1
FAIL         github.com/practicalgo/code/chap4/data-downloader-timeout/ 60.357s
```

테스트의 결과를 통해 테스트 함수가 실패했고 실행 시간은 60초보다 조금 더 걸린 것을 확인할 수 있습니다. 또한 httptest.Server 객체에서 일부 메시지가 로깅된 것을 확인할 수 있습니다. 무슨 일이 일어났을까요? 예제 4.1과 예제 4.3에서 defer를 사용하여 테스트 서버의 Close() 함수를 호출하였습니다. 테스트 함수의 실행이 완료되면 defer에 의해 테스트 서버의 Close() 함수가 호출되고, 테스트 서버의 우아한 종료를 시도합니다. 하지만 Close() 함수는 서버를 종료하기 전에 현재 활성화된 요청이 있는지 먼저 확인하는데, 나쁜 핸들러는 60초 뒤에 응답하기 때문에 그동안은 블로킹 되어 서버가 정상적으로 종료되지 않습니다. 이 문제를 어떻게 해결해야 할까요?

나쁜 상태의 테스트 서버를 다음과 같이 재작성합니다.

```
func startBadTestHTTPServerV2(shutdownServer chan struct{}) *httptest.Server {
    ts := httptest.NewServer(http.HandlerFunc(func(w http.ResponseWriter, r *http.Request) {
        <-shutdownServer
        fmt.Fprint(w, "Hello World")
    }))
    return ts
}
```

shutdownServer라는 이름의 버퍼 없는 채널을 생성하고 이를 startBadTestHTTPServerV2() 함수의 매개변수로 전달합니다. 그리고 테스트 서버 핸들러 내부에서는 핸들러가 실행될 때 무한하게 블

---

3   (옮긴이) context deadline exceeded

98 CHAPTER 4 고급 HTTP 클라이언트

로킹되도록 채널에서 데이터 읽기를 시도합니다. 채널에서 주고받는 값은 현재로써는 신경 쓰고 있지 않으니 그냥 공백 구조체인 struct{} 타입의 채널을 사용합니다. time.Sleep() 구문으로 함수를 블로킹하는 대신[4] 채널에서 읽기를 시도하여 블로킹하면 테스트 서버의 동작을 더욱 정교하게 제어할 수 있습니다.

예제 4.4는 이러한 기법을 사용하여 테스트 함수를 업데이트한 코드입니다.

예제 4.4 **개선된 나쁜 상태의 테스트 서버에 fetchRemoteResource() 함수 테스트**

```go
// chap4/data-downloader-timeout/fetch_remote_resource_bad_server_test.go
package main

import (
    "fmt"
    "net/http"
    "net/http/httptest"
    "strings"
    "testing"
    "time"
)

// TODO - 위에서 정의한 startBadTestHTTPServerV2 함수 삽입

func TestFetchBadRemoteResourceV2(t *testing.T) {
    shutdownServer := make(chan struct{})
    ts := startBadTestHTTPServerV2(shutdownServer)
    defer ts.Close()
    defer func() {
        shutdownServer <- struct{}{}
    }()
    client := createHTTPClientWithTimeout(200 * time.Millisecond)
    _, err := fetchRemoteResource(client, ts.URL)
    if err == nil {
        t.Log("Expected non-nil error")
        t.Fail()
    }
    if !strings.Contains(err.Error(), "context deadline exceeded") {
        t.Fatalf("Expected error to contain: context deadline exceeded, Got: %v", err.Error())
    }
}
```

4　[옮긴이] 별 다른 값을 채널에 쓰지 않은 채로

4.1 커스텀 HTTP 클라이언트 사용 **99**

위의 함수는 기존 함수 대비 크게 세 가지 변화가 있습니다.

1. 공백 구조체 타입 struct{}로 shutdownServer라는 이름의 버퍼 없는 채널을 생성합니다.

2. defer로 생성한 채널에 공백의 구조체를 쓰는 익명 함수를 호출합니다. ts.Close() 함수 **이후**에 이 함수를 호출하여 ts.Close() 함수보다 이전에 호출되게 합니다.[5]

3. 생성한 채널을 startBadTestHTTPServerV2() 함수의 매개변수로 호출합니다.

예제 4.3의 코드를 저장했던 디렉터리에서 예제 4.4의 코드를 파일명 fetch_remote_resource_bad_server_test.go로 저장하세요. 그리고 테스트를 수행합니다.

```
$ go test -run TestFetchBadRemoteResourceV2 -v
=== RUN TestFetchBadRemoteResourceV2
--- PASS: TestFetchBadRemoteResourceV2 (0.20s)
PASS
ok github.com/practicalgo/code/chap4/data-downloader-timeout
0.335s
```

이 테스트는 테스트 클라이언트의 타임아웃 설정값만큼, 딱 0.2초(200밀리초) 수행되고 종료됩니다. 무슨 일이 일어났을까요? 테스트 함수의 실행이 종료되기 전에 먼저 shutdownServer 채널로 공백 구조체를 쓰는 동작을 수행하는 익명 함수가 호출됩니다. 이 함수의 호출로 인해 나쁜 핸들러의 블로킹이 해제되며, Close() 함수가 호출될 때 테스트 서버를 정상적으로 종료할 수 있습니다. 따라서 테스트 함수의 실행이 성공적으로 완료됩니다.

이처럼 HTTP 클라이언트를 설정하는 한가지 방법은 타임아웃을 잘 설정하는 것입니다. 다음으로는 서버가 리다이렉트 응답을 했을때 어떻게 처리할 것인지 알아봅니다.

4.1.3 리다이렉트 동작 설정

서버에서 HTTP 리다이렉트를 응답하는 경우 기본 HTTP 클라이언트는 자동으로, 또 암묵적으로 최대 10회까지 리다이렉트를 **따라가고**, 이후에는 응답을 처리하지 않고 종료합니다. 만약 이러한 기본 동작을 변경시켜서 리다이렉트를 무시하고 싶거나, 현재 리다이렉트 중이라는 사실을 알고 싶다면 어떻게 해야 할까요? 이를 위해서는 http.Client 객체의 또 다른 필드인 CheckRedirect 필드를 설정해야 합니다. CheckRedirect 필드의 값을 특정 시그니처를 갖는 함수로 설정하면 리다이렉트와

---

5 [옮긴이] defer는 스택 자료구조와 같이 먼저 호출된 함수는 나중에 호출되고, 나중에 호출된 함수는 먼저 호출됩니다(후입선출).

관련된 응답에 대해서만 함수가 호출됩니다. 그러면 사용자가 필요한 로직을 구현하면 됩니다. 이 구현체 함수의 예시를 살펴봅시다.

```go
func redirectPolicyFunc(req *http.Request, via []*http.Request) error {
   if len(via) >= 1 {
      return errors.New("stopped after 1 redirect")
   }
   return nil
}
```

리다이렉트 정책을 구현하기 위해 커스텀 함수는 반드시 다음의 함수 시그니처를 가져야 합니다.

```go
func (req *http.Request, via []*http.Request) error
```

첫 번째 매개변수인 req는 리다이렉트 응답을 따라가며 서버로부터 받은 요청입니다. 두 번째 매개변수인 http.Request 객체의 포인터 슬라이스 via에는 지금까지 리다이렉트 도중에 발생한 모든 요청을 포함하며, 첫 번째 요소의 값으로 리다이렉트가 일어나기 전의 원본 요청을 갖습니다. 이를 더욱 자세하게 설명하면 다음과 같습니다.

1. HTTP 클라이언트는 원래 요청하려고 했던 URL인 url로 요청을 보냅니다.
2. 서버는 가령 url1로 리다이렉트 응답을 보냅니다.
3. 매개변수 (url1, []{url})로 redirectPolicyFunc 함수가 호출됩니다.
4. 함수가 nil 에러를 반환하는 경우 리다이렉트를 따라 url1로 새로운 요청을 보냅니다.
5. 만약 url2로 또 다른 리다이렉트가 존재하는 경우 매개변수 (url2, []{url, url1})로 redirectPolicyFunc 함수를 호출합니다.
6. redirectPolicyFunc 함수가 nil이 아닌 에러를 반환할 때까지 3단계와 4단계, 5단계를 반복합니다.

따라서 만약 redirectPolicyFunc() 함수를 커스텀 리다이렉트 정책 함수로 사용한다면, 아예 리다이렉트 자체를 허용하지 않게 됩니다. 생성한 함수를 커스텀 HTTP 클라이언트에 다음과 같이 연결합니다.

```go
func createHTTPClientWithTimeout(d time.Duration) *http.Client {
   client := http.Client{Timeout: d, CheckRedirect: redirectPolicyFunc}
```

```
        return &client
}
```

커스텀 리다이렉트가 정상적으로 동작하는지 확인해봅시다. 예제 4.5는 서버에서 리다이렉트로 응답한 경우에 에러를 반환하며 종료하는 데이터 다운로더 코드입니다.

예제 4.5 **리다이렉트가 반환될 경우 종료하는 데이터 다운로더**

```go
// chap4/data-downloader-redirect/main.go
package main

import (
        "errors"
        "fmt"
        "io"
        "net/http"
        "os"
        "time"
)

func fetchRemoteResource(client *http.Client, url string) ([]byte, error) {
    r, err := client.Get(url)
    if err != nil {
        return nil, err
    }
    defer r.Body.Close()
    return io.ReadAll(r.Body)
}

// TODO - 위에서 정의한 redirectPolicyFunc 함수 삽입

// TODO - 위에서 정의한 createHTTPClientWithTimeout 함수 삽입

func main() {
    if len(os.Args) != 2 {
        fmt.Fprintf(os.Stdout, "Must specify a HTTP URL to get data from")
        os.Exit(1)
    }
    client := createHTTPClientWithTimeout(15 * time.Second)
    body, err := fetchRemoteResource(client, os.Args[1])
    if err != nil {
        fmt.Fprintf(os.Stdout, "%v\n", err)
        os.Exit(1)
    }
    fmt.Fprintf(os.Stdout, "%s\n", body)
}
```

chap4/data-downloader-redirect/ 경로로 새로운 디렉터리를 생성하고, 디렉터리 안에서 모듈을 초기화합니다.

```
$ mkdir -p chap4/data-downloader-redirect
$ cd chap4/data-downloader-redirect
$ go mod init github.com/username/data-downloader-redirect
```

그다음으로 예제 4.5의 코드를 파일명 main.go로 저장하고, 빌드 후 첫 번째 인수를 http://github.com으로 하여 실행하면, 다음을 확인할 수 있습니다.

```
$ go build -o application
$ ./application http://github.com
Get "https://github.com/" : Attempted redirect to https://github.com
```

http URL이 아닌 https URL로 직접 시도해보면 정상적으로 페이지의 내용이 터미널에 출력된 것을 볼 수 있을 겁니다. 좋습니다.

http.Client 객체의 리다이렉트 동작을 설정하는 방법을 배웠으니, 이제 4장의 첫 번째 연습 문제인 4.1을 해결해봅시다.

연습 문제 4.1 │ 리다이렉트 동작을 설정할 수 있도록 HTTP 서브 커맨드 기능 개선

이전 장에서 mync http 서브커맨드에 HTTP GET 기능을 구현하였습니다. 사용자가 리다이렉트 동작을 비활성화할 수 있도록 서브커맨드에 불리언 플래그 -disable-redirect를 추가하세요.

4.2 사용자 요청 커스터마이징

커스텀 HTTP 클라이언트를 생성하는 방법을 살펴보았습니다. 그리고 요청을 보내기 위해 Client 객체의 Get()과 같은 메서드를 사용해보았습니다. 유사하게 POST 요청을 보내기 위해서 Post() 메서드를 사용하였습니다. 메서드 내부에서 클라이언트는 표준 라이브러리에 정의된 http.Request 타입의 기본 객체를 사용합니다. 이제 이 객체를 커스터마이징하는 방법에 대해 배워봅니다.

http.Request 객체를 커스터마이징하면 요청에 헤더나 쿠키를 추가할 수 있고, 요청 자체에 타임아웃을 제어할 수 있습니다. 새로운 요청 객체를 만들기 위해서는 NewRequest() 함수를 사용합니다. 동일한 목적을 위한 NewRequestWithContext() 함수가 존재하지만, NewRequestWithContext() 함수를 사용하면 요청 객체에 콘텍스트를 전달할 수 있습니다. 따라서 애플리케이션 내에서 NewRequestWithContext() 함수를 사용하여 새로운 요청을 생성하는 것이 좋습니다.

```
req, err := http.NewRequestWithContext(ctx, "GET", url, nil)
```

함수의 첫 번째 매개변수는 콘텍스트 객체입니다. 두 번째 매개변수는 요청에 대한 HTTP 메서드입니다. url 변수는 요청을 전송할 리소스의 URL을 나타냅니다. 마지막 매개변수는 보디를 나타내는 io.Reader 객체로써 GET 요청의 경우는 비어 있으므로 nil을 사용합니다. POST 요청에 대해서는 io.Reader 객체의 body 변수에 대해 다음과 같은 함수 호출을 사용할 수 있습니다.

```
req, err := http.NewRequestWithContext(ctx, "POST", url, body)
```

요청 객체를 생성하고 난 뒤, 다음의 코드로 헤더를 추가합니다.

```
req.Header().Add("X-AUTH-HASH", "authhash")
```

위의 코드는 요청 객체 헤더의 X-AUTH-HASH 키에 authhash 값을 추가합니다. 이 로직을 함수로 추상화하여 헤더 정보를 추가한 GET 요청을 보내는 커스텀 http.Request 객체를 생성하도록 할 수 있습니다.

```
func createHTTPGetRequest(ctx context.Context, url string, headers
map[string]string) (*http.Request, error) {
    req, err := http.NewRequestWithContext(ctx, "GET", url, nil)
    if err != nil {
        return nil, err
    }
    for k, v := range headers {
        req.Header.Add(k, v)
    }
    return req, err
}
```

커스텀 HTTP 클라이언트를 생성하고 커스터마이징된 GET 요청을 보내기 위해서 코드를 다음과 같이 작성합니다.

```
client := createHTTPClientWithTimeout(20 * time.Millisecond)
ctx, cancel := context.WithTimeout(context.Background(), 15*time.Millisecond)
defer cancel()

req, err := createHTTPGetRequest(ctx, ts.URL+"/api/packages", nil)
resp, err := client.Do(req)
```

커스텀 클라이언트의 Do() 메서드를 사용하여 커스터마이징된 http.Request 객체의 변수 req를 전송할 수 있습니다.

위의 코드에서 중점적으로 살펴보아야 할 부분은 두 개의 타임아웃을 설정하였다는 것입니다. 하나는 클라이언트 수준에서, 또 하나는 요청 수준에서 타임아웃을 설정하였습니다. 물론 이상적인 상황이라면 우리가 전송할 요청의 타임아웃(타임아웃 콘텍스트를 사용한)은 클라이언트의 타임아웃보다 작아야 하며, 그렇지 못하면 요청이 타임아웃되기도 전에 클라이언트가 타임아웃되어버릴 것입니다.

요청 객체를 커스터마이징하는 것은 단순히 헤더를 추가하는 것만이 아닙니다. 쿠키를 추가하거나, 기본 인증basic auth 정보 또한 포함하도록 할 수 있습니다. 연습 문제 4.2에서 이를 연습해봅시다.

연습 문제 4.2 | 헤더를 추가하고 기본 인증 정보를 설정할 수 있도록 HTTP 서브 커맨드 기능 개선

요청에 새로운 헤더를 추가하기 위한 -header 옵션을 받을 수 있도록 http 서브 커맨드를 개선하세요. 이 옵션은 다음 예시와 같이 여러 헤더를 추가하기 위하여 여러 번 호출될 수 있습니다.

```
-header key1=value1 -header key1=value2
```

-basicauth 옵션을 받을 수 있도록 http 서브 커맨드를 개선하세요. SetBasicAuth() 메서드를 사용하여 요청에 기본 인증을 추가할 수 있습니다. -basicauth 옵션으로 전달되는 값의 예시는 다음과 같습니다.

```
-basicauth user:password
```

4.3 클라이언트 미들웨어 구현

미들웨어middleware, 혹은 **인터셉터**interceptor는 네트워크 서버와 클라이언트 애플리케이션 간에 핵심적인 동작core operation이 일어날 때 함께 실행되는 사용자 지정 코드를 설정하기 위해 사용됩니다. 서버 애플리케이션에서 미들웨어란 클라이언트로부터 받은 요청을 서버가 처리하기 위해 실행되는 코드입니다. 클라이언트 애플리케이션에서 미들웨어란 서버 애플리케이션으로 HTTP 요청을 보내기 위해 실행되는 코드입니다.

다음 절에서는 클라이언트 객체를 커스터마이징하여 커스텀 미들웨어를 구현하는 방법을 알아봅니다. 먼저 `Client` 구조체 타입의 `Transport` 필드에 대해 살펴봅시다.

4.3.1 RoundTripper 인터페이스 이해

`http.Client` 구조체에 `Transport` 필드는 다음과 같이 정의됩니다.

```
type Client struct {
    Transport RoundTripper

    // 그 외의 필드
}
```

`net/http` 패키지에 정의된 `RoundTripper` 인터페이스는 클라이언트로부터 원격 서버까지, 그리고 원격 서버로부터 클라이언트까지의 HTTP 요청 및 응답 정보를 포함합니다. `RoundTripper` 인터페이스를 만족하기 위해 구현해야 하는 딱 한 가지 메서드는 `RoundTrip()`입니다.

```
type RoundTripper interface{
    RoundTrip(*Request) (*Response, error)
}
```

클라이언트 생성 시에 `Transport` 객체가 지정되지 않은 경우 미리 정의된 `Transport` 객체인 `DefaultTransport`가 사용됩니다. 이는 다음과 같이 정의됩니다(필드는 생략합니다).

```
var DefaultTransport RoundTripper = &Transport {
    // 필드 생략
}
```

`net/http` 패키지에 정의된 `Transport` 타입은 `RoundTripper` 인터페이스를 만족하기 위하여 `RoundTrip()` 메서드를 구현합니다. `Transport` 객체는 HTTP 요청-응답 트랜잭션이 발생할 때 하위의 전송 제어 프로토콜transmission control protocol, TCP 연결을 책임지고 생성하고 관리합니다.

1. `Client` 객체를 생성합니다.

2. HTTP 요청을 위한 `Request` 객체를 생성합니다.

3. 이후 HTTP 요청은 서버로 전달될 때 `RoundTripper` 구현체(가령 TCP 연결)에 '실어 나르며' 전달하고, 동일한 방법으로 응답을 전달받습니다.

4. 동일한 클라이언트에 하나 이상의 요청을 전송할 경우 2단계와 3단계가 반복되어 실행됩니다.

클라이언트 미들웨어를 구현하려면 먼저 DefaultTransport 객체의 RoundTripper 구현체를 추상화하는 커스텀 타입을 구현해야 합니다. 어떻게 할 수 있을지 알아봅시다.

4.3.2 로깅 미들웨어

처음 작성할 미들웨어는 요청을 전송하기 전에 메시지를 로깅할 미들웨어입니다. 응답을 받으면 그에 대한 메시지를 로깅할 것입니다. 먼저 *log.Logger 필드를 포함하는 LoggingClient 구조체 타입을 정의합니다.

```go
type LoggingClient struct {
    log *log.Logger
}
```

RoundTripper 인터페이스를 만족하기 위해 RoundTrip() 메서드를 구현합니다.

```go
func (c LoggingClient) RoundTrip(
    r *http.Request,
) (*http.Response, error) {
    c.log.Printf(
        "Sending a %s request to %s over %s\n",
        r.Method, r.URL, r.Proto,
    )

    resp, err := http.DefaultTransport.RoundTrip(r)
    c.log.Printf("Got back a response over %s\n", resp.Proto)

    return resp, err
}
```

RoundTrip() 메서드의 RoundTripper 인터페이스 구현체가 호출될 때 다음을 수행합니다.

1. 외부로 나가는 요청 객체 r을 로깅합니다.

2. DefaultTransport 객체의 RoundTrip() 메서드에 요청 객체 r을 매개변수로 전달하여 호출합니다.

3. RoundTrip() 호출 시 반환되는 응답과 에러를 로깅합니다.

4. 반환된 응답과 에러를 그대로 반환합니다.

좋아요, 이제 커스텀 **RoundTripper**를 정의하였습니다. 이를 어떻게 사용해야 할까요? 먼저 **Client** 객체를 생성한 뒤, **Transport** 필드에 **LoggingClient** 객체를 설정하면 됩니다.

```
myTransport := LoggingClient{}
client := http.Client{
    Timeout:  10 * time.Second,
    Transport: &myTransport,
}
```

예제 4.6은 예제 4.2의 데이터 다운로더 프로그램을 지금 정의한 커스텀 **RoundTripper** 구현체를 사용하도록 수정한 코드입니다.

예제 4.6 **커스텀 로깅 미들웨어가 적용된 데이터 다운로더**

```go
// chap4/logging-middleware/main.go
package main

import (
        "fmt"
        "log"
        "net/http"
        "os"
        "time"
)

type LoggingClient struct {
    log *log.Logger
}

// TODO - 위에서 정의한 RoundTrip() 함수 삽입

func main() {
    if len(os.Args) != 2 {
        fmt.Fprintf(os.Stdout, "Must specify a HTTP URL to get data from")
        os.Exit(1)
    }

    myTransport := LoggingClient{}
    l := log.New(os.Stdout, "", log.LstdFlags)
    myTransport.log = l

    client := createHTTPClientWithTimeout(15 * time.Second)
    client.Transport = &myTransport

    body, err := fetchRemoteResource(client, os.Args[1])
```

```
    if err != nil {
        fmt.Fprintf(os.Stdout, "%#v\n", err)
        os.Exit(1)
    }
    fmt.Fprintf(os.Stdout, "Bytes in response: %d\n", len(body))
}
```

주요 변경 사항을 굵은 글씨로 표기하였습니다. 먼저 LoggingClient 객체를 생성합니다. 그리고 log.New() 함수를 호출하여 log.Logger 객체를 생성합니다. log.New() 함수의 첫 번째 매개변수는 로그가 쓰일 io.Writer 객체이며, 위의 코드에서는 os.Stdout를 사용합니다. 두 번째 매개변수는 각 로그 구문에 사용될 접두사 문자열을 나타내며, 위의 코드에서는 공백 문자열을 사용합니다. 마지막 매개변수는 각 로그에 추가될 접두사를 나타내는 플래그 값입니다. 위의 코드에서는 요일과 시간을 나타내는 log.LstdFlags를 사용합니다. 이후에 myTransport 객체의 l 필드에 log.Logger 객체를 할당합니다. 마지막으로 &myTransport를 client.Transport에 할당합니다.

chap4/logging-middleware/ 경로로 새로운 디렉터리를 생성하고, 예제 4.6의 코드를 파일명 main.go로 저장합니다. 코드를 빌드하고 커맨드 라인 인수로 HTTP 서버 URL을 전달하여 실행시킵니다.

```
$ go build -o application
$ ./application https://www.google.com
2020/11/25 22:03:40 Sending a GET request to https://www.google.com over
HTTP/1.1
2020/11/25 22:03:40 Got back a response over HTTP/2.0
Bytes in response: 13583
```

예상했던 대로 로그 구문이 먼저 나타나고, 응답이 출력됩니다. 유사하게 커스텀 RoundTripper 구현체를 사용하여 요청의 레이턴시 메트릭,[6] 혹은 200 외의 오류를 로그로 출력할 수 있습니다. 또한 커스텀 RoundTripper 구현체를 사용하면 예를 들어 동일한 요청에 대해 전혀 실제 요청을 보내지 않고도 자동으로 캐시된 요청을 찾아서 응답하도록 할 수 있습니다.

커스텀 RoundTripper를 구현하기 위해서는 두 가지 신경 써야 하는 것이 있습니다.

1. RoundTripper는 반드시 어느 시점에서든 하나 이상의 인스턴스가 실행되고 있다는 가정을 기반으로 구현되어야 합니다. 그로써 어느 자료구조를 조작하더라도 해당 자료구조는 병렬 처리에 안전concurrency safe해야 합니다.

---

6   옮긴이 요청을 완료하는 데 얼마나 걸리는지

2. RoundTripper는 요청이나 응답 자체를 변경해서는 안 되고, 에러를 반환해서도 안 됩니다.

4.3.3 모든 요청에 헤더 추가

전송되는 모든 요청에 하나 이상의 HTTP 헤더를 추가하는 미들웨어를 구현하는 예시를 살펴봅시다. 이러한 기능은 인증 정보를 헤더에 실어 보낸다든지, 요청 ID를 전파propagating하는[7] 등 다양한 상황에서 필요합니다.

먼저 미들웨어를 위한 새로운 타입을 정의합니다.

```
type AddHeadersMiddleware struct {
    headers map[string]string
}
```

headers 필드는 RoundTripper 구현체에 추가하고 싶은 헤더 정보를 포함하는 맵 자료형 데이터입니다.

```
func (h AddHeadersMiddleware) RoundTrip(r *http.Request) (*http.Response, error) {
    reqCopy := r.Clone(r.Context())
    for k, v := range h.headers {
        reqCopy.Header.Add(k, v)
    }
    return http.DefaultTransport.RoundTrip(reqCopy)
}
```

이 미들웨어는 원본 요청에 헤더를 추가합니다. 하지만 직접 원본 요청을 건드리지는 않고, Clone() 메서드로 원본 요청을 복제한 뒤에 복제된 요청에 헤더를 추가합니다. 이후에 새로운 요청을 DefaultTransport 변수의 RoundTrip() 메서드의 매개변수로 호출합니다.

예제 4.7은 이 미들웨어를 사용한 HTTP 클라이언트 구현체를 나타냅니다.

예제 4.7 커스텀 헤더를 추가하는 미들웨어가 적용된 HTTP 클라이언트

```
// chap4/header-middleware/client.go
package client
```

---

[7] 옮긴이 요청 ID를 전파하는 것이 필요한 경우는 대표적으로 마이크로서비스 아키텍처를 구현할 때 하나의 요청이 다른 요청과 관련된 요청이라는 문맥을 공유하기 위함입니다.

```
import (
    "net/http"
)

type AddHeadersMiddleware struct {
    headers map[string]string
}

// TODO - 위에서 정의한 RoundTrip() 함수 삽입

func createClient(headers map[string]string) *http.Client {
    h := AddHeadersMiddleware{
        headers: headers,
    }
    client := http.Client{
        Transport: &h,
    }
    return &client
}
```

chap4/header-middleware/ 경로로 새로운 디렉터리를 생성하고, 디렉터리 안에서 모듈을 초기화합니다.

```
$ mkdir -p chap4/header-middleware
$ cd chap4/header-middleware
$ go mod init github.com/username/header-middleware
```

다음으로 예제 4.7의 코드를 파일명 client.go로 저장합니다. 지정한 헤더가 요청에 추가되었는지 확인하기 위해 요청에서 받은 헤더를 그대로 응답 헤더에 실어 보내는 테스트 서버를 작성합니다.

```
func startHTTPServer() *httptest.Server {
    ts := httptest.NewServer(http.HandlerFunc(func(w http.ResponseWriter, r *http.Request) {
        for k, v := range r.Header {
            w.Header().Set(k, v[0])
        }
        fmt.Fprint(w, "I am the Request Header echoing program")
    }))
    return ts
}
```

예제 4.8은 위의 테스트 서버를 사용한 테스트 함수를 나타냅니다.

예제 4.8 헤더를 추가하는 기능의 미들웨어 테스트

```go
// chap4/header-middleware/header_middleware_test.go
package client

import (
    "fmt"
    "net/http"
    "net/http/httptest"
    "testing"
)

// TODO - 위에서 정의한 startHTTPServer() 함수 삽입

func TestAddHeaderMiddleware(t *testing.T) {
    testHeaders := map[string]string{
        "X-Client-Id": "test-client",
        "X-Auth-Hash": "random$string",
    }
    client := createClient(testHeaders)

    ts := startHTTPServer()
    defer ts.Close()

    resp, err := client.Get(ts.URL)
    if err != nil {
        t.Fatalf("Expected non-nil [AU: "nil"-JA] error, got: %v", err)
    }

    for k, v := range testHeaders {
        if resp.Header.Get(k) != testHeaders[k] {
            t.Fatalf("Expected header: %s:%s, Got: %s:%s", k, v, k,testHeaders[k])
        }
    }
}
```

testHeaders라는 이름의 변수로 맵을 만들고 요청 헤더에 추가할 헤더를 할당합니다. 이후 createClient() 함수의 매개변수로 testHeaders 맵을 전달하여 호출합니다. 예제 4.7에서 확인할 수 있듯 createClient() 함수는 AddHeaderMiddleware 객체를 생성하고 http.Client 객체를 생성할 때 Transport 필드에 할당합니다.

예제 4.7의 코드가 저장된 디렉터리에 예제 4.8의 코드를 파일명 header_middleware_test.go로 저장하고, 테스트를 수행합니다.

```
$ go test -v
=== RUN TestAddHeaderMiddleware
--- PASS: TestAddHeaderMiddleware (0.00s)
PASS
ok github.com/practicalgo/code/chap4/header-middleware 0.472s
```

이 미들웨어를 작성하며 하나의 요청을 복제하고, 복제한 요청을 수정한 뒤 DefaultTransport에 전달하여 클라이언트 미들웨어를 생성하는 예시를 살펴보았습니다.

연습 문제 4.3에서는 요청 레이턴시를 로깅하는 미들웨어를 구현해봅시다.

연습 문제 4.3 | 요청 레이턴시를 계산하는 미들웨어

로깅 미들웨어를 구현한 것과 유사하게 요청이 완료되는데 걸린 시간을 초 단위로 로깅하는 미들웨어를 구현하세요. 로깅 기능은 mync http 서브 커맨드에 선택적으로 -report 옵션을 받아 활성화합니다.

4.4 커넥션 풀링

이전 절에서는 기본값으로 사용되는 RoundTripper 인터페이스 구현체가 원격 서버로의 HTTP 요청을 그대로 실어 나르며 전달하고, 동일한 방법으로 응답을 전달받은 것을 알아보았습니다.

이 과정에서 일어나는 중요한 단계는 요청에 따른 하나의 새로운 TCP 연결이 수립된다는 것입니다. 이 TCP 연결을 맺는 비용은 비쌉니다. 하나의 요청만 전송할 때는 이 사실을 알아차리기 어렵지만, 가령 서비스 지향적인 아키텍처service-oriented architecture, SOA에서는 보통 짧은 시간 안에 폭발적이든 지속적이든 여러 번의 요청을 보내는데, 이러한 경우에는 모든 요청에 TCP 연결을 매번 새로 맺는 비용은 매우 비쌉니다. 따라서 net/http 라이브러리에서는 자동으로 HTTP 요청을 전송할 때 이미 존재하는 TCP 연결을 재사용할 수 있도록 **커넥션 풀**을 관리합니다.

먼저 커넥션 풀링이 어떻게 동작하는지를 이해하고, 커넥션 풀 자체를 설정하는 방법을 알아봅시다. net/http/httptrace 패키지에는 커넥션 풀링의 내부를 파악하기 위한 정보들이 있습니다. 이 패키지를 활용하는 방법 중에는 HTTP 요청을 보낼 때 이미 존재하는 TCP 연결이 재사용되는지, 새로운 연결이 수립되는지를 확인하는 것이 있습니다. 물론 그것보다 더욱 다양하게 활용할 수 있지만, 여기서는 연결이 재사용되는지를 확인합니다.

createHTTPGetRequestWithTrace()라는 다음의 함수 정의를 생각해봅시다.

```go
func createHTTPGetRequestWithTrace(ctx context.Context, url string) (*http.Request, error) {
    req, err := http.NewRequestWithContext(ctx, "GET", url, nil)
    if err != nil {
        return nil, err
    }

    trace := &httptrace.ClientTrace{
        DNSDone: func(dnsInfo httptrace.DNSDoneInfo) {
            fmt.Printf("DNS Info: %+v\n", dnsInfo)
        },
        GotConn: func(connInfo httptrace.GotConnInfo) {
            fmt.Printf("Got Conn: %+v\n", connInfo)
        },
    }

    ctxTrace := httptrace.WithClientTrace(req.Context(), trace)
    req = req.WithContext(ctxTrace)
    return req, err
}
```

httptrace.ClientTrace 구조체 타입은 요청의 생명주기life cycle 동안에 어떤 이벤트가 발생할 때 호출되는 함수를 정의합니다. 우리는 두 가지 이벤트를 살펴봅니다.

- 특정 호스트네임에 대한 DNS 룩업이 완료되어 발생하는 DNSDone 이벤트
- 이미 존재하는 TCP 연결이 요청을 전송해 커넥션 풀에서 획득되었을 때 발생하는 GotConn 이벤트

DNSDone 이벤트가 발생할 때 호출되는 함수를 정의하기 위하여 구조체를 생성하며 필드의 값으로 함수 자체를 넘깁니다. 이 함수는 매개변수로 httptrace.DNSDoneInfo를 받으며, 별도의 값을 반환하지 않습니다. 비슷하게 GotConn 이벤트가 발생할 때 호출되는 함수는 매개변수로 httptrace. GotConnInfo를 받으며, 별도의 값을 반환하지 않습니다. 두 함수 모두 매개변수로 받은 값을 표준 출력으로 출력합니다.

ClientTrace 타입의 객체 trace가 생성되면 원본 요청의 콘텍스트와 trace 객체를 매개변수로 하여 httptrace.WithClientTrace() 함수를 호출해 새로운 콘텍스트를 생성합니다.

마지막으로, 생성한 콘텍스트를 Request 객체에 추가하여 새로운 요청 객체를 만들고 이를 반환합니다.

예제 4.9는 createHTTPGetRequestWithTrace() 함수를 사용하여 원격 서버에 HTTP GET 요청을 전송하는 프로그램의 코드입니다.

```go
// chap4/connection-pool-demo/main.go
package main

import (
    "context"
    "fmt"
    "log"
    "net/http"
    "net/http/httptrace"
    "os"
    "time"
)

func createHTTPClientWithTimeout(d time.Duration) *http.Client {
    client := http.Client{Timeout: d}
    return &client
}

// TODO – 위에서 정의한 createHTTPGetRequestWithTrace() 함수 삽입

func main() {
    d := 5 * time.Second
    ctx := context.Background()
    client := createHTTPClientWithTimeout(d)

    req, err := createHTTPGetRequestWithTrace(ctx, os.Args[1])
    if err != nil {
        log.Fatal(err)
    }
    for {
        client.Do(req)
        time.Sleep(1 * time.Second)
        fmt.Println("--------")
    }
}
```

1초간 쉬고 무한히 동일한 요청을 보내는 무한 루프가 있습니다. 프로그램을 실행시킨 뒤에 Ctrl+C 키 조합을 눌러서 프로그램을 종료시킬 수 있습니다.

chap4/connection-pool-demo/ 경로로 새로운 디렉터리를 생성하고, 디렉터리 안에서 모듈을 초기화합니다.

```
$ mkdir -p chap4/connection-pool-demo
$ cd chap4/connection-pool-demo
$ go mod init github.com/username/connection-pool-demo
```

다음으로 예제 4.9의 코드를 파일명 main.go로 저장합니다. 애플리케이션을 빌드한 뒤, 커맨드 라인
인수로 HTTP 서버 호스트네임을 지정하여 실행합니다.

```
$ go build -o application
$./application https://www.google.com
DNS Info: {Addrs:[{IP:216.58.200.100 Zone:} {IP:2404:6800:4006:810::2004
Zone:}] Err:<nil> Coalesced:false}
Got Conn: {Conn:0xc000096000 Reused:false WasIdle:false IdleTime:0s}
Resp protocol: "HTTP/2.0"
--------
Got Conn: {Conn:0xc000096000 Reused:true WasIdle:true IdleTime:1.003019133s}
Resp protocol: "HTTP/2.0"
--------
Got Conn: {Conn:0xc000096000 Reused:true WasIdle:true IdleTime:1.005444969s}
Resp protocol: "HTTP/2.0"
--------
Got Conn: {Conn:0xc000096000 Reused:true WasIdle:true IdleTime:1.005472933s}
Resp protocol: "HTTP/2.0"
^C
```

먼저, DNSDone 함수에서 터미널에 출력한 결과가 있습니다. 무슨 내용인지 세부 사항이 중요하진 않
지만, 딱 한 번만 출력된 것을 확인할 수 있습니다. 그리고 GotConn 함수에서 출력한 결과가 있습니
다. 이 함수는 요청을 보낼 때마다 호출되는 것을 확인할 수 있습니다. 또한 첫 번째 요청의 Reused
값이 false입니다. WasIdle 값도 false이고, IdleTime 값은 0초입니다. 이는 첫 번째 요청에는 새로
운 연결이 생성되었으며, 유휴idle 시간을 갖지 않았다는 것을 의미합니다. 이후에 발생하는 모든 요
청에 대해서는 방금 살펴본 필드의 값이 각각 true, true, 1초에 가까운 유휴 시간을 갖는 것을 볼
수 있습니다. 여기서 1초는 애플리케이션이 요청을 보낸 후 잠시 쉬는sleep 시간이며, 그래서 연결 상
태 또한 유휴 상태임을 확인할 수 있습니다.

4.4.1 커넥션 풀 설정

커넥션 풀링은 모든 요청마다 새로운 연결을 맺는 비용을 절감시킵니다. 하지만 실제로 애플리케이션
을 개발하다 보면 기본 커넥션 풀링을 사용하며 발생하는 다양한 문제들이 있습니다.

먼저 호스트네임을 조회하기 위한 DNS 룩업을 생각해봅시다. 대개 IP로 직접 통신하는 경우는 잘 없고 호스트네임으로 통신하기 때문에, DNS 레코드값이 변할 수 있다는 사실을 고려해야 합니다.[8] 클라우드 호스팅 서비스를 사용하는 동적인 세상에서는 특히 그렇습니다. 만일 해당 호스트네임에 매핑된 IP 주소가 바뀐 상황에서 기존 IP가 더 이상 접근이 불가능한 경우에 커넥션 풀은 어떻게 동작해야 할까요? 커넥션 풀 스스로 접근이 불가능하다는 것을 알아차리고 새로운 IP에 연결을 맺을까요? 네, 실제로 그렇습니다. 새로운 요청을 보낼 때 원격 서버로 새로운 연결을 맺게 됩니다.

다음으로는 최대 10초간만 연결을 유지하고, 이후에는 만료되어 항상 새로운 HTTP 연결을 강제하고 싶은 상황을 고려해봅시다. 이를 위해 Transport 객체를 다음과 같이 생성합니다.

```
transport := &http.Transport{
    IdleConnTimeout: 10 * time.Second,
}
```

그리고 클라이언트는 다음과 같이 생성합니다.

```
client := http.Client{
    Timeout: d,
    Transport: transport,
}
```

위의 설정대로라면 유휴 연결은 최대 10초 동안 살아있게 됩니다. 따라서 11초 간격으로 두 개의 요청을 보내면, 두 번째 요청은 새로운 연결을 생성하여 보내게 됩니다.

타임아웃 외에도 연관된 두 개의 매개변수를 설정할 수 있습니다.

* MaxIdleConns: 풀 내에 유지할 최대 유휴 연결 개수를 의미합니다. 기본값은 0이며, 별도로 최대 연결 개수에 제한을 두지 않습니다.

* MaxIdleConnsPerHost: 호스트마다 최대 유휴 연결 개수를 의미합니다. 이 값의 기본값은 DefaultMaxIdleConnsPerHost에 정의된 값이며, Go 1.18 버전에서는 2의 값을 갖습니다.[9]

연습 문제 4.4에서는 mync http 서브 커맨드의 커넥션 풀링을 설정하는 기능을 추가로 구현해봅니다.

---

8 [옮긴이] 동일한 도메인을 사용하더라도 도메인이 가리키는 IP 주소가 바뀔 수 있습니다.

9 [옮긴이] https://pkg.go.dev/net/http에서 해당 값을 참조할 수 있습니다.

`mync http` 서브 커맨드에 정숫값의, 동일한 서버에 최대 몇 번의 요청을 보내는지를 나타내는 `-num-requests` 라는 옵션을 추가합니다.

풀 내에 최대 유휴 연결을 설정하기 위한 정숫값의 `-max-idle-conns` 옵션을 추가합니다.

4.5 요약

이번 장 초입에는 HTTP 클라이언트에 타임아웃 기능을 구현했습니다. 타임아웃 동작과 요청의 콘텍스트를 활용하면 클라이언트가 요청이 완료되기까지 기다릴 수 있는 최대 시간을 강제할 수 있습니다. 이를 통해 애플리케이션에 강건성을 갖게 됩니다. 그리고 클라이언트 미들웨어를 구현하며 애플리케이션 내에 로깅, 메트릭 추출, 캐싱 등의 다양한 기능들을 구현할 수 있게 되었습니다. 마지막으로는 커넥션 풀링이 무엇인지, 이를 설정하는 방법에 대해 알아보았습니다.

다음 장에서는 HTTP 애플리케이션을 계속 작성해나가며 확장성 있고 강건한 HTTP 서버 애플리케이션 작성 방법에 대해 알아봅니다.

HTTP 서버 작성

이번 장에서는 HTTP 서버 작성의 기본을 살펴봅니다. 핸들러 함수가 동작하는 원리를 살펴볼 것이며, 요청을 처리하는 방법과 스트리밍 데이터를 읽고 쓰는 방법을 살펴봅니다. 이전 장에서 이러한 주제를 조금이나마 살펴보았습니다. 이제 조금 더 깊게 이해해봅시다.

5.1 첫 HTTP 서버

net/http 패키지에는 HTTP 서버를 작성하기 위한 기반 코드들이 있습니다. 여러분의 컴퓨터에서 동작하며 http://localhost:8080 주소로 접근 가능한 서버는 HTTP 요청을 다음과 같이 처리할 것입니다(그림 5.1을 참조하세요).

1. 서버는 클라이언트의 요청을 특정 경로(예를 들어 /api)에서 받습니다.

2. 서버는 해당 요청을 처리할 수 있는지 확인합니다.

3. 처리할 수 있는 요청이라면 서버는 요청에 해당하는 핸들러 함수를 호출하고, 응답을 반환합니다. 처리할 수 없는 요청이라면 서버는 클라이언트에게 HTTP 에러를 반환합니다.

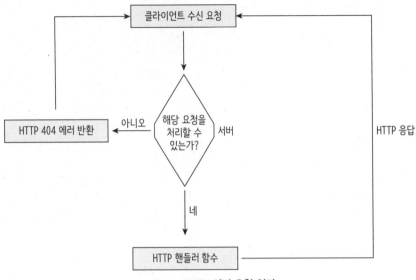

그림 5.1 **HTTP 서버 요청 처리**

예제 5.1은 방금 과정을 작성한 단순한 웹 서버 코드입니다.

예제 5.1 **기본 HTTP 서버**

```
// chap5/basic-http-server/server.go
package main

import (
    "log"
    "net/http"
    "os"
)

func main() {
    listenAddr := os.Getenv("LISTEN_ADDR")
    if len(listenAddr) == 0 {
        listenAddr = ":8080"
    }
    log.Fatal(http.ListenAndServe(listenAddr, nil))
}
```

net/http 패키지의 ListenAndServe() 함수는 주어진 네트워크 주소에서 HTTP 서버를 시작합니다. 이 주소를 설정 가능하도록 하는 것이 좋습니다.

따라서 main() 함수에서 다음의 부분은 LISTEN_ADDR 환경 변수가 지정되었는지 확인하고, 지정되지 않은 경우 기본값으로 ":8080"을 사용합니다.

```
listenAddr := os.Getenv("LISTEN_ADDR")
if len(listenAddr) == 0 {
    listenAddr = ":8080"
}
```

os 패키지에 정의된 Getenv() 함수는 환경 변수에 값이 존재하는지 조회합니다. 환경 변수 LISTEN_
ADDR 값을 찾으면 해당 값을 문자열로 반환합니다. 값을 찾지 못한 경우 공백 문자열을 반환합니다.
따라서 len() 함수는 LISTEN_ADDR 환경 변숫값이 설정되었는지 확인하는 데 사용할 수 있습니다.
기본값 ":8080"은 서버가 모든 네트워크 인터페이스 내의 포트 8080에서 수신 대기할 것임을 의미합
니다. 애플리케이션이 동작 중인 컴퓨터에서만 접근 가능하도록 설정하려면 LISTEN_ADDR 환경 변수
를 "127.0.0.1:8080"으로 설정하고 애플리케이션을 시작합니다.

이후 수신 대기할 주소(listenAddr)와 서버의 **핸들러**를 매개변수로 ListenAndServe() 함수를 호출
합니다. 핸들러에는 nil 값을 지정하였기 때문에, 함수 호출은 다음과 같은 모습을 갖습니다.

```
log.Fatal(http.ListenAndServe(listenAddr, nil))
```

ListenAndServe() 함수는 서버가 시작될 때 오류가 있으면 바로 에러값을 반환합니다. 서버가 정상
적으로 시작되었으면 함수는 서버 종료 시에 값을 반환합니다. 둘 중 어느 경우든 log.Fatal() 함수
는 에러값이 존재하는 경우 이를 로그로 남깁니다.

chap5/basic-http-server/ 경로로 새로운 디렉터리를 생성하고, 디렉터리 안에서 모듈을 초기화합
니다.

```
$ mkdir -p chap5/basic-http-server
$ cd chap5/basic-http-server
$ go mod init github.com/username/basic-http-server
```

그다음으로 예제 5.1의 코드를 파일명 server.go로 저장하고, 빌드한 뒤 실행합니다.

```
$ go build -o server
$ ./server
```

좋습니다! 처음으로 작성한 HTTP 서버가 정상적으로 동작하고 있습니다.

서버에 요청을 보내려면 어떻게 해야 할까요? 인터넷 브라우저를 사용할 수도 있지만, 커맨드 라인 HTTP 클라이언트인 curl을 사용할 것입니다. 새로운 터미널 세션을 시작한 뒤 다음을 실행합니다.

```
$ curl -X GET localhost:8080/api
404 page not found
```

HTTP 서버에 /api 경로로 HTTP GET 요청을 보내고, 응답으로 404 page not found를 받았습니다. 이는 서버가 수신 요청을 받아서 살펴보고, 요청에 해당하는 리소스 /api를 찾을 수 없어서 HTTP 404 응답을 반환하였음을 의미합니다. 다음으로 이를 개선하는 방법을 살펴봅시다. 서버를 종료하기 위해 서버를 시작한 터미널에서 Ctrl+C를 누릅니다.

5.2 요청 핸들러 설정

ListenAndServe() 함수의 두 번째 매개변수로 nil 값을 지정하여 호출하면 함수의 기본 핸들러인 DefaultServeMux를 사용하게 됩니다. DefaultServeMux는 요청을 처리하는 기본적인 레지스트리 역할을 합니다. DefaultServeMux는 http 패키지에 정의된 ServeMux 타입의 객체입니다. 글로벌 객체이기 때문에 애플리케이션 내의 다른 코드 또한 마찬가지로 서버에 핸들러 함수를 등록할 수 있습니다. 서드 파티 패키지에서 임의로 여러분이 전혀 모르게 HTTP 경로에 추가하는 것에도 아무런 제약이 없습니다(그림 5.2 참조). 게다가 다른 글로벌 객체와 마찬가지로 이런 특성으로 인해 눈에 보이지 않더라도 병렬성에 문제가 생길 수 있고, 예기치 않은 동작이 발생할 수 있습니다. 그래서 다음과 같이 새로운 ServeMux 객체를 생성합니다.

```
mux := http.NewServeMux()
```

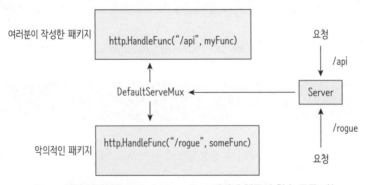

그림 5.2 **어떤 패키지든 DefaultServeMux 객체에 핸들러 함수 등록 가능**

ServeMux 객체에는 여러 필드가 있지만 그중 하나에는 서버에서 처리 가능한 경로들과 각 경로에 해당하는 핸들러 함수의 매핑 정보를 포함하는 맵 자료구조가 있습니다. 이전 절에서 만난 HTTP 404 문제를 처리하기 위해, 특정 경로에 **핸들러 함수**라 부르는 특정 함수를 등록해야 합니다. 3장에서 테스트 서버를 구현하기 위하여 핸들러 함수를 작성했던 것을 기억하실 겁니다. 이제 이에 대해 조금 더 구체적으로 살펴봅니다.

5.2.1 핸들러 함수

핸들러 함수는 반드시 func(http.ResponseWriter, *http.Request) 형태의 시그니처로 구성되어야 하며, http.ResponseWriter와 http.Request는 net/http 패키지에 정의된 구조체 타입입니다. http.Request 객체 타입에는 HTTP 요청에 대한 정보가 존재하며, http.ResponseWriter 객체는 요청을 보낸 클라이언트에게 응답하기 위해 사용됩니다. 다음은 핸들러 함수의 예시입니다.

```go
func apiHandler(w http.ResponseWriter, r *http.Request) {
    fmt.Fprintf(w, "Hello World")
}
```

핸들러 함수는 값을 별도로 반환하지 않습니다. ResponseWriter 객체 타입의 w로 쓴 데이터가 클라이언트에게 응답으로 전달됩니다. 예시에서는 fmt.Fprintf() 함수를 사용하여 "Hello World" 문자열을 전송합니다. io.Writer 인터페이스를 활용하여 Fprintf() 함수로 표준 출력으로 문자열을 썼던 것처럼[1] HTTP 응답으로 문자열을 쉽게 쓸 수 있습니다. 물론 fmt.Fprintf() 함수 대신 io.WriteString() 함수 등 다른 라이브러리 함수도 사용 가능합니다.

응답으로 문자열만 쓸 수 있는 것은 아닙니다. 예를 들어 w.Write() 메서드를 직접 이용하면 응답에 바이트 슬라이스를 전송할 수 있습니다.

핸들러 함수를 작성한 뒤에는 이전에 생성한 ServeMux 객체에 등록시켜줍니다.

```go
mux.HandleFunc("/api", apiHandler)
```

위의 코드는 /api 경로의 요청은 apiHandler() 함수가 처리하도록 mux 객체에 매핑 정보를 생성합니다. 마지막으로 이 mux 객체를 매개변수로 ListenAndServe() 함수를 호출합니다.

---

1 [옮긴이] w 대신 os.Stdout을 사용

```
err := http.ListenAndServe(listenAddr, mux)
```

예제 5.2는 개선된 HTTP 서버 코드입니다. /api와 /healthz, 두 개의 경로에 대해 핸들러 함수를 등록합니다.

예제 5.2 **별도의 ServeMux 객체를 사용한 HTTP 서버**

```go
// chap5/http-serve-mux/server.go
package main

import (
    "fmt"
    "log"
    "net/http"
    "os"
)

func apiHandler(w http.ResponseWriter, req *http.Request) {
    fmt.Fprintf(w, "Hello, world!")
}

func healthCheckHandler(w http.ResponseWriter, req *http.Request) {
    fmt.Fprintf(w, "ok")
}

func setupHandlers(mux *http.ServeMux) {
    mux.HandleFunc("/healthz", healthCheckHandler)
    mux.HandleFunc("/api", apiHandler)
}

func main() {
    listenAddr := os.Getenv("LISTEN_ADDR")
    if len(listenAddr) == 0 {
        listenAddr = ":8080"
    }

    mux := http.NewServeMux()
    setupHandlers(mux)

    log.Fatal(http.ListenAndServe(listenAddr, mux))
}
```

먼저 NewServeMux() 함수를 호출하여 새로운 ServeMux 객체 mux를 생성하고, 생성한 mux를 매개변수로 setupHandlers() 함수를 호출합니다. setupHandlers() 함수 내에서 HandleFunc() 함수를

호출하여 두 개의 경로와 경로에 해당하는 핸들러 함수를 등록합니다. 그리고 등록한 핸들러를 사용하기 위해 mux를 매개변수로 ListenAndServe() 함수를 호출합니다.

chap5/http-serve-mux/ 경로로 새로운 디렉터리를 생성하고, 디렉터리 안에서 모듈을 초기화합니다.

```
$ mkdir -p chap5/http-serve-mux
$ cd chap5/http-serve-mux
$ go mod init github.com/username/http-serve-mux
```

그다음으로 예제 5.2의 코드를 파일명 server.go로 저장하고, 빌드한 뒤 서버를 실행합니다.

```
$ go build -o server
$ ./server
```

새로운 터미널을 열고 curl을 사용하여 서버에 HTTP 요청을 보냅니다. /api 경로와 /healthz 경로에 대해 각각 Hello, world!와 ok의 응답을 확인할 수 있습니다.

```
$ curl localhost:8080/api
Hello, world!

$ curl localhost:8080/healthz
ok
```

/healtz/나 /와 같이 등록되지 않은 그 외의 경로로 요청을 보내면 서버는 "404 page not found"를 응답합니다.

```
$ curl localhost:8080/healtz/
404 page not found

$ curl localhost:8080/
404 page not found
```

요청을 받은 후 핸들러 함수가 해당 요청을 처리할 수 있다면, 핸들러 함수는 별도의 고루틴에서 실행됩니다. 실행이 완료되면 고루틴은 종료됩니다(그림 5.3 참조).

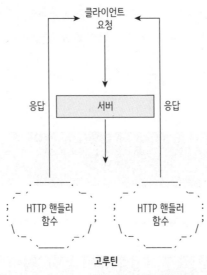

그림 5.3 서버가 수신한 각 요청은 새로운 고루틴에서 처리됨

각 요청이 별도의 고루틴에서 실행됨으로써 서버가 동시에 병렬적으로 여러 요청을 처리할 수 있음을 보장할 수 있습니다. 또한 그 영향으로 어느 한 요청을 처리하는 동안 런타임 예외가 발생한 경우 다른 요청의 처리에 영향을 끼치지 않습니다.

5.3 서버 테스트

curl을 사용하여 수동으로 서버를 테스트하는 작업은 초기에 서버를 검증하는 데에는 괜찮지만, 확장성이 없습니다. 따라서 서버를 손쉽게 테스트하기 위하여 자동화 프로시저를 구성해야 합니다. Go 표준 라이브러리의 httptest 패키지(전체 임포트 경로는 net/http/httptest)에는 HTTP 서버에 대한 테스트를 작성하는 다양한 기능을 제공합니다. HTTP 애플리케이션을 테스트하기 위한 동작은 두 범주가 있습니다.

- 서버 시작과 초기화 동작
- 핸들러 함수 로직, 즉 웹 애플리케이션에서 사용자가 사용하는 기능

첫 번째 범주의 동작 테스트는 테스트 HTTP 서버를 시작하고 해당 테스트 서버에 HTTP 요청을 보내는 것입니다. 이러한 종류의 테스트를 **통합 테스트**integration test라고 부릅니다.

두 번째 범주의 동작 테스트는 테스트 서버를 시작하거나 하는 과정이 포함되어 있지 않고, 대신에 특정한 값으로 설정된 http.Request 객체와 http.ResponseWriter 객체를 사용하여 핸들러 함수

만을 호출합니다. 이러한 종류의 테스트를 **유닛 테스트**unit test라고 부릅니다.

예제 5.2의 서버를 생각해봅시다. main() 함수에서는 다음의 단계를 수행합니다.

1. 새로운 ServeMux 객체를 생성합니다.

2. /api 경로와 /healthz 경로에 해당하는 핸들러 함수를 등록합니다.

3. ListenAndServe() 함수를 호출하여 listenAddr 주소에서 수신 대기하는 서버를 시작합니다.

위의 단계에는 HTTP 서버를 초기화하고 설정하는 단계가 포함됩니다. 1단계와 2단계에서는 웹 애플리케이션에 전송되는 모든 /api 경로에 대한 요청이 정상적으로 /api 핸들러로 전달되는지 확인해야 합니다. 마찬가지로 /healthz 경로에 대한 요청이 정상적으로 헬스체크 핸들러로 전달되는지 확인해야 합니다. 그 외의 경로에 대한 요청은 HTTP 404 에러를 반환해야 합니다.

서버 코드의 3단계는 표준 라이브러리 테스트에서 이미 테스트를 커버하고 있기에 테스트하지 않아도 됩니다.

다음으로 예제 5.2의 두 HTTP 핸들러 함수를 살펴봅시다. apiHandler 함수는 응답으로 "Hello, world!"라는 문자열을 반환합니다. healthcheckHandler 함수는 응답으로 "ok"라는 문자열을 반환합니다. 따라서 작성한 테스트를 통해 이 핸들러 함수들이 예상대로 값을 응답하였다는 것을 검증할 수 있습니다.

이제 이론은 되었으니 실제 코드를 살펴봅시다. 예제 5.3은 서버와 핸들러 함수를 테스트하기 위한 테스트 함수 코드입니다.

예제 5.3 **HTTP 서버 테스트**

```go
// chap5/http-serve-mux/server_test.go
package main

import (
    "io"
    "log"
    "net/http"
    "net/http/httptest"
    "testing"
)

func TestServer(t *testing.T) {
    tests := []struct {
        name      string
```

```
        path     string
        expected string
    }{
        {
            name:     "index",
            path:     "/api",
            expected: "Hello, world!",
        },
        {
            name:     "healthcheck",
            path:     "/healthz",
            expected: "ok",
        },
    }

    mux := http.NewServeMux()
    setupHandlers(mux)

    ts := httptest.NewServer(mux)
    defer ts.Close()

    for _, tc := range tests {
        t.Run(tc.name, func(t *testing.T) {
            resp, err := http.Get(ts.URL + tc.path)
            respBody, err := io.ReadAll(resp.Body)
            resp.Body.Close()
            if err != nil {
                log.Fatal(err)
            }
            if string(respBody) != tc.expected {
                t.Errorf(
                    "Expected: %s, Got: %s",
                    tc.expected, string(respBody),
                )
            }
        })
    }
}
```

먼저 테스트 케이스 슬라이스를 정의합니다. 각 테스트 케이스는 설정 정보의 이름과 요청을 보낼 경로 정보, 각 요청에서 응답할 것으로 예상되는 문자열 값의 응답 정보로 구성됩니다.

먼저 NewServeMux() 함수를 호출하여 새로운 ServeMux 객체를 생성합니다. 그리고 생성한 mux 객체를 매개변수로 setupHandlers() 함수를 호출합니다.

다음으로 mux 객체를 매개변수로 NewServer() 함수를 호출하여 테스트 서버를 시작합니다. NewServer() 함수는 시작한 테스트 서버의 구체적인 정보를 포함하는 httptest.Server 객체를 반환합니다. 우리는 서버의 IP 주소와 포트의 조합 정보를 포함하는 URL 필드를 살펴봅니다. 해당 필드는 보통 http://127.0.0.1:<어느 포트번호> 형태입니다.

ts.Close() 함수를 defer로 호출하여 테스트 함수가 종료되기 전에 서버가 정상적으로 종료되도록 합니다.

각 테스트 구성에 대해 http.Get() 함수를 사용하여 HTTP GET 요청을 보냅니다. 서버 경로는 ts.URL 문자열과 path 문자열을 이어 붙여서concatenate 만듭니다. 이후 응답한 보디가 예상한 응답 보디 값과 일치하는지 검증합니다.

예제 5.2의 코드를 저장했던 디렉터리에서 예제 5.3의 코드를 파일명 server_test.go로 저장하고, 테스트를 수행합니다.

```
$ go test -v
=== RUN TestServer
=== RUN TestServer/index
=== RUN TestServer/healthcheck
--- PASS: TestServer (0.00s)
  --- PASS: TestServer/index (0.00s)
  --- PASS: TestServer/healthcheck (0.00s)
PASS
ok      github.com/practicalgo/code/chap5/http-serve-mux      0.577s
```

좋습니다. 이제 첫 번째 HTTP 서버를 작성해보았고, httptest 패키지를 이용하여 작성한 서버를 테스트하는 방법을 알아보았습니다. 다음 장에서는 더욱 정교하고 복잡한 서버 애플리케이션을 테스트하는 기법에 대해 배웁니다. 먼저 다음 절에서는 Request 구조체에 대해 더 알아봅니다.

5.4 Request 구조체

HTTP 핸들러 함수는 두 매개변수를 받습니다. 첫 번째 매개변수는 http.ResponseWriter 타입 값의 객체이고, 두 번째 매개변수는 http.Request 타입 포인터 객체입니다. net/http 패키지에 정의된 http.Request 타입의 포인터 객체는 사용자의 요청incoming request에 대한 정보를 포함합니다. 4장의 클라이언트가 서버로 전송하는 HTTP 요청outgoing request에서 이 타입의 객체를 사용한 것을 기억하실 겁니다. Request는 net/http 패키지에 정의된 struct 타입입니다. struct 타입에 정의된 몇몇 핵심 필드와 메서드는 다음에서 설명하는 사용자 요청의 콘텍스트와 연관됩니다.

5.4.1 메서드

HTTP 메서드는 **문자열**string 값이며 해당 값은 현재 처리 중인 요청의 HTTP 메서드 값을 나타냅니다. 이전 절에서는 여러 종류의 HTTP 요청에 대한 각각의 핸들러 함수에 대해 메서드 필드를 활용하였습니다.

5.4.2 URL

URL은 net/url 패키지에 정의된 url.URL 구조체 타입의 포인터 값으로 현재 요청의 경로 정보를 나타냅니다. 예시를 통해 알아보는 게 좋겠습니다. http://example.com/api/?name=jane&age=25#page1이라는 URL로 HTTP 서버에 요청을 보내고 싶다고 합시다. 핸들러 함수에서 해당 요청을 처리하면, URL 객체의 필드는 다음과 같이 설정됩니다.

* Path: /api/
* RawQuery: name=jane&age=25
* Fragment: page1

특정 쿼리 파라미터와 그에 해당하는 값에 접근하려면 Query() 메서드를 이용합니다. Query() 메서드는 map[string][]string으로 정의된 Values 구조체 타입의 객체를 반환합니다. 위의 예시 URL에서 Query() 메서드는 다음의 값을 반환합니다.

```
url.Values{"age":[]string{"25"}, "name":[]string{"jane"}}
```

http://example.com/api/?name=jane&age=25&name=john#page1과 같이 쿼리 파라미터가 한 번 이상 지정된 경우, Query() 메서드는 다음의 값을 반환합니다.

```
url.Values{"age":[]string{"25"}, "name":[]string{"jane", "john"}}"
```

서버에서 HTTP 기본 인증basic authentication을 필요로 하는 경우 요청 URL은 http://user:pass@example.com/api/?name=jane&age=25&name=john이 될 것이며, User 필드에는 요청에 포함된 인증 정보인 사용자명username과 비밀번호password 정보를 포함하게 됩니다. 사용자명을 얻어오기 위해서는 User() 메서드를 호출합니다. 비밀번호를 얻어오기 위해서는 Password() 메서드를 호출합니다.

NOTE URL 구조체에는 다른 필드들도 많이 있지만 위의 필드는 요청을 처리하기 위해 필요한 콘텍스트와 관련된 필드만 살펴봅니다.

5.4.3 Proto, ProtoMajor, ProtoMinor

이 필드는 클라이언트와 서버 간에 통신 중인 HTTP 프로토콜 정보를 나타냅니다. `Proto` 필드는 현재 프로토콜 버전 정보를 나타내는 문자열 정보입니다(예를 들어 `"HTTP /1.1"`). `ProtoMajor` 필드와 `ProtoMinor` 필드는 프로토콜 버전의 메이저 버전과 마이너 버전을 식별하는 정숫값입니다. HTTP /1.1의 경우 메이저 버전과 마이너 버전은 모두 1입니다.

5.4.4 Header

이 필드는 `map[string][]string` 타입의 자료구조이며, 사용자 요청의 헤더 값을 포함합니다.

5.4.5 Host

이 필드는 클라이언트가 서버로 요청을 전송하기 위해 사용하는 주소값으로, 호스트네임hostname 과 포트 정보를 조합한 문자열(`example.com:8080`)이거나 IP 주소와 포트 정보를 조합한 문자열 (`127.0.0.1:8080`)입니다.

5.4.6 Body

이 필드는 `io.ReadCloser` 타입의 값으로써 요청 보디를 나타냅니다. `io.Reader` 인터페이스를 해석할 수 있는 함수를 이용하여 보디를 읽을 수 있습니다. 예를 들어 `io.ReadAll()` 함수를 사용하여 전체 요청 보디를 읽을 수 있습니다. `io.ReadAll()` 함수는 전체 요청 보디를 포함하는 바이트 슬라이스를 반환하며, 이후에 핸들러 함수에서 필요에 따라 반환된 바이트 슬라이스를 처리할 수 있습니다. 다음 절에서는 전체 보디를 메모리에 읽지 않고 요청 보디를 처리하는 방법에 대해 알아봅니다.

관련 필드로는 요청 보디로부터 읽을 수 있는 최대 바이트 숫자를 나타내는 `ContentLength`가 있습니다.

5.4.7 Form, PostForm

핸들러 함수에서 HTML 폼 제출을 처리해야 하는 경우 보디를 직접 읽는 대신 요청 객체의 `ParseForm()` 메서드를 사용할 수 있습니다. `ParseForm()` 메서드를 호출하면 요청 객체를 읽고 `Form` 필드와 `PostForm` 필드에 제출된 폼 데이터가 입력populate됩니다. 두 필드는 폼을 제출할 때 사용된 HTTP 요청 메서드 종류에 따라 각기 다르게 입력됩니다. 폼을 제출할 때 GET 메서드가 사용된 경우 `Form` 필드만 입력됩니다. POST, PUT 혹은 PATCH 메서드가 사용된 경우 `PostForm` 필드가 입력됩니다. 두 필드 모두 net/url 패키지에 정의된 `url.Values` 타입의 값이며, 이는 `map[string][]`

string으로 정의됩니다. 따라서 어느 폼 필드 값에 접근하기 위해서는 맵의 키에 접근하는 것과 동일한 접근 방식을 사용해야 합니다.

5.4.8 MultipartForm

3장에서 살펴본 것처럼 대개 파일 정보를 포함하는 multipart/form-encoded 데이터가 포함된 폼 업로드를 처리해야 하는 경우 ParseMultipartForm() 메서드를 호출하면 요청 보디를 읽고 MultipartForm 필드에 제출된 폼 데이터가 입력됩니다. MultipartForm 필드는 mime/multipart 패키지에 정의된 multipart.Form 타입의 객체입니다.

```
type Form struct {
    Value map[string][]string
    File  map[string][]*FileHeader
}
```

Value 필드에는 제출된 폼의 텍스트 필드 값이 존재하며, File 필드에는 제출된 폼의 파일 데이터가 존재합니다. 각 구조체 필드의 맵 데이터의 키값은 폼의 필드명이고, 실제 파일에 해당하는 데이터는 FileHeader 타입의 객체 내에 저장되어 있습니다. FileHeader 타입은 mime/multipart 패키지에 다음과 같이 정의되어 있습니다.

```
type FileHeader struct {
    Filename string
    Header   textproto.MIMEHeader
    Size     int64
}
```

다음은 각 필드에 대한 설명입니다.

* Filename: 업로드된 파일의 원본 파일명을 포함하는 string 값
* Header: 파일의 타입을 나타내며, net/textproto 패키지에 정의된 구조체 MIMEHeader 타입의 값
* Size: 파일의 크기를 바이트 단위로 저장하는 int64 정숫값

FileHeader 구조체에는 또한 Open()이라는 메서드가 존재합니다. 이 메서드는 mime/multipart 패키지에 정의된 File 구조체 타입의 값을 반환합니다. 핸들러 함수는 Open() 메서드가 반환한 File 구조체 값을 통해 실제 파일의 바이너리 내용을 읽을 수 있습니다. 종종 서버 애플리케이션 내의 문제를 디버깅하기 위하여 사용자 요청 Request 객체의 일부 필드에 접근해야 할 상황이 있습니다. 다

음 연습 문제에서는 요청 로거request logger를 구현해봅니다.

5.5 Request 객체에 메타데이터 부착

핸들러 함수가 처리하는 모든 수신 요청에는 연관된 **콘텍스트**가 존재합니다. 요청에 대한 콘텍스트 r 은 Context() 메서드를 호출하여 얻어올 수 있습니다. 이 콘텍스트의 생명주기는 요청의 생명주기와 같습니다(그림 5.4 참조).

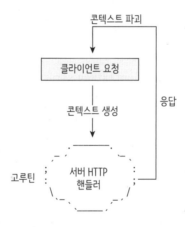

그림 5.4 **요청 수신 시에 생성되어 요청 처리가 완료되면 파괴되는 콘텍스트**

콘텍스트에는 값을 부착attach할 수 있습니다. 값을 부착함으로써 요청 스코프 값을 연관 짓거나, 요청 생명주기 동안 존재하는 데이터를 저장하는 데에 유용하게 사용할 수 있습니다. 요청 생명주기 동안 존재하는 데이터의 예시로는 애플리케이션 내의 여러 부분[2]에 전달되어 하나의 요청을 식별하기 위해 사용되는 고유의 ID 값[3]이 있습니다. 요청의 콘텍스트에 메타데이터를 부착하려면 다음의 단계 를 수행해야 합니다.

---

2 (옮긴이) 대표적인 예시로 마이크로서비스

3 (옮긴이) Request ID

1. r.Context()를 이용하여 현재의 콘텍스트를 얻어옵니다.

2. 부착하고자 하는 데이터를 키-값 쌍으로 하여 context.WithValue() 메서드를 사용해서 새로운 콘텍스트를 생성합니다.

context.WithValue() 메서드는 매개변수로 세 값을 받습니다.

- 저장될 값의 콘텍스트를 식별하기 위한 부모 Context 객체
- 맵 자료구조에서 데이터의 키값을 식별하기 위한 interface{} 객체
- 데이터 자체의 interface{} 객체

키와 값, 두 매개변수 모두 interface{}를 사용하기 때문에 콘텍스트에 저장할 수 있는 값은 순전히 사용자가 WithValue() 함수에 무엇을 저장하느냐에 따라 달려있습니다. 그렇지만 몇 가지 지켜야 할 규약이 있습니다.[4]

- 키로 사용되는 데이터 타입은 반드시 string과 같은 기본 데이터 타입이면 안 됨.
- 어느 한 패키지에는 키로 사용할 내보내지지 않은unexported 커스텀 struct 타입을 정의해야 함. 내보내지지 않은 데이터 타입을 사용함으로써 키가 외부 패키지에서 우연히 중복되지 않음을 확신할 수 있음. 예를 들면type requestContextKey struct{}과 같이 공백의 구조체를 정의함.
- 콘텍스트 내에는 요청 스코프 데이터만 저장되어야 함.

먼저 요청을 처리하기 전에 요청 식별자 request ID를 부착하는 예시를 살펴봅시다. 먼저 키로 사용할 requestContextKey 구조체와 값으로 사용할 requestContextValue 구조체, 두 개의 구조체 타입을 정의합니다.

```
type requestContextKey struct{}
type requestContextValue struct{
    requestID string
}
```

그리고 요청의 콘텍스트 내에 요청 식별자를 저장하기 위한 헬퍼 함수를 정의합니다.

```
func addRequestID(r *http.Request, requestID string) *http.Request {
    c := requestContextValue{
```

---

4   [옮긴이] 컨벤션이기에 지키지 않아도 컴파일은 가능하지만, 미래의 어느 시점에 과거의 자신을 탓할 수 있습니다.

```
        requestID: requestID,
    }
    currentCtx := r.Context()
    newCtx := context.WithValue(currentCtx, requestContextKey{}, c)
    return r.WithContext(newCtx)
}
```

다음으로 핸들러 함수 내에서 요청을 처리하기 전에 요청 식별자를 저장하도록 헬퍼 함수를 호출합니다.

```
func apiHandler(w http.ResponseWriter, r *http.Request) {
    requestID := "request-123-abc"
    r = addRequestID(r, requestID)
    processRequest(w, r)
}
```

requestID를 얻어와서 로깅할 수 있도록 두 번째 헬퍼 함수를 정의합니다.

```
func logRequest(r *http.Request) {
    ctx := r.Context()
    v := ctx.Value(requestContextKey{})

    if m, ok := v.(requestContextValue); ok {
        log.Printf("Processing request: %s", m.requestID)
    }
}
```

ctx.Value() 메서드에 키를 매개변수로 호출하여 요청 콘텍스트의 값을 얻어옵니다. 공백의 requestContextKey 구조체 객체를 키로 사용하여 값을 추가하였다는 사실을 기억하세요. 메서드는 interface{} 타입의 객체를 반환합니다. 따라서 값이 정말 requestContextValue 타입인지 확인하기 위해 타입 어설션type assertion을 수행합니다. 타입 어설션이 성공적인 경우 requestID를 로그로 남깁니다.

processRequest() 함수에서는 requestID를 로깅하기 위해 logRequest() 함수를 호출합니다.

```
func processRequest(w http.ResponseWriter, r *http.Request) {
    logRequest(r)
    fmt.Fprintf(w, "Request processed")
}
```

예제 5.4는 모든 요청에 요청 식별자를 부착하고 요청을 처리하기 전에 로그를 남기는, 실행 가능한 서버 애플리케이션 코드입니다.

예제 5.4 **요청에 메타데이터 부착**

```
// chap5/context-metadata/server.go
package main

import (
    "log"
    "net/http"
    "os"
)

type requestContextKey struct{}
type requestContextValue struct {
    requestID string
}

// TODO - 이전에 정의한 addRequestID() 함수 삽입
// TODO - 이전에 정의한 logRequest() 함수 삽입
// TODO - 이전에 정의한 processRequest() 함수 삽입
// TODO - 이전에 정의한 apiHandler() 함수 삽입

func main() {

    listenAddr := os.Getenv("LISTEN_ADDR")
    if len(listenAddr) == 0 {
        listenAddr = ":8080"
    }
    mux := http.NewServeMux()
    mux.HandleFunc("/api", apiHandler)
    log.Fatal(http.ListenAndServe(listenAddr, mux))
}
```

chap5/context-metadata/ 경로로 새로운 디렉터리를 생성하고, 디렉터리 안에서 모듈을 초기화합니다.

```
$ mkdir -p chap5/context-metadata
$ cd chap5/context-metadata
$ go mod init github.com/username/context-metadata
```

그다음으로 예제 5.4의 코드를 파일명 server.go로 저장하고, 빌드한 뒤 서버를 실행합니다.

```
$ go build -o server
$ ./server
```

새로운 터미널을 열고 `curl localhost:8080/api`로 서버에 HTTP 요청을 보냅니다. 서버를 실행한 터미널에서 다음을 확인할 수 있습니다.

```
2021/01/14 18:26:54 Processing request: request-123-abc
```

요청을 처리하기 전에 수신 요청에 요청 식별자와 같은 메타데이터를 부착하는 것은 좋은 습관입니다. 하지만 모든 핸들러 함수에서 addRequestID() 함수를 호출한다고 상상해보세요. 6장에서 서버 애플리케이션 내에 미들웨어를 구현하며 메타데이터를 부착하는 더 나은 방법을 알아볼 것입니다.

5.6 스트리밍 요청 처리

3장에서 테스트 패키지 서버를 작성하며 JSON 데이터를 언마샬링하는 방법에 대해 배웠습니다. Unmarshal() 함수 외에도 encoding/json 패키지는 JSON 데이터를 디코딩할 수 있는 더욱 유연한 방법을 제공합니다. 로그 수집기log collector의 역할을 하는 HTTP 서버의 예시를 생각해봅시다. 이 서버는 단순하게 두 가지 작업을 합니다.

- HTTP POST 요청에서 로그를 받습니다. 요청 보디는 하나 이상의 JSON 객체로 인코딩된 로그 데이터를 포함합니다. 일반적으로 동일한 요청 내에서 클라이언트가 요청의 일부분을 연속적으로 로그를 보내기 때문에, 이러한 요청 보디를 JSON **스트림**stream이라 부릅니다.
- 로그를 성공적으로 디코딩한 경우 전체 로그를 화면에 출력해줍니다.

  다음은 서버가 수신할 요청 보디의 예시입니다.

```
{"user_ip": "172.121.19.21",
"event": "click_on_add_cart"}{"user_ip": "172.121.19.21",
"event": "click_on_checkout"}
```

JSON으로 인코딩된 두 개별 로그를 확인해주세요.[5] 이러한 요청 보디는 어떻게 언마샬링해야 할까요?

5 　[옮긴이] JSON 배열을 나타내는 대괄호도, 두 로그를 구분짓기 위한 쉼표도 없습니다.

JSON으로 인코딩된 수신 요청의 요청 보디를 언마샬링하려면 먼저 수신 요청 객체 r을 언마샬링할 대상의 구조체 객체 p로 다음과 같은 단계를 거쳐 언마샬링할 수 있음을 이전 장에서 배웠습니다.

1. 요청 보디를 읽음: data, err := io.ReadAll(r.Body)
2. JSON 데이터를 객체로 디코딩함: json.Unmarshal(data, &p)

위의 단계는 요청 보디에 하나의 JSON 객체, 혹은 JSON 배열 객체 데이터가 포함된 경우에 사용 가능합니다.[6] 하지만 위의 예시 요청처럼 여러 개의 JSON 객체들이 일렬로 오는 경우에는 어떻게 처리해야 할까요? Unmarshal() 함수는 데이터를 디코딩하지 못합니다. 위의 데이터를 성공적으로 디코딩하기 위해서는 json.NewDecoder() 함수를 사용해야 합니다.

json.NewDecoder() 함수는 io.Reader 인터페이스를 구현한 모든 객체에서 데이터를 읽습니다. 데이터가 온전한 JSON 객체의 형태 또는 JSON 객체의 배열 형태일 필요가 없도록, NewDecoder() 함수는 데이터를 읽기 위해 점진적인 토큰 기반incremental token-based의 접근 방식을 차용하였습니다. 이전 절에서 요청 객체의 Body 필드 역시 io.Reader 인터페이스를 구현하였다는 것을 기억하세요. 따라서 요청 보디를 바로 NewDecoder() 함수의 매개변수로 전달하면 json.Unmarshal() 함수에서처럼 데이터 전체를 메모리에 읽어 들이지 않아도 곧바로 JSON 데이터를 디코딩할 수 있게 됩니다.

위의 로그가 서버로 보내질 때 이를 정상적으로 처리할 수 있는 HTTP 핸들러 함수를 작성해봅시다. 먼저, 하나의 로그 엔트리를 언마샬링할 수 있는 구조체 타입을 정의합니다.

```
type logLine struct {
    UserIP string `json:"user_ip"`
    Event  string `json:"event"`
}
```

그다음으로는 핸들러 함수를 작성합니다.

```
func decodeHandler(w http.ResponseWriter, r *http.Request) {

    dec := json.NewDecoder(r.Body)

    for {
        var l logLine
        err := dec.Decode(&l)
```

---

6 [옮긴이] 즉, 요청 보디가 온전히 JSON 데이터일 때 사용 가능합니다.

```
        if err == io.EOF {
            break
        }
        if err != nil {
            http.Error(w, err.Error(), http.StatusBadRequest)
            return
        }
        fmt.Println(l.UserIP, l.Event)
    }
    fmt.Fprintf(w, "OK")
}
```

NewDecoder() 함수에 r.Body를 매개변수로 전달하여 json.Decoder 객체 dec을 초기화하였습니다. 그리고 무한 for 루프를 돌며 다음 단계를 수행합니다.

1. 서버로 전송될 하나의 디코딩된 로그 엔트리 값을 저장할 logLine 타입 객체 l을 선언합니다.

2. dec 객체의 Decode() 메서드를 호출하여 JSON 데이터를 읽습니다. Decode() 함수는 올바른 JSON 데이터 객체를 찾을 때까지 r.Body 에서 데이터를 읽은 뒤 l 객체로 역직렬화합니다.

3. io.EOF 에러가 반환되면 더 이상 읽을 값이 없으므로 루프를 빠져나옵니다.

4. nil 외의 에러가 반환된 경우 처리를 멈추고 HTTP Bad Request 에러 응답을 보냅니다. 그 외에는 다음 단계를 진행합니다.

5. 에러가 반환되지 않은 경우 객체의 필드를 출력합니다.

6. 1단계로 돌아갑니다.

루프를 종료하고 나면 클라이언트에게 OK 응답을 반환합니다.

예제 5.5는 /decode 경로로 이전에 살펴본 decodeHandler 핸들러 함수를 등록하는 HTTP 서버 코드입니다.

예제 5.5 Decode() 함수를 사용하여 JSON 데이터 디코딩

```
// chap5/streaming-decode/server.go

package main

import (
        "encoding/json"
        "fmt"
        "io"
        "net/http"
```

```
)

type logLine struct {
    UserIP string `json:"user_ip"`
    Event  string `json:"event"`
}

// TODO - 이전에 정의한 decodeHandler() 함수 삽입

func main() {

    mux := http.NewServeMux()
    mux.HandleFunc("/decode", decodeHandler)

    http.ListenAndServe(":8080", mux)
}
```

chap5/streaming-decode/ 경로로 새로운 디렉터리를 생성하고, 디렉터리 안에서 모듈을 초기화합니다.

```
$ mkdir -p chap5/streaming-decode
$ cd chap5/streaming-decode
$ go mod init github.com/username/streaming-decode
```

그다음으로 예제 5.5의 코드를 파일명 **server.go**로 저장하고, 빌드한 뒤 서버를 실행합니다.

```
$ go build -o server
$ ./server
```

새로운 터미널을 열고 **curl**을 사용하여 서버로 HTTP 요청을 보냅니다.

```
$ curl -X POST http://localhost:8080/decode \
-d '
{"user_ip": "172.121.19.21", "event": "click_on_add_cart"}
{"user_ip": "172.121.19.21", "event": "click_on_checkout"}
'
OK
```

서버를 시작한 터미널에서 다음과 같은 출력을 확인할 수 있습니다.

```
172.121.19.21 click_on_add_cart
172.121.19.21 click_on_checkout
```

Decode() 함수는 두 가지 상황 중 하나가 발생하면 에러를 반환할 수 있는데, 그 상황은 다음과 같습니다.

- 현재 읽고 있는 문자 중에 JSON 데이터로 식별할 수 없는 문자를 발견한 상황. 이는 위치와 무관합니다. 먼저 중괄호가 닫히기 (}) 전에 새로운 중괄호가 열리면({), 혹은 열리기 전에 닫히면 이는 정상적인 JSON 데이터로 식별될 수 없습니다.
- 읽어 들인 데이터를 특정 객체로 변환에 실패하여 오류가 발생한 상황.

다음 요청은 첫 번째 상황의 예시입니다(두 번째 JSON 객체 직전에 하나의 여는 중괄호 { 가 더 들어간 것을 주의 깊게 보세요).

```
$ curl -X POST http://localhost:8080/decode \
-d '
{"user_ip": "172.121.19.21", "event": "click_on_add_cart"}{{"user_ip": "172.121.19.21",
"event": "click_on_checkout"}'
```

응답으로 다음을 받습니다.

```
invalid character '{' looking for beginning of object key string
```

하지만 서버에서는 다음이 로깅되었습니다.

```
172.121.19.21 click_on_add_cart
```

이로써 첫 번째 JSON 객체는 성공적으로 디코딩된 것을 알 수 있습니다. 이는 Decode() 함수의 작동 방식에 따르며, 오류가 발생할 때까지 입력 스트림에서 데이터를 계속해서 읽습니다.

이제 두 번째 문제 상황을 살펴봅시다. 다음의 요청을 보냅니다(두 번째 JSON 객체의 event 필드의 데이터 타입이 잘못된 것을 주의 깊게 보세요).

```
$ curl -X POST http://localhost:8080/decode \
-d '
{"user_ip": "172.121.19.21","event": "click_on_add_cart"}
```

```
{"user_ip": "172.121.19.21", "event": 1}
```

응답으로 다음을 받습니다.

```
json: cannot unmarshal number into Go struct field
logLine.event of type string
```

언마샬링 오류가 발생하더라도 무시하고 계속해서 JSON 스트림을 처리하여 핸들러 함수의 강건성을 향상시키려면 decodeHandler() 함수를 다음과 같이 일부 수정합니다.

```go
func decodeHandler(w http.ResponseWriter, r *http.Request) {
    dec := json.NewDecoder(r.Body)

    var e *json.UnmarshalTypeError

    for {
        var l logLine
        err := dec.Decode(&l)
        if err == io.EOF {
            break
        }
        if errors.As(err, &e) {
            log.Println(err)
            continue
        }
        if err != nil {
            http.Error(w, err.Error(), http.StatusBadRequest)
            return
        }
        fmt.Println(l.UserIP, l.Event)
    }
    fmt.Fprintf(w, "OK")
}
```

언마샬링 단계에서 오류가 발생하면 encoding/json 패키지에 정의된 UnmarshalTypeError라는 특정한 에러가 반환됩니다. 따라서 Decode() 함수에서 반환된 에러가 해당 에러인지 확인하고, 언마샬링 에러는 무시하고 나머지 JSON 스트림을 처리합니다. 위의 코드 변화로 인해 앞으로 서버는 언마샬링 에러 발생 시에 로그를 남기고 나머지 스트림을 처리할 것입니다.

이를 확인하기 위해 다음의 요청을 보냅니다.

```
$ curl -X POST http://localhost:8080/decode \
-d '
{"user_ip": "172.121.19.21","event": "click_on_add_cart"}
{"user_ip": "172.121.19.21", "event": 1}
{"user_ip": "172.121.21.22", "event": "click_on_checkout"}'
OK%
```

서버는 다음을 출력하게 됩니다.

```
172.121.19.21 click_on_add_cart
2020/12/30 16:42:30 json: cannot unmarshal number into Go struct field
logLine.event of type string
172.121.21.22 click_on_checkout
```

json.NewDecoder() 함수로 생성한 dec 객체로 호출한 Decode() 메서드를 활용하면 JSON 데이터를 유연하게 파싱할 수 있습니다. 살펴본 것처럼 스트림 형태의 JSON 데이터를 파싱하는 데에 매우 유용합니다. 물론, 유연함에는 애플리케이션 개발자에게 있어 더 많은 에러 핸들링의 책임이 따라옵니다. 다음 연습 문제에서는 알 수 없는 필드에 대해 데이터를 처리하지 않도록reject 하여 애플리케이션의 강건한 JSON 디코딩을 구현합니다.

연습 문제 5.2 | 엄격한 JSON 디코딩

위의 /decode 엔드포인트에 다음의 요청 보디를 보내면 Decode() 함수는 부수적인(extra) user_data 필드를 로그상에서 무시해버립니다.

```
{"user_ip": "172.121.19.21","event": "click_on_add_cart", "user_data": "some_data"}
```

JSON 스트림 데이터에 알 수 없는 필드가 존재할 경우 에러를 반환하도록 예제 5.5의 Decode() 함수를 수정하세요.

5.7 응답 데이터 스트리밍

fmt.Fprintf()와 같은 함수를 이용하여 서버에서 응답을 보내는 방법을 알아보았습니다. 또한 http.ResponseWriter 타입의 객체 w를 사용하여 커스텀 헤더를 설정하기 위해 w.Headers().Add() 를 사용하는 방법을 알아보았습니다. 이번 절에서는 당장은 응답으로 보내고자 하는 모든 데이터가 준비되지는 않았지만, 데이터를 사용할 수 있게 되면 전송하고자 할 때 사용하는 방법에 대하여 알아봅니다. 일반적으로 이에 대해 응답을 **스트리밍**한다고 합니다. 이러한 예시 상황으로는 클라이언트 요청으로 인해 처리가 오래 걸리는 잡long-running job이 실행되고, 해당 잡이 일부분 결과를 내서 클라이언트 요청으로 응답할 것이 있을 때마다 응답하는 상황이 있습니다(그림 5.5 참조).

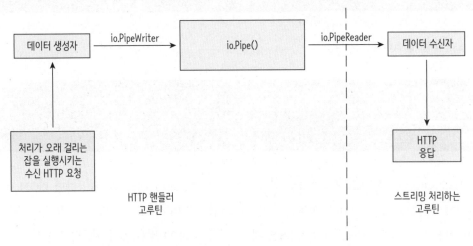

그림 5.5 **왼쪽에서 오른쪽으로: 수신 HTTP 요청이 처리가 오래 걸리는 잡을 실행시킵니다. 잡의 처리 결과를 일부분이라도 사용 가능해지면 응답으로 보냅니다.**

데이터 생성자data producer는 **데이터 수신자**data reader가 읽을 수 있는 연속적인 바이트 스트림을 생성하고, 데이터 수신자는 이를 읽어서 HTTP 응답으로 보냅니다. 이 작업은 데이터 생성자가 데이터 생성을 중단하기 직전까지 계속됩니다. 데이터 생성자로부터 데이터 소비자에게 효율적으로 데이터를 전달하려면 어떻게 해야 할까요? 한 가지 방법으로는 `io.Pipe()` 함수를 사용하는 것이 있습니다. `io.Pipe()` 함수를 호출하면 `io.PipeReader` 객체와 `io.PipeWriter` 객체를 반환합니다. 데이터 생성자는 `io.PipeWriter` 객체에 데이터를 쓰고, 데이터 소비자는 `io.PipeReader` 객체에서 데이터를 읽습니다.

매초마다 총 21줄의 로그를 생성해내는 예시 데이터 생성자 함수 `longRunningProcess()`를 생각해봅시다.

```
func longRunningProcess(logWriter *io.PipeWriter) {
    for i := 0; i <= 20; i++ {
        fmt.Fprintf(
            logWriter,
            `{"id": %d, "user_ip": "172.121.19.21", "event":
"click_on_add_cart" }`, i,
```

```
    )
        fmt.Fprintln(logWriter)
        time.Sleep(1 * time.Second)
    }
    logWriter.Close()
}
```

이 함수는 매개변수로 io.PipeWriter 객체를 받고, 받은 객체 변수 logWriter에 로그를 씁니다. io.PipeWriter 객체는 io.Writer 인터페이스를 구현하기 때문에 Fprintf() 함수를 이용하여 문자열을 쓸 수 있습니다. 함수가 반환하기 전에 io.PipeWriter 객체의 Close() 메서드를 호출합니다.

다음으로는 수신 요청을 처리할 HTTP 핸들러 함수를 살펴보겠습니다. 오래 걸리는 잡을 시작하고, 데이터 생산자로부터 데이터를 읽은 후, 클라이언트에게 스트리밍합니다.

```
func longRunningProcessHandler(
    w http.ResponseWriter, r *http.Request) {

    done := make(chan struct{})
    logReader, logWriter := io.Pipe()
    go longRunningProcess(logWriter)
    go progressStreamer(logReader, w, done)

    <-done
}
```

먼저 버퍼 없는 struct{} 타입의 채널을 생성합니다. 생성한 채널을 이용하여 응답 스트리밍 함수에서 모든 데이터가 정상적으로 전송되었는지를 확인하는 데 사용합니다. 그리고 io.Pipe() 함수를 호출하여 반환된 io.PipeReader 객체와 io.PipeWriter 객체를 사용합니다.

그다음 io.Pipe() 함수에서 반환된 io.PipeWriter 객체를 매개변수로 longRunningProcess() 함수를 별도의 고루틴에서 실행합니다. 그리고 데이터를 읽어서 스트리밍으로 보낼 progressStreamer() 함수를 별도의 고루틴에서 실행합니다. 마지막으로 핸들러 함수가 종료되기 전에 done 채널이 사용 가능할 때까지 대기합니다. progressStreamer() 함수는 다음과 같이 정의됩니다.

```
func progressStreamer(
    logReader *io.PipeReader, w http.ResponseWriter,
    done chan struct{}) {

    buf := make([]byte, 500)
```

```
    f, flushSupported := w.(http.Flusher)

    defer logReader.Close()

    w.Header().Set("Content-Type", "text/plain")
    w.Header().Set("X-Content-Type-Options", "nosniff")

    for {
        n, err := logReader.Read(buf)
        if err == io.EOF {
            break
        }

        w.Write(buf[:n])
        if flushSupported {
            f.Flush()
        }
    }

    done <- struct{}{}
}
```

먼저 500바이트를 저장할 버퍼 공간 buf 변수를 생성합니다. 이 500바이트는 특정 시점에 파이프에서 읽어 들일 최대 크기를 의미합니다.

응답 데이터가 곧바로 클라이언트에게 사용 가능하게 하기 위해 명시적으로 ResponseWriter 객체에 쓰고 난 뒤에 Flush() 메서드를 호출합니다. 하지만 그 전에 먼저 ResponseWriter 객체 w가 http.Flusher 인터페이스를 구현하였는지 확인해야 합니다. 다음은 이를 확인하기 위한 구문입니다.

```
    f, flushSupported := w.(http.Flusher)
```

w 변수가 http.Flusher 인터페이스를 구현하였다면 f 변수에는 http.Flusher 객체가 포함될 것이며 flushSupported 변수의 값은 true가 될 것입니다.

그다음 함수 종료 전에 io.PipeReader 객체가 정상적으로 닫히도록 defer로 Close() 메서드를 호출합니다.

두 개의 응답 헤더를 설정합니다. Content-Type 헤더는 text/plain으로 설정하여 현재 클라이언트에게 전송하는 데이터가 플레인텍스트 데이터임을 명시하고, X-Content-Type-Options 헤더는

nosniff로 설정하여 사용자에게 데이터를 보여주기 전에 먼저 클라이언트 측에서 데이터를 버퍼링하지 않도록 브라우저에 알려줍니다.

그다음 무한 for 루프를 돌며 io.PipeReader 객체로부터 데이터를 읽습니다. writer 가 파이프에 데이터 쓰기를 끝마쳤다는 것을 의미하는 io.EOF 에러를 읽으면 루프를 빠져나옵니다. 그 외에는 Write() 메서드를 호출하여 읽은 데이터를 클라이언트로 전송합니다. flushSupported 값이 true인 경우 http.Flusher 객체 f의 Flush() 메서드를 호출합니다.

루프를 종료한 뒤 공백의 구조체 객체 struct{}{}를 done 채널에 씁니다.

예제 5.6은 하나의 경로 /job에 longRunningProcessHandler를 핸들러 함수로 등록한 HTTP 서버 코드입니다.

예제 5.6 **스트리밍 응답**

```go
// chap5/streaming-response/server.go
package main

import (
    "log"
    "net/http"
    "os"
)

// TODO - 이전에 정의한 longRunningProcess 함수 삽입
// TODO - 이전에 정의한 progressStreamer 함수 삽입
// TODO - 이전에 정의한 longRunningProcessHandler 함수 삽입

func main() {
    listenAddr := os.Getenv("LISTEN_ADDR")
    if len(listenAddr) == 0 {
        listenAddr = ":8080"
    }

    mux := http.NewServeMux()
    mux.HandleFunc("/job", longRunningProcessHandler)
    log.Fatal(http.ListenAndServe(listenAddr, mux))
}
```

chap5/streaming-response/ 경로로 새로운 디렉터리를 생성하고, 디렉터리 안에서 모듈을 초기화합니다.

```
$ mkdir -p chap5/streaming-response
$ cd chap5/streaming-response
$ go mod init github.com/username/streaming-response
```

그다음으로 예제 5.6의 코드를 파일명 server.go로 저장하고, 빌드한 뒤 서버를 실행합니다.

```
$ go build -o server
$ ./server
```

새로운 터미널을 열고 curl을 사용하여 서버로 HTTP 요청을 보냅니다. 매초마다 응답이 도착하는 것을 볼 수 있습니다.

```
$ curl localhost:8080/job
{"id": 0, "user_ip": "172.121.19.21", "event": "click_on_add_cart" }
{"id": 1, "user_ip": "172.121.19.21", "event": "click_on_add_cart" }
{"id": 2, "user_ip": "172.121.19.21", "event": "click_on_add_cart" }
{"id": 3, "user_ip": "172.121.19.21", "event": "click_on_add_cart" }
{"id": 4, "user_ip": "172.121.19.21", "event": "click_on_add_cart" }
…
{"id": 20, "user_ip": "172.121.19.21", "event": "click_on_add_cart" }
```

그다음으로 --verbose 플래그를 추가해서 curl을 실행해봅니다. 다음의 응답 헤더를 확인할 수 있습니다.

```
Content-Type: text/plain
X-Content-Type-Options: nosniff
Date: Thu, 14 Jan 2021 06:02:13 GMT
Transfer-Encoding: chunked
```

이전에 응답에 설정한 Content-Type 헤더와 X-Content-Type-Options 헤더를 확인할 수 있습니다. Transfer-Encoding: chunked 헤더는 Flush() 메서드를 호출할 때 자동으로 설정되었습니다. 이 헤더는 클라이언트에게 데이터가 서버로부터 스트리밍되어 전달되니까 서버에서 연결을 끊기 전까지 계속 읽으라는 뜻을 지닙니다.

이전에 살펴본 io.Pipe() 메서드를 이용한 방법은 데이터 생산 프로세스와 소비 프로세스를 깔끔하게 분리해줍니다.[7] 주의해야 할 점은 응답을 스트리밍으로 보내기 위해 모든 경우에 항상 PipeReader와 PipeWriter 객체를 생성할 **필요**는 없습니다.

스트리밍할 데이터를 생성하는 프로세스를 직접 제어할 수 있다면, ResponseWriter 객체에 데이터를 써서 직접 데이터 스트리밍할 수 있습니다. 그리고 주기적으로 Write 호출 사이에 Response Writer 객체의 Flush() 메서드를 호출하면 됩니다. 예를 들어 사용자 요청의 응답으로 대용량 파일을 전송해야 한다고 해 봅시다. 주기적으로 정해진 크기의 바이트만큼 데이터를 읽고 이를 클라이언트로 보낸 뒤, 이 과정을 전체 파일을 다 보낼 때까지 반복합니다. 이렇게 파일을 보내는 경우에는 Flush() 메서드를 호출할 필요도 없는데, 사용자에게 파일의 일부는 어차피 필요가 없기 때문입니다. 다행히도 이 모든 과정을 직접 할 필요는 없고, io.Copy() 함수를 사용하면 됩니다. 먼저, 읽을 파일을 엽니다.

```
f, err := os.Open(filename)
defer f.Close()
```

다음은 응답 ResponseWriter 객체 변수 w로 데이터를 스트리밍하기 위한 코드입니다.

```
io.Copy(w, f)
```

io.Copy 함수는 데이터를 32KB의 고정된 크기만큼 읽고[8] ResponseWriter로 데이터를 바로 씁니다. 이번 장의 마지막 연습 문제 5.3에서는 이 기법을 이용하여 파일 다운로드 서버를 구현해봅니다.

> **연습 문제 5.3 | 파일 다운로드 서버**
>
> 파일 다운로드 서버의 역할을 수행하는 HTTP 서버를 구현하세요. 사용자는 /download 경로에 fileName 쿼리 파라미터로 파일명을 지정하여 서버에 존재하는 파일을 읽어올 수 있습니다. 서버는 파일이 위치한 디렉터리의 위치를 조회할 수 있어야 합니다.
>
> 파일의 내용에 알맞게 Content-Type 헤더를 올바르게 설정하도록 하세요.

---

7   (옮긴이) 컴퓨터 프로그래밍 설계 법칙에서는 이를 관심사의 분리라고 합니다.

8   (옮긴이) 32KB라는 수치, 32,768 Byte는 Go 언어 소스 코드 내에 하드 코딩되어 있는 값이며, 현재 Go 1.18 버전에도 변하지 않았습니다.

5.8 요약

3장에서 클라이언트의 테스트 서버를 작성하기 위하여 HTTP 서버를 작성하는 여정을 시작해 깊이 탐험해보았습니다. 서버가 수신 요청을 어떻게 처리하는지 배웠고, DefaultServeMux를 있는 그대로 사용하는 것이 좋지 않은 이유에 대해 배웠으며, 직접 생성한 ServeMux 객체를 사용하는 법도 배웠습니다. 또한 스트리밍 데이터를 처리하기 위한 핸들러 함수를 작성하였고, 마지막으로 고루틴과 채널을 사용하여 응답 데이터를 스트리밍하는 방법을 배웠습니다.

다음 장에서도 실서비스 가능한 HTTP 서버 애플리케이션을 작성하는 여정을 계속해 나갈 것입니다.

6

고급 HTTP 서버 애플리케이션

이번 장에서는 실서비스 수준의 HTTP 서버 애플리케이션을 작성할 때 도움이 되는 여러 기법을 배웁니다. 먼저 `http.Handler` 타입에 대해 배우고, 이를 활용하여 핸들러 함수 간에 데이터를 공유할 방법을 알아봅니다. 그리고 서버에서 일반적으로 사용되는 기능들을 미들웨어로 구현하는 방법을 배웁니다. `http.HandlerFunc` 타입에 대해 배우고, 이를 활용하여 여러 미들웨어를 정의하고 체이닝 chaining하는 방법을 알아봅니다. 이번 장의 마지막에는 서버 애플리케이션의 여러 코드를 깔끔하게 작성하기 위한 기법과 다양한 컴포넌트를 테스트하는 방법을 배울 것입니다. 이제 시작합니다!

6.1 Handler 타입

이번 절에서는 `http.Handler` 타입에 대해 배웁니다. `http.Handler` 타입은 Go 언어에서 HTTP 서버가 어떻게 동작하는지를 이해하기 위한 근본 개념fundamental mechanism입니다. 지금쯤이면 HTTP 서버를 시작하기 위한 `http.ListenAndServe()` 함수는 익숙하실 겁니다. 이 함수의 시그니처는 다음과 같습니다.

```
func ListenAndServe(addr string, handler Handler)
```

첫 번째 매개변수는 서버가 수신 대기할 네트워크 주소이며, 두 번째 매개변수는 net/http 패키지에 다음과 같이 정의된 `http.Handler` 구조체 타입의 값입니다.

```
type Handler interface {
    ServeHTTP(ResponseWriter, *Request)
}
```

따라서 http.Handler 인터페이스를 구현하는 어느 객체든 http.ListenAndServe() 함수의 두 번째 매개변수로 사용 가능합니다. 그런 객체를 어떻게 만들까요? HTTP 서버 애플리케이션을 만들 때 사용하는 다음과 같은 패턴에 익숙하실 겁니다.

```
mux := http.NewServeMux()
// mux 변수에 핸들러 등록
http.ListenAndServe(addr, mux)
```

http.NewServeMux() 함수가 http.ServeMux 구조체 타입의 값을 반환한다는 사실을 기억하세요. 사실 이 구조체 값은 ServeHTTP() 메서드를 정의하기 때문에 Handler 인터페이스를 만족합니다. HTTP 서버 애플리케이션이 요청을 받으면, ServeMux 객체의 ServeHTTP() 메서드가 호출되며 요청에 해당하는 특정 핸들러 함수를 찾으면 해당하는 함수로 요청을 라우팅합니다.

다른 인터페이스와 마찬가지로 다음과 같이 http.Handler 인터페이스를 만족하는 커스텀 타입을 정의할 수 있습니다.

```
type myType struct {}
func (t *myType) ServeHTTP(w http.ResponseWriter, r *http.Request) {
    fmt.Printf(w, "Hello World")
}
http.ListenAndServe(":8080", myType{})
```

위의 서버에 요청을 보내면 myType 객체에 정의된 ServeHTTP() 메서드가 호출되어 응답이 반환됩니다. 언제 직접 http.Handler 타입을 정의해야 할까요? 한 가지 상황은 모든 핸들러 함수 간에 데이터를 공유하고 싶을 때입니다. 예를 들어 글로벌 객체를 사용하지 않고 함수 초기화 시점에 딱 한 번만 객체를 생성한 후 핸들러 함수 간에 객체를 공유하고 싶습니다. 이를 위해 http.ServeMux 객체를 커스텀 핸들러 타입과 조합하여 여러 핸들러 함수 간에 데이터를 공유할 방법을 알아봅시다.

6.2 핸들러 함수 간에 데이터 공유

이전 장에서 요청의 콘텍스트를 사용하여 요청 수명 주기 동안 데이터를 공유하는 방법을 배웠습니다. 요청의 콘텍스트를 사용하는 방법은 요청 식별자나 사용자 인증을 마친 사용자 식별자 등의 요청 스코프에 한정되는 데이터를 저장하는 데에 유용합니다. 일반적인 서버 애플리케이션에서 흔히 저장해야 할 또 다른 데이터로는 로깅을 위해 초기화된 로거 객체, 혹은 연결을 맺고 있는 데이터베이스 연결 객체 등이 있습니다. 이러한 객체들은 보통 서버가 시작할 때 한 번 초기화되고 HTTP 핸들러 함수 간에 전역적으로 공유되어 사용됩니다.[1]

서버 애플리케이션의 환경 구성 정보를 포함하기 위한 구조체 타입 appConfig를 정의해봅니다.

```
type appConfig struct {
    logger *log.Logger
}
```

구조체 타입은 *log.Logger 타입의 logger 필드를 포함합니다. 이제 커스텀 http.Handler 타입을 위한 새로운 구조체 타입 app을 정의합니다.

```
type app struct {
    config appConfig
    handler func(
        w http.ResponseWriter, r *http.Request, config appConfig,
    )
}
```

app 구조체에는 appConfig 객체 타입의 필드 config와 func(http.ResponseWriter, *http.Request, config appConfig) 시그니처를 갖는 함수 필드 handler를 포함합니다. handler 필드의 함수가 받는 두 개의 매개변수는 표준 HTTP 핸들러 함수와 같지만, appConfig 구조체 타입의 값을 추가 매개변수로 받습니다. 이러한 방식으로 핸들러 함수 내에 환경 구성 값을 **주입**inject할 수 있습니다. app 구조체 타입은 http.Handler 인터페이스를 구현할 것이기에, ServeHTTP() 메서드는 다음과 같이 정의합니다.

```
func (a app) ServeHTTP(w http.ResponseWriter, r *http.Request) {
    a.handler(w, r, a.config)
}
```

1 　[옮긴이] 이러한 객체를 싱글턴(singleton) 인스턴스라고 합니다.

커스텀 `http.Handler` 타입을 구현하고 핸들러 함수 간에 데이터를 공유하기 위한 기반을 작성하였습니다. 이제 핸들러 함수의 예시를 살펴봅시다.

```go
func healthCheckHandler(w http.ResponseWriter, r *http.Request, config appConfig) {
    if r.Method != http.MethodGet {
        http.Error(w, "Method not allowed", http.StatusMethodNotAllowed)
        return
    }

    config.logger.Println("Handling healthcheck request")
    fmt.Fprintf(w, "ok")
}
```

핸들러 함수 내에서 요청을 처리합니다. GET 외의 요청 메서드는 응답으로 에러를 반환합니다. 그 외에는 `config` 객체에서 사용 가능하고 이미 구성된 로거를 사용하여 샘플 메시지를 로깅하고 응답을 반환합니다.

핸들러 함수를 등록하기 위해 다음 패턴의 코드를 사용합니다.

```go
config := appConfig{
    logger: log.New(
        os.Stdout, "", log.Ldate|log.Ltime|log.Lshortfile,
    ),
}

mux := http.NewServeMux()
setupHandlers(mux, config)
```

`appConfig` 타입의 값을 생성합니다. 요일, 시간, 파일명, 코드 라인 번호를 접두사로 하여 **표준 출력**(os.Stdout)으로 로그를 남기는 로거를 생성하여 `logger` 필드 값으로 설정합니다. 그리고 `http.NewServeMux()` 함수를 호출하여 `http.ServeMux` 객체를 생성합니다. 그다음 생성한 `ServeMux` 객체와 `appConfig` 객체를 매개변수로 `setupHandlers()` 함수를 호출합니다. `setupHandlers()` 함수의 정의는 다음과 같습니다.

```go
func setupHandlers(mux *http.ServeMux, config appConfig) {
    mux.Handle("/healthz", &app{config: config, handler: healthCheckHandler})
    mux.Handle("/api", &app{config: config, handler: apiHandler})
}
```

http.ServeMux 타입의 객체 mux의 Handle 메서드를 두 매개변수로 호출합니다. 첫 번째 매개변수는 요청을 처리할 경로이며, 두 번째 매개변수는 커스텀 http.Handler 구현체인 app 구조체 타입 객체입니다. Handle() 메서드는 지금까지 요청 핸들러를 등록하기 위해 사용한 HandleFunc() 메서드와 형태가 유사하게 생겼습니다. 하지만 두 번째 매개변수는 조금 다릅니다. HandleFunc() 메서드는 함수 시그니처가 func(http.ResponseWriter, *http.Request)인 함수를 두 번째 매개변수로 받는 반면, Handle() 메서드는 http.Handler 인터페이스를 구현한 타입의 객체를 두 번째 매개변수로 받습니다.

그림 6.1은 http.ServeMux 객체와 커스텀 핸들러 타입이 요청을 처리하기 위해 동작하는 방식을 보여줍니다.

요약하자면, 수신 요청에 대해 http.ServeMux 객체의 ServeHTTP() 메서드는 먼저 현재 요청 중인 경로에 일치하는 핸들러 객체가 존재하는지 확인합니다. 요청과 일치하는 핸들러 객체를 찾은 경우 해당 핸들러 객체의 ServeHTTP() 메서드가 호출되며, 연이어 등록된 핸들러 함수가 호출됩니다. 핸들러 함수는 요청을 처리하고 응답을 반환한 뒤 핸들러 객체의 ServeHTTP() 메서드로 함수의 제어가 넘어가게 됩니다. 예제 6.1은 커스텀 타입을 이용한 HTTP 서버 애플리케이션의 전체적인 코드입니다.

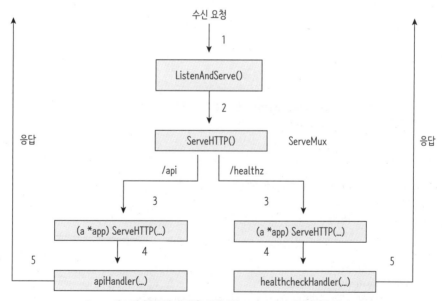

그림 6.1 **커스텀 핸들러 타입을 사용하는 HTTP 서버의 요청 처리 과정**

```go
// chap6/http-handler-type/server.go
package main

import (
    "fmt"
    "log"
    "net/http"
    "os"
)

type appConfig struct {
    logger *log.Logger
}

type app struct {
    config  appConfig
    handler func(
        w http.ResponseWriter, r *http.Request, config appConfig,
    )
}

func (a *app) ServeHTTP(w http.ResponseWriter, r *http.Request) {
    a.handler(w, r, a.config)
}

func apiHandler(w http.ResponseWriter, r *http.Request, config appConfig) {
    config.logger.Println("Handling API request")
    fmt.Fprintf(w, "Hello, world!\n")
}

// TODO - 이전에 정의한 healthcheckHandler() 함수 삽입
// TODO - 이전에 정의한 setupHandlers() 함수 삽입

func main() {

    listenAddr := os.Getenv("LISTEN_ADDR")
    if len(listenAddr) == 0 {
        listenAddr = ":8080"
    }

    config := appConfig{
        logger: log.New(
            os.Stdout, "", log.Ldate|log.Ltime|log.Lshortfile,
        ),
    }
```

```
    mux := http.NewServeMux()
    setupHandlers(mux, config)

    log.Fatal(http.ListenAndServe(listenAddr, mux))

}
```

chap6/http-handler-type/ 경로로 새로운 디렉터리를 생성하고, 디렉터리 안에서 모듈을 초기화합니다.

```
$ mkdir -p chap6/http-handler-type
$ cd chap6/http-handler-type
$ go mod init github.com/username/http-handler-type
```

그다음으로 예제 6.1의 코드를 파일명 server.go로 저장하고, 빌드한 뒤 서버를 실행합니다.

```
$ go build -o server
$ ./server
```

새로운 터미널을 열고 curl을 사용하여 서버로 HTTP 요청을 보냅니다.

```
$ curl localhost:8080/api
Hello, world!
```

서버를 시작한 터미널에서 다음과 같은 API 요청의 로그 메시지를 확인할 수 있습니다.

```
2021/03/08 10:31:00 server.go:24: Handling API request
```

/healthz API 엔드포인트로 요청을 보내도 유사한 로그 메시지를 확인할 수 있습니다.

좋습니다. 이제 핸들러 함수 간에 로거 객체를 공유하는 방법을 배웠습니다. 실서비스 애플리케이션에서는 이외에도 다른 원격 서비스의 연결 객체, 혹은 데이터베이스 연결 객체 등 로거 객체 외에도 다른 객체들도 공유해야 할 상황이 생기는데, 이와 같은 기법을 동일하게 사용할 수 있습니다. 전역 스코프 객체를 사용하는 것보다 훨씬 강건하며, 그에 따라 서버가 테스트하기가 훨씬 용이해집니다.

커스텀 http.Handler 타입을 사용하는 이유는 중앙화된 에러 관리centralized error reporting 체계와 같은 패턴을 서버 애플리케이션 내에 구현할 수 있기 때문입니다. 연습 문제 6.1에서 이를 구현해봅시다.

app 구조체 타입을 다음과 같이 정의합니다.

```
type app struct {
    config appConfig
    h      func(w http.ResponseWriter, r *http.Request, conf appConfig) error
}
```

그리고 필드 h에 정의된 것과 같은 형태로 핸들러 함수를 정의합니다. 이 핸들러 함수는 클라이언트에게 직접 에러를 통보report하지 않고, 함수 단에서 에러값을 반환합니다. app 객체의 ServeHTTP() 메서드에서는 반환된 에러를 클라이언트에게 통보하거나 에러를 추적하는 서비스에 에러를 로그로 남긴 뒤 원래 발생한 에러는 클라이언트에게 전달합니다.

다음으로는 서버상에서 HTTP 요청을 처리할 때 흔히 사용되는 동작을 서버의 미들웨어로 구현해봅니다.

6.3 서버 미들웨어 작성

서버 사이드 미들웨어는 요청을 처리할 때 사용되는 일반적인 동작을 자동으로 수행할 수 있도록 해줍니다. 예를 들면 모든 요청을 로그로 남기고 싶다든지, 각 요청에 요청 식별자를 부착한다든지, 혹은 요청에 인증과 관련된 크레덴셜 정보가 포함되었는지 등을 확인할 수 있습니다. 모든 HTTP 핸들러 함수에서 동일한 로직을 복제해서 사용하지 않고 서버 자체에서 해당하는 동작의 함수를 직접 호출할 수 있도록 합니다. 그로 인해 핸들러 함수에서는 비즈니스 로직에 집중할 수 있습니다. 미들웨어를 구현하기 위한 두 가지 패턴이 있습니다. 첫 번째 패턴은 커스텀 http.Handler 타입을 구현하는 방법이고, 두 번째 패턴은 HandlerFunc 기법을 이용하는 방법입니다.

6.3.1 커스텀 HTTP 핸들러 기법

이전 절에서 핸들러 함수 간에 데이터를 공유하기 위해 커스텀 핸들러 타입을 정의하는 방법을 배웠습니다. 커스텀 구조체 타입 app의 ServeHTTP() 메서드의 구현체는 다음과 같습니다.

```
func (a *app) ServeHTTP(w http.ResponseWriter, r *http.Request) {
    a.handler(w, r, a.config)
}
```

위의 메서드를 다음과 같이 업데이트하면 요청 처리에 걸리는 시간을 로깅하는 **미들웨어**를 구현한 것이 됩니다.

```
func (a *app) ServeHTTP(w http.ResponseWriter, r *http.Request) {
    startTime := time.Now()
    a.handler(w, r, a.config)
    a.config.logger.Printf(
        "path=%s method=%s duration=%f", r.URL.Path, r.Method,
        time.Now().Sub(startTime).Seconds(),
    )
}
```

예제 6.1의 ServeHTTP() 메서드의 코드를 위의 코드로 변경하여 실행한 뒤 /api 혹은 /healthz 엔드포인트에 요청을 보내면 서버를 실행한 터미널에서 다음과 같은 로그를 확인할 수 있습니다(모든 내용이 한 줄의 로그입니다).

```
2021/03/09 08:47:27 server.go:23: path=/healthz method=GET duration=0.000327
```

하지만 등록되지 않은 경로에 요청을 보내면 터미널에 아무런 로그가 남지 않습니다. 커스텀 구조체 타입 app의 ServeHTTP() 메서드는 등록된 경로에 대해 핸들러가 호출된다는 사실을 기억하세요. 이를 수정하기 위해 ServeMux 객체를 **래핑**wrapping하는 새로운 미들웨어를 작성할 것입니다.

6.3.2 HandlerFunc 기법

http.HandlerFunc 타입은 표준 라이브러리에 다음과 같이 정의되어 있습니다.

```
type HandlerFunc func(ResponseWriter, *Request)
```

또한 이 타입은 ServeHTTP() 메서드를 구현하기에 http.Handler 인터페이스를 만족합니다. 여타 타입과 마찬가지로 func(w http.ResponseWriter, r *http.Request)의 시그니처를 가진 모든 함수는 HandlerFunc(func(w http.ResponseWriter, r *http.Request)) 구문을 사용하여 http.Handler 인터페이스를 만족시키는 값으로 변환시킬 수 있습니다. 그림 6.2는 http.HandlerFunc 타입으로 **변**

환convert된 함수에 의해 요청이 처리되는 과정을 보여줍니다.

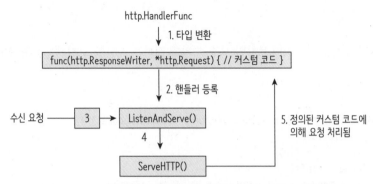

그림 6.2 http.HandlerFunc 타입을 사용한 HTTP 서버의 요청 처리

근본적으로 이런 타입이 필요한 이유가 무엇일까요? 이 타입을 이용하면 http.Handler 인터페이스를 만족하는 **임의**의 함수 h를 **래핑**하여 또 다른 형태의 http.Handler 인터페이스 함수를 반환합니다. 이 기법을 활용하여 로깅 미들웨어를 구현해봅시다. 다음은 예시 코드입니다.

```
func loggingMiddleware(h http.Handler) http.Handler {
    return http.HandlerFunc(
        func(w http.ResponseWriter, r *http.Request) {
            startTime := time.Now()
            h.ServeHTTP(w, r)
            log.Printf(
                "path=%s method=%s duration=%f",
                r.URL.Path, r.Method, time.Now().Sub(startTime).Seconds(),
            )
        })
}
```

그리고 ServeMux 객체를 생성한 뒤 ListenAndServe() 함수의 매개변수로 다음과 같이 사용합니다.

```
mux := http.NewServeMux()
setupHandlers(mux, config)
m := loggingMiddleware(mux)
http.ListenAndServe(listenAddr, m)
```

ServeMux 객체를 생성한 뒤 요청 핸들러로 등록하였습니다. 그리고 ServeMux 객체를 매개변수로 loggingMiddleware() 함수를 호출하였습니다. 이렇게 loggingMiddleware() 함수에서 ServeMux 객체를 래핑합니다. loggingMiddleware() 함수에서 반환되는 값 또한 http.Handler 인터페이스를 구현하기에 반환되는 값을 ListenAndServe() 함수의 핸들러로 지정하여 호출합니다.

그림 6.3에서는 외부의 http.Handler 타입인 loggingMiddleware로 http.ServeMux 객체를 래핑하였을 때 요청이 처리되는 과정을 보여줍니다. http.ServeMux 객체를 **래핑**된 핸들러라고 부릅니다.

요청을 받으면 먼저 http.HandlerFunc가 구현한 ServeHTTP() 메서드에 의해 먼저 처리됩니다. 처리 과정에서 ServeHTTP() 메서드는 loggingMiddleware() 함수가 반환한 함수를 호출합니다. logging Middleware() 함수의 내부 구현체에서는 타이머를 시작한 뒤 래핑된 핸들러의 serveHTTP() 메서드를 호출하고, serveHTTP() 메서드는 연이어 매핑된 요청 핸들러를 호출합니다. 요청 핸들러의 처리가 완료되면 실행의 제어가 loggingMiddleware() 함수가 반환한 곳으로 반환되어 요청의 세부 사항이 로그로 기록됩니다.

http.HandlerFunc 타입을 사용하여 http.Handler 인터페이스를 만족하는 임의의 함수 h를 **래핑**한 뒤 또 다른 http.Handler 함수를 반환하기에, 이를 활용하여 다음 장에서는 미들웨어 **체이닝**에 대해 알아봅니다.

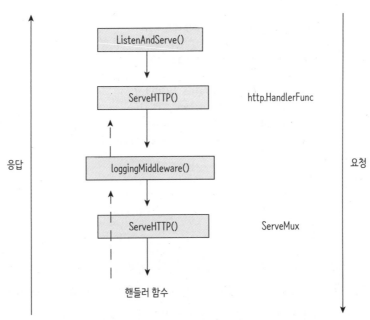

그림 6.3 **래핑된 ServeMux 객체를 사용한 HTTP 서버의 요청 처리**

6.3.3 미들웨어 체이닝

서버 애플리케이션의 공통 기능들을 미들웨어로 구현하면 로깅이나 에러 핸들링, 인증 등과 같은 공통 기능들을 서버의 비즈니스 로직으로부터 분리(관심사의 분리)할 수 있습니다. 관심사를 분리함으로써 요청을 처리하기 위해 하나 이상의 미들웨어를 처리할 수 있게 됩니다. 이 기법이 유용한 상황은 요청을 처리하는 도중 예상치 못한 치명적인 오류 발생으로 인한 panic() 함수 호출로 애플리케이션 전체를 종료해야 할 때 미들웨어 체이닝을 통해 recover() 함수를 호출하는 상황이 있습니다. 패닉 상태는 직접 작성한 코드에서 발생할 수 있고, 사용 중인 서드 파티 패키지에서, 혹은 실행 중인 Go 런타임에서 발생할 수도 있습니다. panic() 함수가 호출되면 요청 처리는 그대로 종료됩니다. 하지만 요청 처리 로직 중에 recover() 함수를 포함하는 미들웨어가 설정되었다면 애플리케이션을 그대로 종료하지 않고 발생한 패닉에 대한 구체적인 정보를 로깅할 수 있으며, 아니면 패닉 외의 설정된 부분은 그대로 실행할 수 있습니다. 먼저 패닉을 처리하는panic-handling 미들웨어를 구현한 뒤, 이전 절에서 구현한 로깅 미들웨어와 패닉을 처리하는 미들웨어를 체이닝하는 서버를 구현할 것입니다.

패닉 핸들링 미들웨어는 다음과 같습니다.

```go
func panicMiddleware(h http.Handler) http.Handler {
    return http.HandlerFunc(
        func(w http.ResponseWriter, r *http.Request) {
            defer func() {
                if rValue := recover(); rValue != nil {
                    log.Println("panic detected", rValue)
                    w.WriteHeader(http.StatusInternalServerError)
                    fmt.Fprintf(w, "Unexpected server error")
                }
            }()
            h.ServeHTTP(w, r)
        })
}
```

요청을 처리하는 동안 패닉이 발생했는지 탐지하기 위해 defer로 recover() 함수를 호출합니다. 패닉이 발생하였다면 메시지를 로깅하고, HTTP 상태 500을 설정한 뒤 "Unexpected server error" 응답을 반환합니다. 패닉은 대개 요청을 처리하는 동안 무언가 좋지 않은 상황이 발생하여 성공적으로 클라이언트에게 응답을 보낼 수 없는 상황으로 인해 발생합니다. defer로 패닉을 처리하는 함수를 호출한 뒤, **래핑**된 핸들러의 ServeHTTP() 메서드를 호출합니다.

다음으로는 로깅 미들웨어와 패닉 핸들링 미들웨어를 체이닝하기 위한 서버를 구성하는 방법을 알아봅니다.

```
config := appConfig{
    logger: log.New(
        os.Stdout, "", log.Ldate|log.Ltime|log.Lshortfile,
    ),
}
mux := http.NewServeMux()
setupHandlers(mux, &config)
m := loggingMiddleware(panicMiddleware(mux))
err := http.ListenAndServe(listenAddr, m)
```

체이닝의 핵심 부분을 굵게 표시하였습니다. 먼저 panicMiddleware() 함수가 ServeMux 객체를 래핑합니다. 반환된 http.Handler 값을 loggingMiddleware() 함수의 매개변수로 넘겨서 호출합니다. loggingMiddleware() 함수에서 반환된 값을 ListenAndServe() 함수의 핸들러로 구성하여 호출합니다. 그림 6.4는 수신 요청의 제어 흐름이 구성된 미들웨어를 따라 ServeMux 객체의 ServeHTTP() 메서드까지 이어지는지 보여줍니다.

미들웨어를 체이닝할 때 가장 내부에 위치한 미들웨어는 요청을 처리할 때 가장 먼저 처리되는 미들웨어입니다. 또한 핸들러 함수에서 응답을 가장 먼저 받는 함수이기도 합니다. 마찬가지로 가장 외부에 위치한 미들웨어는 가장 나중에 실행되는 미들웨어입니다.

예제 6.2는 http.HandlerFunc 타입을 이용하여 미들웨어 체이닝을 보여주는 서버 애플리케이션 코드입니다.

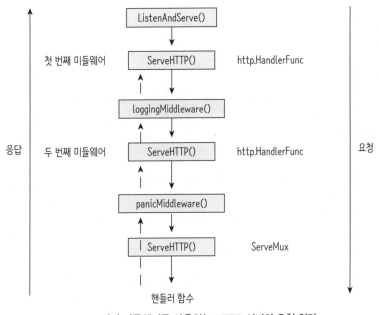

그림 6.4 **여러 미들웨어를 사용하는 HTTP 서버의 요청 처리**

```go
// chap6/middleware-chaining/server.go
package main

import (
    "log"
    "net/http"
    "os"
)

type appConfig struct {
    logger *log.Logger
}

type app struct {
    config  appConfig
    handler func(
        w http.ResponseWriter, r *http.Request, config appConfig,
    )
}

func (a app) ServeHTTP(w http.ResponseWriter, r *http.Request) {
    a.handler(w, r, a.config)
}

// TODO - 예제 6.1에서 정의한 apiHandler() 함수 삽입
// TODO - 예제 6.1에서 정의한 healthCheckHandler() 함수 삽입

func panicHandler(
    w http.ResponseWriter, r *http.Request, config appConfig,
) {
    panic("I panicked")
}

func setupHandlers(mux *http.ServeMux, config appConfig) {
    mux.Handle(
        "/healthz",
        &app{config: config, handler: healthCheckHandler},
    )
    mux.Handle("/api", &app{config: config, handler: apiHandler})
    mux.Handle("/panic",
        &app{config: config, handler: panicHandler},
    )
}

// TODO - 이전에 정의한 loggingMiddleware() 함수 삽입
// TODO - 이전에 정의한 panicMiddleware() 함수 삽입
```

```go
func main() {
    listenAddr := os.Getenv("LISTEN_ADDR")
    if len(listenAddr) == 0 {
        listenAddr = ":8080"
    }

    config := appConfig{
        logger: log.New(
            os.Stdout, "", log.Ldate|log.Ltime|log.Lshortfile,
        ),
    }

    mux := http.NewServeMux()
    setupHandlers(mux, config)

    m := loggingMiddleware(panicMiddleware(mux))

    log.Fatal(http.ListenAndServe(listenAddr, m))
}
```

panicHandler()라는 새로운 핸들러 함수를 정의하고 /panic 경로에서 이를 처리하도록 합니다. panicHandler() 함수는 단순히 패닉 핸들링 미들웨어인 panicMiddleware()의 동작을 확인해보기 위해 만든 함수로, 그냥 panic() 함수를 호출하며 패닉합니다. 그리고 main() 함수에서는 미들웨어 체인을 설정한 뒤 loggingMiddleware() 함수에서 반환된 핸들러를 매개변수로 ListenAndServe() 함수를 호출합니다.

chap6/middleware-chaining/ 경로로 새로운 디렉터리를 생성하고, 디렉터리 안에서 모듈을 초기화합니다.

```
$ mkdir -p chap6/middleware-chaining
$ cd chap6/middleware-chaining
$ go mod init github.com/username/middleware-chaining
```

그다음으로 예제 6.2의 코드를 파일명 server.go로 저장하고, 빌드한 뒤 서버를 실행합니다.

```
$ go build -o server
$ ./server
```

새로운 터미널을 열고 curl을 사용하여 서버로 /panic 엔드포인트에 HTTP 요청을 보냅니다.

```
$ curl http://localhost:8080/panic
Unexpected server error occurred
```

서버를 시작한 터미널에서는 다음과 같은 로그를 확인할 수 있습니다.

```
2021/03/16 14:17:34 panic detected I panicked
2021/03/16 14:17:34 protocol=HTTP/1.1 path=/panic method=GET duration=0.001575
```

panic() 함수의 매개변수로 호출한 문자열 값인 "I panicked"가 패닉 핸들링 미들웨어에 의해 복구 recover된 것을 볼 수 있습니다. 즉, 패닉 핸들링 미들웨어가 정상적으로 동작하는 것입니다. 핸들러 함수에서 발생한 패닉을 복구하고 로그로 남긴 뒤, 올바르게 응답을 설정합니다. 미들웨어가 본인의 일을 끝마친 뒤 응답은 로깅 미들웨어를 지나 클라이언트에게 전달됩니다.

좋습니다. 이제 미들웨어 체이닝을 설정하는 방법을 알았으니 연습 문제 6.2에서 이에 대해 확인해봅시다.

연습 문제 6.2 │ 미들웨어에서 요청 식별자 부착

이전 장의 예제 5.4에서 요청의 콘텍스트 내에 요청 식별자를 저장하는 방법을 배웠습니다. 모든 요청 핸들러에서 addRequestID() 함수를 호출하였습니다.

이제는 미들웨어가 그러한 동작을 처리하기에 더 낫다는 것을 배웠습니다. 모든 요청에 요청 식별자request ID를 부착하는 미들웨어를 작성하세요. 예제 6.2의 서버 애플리케이션을 업데이트하여 요청 식별자 또한 로그에 남기도록 합니다.

이번 장에서 지금까지 서버 애플리케이션의 기능을 구현하기 위한 여러 패턴을 배웠습니다. 커스텀 핸들러 타입을 사용하여 핸들러 간에 데이터를 공유하기 위한 방법을 살펴보았고, 미들웨어를 구현해보았습니다. 그리고 ServeMux 객체를 래핑하기 위해 HandlerFunc 타입을 이용한 미들웨어를 구현하는 새로운 기법을 알아보았습니다. 커스텀 핸들러 타입을 이용해도 동일한 목적을 이룰 수 있지 않냐고요? 네, 물론 그렇지만 그러면 작업할 코드의 양이 더 많아집니다. 그럼에도 만약 미들웨어에서 서버 기능의 복잡한 부분을 구현해야 한다면 커스텀 핸들러 타입을 이용하는 것은 좋은 방법입니다. 미들웨어 기능은 데이터와 메서드를 갖는 커스텀 타입으로 분리할 수 있습니다. 커스텀 타입을 사용해도 미들웨어 체이닝을 동일하게 구현할 수 있습니다.

복잡한 서버 애플리케이션의 경우 다양한 요소를 복잡하지 않도록 잘 정돈하는 것이 매우 중요합니다. 다음 절에서 이에 대해 살펴봅니다. 서버 코드를 정리하는 방법에 대해 알아볼 것이며, 다양한 요소에 대해 자동화된 테스트를 작성하는 방법에 대해 알아봅니다.

6.4 복잡한 서버 애플리케이션의 테스트 작성

5장에서 여러분이 작성한 서버 애플리케이션은 세 가지 메인 기능으로 구성됩니다. 핸들러 함수 작성하기, ServeMux 객체에 핸들러 함수 등록하기, ListenAndServe() 함수를 호출하여 서버 시작하기입니다. 이 모든 기능을 main 패키지에 구현했을 때 매우 단순한 서버 애플리케이션의 경우에는 괜찮습니다만, 서버가 점차 복잡해지면 애플리케이션을 여러 개의 패키지로 나누는 것이 실용적입니다.

이를 위한 한 가지 방법은 애플리케이션의 기능[2]별로 패키지를 분리하는 것입니다. 환경 구성을 관리하기 위한 패키지, 미들웨어 패키지, 핸들러 함수 패키지로 분리하고, main 패키지는 각 패키지를 모두 조합하여 ListenAndServe() 함수를 호출해 서버를 시작합니다. 다음 절에서 자세하게 살펴봅시다.

6.4.1 코드 정리

예제 6.2의 서버 애플리케이션을 재작성하여 4개의 패키지로 분리합니다. 각각 main 패키지, config 패키지, handlers 패키지와 middleware 패키지입니다. chap6/complex-server/ 경로로 새로운 디렉터리를 생성하고, 디렉터리 안에서 go mod init을 사용한 모듈을 초기화합니다.

```
$ mkdir -p chap6/complex-server
$ cd chap6/complex-server
$ go mod init github.com/username/chap6/complex-server
```

모듈을 초기화한 디렉터리에 config, handlers, middleware 총 세 개의 서브디렉터리를 생성합니다.

예제 6.3의 코드를 config 서브디렉터리 내에 파일명 config.go로 저장합니다.

예제 6.3 **애플리케이션 환경 구성 관리**

```
// chap6/complex-server/config/config.go
package config

import (
    "io"
    "log"
```

2 　[옮긴이] 혹은 관심사. 원문에서는 area of concern.

```
)

type AppConfig struct {
    Logger *log.Logger
}

func InitConfig(w io.Writer) AppConfig {
    return AppConfig{
        Logger: log.New(
            w, "", log.Ldate|log.Ltime|log.Lshortfile,
        ),
    }
}
```

패키지 외부에서 접근이 가능하도록 appConfig 구조체를 AppConfig로 이름 변경하였습니다.[3] 또한 매개변수로 io.Writer 인터페이스 값을 받아 AppConfig 값의 로거를 초기화하는 데에 사용하는 InitConfig() 메서드를 추가하였습니다.

그다음으로 예제 6.4의 코드를 handlers 서브디렉터리 내에 파일명 handlers.go로 저장합니다.

예제 6.4 **요청 핸들러**

```
// chap6/complex-server/handlers/handlers.go
package handlers

import (
    "fmt"
    "net/http"
    "github.com/username/chap6/complex-server/config"
)

type app struct {
    conf    config.AppConfig
    handler func(
        w http.ResponseWriter,
        r *http.Request,
        conf config.AppConfig,
    )
}

func (a app) ServeHTTP(w http.ResponseWriter, r *http.Request) {
    a.handler(w, r, a.conf)
```

---

3 [옮긴이] 첫 글자를 대문자로 사용하면 패키지 외부에서 접근이 가능합니다. 객체지향 언어에서의 public 속성이라고 이해하시면 됩니다. 이를 내보내진 구조체라고 합니다.

```go
}

func apiHandler(
    w http.ResponseWriter,
    r *http.Request,
    conf config.AppConfig,
) {
    fmt.Fprintf(w, "Hello, world!")
}

func healthCheckHandler(
    w http.ResponseWriter,
    r *http.Request,
    conf config.AppConfig,
) {
    if r.Method != "GET" {
        conf.Logger.Printf("error=\"Invalid request\" path=%s method=%s", r.URL.Path, r.Method)
        http.Error(
            w,
            "Method not allowed",
            http.StatusMethodNotAllowed,
        )
        return
    }

    fmt.Fprintf(w, "ok")
}

func panicHandler(
    w http.ResponseWriter,
    r *http.Request,
    conf config.AppConfig,
) {
    panic("I panicked")
}
```

임포트 경로 "github.com/username/chap6/complex-server/config"에서 config 패키지를 임포트하고, app 구조체 타입과 핸들러 함수를 정의하였습니다. 핸들러 함수 내에서 요청 로깅 기능을 분리한 것을 볼 수 있을 것입니다. 물론 로깅 미들웨어가 해당 기능을 대체하기 때문에 가능한 일입니다. 하지만 실서비스 상황에서는 처음 로드된 환경 구성 정보가 보존될 수 있도록 메시지를 로깅하거나, 다른 환경 구성 정보에 접근해야 합니다.

예제 6.5의 코드를 handlers 서브디렉터리 내에 파일명 register.go로 저장합니다.

```go
// chap6/complex-server/handlers/register.go
package handlers

import (
    "net/http"
    "github.com/username/chap6/complex-server/config"
)

func Register(mux *http.ServeMux, conf config.AppConfig) {
    mux.Handle(
        "/healthz",
        &app{conf: conf, handler: healthCheckHandler},
    )
    mux.Handle(
        "/api",
        &app{conf: conf, handler: apiHandler},
    )
    mux.Handle(
        "/panic",
        &app{conf: conf, handler: panicHandler},
    )
}
```

`Register()` 함수는 매개변수로 `ServeMux` 객체와 `config.AppConfig` 값을 받아서 요청 핸들러를 등록합니다.

그다음, 예제 6.6의 코드를 `middleware` 서브디렉터리 내에 파일명 `middleware.go`로 저장합니다. 이 파일에서 서버의 미들웨어를 정의합니다. 이미 설정된 `Logger`에 접근하기 위해 환경 구성 객체를 미들웨어로 전달하는 방식을 주의 깊게 봐주세요.

예제 6.6 **로깅 미들웨어와 패닉 핸들링 미들웨어**

```go
// chap6/complex-server/middleware/middleware.go
package middleware

import (
    "fmt"
    "net/http"
    "time"

    "github.com/username/chap6/complex-server/config"
)
```

```
func loggingMiddleware(
    h http.Handler, c config.AppConfig,
) http.Handler {
    return http.HandlerFunc(
        func(w http.ResponseWriter, r *http.Request) {
            t1 := time.Now()
            h.ServeHTTP(w, r)
            requestDuration := time.Now().Sub(t1).Seconds()
            c.Logger.Printf(
                "protocol=%s path=%s method=%s duration=%f",
                r.Proto, r.URL.Path,
                r.Method, requestDuration,
            )
        })
}

func panicMiddleware(h http.Handler, c config.AppConfig) http.Handler {
    return http.HandlerFunc(func(w http.ResponseWriter, r *http.Request) {
        defer func() {
            if rValue := recover(); rValue != nil {
                c.Logger.Println("panic detected", rValue)
                w.WriteHeader(http.StatusInternalServerError)
                fmt.Fprintf(w, "Unexpected server error occurred")
            }
        }()

        h.ServeHTTP(w, r)
    })
}
```

그다음, 예제 6.7의 코드를 middleware 서브디렉터리 내에 파일명 register.go로 저장합니다.

예제 6.7 **미들웨어 등록**

```
// chap6/complex-server/middleware/register.go
package middleware

import (
    "net/http"
    "github.com/username/chap6/complex-server/config"
)

func RegisterMiddleware(
    mux *http.ServeMux,
    c config.AppConfig,
) http.Handler {
```

```
    return loggingMiddleware(panicMiddleware(mux, c), c)
}
```

RegisterMiddleware() 함수는 특정 ServeMux 객체에 대해 미들웨어 체인을 구성합니다.

마지막으로 예제 6.8의 코드를 모듈의 루트 디렉터리에 파일명 server.go로 저장합니다.

예제 6.8 **Main server**

```
// chap6/complex-server/
server.gopackage main

import (
    "io"
    "log"
    "net/http"
    "os"

    "github.com/username/chap6/complex-server/config"
    "github.com/username/chap6/complex-server/handlers"
    "github.com/username/chap6/complex-server/middleware"
)

func setupServer(mux *http.ServeMux, w io.Writer) http.Handler {
    conf := config.InitConfig(w)
    handlers.Register(mux, conf)
    return middleware.RegisterMiddleware(mux, conf)
}

func main() {
    listenAddr := os.Getenv("LISTEN_ADDR")
    if len(listenAddr) == 0 {
        listenAddr = ":8080"
    }

    mux := http.NewServeMux()
    wrappedMux := setupServer(mux, os.Stdout)

    log.Fatal(http.ListenAndServe(listenAddr, wrappedMux))
}
```

setupServer() 함수는 config.InitConfig() 함수를 호출하여 애플리케이션의 환경 구성 정보를
초기화합니다. 그리고는 ServeMux 객체 변수 mux를 매개변수로 handlers.Register() 함수를 호출
하여 핸들러 함수를 등록합니다. 마지막으로 미들웨어를 등록한 뒤, 래핑된 handler.Handler 함수

를 반환합니다. main() 함수에서는 ServeMux 객체를 생성하고, 매개변수로 setupServer() 함수를 호출하여 래핑하고, ListenAndServe() 함수를 호출하여 서버를 시작합니다.

complex-server 디렉터리에서 코드를 빌드하고 서버를 실행합니다.

```
$ go build -o server
$ ./server
```

새로운 터미널을 열어서 서버가 예상대로 작동하는지 테스트해보세요. 직접 수동으로 어느 정도 테스트를 마쳤다면, 이제 테스트를 자동화해봅시다.

6.4.2 핸들러 함수 테스트

핸들러 함수를 테스트하기 위한 두 가지 방법이 있습니다. 첫 번째 방법은 httptest.NewServer() 함수를 사용하여 새로운 테스트 HTTP 서버를 시작한 뒤 테스트 HTTP 서버에 요청을 보내는 것입니다. 5장에서는 이러한 방법으로 핸들러 함수를 테스트하였습니다. 두 번째 방법은 별도의 테스트 서버를 시작하지 않고 직접 핸들러 함수를 테스트하는 것입니다. 이 방법은 핸들러 함수를 고립시켜 (그 결과로 서버 애플리케이션의 다른 부분을 무시할 수 있습니다.) 테스트하는 데에 유용합니다. 대규모 서버 애플리케이션에서 이 방법을 권장합니다. 다음과 같이 정의된 apiHandler() 함수를 살펴봅시다.

```go
func apiHandler(
    w http.ResponseWriter,
    r *http.Request,
    conf config.AppConfig,
) {
    fmt.Fprintf(w, "Hello, world!")
}
```

이 핸들러 함수를 고립시켜 테스트하기 위해 테스트 응답 writer, 테스트 요청, AppConfig 값을 생성합니다.

테스트 응답 writer를 생성하기 위해 httptest.NewRecorder() 함수를 사용합니다. 이 함수는 httptest.ResponseRecoder 타입의 값을 반환하는데, 이 구조체 타입은 http.ResponseWriter 인터페이스를 구현합니다.

```go
w := httptest.NewRecorder()
```

테스트 요청을 만들기 위해 httptest.NewRequest() 함수를 사용합니다.

```
r := httptest.NewRequest("GET", "/api", nil)
```

httptest.NewRequest() 함수의 첫 번째 매개변수는 GET, POST 등의 HTTP 요청 타입입니다. 두 번째 매개변수는 http://my.host.domain/api와 같은 URL, 혹은 /api와 같은 경로입니다. 세 번째 매개변수는 요청 보디이며, 위의 경우 nil입니다. AppConfig 타입의 값을 생성합니다.

```
b := new(bytes.Buffer)
c := config.InitConfig(b)
```

그리고 apiHandler() 함수를 호출합니다.

```
apiHandler(w, r, c)
```

w에 기록된 응답은 w.Result() 메서드를 통해 살펴볼 수 있습니다. 이 메서드는 *http.Response 타입의 값을 반환합니다. 예제 6.9는 테스트 함수의 코드입니다.

예제 6.9 **API 핸들러 함수 테스트**

```go
// chap6/complex-server/handlers/handler_test.go
package handlers

import (
    "bytes"
    "github.com/username/chap6/complex-server/config"
    "io"
    "net/http"
    "net/http/httptest"
    "testing"
)

func TestApiHandler(t *testing.T) {
    r := httptest.NewRequest("GET", "/api", nil)
    w := httptest.NewRecorder()

    b := new(bytes.Buffer)
    c := config.InitConfig(b)

    apiHandler(w, r, c)
```

```
    resp := w.Result()
    body, err := io.ReadAll(resp.Body)
    if err != nil {
        t.Fatalf("Error reading response body: %v", err)
    }

    if resp.StatusCode != http.StatusOK {
        t.Errorf(
            "Expected response status: %v, Got: %v\n",
            http.StatusOK, resp.StatusCode,
        )
    }

    expectedResponseBody := "Hello, world!"

    if string(body) != expectedResponseBody {
        t.Errorf(
            "Expected response: %s, Got: %s\n",
            expectedResponseBody, string(body),
        )
    }
}
```

w.Result() 함수에서 응답 결과를 읽어온 뒤 StatusCode 필드에서 상태 코드 값을 읽어오고, resp.Body에서 보디를 읽어옵니다. 그리고 각각을 원하는 예상 결괏값과 비교합니다. 예제 6.9의 코드를 handlers 서브디렉터리 내에 파일명 handlers_test.go로 저장하고, 테스트를 수행합니다.

```
$ go test -v
=== RUN TestApiHandler
--- PASS: TestApiHandler (0.00s)
PASS
ok github.com/practicalgo/code/chap6/complex-server/handlers
0.576s
```

유사하게 다른 핸들러 함수에 대해서도 테스트를 작성하면 됩니다. 연습 문제 6.3에서는 healthCheckHandler() 핸들러 함수가 GET 외의 HTTP 요청에 대해서도 정상적으로 처리되는지 테스트하는 함수를 작성해봅니다.

healthCheckHandler() 함수에 대한 테스트 함수를 정의하세요. GET 요청과 그 외의 요청에 대한 동작을 모두
테스트해야 합니다.

panicHandler() 함수에 대한 테스트는 어떻게 할까요? 이 함수는 그냥 panic() 함수를 호출하는
게 전부라 핸들러 함수 자체를 테스트할 필요는 없고, 패닉 핸들링 미들웨어 테스트가 더 유용하겠
습니다. 이제 서버 애플리케이션의 미들웨어를 테스트하는 방법을 알아봅니다.

6.4.3 미들웨어 테스트

panicMiddleware() 함수 시그니처는 다음과 같습니다.

```
func panicMiddleware(h http.Handler, c config.AppConfig) http.Handler
```

함수의 매개변수는 래핑할 핸들러 함수 h와 환경 구성 객체 config.AppConfig 값으로 구성되어 있
습니다.

```
b := new(bytes.Buffer)
c := config.InitConfig(b)
m := http.NewServeMux()
handlers.Register(m, c)
h := panicMiddleware(m, c)
```

http.ServeMux 객체를 생성한 뒤 핸들러 함수를 등록하고 panicMiddleware() 함수를 호출합니다.
함수에서 반환된 값 역시 또 다른 http.Handler 함수 값이며, 또 다른 미들웨어로 래핑하거나 그대
로 http.ListenAndServe() 함수에 전달하여 서버를 시작합니다. 미들웨어 기능을 테스트하기 위해
이러한 과정을 생략하고 핸들러의 ServeHTTP() 메서드를 직접 호출하도록 합니다.

```
r := httptest.NewRequest("GET", "/panic", nil)
w := httptest.NewRecorder()
h.ServeHTTP(w, r)
```

예제 6.10은 미들웨어 테스트 함수의 전체 코드입니다.

```go
// chap6/complex-server/middleware/middleware_test.go
package middleware

import (
    "bytes"
    "io"
    "net/http"
    "net/http/httptest"
    "testing"

    "github.com/username/chap6/complex-server/config"
    "github.com/username/chap6/complex-server/handlers"
)

func TestPanicMiddleware(t *testing.T) {
    b := new(bytes.Buffer)
    c := config.InitConfig(b)

    m := http.NewServeMux()
    handlers.Register(m, c)

    h := panicMiddleware(m, c)

    r := httptest.NewRequest("GET", "/panic", nil)
    w := httptest.NewRecorder()
    h.ServeHTTP(w, r)

    resp := w.Result()

    body, err := io.ReadAll(resp.Body)
    if err != nil {
        t.Fatalf("Error reading response body: %v", err)
    }

    if resp.StatusCode != http.StatusInternalServerError {
        t.Errorf(
            "Expected response status: %v, Got: %v\n",
            http.StatusOK,
            resp.StatusCode,
        )
    }

    expectedResponseBody := "Unexpected server error occurred"

    if string(body) != expectedResponseBody {
        t.Errorf(
```

```
            "Expected response: %s, Got: %s\n",
            expectedResponseBody,
            string(body),
        )
    }
}
```

panicMiddleware() 함수에서 반환된 ServeHTTP() 메서드를 직접 호출하면 마치 ListenAndServe() 함수를 호출하여 서버를 시작한 것처럼 동작을 시뮬레이션할 수 있으며, 동시에 패닉 핸들러를 고립시켜서 동작을 테스트할 수 있습니다. 예제 6.10의 코드를 middleware 서브디렉터리에 파일명 middleware_test.go로 저장한 뒤 테스트를 수행합니다.

```
$ go test -v
=== RUN TestPanicMiddleware
--- PASS: TestPanicMiddleware (0.00s)
PASS
ok          github.com/practicalgo/code/chap6/complex-server/middleware
0.615s
```

이 기법은 미들웨어를 고립시켜 테스트하기에 유용합니다. 만일 미들웨어 체인 전체가 정상적으로 동작하는지 테스트하려면 어떻게 해야 할까요? 다음은 그에 대한 테스트를 작성해봅니다.

6.4.4 초기 서버 시작 테스트

예제 6.8의 서버 애플리케이션에서 setupServer() 함수는 서버 환경 구성 정보를 생성하고 요청 핸들러를 등록한 뒤 미들웨어 체인을 구성합니다. 따라서 결국 서버의 초기 시작server startup 동작을 테스트하기 위해서는 미들웨어 체인을 테스트해야 합니다.

먼저 새로운 http.ServeMux 객체와 bytes.Buffer 객체를 생성한 뒤 setupServer() 함수를 호출합니다.

```
b := new(bytes.Buffer)
mux := http.NewServeMux()
wrappedMux := setupServer(mux, b)
```

그리고 httptest.NewServer() 함수를 사용하여 테스트 HTTP 서버를 시작하고, 핸들러로 wrappedMux를 지정합니다.

```
ts := httptest.NewServer(wrappedMux)
defer ts.Close()
```

테스트 서버가 정상적으로 동작하면 HTTP 요청을 보내어 다음을 검증합니다.

1. 응답 상태와 보디 내용이 예상대로 동작함.

2. 로깅 미들웨어와 패닉 핸들링 미들웨어가 예상대로 동작함.

예제 6.11은 초기 서버 시작을 검증하기 위한 테스트 함수 코드입니다.

예제 6.11 **초기 서버 시작 테스트**

```go
// chap6/complex-server/server_test.go
package main

import (
    "bytes"
    "io"
    "net/http"
    "net/http/httptest"
    "strings"
    "testing"
)

func TestSetupServer(t *testing.T) {
    b := new(bytes.Buffer)
    mux := http.NewServeMux()
    wrappedMux := setupServer(mux, b)

    ts := httptest.NewServer(wrappedMux)
    defer ts.Close()

    resp, err := http.Get(ts.URL + "/panic")
    if err != nil {
        t.Fatal(err)
    }
    defer resp.Body.Close()

    _, err = io.ReadAll(resp.Body)
    if err != nil {
        t.Error(err)
    }
    if resp.StatusCode != http.StatusInternalServerError {
        t.Errorf(
            "Expected response status to be: %v, Got: %v",
```

```
                http.StatusInternalServerError,
                resp.StatusCode,
        )
    }

    logs := b.String()
    expectedLogFragments := []string{
        "path=/panic method=GET duration=",
        "panic detected",
    }
        for _, log := range expectedLogFragments {
        if !strings.Contains(logs, log) {
            t.Errorf(
                "Expected logs to contain: %s, Got: %s",
                log, logs,
            )
        }
    }
}
```

테스트 함수에서 setupServer() 함수를 호출한 뒤 테스트 서버를 생성하고, /panic 엔드포인트로 HTTP 요청을 보냅니다. 이후 응답 코드 값이 500 Internal Server Error인지 확인합니다. 그 외에는 로그가 io.Writer 인터페이스를 만족하는 변수 b에 정상적으로 쓰였는지 확인합니다. 예제 6.8의 코드 server.go 파일이 저장된 디렉터리에 예제 6.11의 코드를 파일명 server_test.go로 저장하고, 테스트를 수행합니다.

```
$ go test -v
=== RUN TestSetupServer
--- PASS: TestSetupServer (0.00s)
PASS
ok github.com/practicalgo/code/chap6/complex-server 0.711s
```

위의 테스트 함수는 미들웨어 체이닝의 동작을 포함하여 서버 구성 과정을 테스트합니다. 서버 애플리케이션의 테스트를 작성할 때는 각각의 요소를 격리시켜 테스트하고, 요소 간의 통합된 기능을 검증하기 위한 테스트를 진행하는 것이 바람직합니다. 핸들러와 미들웨어의 경우 별도의 HTTP 서버를 시작하지 않고 격리시킨 채로 각각의 기능을 테스트하였습니다. 마지막의 서버 구성 테스트에서는 테스트 HTTP 서버를 시작하여 요청 핸들러와 미들웨어의 통합된 기능을 테스트하였습니다.

6.5 요약

이번 장의 초입에서는 먼저 `http.Handler` 인터페이스에 대해 배웠습니다. 그리고 `http.ServeMux` 구조체 타입이 `http.Handler` 인터페이스를 만족시킨다는 사실을 배웠고, 직접 인터페이스를 만족하는 커스텀 타입을 구현해보았습니다. 또한 핸들러 함수 간에 데이터를 공유하기 위해 ServeMux 객체와 핸들러 구현체 간에 통합 방법도 알아보았습니다.

그다음에는 서버 미들웨어 작성 방법을 배웠습니다. 먼저 커스텀 `Handler` 타입을 구현해보았고, 이후에는 `http.HandlerFunc` 타입을 사용했습니다. 또한 공통 서버 기능을 독립적인 요소로 구현하기 위해 서버 내의 여러 미들웨어를 체이닝 하는 방법을 배웠습니다.

마지막으로 코드를 정리하고 다양한 요소의 서버 애플리케이션을 테스트하는 방법을 배웠습니다.

다음 장에서는 배포 가능한 HTTP 서버 애플리케이션을 개발하기 위한 기법들을 알아봅니다.

7
CHAPTER

실서비스 가능한 HTTP 서버

이번 장에서는 HTTP 서버 애플리케이션의 강건성과 안정성을 향상하기 위한 기법을 배웁니다. 서버의 요청 핸들링 생명주기의 여러 지점에서 타임아웃을 구현하는 방법, 서버 자원을 낭비하지 않기 위해 요청을 중단하는 방법, 우아한 종료를 구현하는 방법을 배웁니다. 마지막으로 클라이언트와 서버 간 보안에 안정적인 통신 채널을 수립할 수 있도록 HTTP 서버를 구성하는 방법에 대해 알아봅니다. 이제 시작합시다!

7.1 요청 핸들링 중단

웹 애플리케이션이 제공하는 특정 기능, 가령 거대한 데이터 세트 가운데 사용자가 입력한 데이터 기반으로 검색을 수행하는 기능을 생각해봅시다. 사용자가 이 기능을 사용할 수 있도록 오픈하기 전에 먼저 다양한 테스트를 진행하여, 모든 테스트 상황에서 검색 요청이 최대 500밀리초(0.5초) 정도 걸린다는 것을 알았습니다. 그런데 서비스를 오픈하고 나니 특정 조건에서 검색이 30초까지 걸리고, 심지어는 정상적으로 성공하지도 않았습니다. 더 끔찍한 것은 검색을 재시도하면 500밀리초 내에 성공한다는 것입니다. 이제 공격자가 악의적으로 검색 요청을 여러 번 보내면 모든 요청에 응답할 수 없는 상태가 됩니다! 운영체제 자원과 현재 열린 파일 디스크립터 개수, 메모리 등은 모두 유한하기 때문입니다. 익숙하게 느껴지시나요? 서비스 거부denial of service, DoS 공격은 이처럼 이루어집니다.

무언가 이상해서 고쳐야만 하는 기능에 대해 서버에 안전장치를 심어두고 싶을 것입니다. 그를 위해 이 요청을 처리하는 핸들러에 타임아웃을 강제할 수 있습니다. 가령 만일 요청이 10초 이상 걸리면 요청 처리를 중단해버리고 오류를 응답하도록 합니다. 이를 통해 두 가지 목표를 달성할 수 있습니다. 첫째로 예상외로 처리가 오래 걸리는 요청이 발생하더라도 서버의 자원은 그 요청에 묶여버리지 않습니다. 둘째로 그 요청을 보낸 클라이언트는 요청이 정상적으로 완료될 수 없다는 응답을 더 빨리 받을 수 있게 됩니다. 그러면 클라이언트는 단순히 재시도하는 것으로 응답을 성공적으로 받을 수 있을 것입니다. HTTP 서버 애플리케이션에서 이를 구현하는 방법을 살펴봅시다.

net/http 패키지에 정의된 http.TimeoutHandler() 함수는 http.Handler 객체를 래핑하여 새로운 http.Handler를 반환하는 미들웨어이며, 내부의 핸들러가 지정된 시간 내에 완료되지 않는 경우 클라이언트에게 HTTP 503 Service Unavailable 응답을 보냅니다. 다음과 같은 핸들러 함수를 봅시다.

```
func handleUserAPI(w http.ResponseWriter, r *http.Request) {
    log.Println("I started processing the request")
    time.Sleep(15 * time.Second)
    fmt.Fprintf(w, "Hello world!")
    log.Println("I finished processing the request")
}
```

요청을 처리하는 데에 15초의 시간이 걸린다는 것을 시뮬레이션하기 위해 time.Sleep() 함수를 호출합니다. 15초가 지난 후에 클라이언트에게 Hello world!라는 응답을 보냅니다. 곧 살펴보겠지만 이렇게 로깅을 남기면 핸들러 함수와 타임아웃 핸들러 사이에 일어나는 일들을 파악하는 데 도움이 됩니다.

다음으로는 handleUsersAPI() 함수가 내부적으로 Sleep() 함수 호출을 끝마치기 직전인 14초 뒤에 클라이언트에게 HTTP 503 Service Unavailable 응답을 보내도록 http.TimeoutHandler() 함수를 사용하여 handleUsersAPI() 함수를 래핑합니다. http.TimeoutHandler() 함수의 시그니처는 다음과 같이 정의되어 있습니다.

```
func TimeoutHandler(h Handler, dt time.Duration, msg string) Handler
```

첫 번째 매개변수인 객체 h는 수신 요청을 처리하기 위한 핸들러 함수로서 http.Handler 인터페이스를 만족하는 객체이며, 두 번째 매개변수인 dt는 time.Duration 타입을 만족하는 객체로서 밀리초, 혹은 초 단위로 핸들러가 실행될 수 있는 최대 시간을 지정합니다. 세 번째 매개변수는 HTTP 503 응답과 함께 클라이언트에게 전송될 메시지를 정의하는 문자열 값입니다. 따라서 handleUsersAPI() 핸들러 함수를 래핑하기 위해서 먼저 http.Handler 인터페이스를 만족하도록 함수를 변환합니다.

```
userHandler := http.HandlerFunc(handleUserAPI)
```

그리고 타임아웃 값으로 14초를 매개변수로 하여 http.TimeoutHandler() 함수를 호출합니다.

```
timeoutDuration := 14 * time.Second
hTimeout := http.TimeoutHandler(
    userHandler, timeoutDuration, "I ran out of time",
)
```

반환된 객체 hTimeout은 http.Handler 인터페이스를 만족하며 요청을 수신하는 핸들러 userHandler에 타임아웃 로직 구현체를 감싼 새로운 핸들러입니다. 이후에는 또 다른 미들웨어 체인에 활용될 수 있고, 혹은 다음 예시와 같이 직접 요청을 처리하기 위해 ServeMux 객체에 등록될 수도 있습니다.

```
mux := http.NewServeMux()
mux.Handle("/api/users/", hTimeout)
```

예제 7.1은 handleUserAPI 핸들러와 http.TimeoutHandler() 함수를 통합하여 실행 가능한 HTTP 서버의 전체적인 예시 코드입니다.

예제 7.1 **핸들러 함수에 타임아웃 강제**

```go
// chap7/handle-func-timeout/server.go
package main

import (
    "fmt"
    "log"
    "net/http"
    "os"
    "time"
)

// TODO - 이전에 정의한 handleUserAPI() 함수 삽입

func main() {
    listenAddr := os.Getenv("LISTEN_ADDR")
    if len(listenAddr) == 0 {
        listenAddr = ":8080"
    }
```

```
    timeoutDuration := 14 * time.Second

    userHandler := http.HandlerFunc(handleUserAPI)
    hTimeout := http.TimeoutHandler(
        userHandler,
        timeoutDuration,
        "I ran out of time\n",
    )

    mux := http.NewServeMux()
    mux.Handle("/api/users/", hTimeout)

    log.Fatal(http.ListenAndServe(listenAddr, mux))
}
```

chap7/handle-func-timeout/ 경로로 새로운 디렉터리를 생성하고, 디렉터리 안에서 모듈을 초기화합니다.

```
$ mkdir -p chap7/handle-func-timeout
$ cd chap7/handle-func-timeout
$ go mod init github.com/username/handle-func-timeout
```

그다음으로 예제 7.1의 코드를 파일명 server.go로 저장하고, 빌드한 뒤 서버를 실행합니다.

```
$ go build -o server
$ ./server
```

새로운 터미널을 열고 curl을 사용하여(-v 옵션 추가) /api/users/ 엔드포인트로 HTTP 요청을 보냅니다.

```
$ curl -v localhost:8080/api/users/
# 출력 결과 생략 #
>
< HTTP/1.1 503 Service Unavailable
# 출력 결과 생략 #
I ran out of time
```

클라이언트는 "I ran out of time" 메시지와 함께 HTTP 503 Service Unavailable 에러 응답을 받습니다. 서버를 시작한 터미널에서는 다음과 같은 로그를 확인할 수 있습니다.

```
2021/04/24 09:26:19 I started processing the request
2021/04/24 09:26:34 I finished processing the request
```

위의 로그를 통해 핸들러 함수 usersAPIHandler에서 클라이언트에게 이미 HTTP 503 응답을 보낸 뒤에도 계속해서 실행을 진행한 후에 연결을 종료한 것을 알 수 있습니다. 이 경우에 핸들러 함수가 완료된 후 Go 런타임에서 핸들러 함수 청소cleanup를 하더라도 문제가 생기지 않습니다. 하지만 이전에 언급한 것과 같이 검색 기능에 문제가 생겨 타임아웃 처리를 해야 하는 상황의 경우, 핸들러가 계속해서 동작해버리면 애당초 타임아웃을 강제하는 의미가 없게 됩니다. 서버상에서는 계속해서 자원을 낭비하게 됩니다. 따라서 타임아웃 핸들러가 동작하고 나면 핸들러 함수의 동작을 반드시 중단하기 위한 몇 가지 작업이 필요합니다. 다음 절에서는 이에 대한 방법을 알아봅니다.

7.1.1 요청 처리 중단 전략

5장에서 수신 요청을 처리하기 위한 핸들러 함수에는 관련된 콘텍스트가 있다는 사실을 배웠습니다. 이 콘텍스트는 클라이언트 연결이 닫히면 취소됩니다. 따라서 서버 사이드에서 요청을 처리하기 전에 먼저 콘텍스트가 취소되었는지 확인한 뒤 http.TimeoutHandler() 함수가 클라이언트에게 HTTP 503 응답을 보낸 시점에 요청을 중단할 수 있습니다. 그림 7.1은 이에 대한 시각적인 설명입니다.

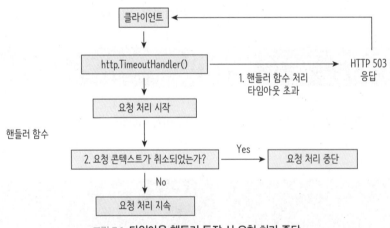

그림 7.1 **타임아웃 핸들러 동작 시 요청 처리 중단**

개선된 handleUserAPI() 함수를 살펴봅시다.

```go
func handleUserAPI(w http.ResponseWriter, r *http.Request) {
    log.Println("I started processing the request")
    time.Sleep(15 * time.Second)

    log.Println(
        "Before continuing, i will check if the timeout has already expired",
    )
    if r.Context().Err() != nil {
        log.Printf(
            "Aborting further processing: %v\n",
            r.Context().Err(),
        )
        return
    }

    fmt.Fprintf(w, "Hello world!")
    log.Println("I finished processing the request")
}
```

time.Sleep() 함수 호출 이후 r.Context() 메서드를 사용하여 요청의 콘텍스트를 얻어옵니다. 이후 Err() 메서드가 nil 외의 에러값을 반환하는지 확인합니다. nil 외의 에러값을 반환하면 클라이언트 연결은 끊어졌다는 의미이며, 핸들러 함수 역시 그대로 반환합니다. 클라이언트의 연결이 끊어졌기 때문에 더 이상의 요청 처리를 진행하지 않고 중단하여 시스템상의 자원을 낭비하거나 예기치 못한 동작이 발생하지 않도록 합니다. 위의 핸들러 함수를 사용한 실행 가능한 서버 예시는 이 책의 소스 코드 리포지터리의 chap7/abort-processing-timeout 디렉터리를 살펴보시면 됩니다. 위와 같이 콘텍스트를 사용하여 요청 처리 자체를 중단해버리는 전략은 핸들러 함수 내에서 클라이언트의 연결 상태를 유지한 채로 요청 처리를 진행하도록 합니다. 클라이언트 연결 상태에 따라 요청을 계속해서 처리할지, 중단할지를 결정할 수 있습니다.

핸들러 함수에서 네트워크 요청을 보내는 상황을 생각해봅시다. 가령 다른 서비스로 HTTP 요청을 보내는 상황이 있을 것입니다. 이 경우에 핸들러 함수에서는 사용자의 요청 콘텍스트를 네트워크 요청의 콘텍스트로 실어 보내야 할 것입니다. 이후에 타임아웃 핸들러가 동작하여 콘텍스트를 취소하고, 그로 인해 외부 서비스로 HTTP 요청을 전혀 보내지 않게 됩니다. 물론 이러한 모든 세부 구현을 직접 할 필요는 없습니다. 4장에서 살펴본 것과 같이, 표준 라이브러리의 HTTP 클라이언트에 콘텍스트를 넘기고 요청을 취소하는 부분을 지원하기 때문입니다. 이러한 상황을 설명해주는 예시 코드를 복습해봅시다.

완료에 2초가 걸리는 어느 실제 함수를 흉내 낸 doSomeWork()라는 함수를 생각해봅시다.

```
func doSomeWork() {
    time.Sleep(2 * time.Second)
}
```

그다음, doSomeWork() 함수를 호출하는 handleUserAPI() 함수를 생각해봅시다.

```
func handleUserAPI(w http.ResponseWriter, r *http.Request) {
    log.Println("I started processing the request")

    doSomeWork()

    req, err := http.NewRequestWithContext(
        r.Context(),
        "GET",
        "http://localhost:8080/ping", nil,
    )
    if err != nil {
        http.Error(
            w, err.Error(),
            http.StatusInternalServerError,
        )
        return
    }
    client := &http.Client{}

    log.Println("Outgoing HTTP request")

    resp, err := client.Do(req)
    if err != nil {
        log.Printf("Error making request: %v\n", err)
        http.Error(
            w, err.Error(),
            http.StatusInternalServerError,
        )
        return
    }
    defer resp.Body.Close()
    data, _ := io.ReadAll(resp.Body)

    fmt.Fprint(w, string(data))
    log.Println("I finished processing the request")
}
```

handleUserAPI() 함수는 먼저 doSomeWork() 함수를 호출한 후, 또 다른 HTTP 애플리케이션의 / ping 경로로 HTTP GET 요청을 보냅니다(예시의 경우 단순함을 위해 동일한 애플리케이션으로 요청을 보냅니다). `http.NewRequestWithContext()` 함수를 사용하여 HTTP 요청을 만들고 생성될 요청의 콘텍스트로는 현재 사용자가 요청한 콘텍스트를 사용합니다. GET 요청에서 받은 응답을 그대로 핸들러 함수의 응답으로 보냅니다. 이 핸들러 함수는 타임아웃 핸들러에서 요청 처리를 중단하며 요청이 정상적으로 끝나지 않아야 합니다. 예제 7.2는 실행 가능한 서버 애플리케이션 코드입니다.

예제 7.2 **핸들러 함수에 타임아웃 강제**

```go
// chap7/network-request-timeout/server.go
package main

import (
    "fmt"
    "io"
    "log"
    "net/http"
    "os"
    "time"
)

func handlePing(w http.ResponseWriter, r *http.Request) {
    log.Println("ping: Got a request")
    fmt.Fprintf(w, "pong")
}

func doSomeOtherWork() {
    time.Sleep(2 * time.Second)
}

// TODO - 위의 개선된 버전의 handleUserAPI() 함수 삽입

func main() {
    listenAddr := os.Getenv("LISTEN_ADDR")
    if len(listenAddr) == 0 {
        listenAddr = ":8080"
    }

    timeoutDuration := 1 * time.Second

    userHandler := http.HandlerFunc(handleUserAPI)
    hTimeout := http.TimeoutHandler(
        userHandler,
        timeoutDuration,
        "I ran out of time\n"
    )

    mux := http.NewServeMux()
```

```
    mux.Handle("/api/users/", hTimeout)
    mux.HandleFunc("/ping", handlePing)

    log.Fatal(http.ListenAndServe(listenAddr, mux))
}
```

userHandler 객체를 매개변수로 http.TimeoutHandler() 함수를 호출한 뒤 1초의 타임아웃을 설정합니다. doSomeWork() 함수는 완료하는 데에 2초가 걸립니다.

chap7/network-request-timeout/ 경로로 새로운 디렉터리를 생성하고, 디렉터리 안에서 모듈을 초기화합니다.

```
$ mkdir -p chap7/network-request-timeout
$ cd chap7/network-request-timeout
$ go mod init github.com/username/network-request-timeout
```

그다음으로 예제 7.2의 코드를 파일명 server.go로 저장하고, 빌드한 뒤 서버를 실행합니다.

```
$ go build -o server
$ ./server
```

새로운 터미널을 열고 curl을 사용하여(-v 옵션 추가) /api/users/ 엔드포인트로 HTTP 요청을 보냅니다.

```
$ curl -v localhost:8080/api/users/
# output snipped #
>
< HTTP/1.1 503 Service Unavailable
# output snipped #

I ran out of time
```

클라이언트는 503 Service Unavailable 응답과 함께 "I ran out of time." 메시지를 반환합니다. 서버 측 로그는 더 흥미로운 결과를 보여줍니다.

```
2021/04/25 17:43:41 I started processing the request
2021/04/25 17:43:43 Outgoing HTTP request
2021/04/25 17:43:43 Error making request: Get
"http://localhost:8080/ping": context deadline exceeded
```

먼저 handleUserAPI() 함수는 요청 처리를 시작합니다. 그리고 2초 뒤 HTTP GET 요청을 시도합니다. 이 시도 중에 콘텍스트의 데드라인이 만료되어 요청 처리가 중단되었다는 오류가 발생합니다.

정확히 어느 시점에 HTTP GET 요청이 중단되는지 궁금하실 겁니다. DNS 룩업 이전에 중단될까요, 아니면 서버로의 TCP 연결이 맺은 뒤에 중단될까요? 연습 문제 7.1에서 이에 대해 알아봅니다.

이번 절에서는 http.TimeoutHandler() 함수를 사용하여 요청 처리를 중단하는 두 가지 전략을 살펴보았습니다. 첫 번째 전략은 타임아웃 값을 명시적으로 확인해야 할 때 유용하며, 두 번째 전략은 콘텍스트를 이해하는 표준 라이브러리 함수를 사용할 때 유용합니다. 이 전략들은 서버가 먼저 클라이언트의 연결을 끊는 경우에 유용합니다. 다음 절에서는 클라이언트가 먼저 서버의 연결을 끊는 상황을 처리하는 방법을 알아봅니다.

7.1.2 클라이언트 연결 끊김 처리

이전 장의 검색 기능의 상황을 생각해봅시다. 핸들러 함수 동작에 최대 타임아웃 시간을 강제한 상황입니다. 이에 대해 더 분석하던 중 특정한 경우의 검색 기능이 무거워서 다른 경우보다 더 오랜 시간이 걸린다는 것을 알게 되었습니다. 따라서 해당 경우에는 사용자에게 작업이 끝날 때까지 기다리게 하려고 합니다. 하지만 사용자들이 무거운 검색 요청을 했는데 너무 오래 걸려서 끝나지 않을 것이라 생각하고 연결을 종료해버리는 것을 알게 되었습니다. 그리고는 검색을 재시도합니다. 이는 서버가 여러 개의 무거운 요청을 처리하는데 심지어 클라이언트가 연결을 종료했기 때문에 처리 결과가 쓸모없게 되어버립니다. 따라서 이러한 상황에서는 요청을 처리하지 않아야 합니다.

클라이언트의 연결 끊김을 처리하기 위하여 다시 한번 더 요청의 콘텍스트를 사용합니다. 사실 예제 7.2의 handleUserAPI() 함수는 이미 연결 끊김을 처리할 수 있도록 작성되었습니다. 다만 예제 7.2의 함수는 서버에서 먼저 연결을 끊는 것이 아니고 클라이언트에서 연결을 끊는다는 차이가 있습니다. 이 함수를 수정하여 이번에는 요청 콘텍스트를 사용한 클라이언트의 연결 끊김을 처리하기 위한 설계 패턴에 대해 알아봅시다.

```go
func handleUserAPI(w http.ResponseWriter, r *http.Request) {
    done := make(chan bool)

    log.Println("I started processing the request")

    // TODO - 예제 7.2의 외부 서비스로 HTTP 요청/응답 코드를 작성

    data, _ := io.ReadAll(resp.Body)

    log.Println("Processing the response i got")

    go func() {
        doSomeWork(data)
        done <- true
    }()

    select {
    case <-done:
        log.Println(
            "doSomeWork done:Continuing request processing",
        )
    case <-r.Context().Done():
        log.Printf(
            "Aborting request processing: %v\n",
            r.Context().Err(),
        )
        return
    }

    fmt.Fprint(w, string(data))
    log.Println("I finished processing the request")
}
```

핸들러 함수는 사용자 요청을 받은 뒤 곧바로 외부 서비스에 HTTP GET 요청을 보냅니다. 이전과 같이, 외부 서비스로 보내는 GET 요청에는 사용자 요청의 콘텍스트를 실어 보냅니다. GET 요청이 응답을 받은 후에는 별도의 고루틴에서 doSomeWork() 함수를 호출합니다. doSomeWork() 함수가 반환된 뒤에는 done 채널에 true값을 씁니다. 이후에는 select..case 블록에서 각각 done 채널과 r.Context.Done() 메서드에서 반환된 채널, 총 두 개의 채널로부터 값이 수신되기를 기다립니다.

done 채널에서 값을 먼저 수신하면 요청을 처리합니다. 메서드에서 반환된 채널에서 먼저 값을 수신하면 콘텍스트를 취소하고 핸들러 함수는 그대로 반환하여 요청 처리를 중단합니다. 이외에도 서버 코드의 일부분을 더 변경할 것입니다. 예제 7.3은 변경된 부분의 구현체 코드입니다.

예제 7.3 **클라이언트 연결 끊김 처리**

```go
// chap7/client-disconnect-handling/server.go
package main

import (
    "fmt"
    "log"
    "net/http"
    "os"
    "time"
)

func handlePing(w http.ResponseWriter, r *http.Request) {
    log.Println("ping: Got a request")
    time.Sleep(10 * time.Second)
    fmt.Fprintf(w, "pong")
}

func doSomeWork(data []byte) {
    time.Sleep(15 * time.Second)
}

// TODO - 수정된 handleUserAPI 함수 삽입

func main() {

    listenAddr := os.Getenv("LISTEN_ADDR")
    if len(listenAddr) == 0 {
        listenAddr = ":8080"
    }


    timeoutDuration := 30 * time.Second

    userHandler := http.HandlerFunc(handleUserAPI)
    hTimeout := http.TimeoutHandler(
        userHandler,
        timeoutDuration,
        "I ran out of time",
    )
```

```
    mux := http.NewServeMux()
    mux.Handle("/api/users/", hTimeout)
    mux.HandleFunc("/ping", handlePing)

    log.Fatal(http.ListenAndServe(listenAddr, mux))
}
```

doSomeWork() 함수의 sleep 시간을 15초로 늘리고, 10초간 sleep하는 handlePing() 함수를 새로 정의하였습니다. 또한 타임아웃 핸들러의 시간을 30초로 늘렸습니다. 이 변경 사항들은 검색 기능의 성능 관련 문제를 반영한 것입니다. 따라서 이번 코드는 타임아웃 핸들러가 요청 처리를 **중단하지 않으며**, 이는 의도된 동작입니다.

chap7/client-disconnect-handling/ 경로로 새로운 디렉터리를 생성하고, 디렉터리 안에서 모듈을 초기화합니다.

```
$ mkdir -p chap7/client-disconnect-handling
$ cd chap7/client-disconnect-handling
$ go mod init github.com/username/client-disconnect-handling
```

그다음으로 예제 7.3의 코드를 파일명 server.go로 저장하고, 빌드한 뒤 서버를 실행합니다.

```
$ go build -o server
$ ./server
```

새로운 터미널을 열고 curl을 사용하여(-v 옵션 추가) /api/users/ 엔드포인트로 HTTP 요청을 보냅니다. 10초가 지나기 전에 Ctrl+C를 눌러서 요청을 중단합니다.

```
$ curl -v localhost:8080/api/users/
..
* Connected to localhost (::1) port 8080 (#0)
..
^C
```

서버를 실행한 터미널에서는 다음과 같은 로그를 확인할 수 있습니다.

```
2021/04/26 09:25:17 I started processing the request
2021/04/26 09:25:17 Outgoing HTTP request
2021/04/26 09:25:17 ping: Got a request
```

```
2021/04/26 09:25:18 Error making request: Get "http://localhost:8080/
ping": context canceled
```

로그를 살펴보면 handlePing() 함수가 요청을 받았지만 Ctrl+C로 요청을 중단했기 때문에 요청을 정상적으로 처리하여 실행이 완료되기 전에 취소된 것을 알 수 있습니다. 이전의 로그 메시지에서 context deadline exceeded라고 기록된 것과는 달리 이번 로그 메시지에서는 context canceled 가 기록되었습니다. 이번에는 직접 10초가 지나고, 15초가 지나기 전에 요청을 중단하여 어떤 로그가 기록되는지 확인해보세요.

미리 설정된 타임아웃, 혹은 클라이언트의 연결 끊김에 대해 요청 처리를 중단하기 위한 기법을 배웠습니다. 이러한 패턴을 구현하는 목적은 예상치 못한 상황이 발생하는 경우 프로그램의 동작을 예측하기 위함입니다. 하지만 이러한 기법은 각 핸들러 함수마다 개별로 구현해야 합니다. 다음에는 서버 애플리케이션 전체적인 관점에서 강건성을 구현하기 위한 방법을 알아봅니다. 그 전에 먼저 해결해야 할 연습 문제가 있습니다(연습 문제 7.2).

연습 문제 7.2 | 요청 처리 중단 동작 테스트

클라이언트 연결 끊김을 탐지한 경우 요청 처리를 중단하기 위한 방법을 배웠습니다. 이 동작을 검증하기 위한 테스트를 작성하세요. 예제 7.3 구현체의 서버 로그를 검증하는 정도면 테스트로써 충분합니다. 테스트 내에서 클라이언트의 연결 끊김을 시뮬레이션하기 위해 4장에서 HTTP 클라이언트의 타임아웃 구성 값을 참조하세요.

7.2 서버단 타임아웃

먼저 모든 핸들러 함수들에 대해 글로벌 타임아웃을 구현하는 방법을 살펴봅시다. 그리고 한층 더 나아가 사용자 요청이 핸들러 함수에 다다르기 전에 발생하는 네트워크 연결단 통신과 요청-응답 프로세스의 다양한 단계에서 강건한 애플리케이션을 만드는 방법을 알아봅니다.

7.2.1 모든 핸들러 함수에 타임아웃 구현

실 서버에서 동작하는 애플리케이션의 특정 이슈가 생기기 전에 먼저 모든 핸들러 함수에 고정된 타임아웃hard time-out을 구현하는 것이 좋습니다. 이에 따라 모든 요청 핸들러는 최대 경곗값 시간만큼의 레이턴시를 갖게 되며, 서버 리소스를 오랫동안 너무 많이 잡아먹는 예측 불가능한 상황이 발생하지 않게 됩니다. 이를 위해 다시 한번 http.TimeoutHandler() 함수를 사용합니다. 이 함수는 다음의 시그니처를 갖습니다.

```
func TimeoutHandler(h Handler, dt time.Duration, msg string) Handler
```

래핑된 핸들러 객체 h가 반드시 http.Handler 인터페이스를 만족해야 한다는 사실을 주의 깊게 살펴보세요. 또한 http.ServeMux 구조체 타입의 값이 이 인터페이스를 만족한다는 것을 6장에서 배웠습니다. 따라서 모든 핸들러 함수에 대해 전역적인 타임아웃을 구현하기 위해 해야 할 일은 http.TimeoutHandler() 함수의 매개변수로 ServeMux 객체를 핸들러 값으로 넘겨준 뒤 반환된 핸들러를 http.ListenAndServe() 함수로 넘겨주는 것입니다.

```
mux := http.ServeMux()
mux.HandleFunc("/api/users/", userAPIHandler)
mux.HandleFunc("/healthz", healthcheckHandler)
mTimeout := http.TimeoutHandler(mux, 5*time.Second, "I ran out of time")
http.ListenAndServe(":8080", mTimeout)
```

위의 설정을 바탕으로 등록된 모든 요청을 처리하는 핸들러 함수는 최대 5초의 타임아웃을 갖게 되며, 이후에는 타임아웃 핸들러가 동작하고 요청 처리를 중단하게 됩니다. 이 책의 소스 코드 리포지터리의 chap7/global-handler-timeout 디렉터리를 살펴보시면 모든 핸들러 함수에 대해 전역적인 타임아웃을 구현하는 실행 가능한 예시 코드가 있습니다. 물론 더욱 세밀한 제어를 위하여 전역적인 타임아웃과 함께 특정 핸들러 함수에는 또 다른 타임아웃을 혼용하여 지정할 수 있습니다. 애플리케이션 내에 예기치 못한 상황이 발생했을 때 전역적인 타임아웃을 지정하는 전략으로 서버가 요청을 더욱 **빠르게 실패**하여 처리를 중단할 수 있습니다.

다음으로는 핸들러 타임아웃에서 한층 더 나아가, 요청 핸들러에서 발생 가능한 일들이 문제없이 잘 동작하도록immune to issues 해봅니다.

7.2.2 서버 타임아웃 구현

설명을 위해 모든 등록된 미들웨어를 무시하고, 클라이언트가 HTTP 애플리케이션에 요청을 보내면 추상적으로 다음 단계의 일이 일어납니다.

1. 서버의 메인 고루틴, 즉 http.ListenAndServe() 함수를 호출한 곳에서 클라이언트 연결이 수립됩니다.

2. /api/users/ 혹은 /healthz와 같이 요청 경로를 파악하기 위하여 서버는 요청의 일부분을 읽습니다.

3. 요청 경로에 해당하는 등록된 핸들러가 서버 내에 존재하는 경우, 서버는 5장에서 살펴보았던 `http.Request` 객체를 생성하여 요청의 헤더와 모든 요청에 관련된 정보들을 채워 넣습니다.

4. 이후 요청을 처리하기 위해 핸들러 함수가 실행되며, 요청을 처리한 뒤에 응답을 클라이언트에게 **씁니다**. 핸들러 로직에 따라 요청 보디를 **읽을 수도, 읽지 않을 수도** 있습니다.

일반적으로 위의 단계들은 적당히 짧은 시간(요청에 따라 밀리초에서 수십초 사이) 안에 일어납니다. 하지만 이번 절에서는 네트워크 연결 상태가 좋지 않거나 악의적인 공격자가 서비스를 마비시키는 등의 비정상적인 상황을 고려해보는 것이 목표입니다. 위 단계의 4단계에서 핸들러가 요청을 읽어 들이기 시작했는데 클라이언트가 악의적으로 데이터를 계속해서 보내는 상황을 생각해봅시다. 유사하게, 서버가 응답을 쓰기 시작했는데 클라이언트가 악의적으로 응답을 매우 천천히 읽어 들여서 서버가 응답을 쓰는 데 평소보다 더 많은 시간이 걸립니다. 두 상황에서 그러한 클라이언트가 많아졌을 때 서버는 자원을 소모하고 정상적으로 동작하지 못합니다. 이런 상황에서도 서버가 어느 정도 정상적인 기능을 할 수 있는 대비책을 세우기 위해 서버의 읽기와 쓰기의 타임아웃 값을 설정해주어야 합니다.

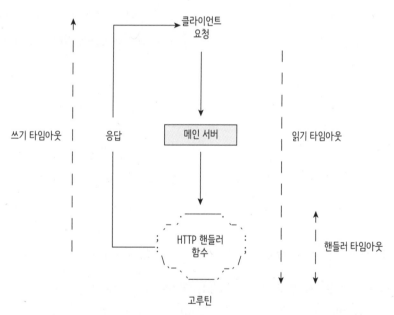

그림 7.2 **HTTP 요청을 처리하며 존재하는 다양한 종류의 타임아웃**

그림 7.2에서는 요청을 처리하는 콘텍스트에서 다양한 타임아웃을 보여줍니다. 이미 `http.TimeoutHandler()` 함수를 사용하여 핸들러 함수별로 타임아웃 설정값을 변경할 수 있음을 살펴보았는데, 왜 또 다른 타임아웃이 필요할까요? 수신 요청 동작의 경우 `http.TimeoutHandler()` 함수에 주어진 타임아웃 값은 요청의 경로와 일치하는 핸들러 함수에 도달해야만 적용됩니다. 그 전

의 동작에 대해서는 타임아웃이 효과를 발휘하지 못합니다. 외부 요청 동작의 경우에는 `http.TimeoutHandler()` 함수에서 설정된 타임아웃 값이 효과를 전혀 발휘하지 못합니다. 설계상의 이유로 서버는 타임아웃이 지난 뒤에 클라이언트에게 응답을 쓰고, 따라서 악의적인 클라이언트, 혹은 나쁜 네트워크 환경에 영향을 받기 때문입니다.[1] 다음으로는 서버상의 읽기 및 쓰기 타임아웃 값을 설정하는 방법을 알아봅니다.

HTTP 서버를 시작하는 `http.ListenAndServe()` 함수는 Go 1.18 버전 기준으로 다음과 같이 정의되어 있습니다.

```
func ListenAndServe(addr string, handler Handler) error {
    server := &Server{Addr: addr, Handler: handler}
    return server.ListenAndServe()
}
```

net/http 패키지에 정의된 `http.Server` 타입의 구조체 객체를 생성한 뒤 해당 구조체 인스턴스의 `ListenAndServe()` 메서드를 호출합니다. 서버를 생성한 이후에 가령 읽기/쓰기 타임아웃 값을 변경하는 등 설정 정보를 변경하기 위해서는 커스터마이징된 `Server` 객체를 생성하고 `ListenAndServe()` 메서드를 호출해야 합니다.

```
s := http.Server{
    Addr: ":8080",
    Handler: mux,
    ReadTimeout: 5 * time.Second,
    WriteTimeout: 5 * time.Second,
}
log.Fatal(s.ListenAndServe())
```

몇 가지 필드를 지정하여 `http.Server` 타입의 객체 변수 s를 생성합니다.

- **Addr**: 서버가 수신을 대기할 주소를 나타내는 문자열 값. 예시에서는 `":8080"` 주소에서 서버를 수신 대기하도록 함.

- **Handler**: `http.Handler` 인터페이스를 만족하는 객체. 예시에서는 `http.ServeMux` 타입의 객체인 mux를 지정함.

---

1   [옮긴이] 응답을 쓰는 동안은 `http.TimeoutHandler()` 함수에 지정된 타임아웃의 영향으로부터 이미 벗어난 상태입니다. 그래서 다음에 살펴볼, 서버상에 전역적으로 쓰기 타임아웃을 설정해주어야 이 문제를 해결할 수 있습니다.

- **ReadTimeout**: 서버가 수신 요청을 읽는 동안 최대 걸리는 시간을 나타내는 time.Duration 타입의 객체. 예시에서는 5초를 지정함.

- **WriteTimeout**: 서버가 응답을 쓰는 동안 최대 걸리는 시간을 나타내는 time.Duration 타입의 객체. 예시에서는 5초를 지정함.

이후에는 생성한 객체의 ListenAndServe() 메서드를 호출합니다. 예제 7.4에서는 읽기/쓰기 타임아웃이 설정된 서버를 구성하고 시작하는 코드입니다. 예시 코드는 /api/users/ 경로에 요청 핸들러를 등록합니다.

예제 7.4 **서버 타임아웃 설정**

```go
// chap7/server-timeout/server.go
package main

import (
    "fmt"
    "io"
    "log"
    "net/http"
    "os"
    "time"
)

func handleUserAPI(w http.ResponseWriter, r *http.Request) {
    log.Println("I started processing the request")
    defer r.Body.Close()

    data, err := io.ReadAll(r.Body)
    if err != nil {
        log.Printf("Error reading body: %v\n", err)
        http.Error(
            w, "Error reading body",
            http.StatusInternalServerError,
        )
        return
    }

    log.Println(string(data))
    fmt.Fprintf(w, "Hello world!\n")
    log.Println("I finished processing the request")
}

func main() {
    listenAddr := os.Getenv("LISTEN_ADDR")
```

```
    if len(listenAddr) == 0 {
        listenAddr = ":8080"
    }

    mux := http.NewServeMux()
    mux.HandleFunc("/api/users/", handleUserAPI)

    s := http.Server{
        Addr:         listenAddr,
        Handler:      mux,
        ReadTimeout:  5 * time.Second,
        WriteTimeout: 5 * time.Second,
    }
    log.Fatal(s.ListenAndServe())
```

handleUsersAPI() 함수는 수신 요청에 보디가 있다고 가정하며 동작합니다. 구성된 타임아웃 설정 값이 서버 동작에 어떤 영향을 미치는지 이해하기 위해 다양한 로그 구문을 추가하였습니다. 보디를 읽은 후 로그를 남기고, 클라이언트에게 "Hello world!"라는 문자열 응답을 보냅니다. 보디를 읽는 도중에 오류가 발생하면 해당 오류를 로그로 남기고 클라이언트에게 그대로 응답합니다. chap7/server-timeout/ 경로로 새로운 디렉터리를 생성하고, 디렉터리 안에서 모듈을 초기화합니다.

```
$ mkdir -p chap7/server-timeout
$ cd chap7/server-timeout
$ go mod init github.com/username/server-timeout
```

그다음으로 예제 7.4의 코드를 파일명 server.go로 저장하고, 빌드한 뒤 서버를 실행합니다.

```
$ go build -o server
$ ./server
```

새로운 터미널을 열고 curl을 사용하여 서버로 요청을 보냅니다.

```
$ curl -X POST http://localhost:8080/api/users/ \
   --data "Hello server"
Hello world!
```

위의 curl 커맨드는 "Hello server"를 요청 보디로 하는 HTTP POST 요청을 보냅니다. 서버를 실행한 터미널에서는 다음과 같은 로그를 확인할 수 있습니다.

```
2021/05/02 14:03:08 I started processing the request
2021/05/02 14:03:08 Hello server
2021/05/02 14:03:08 I finished processing the request
```

이는 일반적인 상황에서의 서버 동작입니다. 서버를 계속 실행시켜 두세요.

5.7절에서 배운 기법의 일부를 활용하면 요청 보디를 매우 천천히 보내는 HTTP 클라이언트를 구현할 수 있습니다. 해당 클라이언트 코드는 이 책의 코드 리포지터리의 chap7/client-slow-write/ 디렉터리에서 확인하실 수 있습니다. main.go 파일 내에 longRunningProcess() 함수가 있는데, 이 함수는 HTTP 요청으로부터 데이터를 읽어 들이는 io.Pipe 객체로 매초 같은 문자열을 반복해서 씁니다.

```go
func longRunningProcess(w *io.PipeWriter) {
    for i := 0; i <= 10; i++ {
        fmt.Fprintf(w, "hello")
        time.Sleep(1 * time.Second)
    }
    w.Close()
}
```

for 루프가 실행되는 동안 서버는 요청 보디를 계속해서 읽습니다.[2] 서버의 읽기 타임아웃이 5초이기 때문에 요청 핸들러가 그 전에 타임아웃이 떨어져서 요청이 완료되지 않아야 합니다. 한번 예상대로 동작하는지 검증해봅시다.

클라이언트를 빌드하고 서버가 실행 중일 때 다음과 같이 빌드한 클라이언트를 실행합니다.

```
$ go build -o client-slow-write

$ ./client-slow-write
2021/05/02 15:37:32 Starting client request
2021/05/02 15:37:37 Error when sending the request: Post
"http://localhost:8080/api/users/": write tcp
[::1]:52195->[::1]:8080: use of closed network connection
```

이 예시의 에러에서 주의 깊게 볼 부분은, 클라이언트가 이미 닫힌 네트워크 연결로 데이터를 전송하는 시점이 서버의 읽기 타임아웃 시간인 5초 뒤라는 점입니다.

---

2 (옮긴이) 요청 보디가 io.Pipe 인터페이스를 구현한 io.PipeWriter 구조체 타입의 객체로부터 값을 읽어서 전송하기 때문입니다.

서버 측에서는 다음과 같은 로그를 확인할 수 있습니다.

```
2021/05/02 15:37:32 I started processing the request
2021/05/02 15:37:37 Error reading body: read tcp
[::1]:8080->[::1]:52195: i/o timeout
```

핸들러는 요청 처리를 시작합니다. 요청 보디를 읽고 5초가 지난 후 읽기 타임아웃이 지났기 때문에 에러가 발생합니다.

따라서 요청과 응답을 스트리밍할 때는 서버와 요청 핸들러에 모두 읽기/쓰기 타임아웃을 설정할 필요가 있습니다. 서버에 ReadTimeout 값이 설정된 경우[3] 클라이언트의 연결을 닫은 후 현재 처리 중인 요청을 중단합니다. 따라서 서버에 읽기 타임아웃을 설정하면 5장에서 살펴보았던 것처럼 클라이언트는 서버로 계속해서 데이터를 전송해야 하므로, 이론적으로 서버는 **스트리밍** 요청을 읽을 수 없게 됩니다. 하나 이상의 요청 핸들러에서 스트리밍 요청을 처리해야 하는 상황이라면, 헤더를[4] 읽는 동안의 타임아웃을 강제하는 ReadHeaderTimeout 값을 설정하는 것이 더 좋은 방법일 수 있습니다. 헤더 타임아웃을 설정하는 것만으로도 서버에 악의적인 사용자나 원치 않는 클라이언트의 요청을 전역적으로 막을 수 있습니다. 비슷하게 서버에서도 스트리밍으로 응답을 보낼 경우 WriteTimeout을 설정하면 해당 타임아웃 시간 내에 스트리밍이 완료되지 않았을 때 요청이 중단되어버립니다. 스트리밍 데이터를 읽거나 쓰는 데에 http.TimeoutHandler() 함수를 사용하여 타임아웃을 설정하는 것 역시 구현하기 까다롭습니다. 기본적으로 표준 라이브러리의 입출력 함수에서는 입출력 도중 취소하는 기능을 지원하지 않습니다(Go 1.18 기준). 따라서 핸들러 함수 내에서 타임아웃 만료 이벤트가 발생하더라도 현재 발생 중인 입력이나 출력을 취소하지는 않으며, 동작이 완료된 후에 감지할 수 있을 뿐입니다.

컴퓨터 네트워크상에서 접근 가능한 프로그램에서 흔히 발생할 수 있는 예상치 못한 동작에 대비해 서버 애플리케이션의 강건성을 향상할 수 있는 기법들을 살펴보았습니다. 다음으로는 서버 애플리케이션의 새로운 버전 배포, 클라우드 인프라 확장 작업 등의 이유로 계획된 서버 종료가 발생했을 때 원하는 대로 동작할 수 있도록 예측 가능성을 구현하기 위한 기법을 알아봅니다.

---

3   [옮긴이] 읽기 타임아웃 시간이 지난 경우

4   [옮긴이] 요청 전체가 아니라

7.2.3 우아한 종료 구현

HTTP 서버를 **우아하게** 종료한다는 의미는 서버가 중단되기 전에 현재 처리 중인 요청이 갑작스럽게 인터럽트되지 않도록 하는 것을 의미합니다. 우아한 종료를 구현하기 위해 핵심적으로 필요한 두 가지가 있습니다.

1. 더 이상 새로운 요청을 받지 않음

2. 현재 처리 중인 요청을 종료하지 않음

다행히도 net/http 라이브러리에서는 이미 http.Server 객체에 정의된 Shutdown() 메서드를 활용하여 이를 쉽게 달성할 수 있습니다. 해당 메서드가 호출될 때 서버는 새로운 요청을 더 이상 받지 않고, 현재 남아있는 유휴 연결을 종료한 뒤, 현재 처리 중인 요청 핸들러 함수가 반환되어 완료될 때까지 대기합니다. context.Context 객체를 전달하면 최대 대기 시간을 제어할 수 있습니다. 먼저 2장에서 커맨드 라인 애플리케이션을 구현했던 것처럼, 시스템 시그널 핸들러를 설정하는 함수를 작성한 뒤 SIGINT 시그널 혹은 SIGTERM 시그널을 수신한 경우, 정의된 서버 객체 s의 Shutdown() 메서드를 호출하도록 합니다.

```go
func shutDown(
    ctx context.Context,
    s *http.Server,
    waitForShutdownCompletion chan struct{},
) {
    sigch := make(chan os.Signal, 1)
    signal.Notify(sigch, syscall.SIGINT, syscall.SIGTERM)
    sig := <-sigch
    log.Printf("Got signal: %v . Server shutting down.", sig)
    if err := s.Shutdown(ctx); err != nil {
        log.Printf("Error during shutdown: %v", err)
    }
    waitForShutdownCompletion <- struct{}{}
}
```

세 개의 매개변수로 shutDown() 함수를 호출합니다.

- **ctx**: Shutdown() 메서드가 현재 처리 중인 요청이 완료될 때까지 대기할 최대 시간을 제어하기 위한 context.Context 객체

- **s**: 시그널을 수신할 때 종료할 서버를 나타내는 http.Server 객체

- **waitForShutdownCopmletion**: 공백 구조체 struct{} 타입의 채널

프로그램에서 SIGINT 시그널 혹은 SIGTERM 시그널을 수신한 경우 Shutdown() 메서드가 호출됩니다. 메서드가 반환되면 waitForShutdownCompletion 채널에 struct{}{}가 쓰여집니다.[5] 해당 채널에 값을 씀으로써 메인 서버 루틴은 서버 종료 절차가 완료되었다는 것을 알고 스스로 종료할 수 있게 됩니다.

그림 7.3은 Shutdown() 메서드와 ListenAndServe() 메서드가 서로 동작하는 방식을 시각적으로 보여줍니다. 예제 7.5는 우아한 종료를 구현한 서버의 코드입니다.

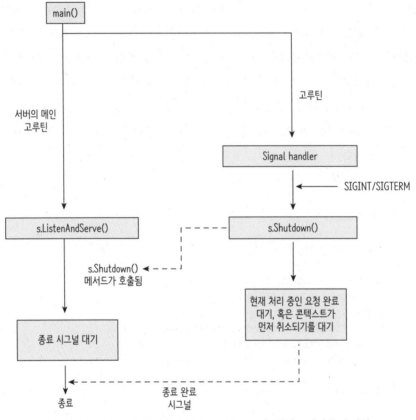

그림 7.3 Shutdown() 메서드와 ListenAndServe() 메서드 간의 동작 방식

---

5 [옮긴이] struct{}{}는 공백 구조체 struct{}의 인스턴스 객체로써, 메모리상에 아무런 바이트도 할당되지 않습니다. 다음은 이에 대해 확인할 수 있는 예시 코드입니다. https://go.dev/play/p/MLpKavaThYt

```go
// chap7/graceful-shutdown/server.go
package main

import (
    "context"
    "fmt"
    "io"
    "log"
    "net/http"
    "os"
    "os/signal"
    "syscall"
    "time"
)

// TODO - 예제 7.4에 정의된 handleUserAPI() 함수 삽입

// TODO - 위의 shutDown() 함수 정의 삽입

func main() {
    listenAddr := os.Getenv("LISTEN_ADDR")
    if len(listenAddr) == 0 {
        listenAddr = ":8080"
    }

    waitForShutdownCompletion := make(chan struct{})
    ctx, cancel := context.WithTimeout(
        context.Background(), 30*time.Second,
    )
    defer cancel()

    mux := http.NewServeMux()
    mux.HandleFunc("/api/users/", handleUserAPI)

    s := http.Server{
        Addr:    listenAddr,
        Handler: mux,
    }

    go shutDown(ctx, &s, waitForShutdownCompletion)

    err := s.ListenAndServe()
    log.Print(
        "Waiting for shutdown to complete..",
    )
}
```

```
    <-waitForShutdownCompletion
    log.Fatal(err)
}
```

waitForShutdownCompletion 채널을 사용하여 서버의 메인 고루틴과 shutDown() 함수를 실행 중인 고루틴을 조율할 수 있습니다. 먼저 context.WithTimeout() 함수를 사용하여 30초 뒤에 취소되는 콘텍스트를 생성합니다. 생성한 콘텍스트는 서버의 Shutdown() 메서드가 현재 서버상에 존재하는 요청을 처리하는 동안 최대로 기다릴 시간을 설정합니다.

이후에는 고루틴에서 shutDown() 함수를 호출하고 메인 고루틴에서 s.ListenAndServe() 함수를 호출합니다. 이전의 예시와는 달리 log.Fatal() 함수의 매개변수로 s.ListenAndServe() 함수를 호출하지 않은 것에 주목하세요. 이는 Shutdown() 메서드 호출 시에 ListenAndServe() 함수가 바로 반환되는데, 그로 인해 log.Fatal() 함수의 매개변수로 호출되면 Shutdown() 메서드의 우아한 종료를 제대로 처리하지 못하고 그대로 서버가 종료되어 버리기 때문입니다. 따라서 ListenAndServe() 함수에서 반환된 에러값을 err에 저장한 뒤 메시지를 로깅하고 서버가 우아한 종료가 될 때까지 대기하는 waitForShutdownCompletion 채널에 값이 수신될 때까지 기다립니다. 채널에서 값을 수신한 뒤에는 에러값을 로그로 남긴 후에 프로그램을 종료합니다.

chap7/graceful-shutdown/ 경로로 새로운 디렉터리를 생성하고, 디렉터리 안에서 모듈을 초기화합니다.

```
$ mkdir -p chap7/graceful-shutdown
$ cd chap7/graceful-shutdown
$ go mod init github.com/username/graceful-shutdown
```

그다음으로 예제 7.5의 코드를 파일명 server.go로 저장하고, 빌드한 뒤 서버를 실행합니다.

```
$ go build -o server
$ ./server
```

실행한 서버로 요청을 보내기 위해 이 책의 소스 코드 리포지터리의 chap7/client-slow-write 디렉터리에 존재하는 커스텀 클라이언트를 사용합니다. 서버가 실행된 상태에서 별도의 터미널을 실행하여 해당 리포지터리로 이동한 뒤 클라이언트를 빌드하고 다음과 같이 클라이언트를 실행합니다.

```
$ go build -o client-slow-write

$ ./client-slow-write
2021/05/02  20:28:25 Starting client request
```

위의 로그 메시지를 확인하였다면 서버를 실행한 터미널로 돌아와서 Ctrl+C를 누릅니다. 서버를 실행한 터미널에서 다음과 같은 로그를 확인할 수 있습니다.

```
2021/05/02 20:28:25 I started processing the request
^C2021/05/02 20:28:28 Got signal: interrupt . Server shutting down.
2021/05/02 20:28:28 Waiting for shutdown to complete..
2021/05/02 20:28:36 hellohellohellohellohellohellohello
hellohellohellohello
2021/05/02 20:28:36 I finished processing the request
2021/05/02 20:28:36 http: Server closed
```

Ctrl+C를 누른 후에는 Shutdown() 메서드는 전체 보디가 읽히거나 현재 처리 중인 요청이 완료되기를 기다린 후 서버를 종료하게 됩니다. 클라이언트 측에서는 정상적으로 Hello world! 응답을 받은 것을 확인할 수 있습니다.

좋습니다. 이제 처리 중인 요청이 중단되지 않도록 서버 애플리케이션을 종료하는 기법을 구현하는 방법에 대해 알아보았습니다. 이러한 기법을 활용하면 연결을 길게 유지하고 있는 클라이언트에게 서버가 잠시 중단된다는 사실을 알려서 재연결 요청을 보낼 수 있도록 한다든지, 현재 열려있는 데이터베이스 연결을 종료하는 등의 작업을 할 수 있습니다.

7.3 TLS를 활용한 보안 통신

네트워크 통신 보안securing network communication을 위한 **전송 계층 보안**transport layer securirty, TLS에 대해 이야기하자면 책 한 권이 필요할 정도입니다. TLS는 암호학적인 프로토콜을 사용하여 서버와 클라이언트 간 통신의 보안을 유지해줍니다. 좀 더 쉽게 이야기하자면 TLS를 활용하면 클라이언트와 서버 간 통신을 **평문**의 HTTP로 통신하지 않고, 보안에 안전한 HTTPS에서 일어나도록 하는 웹 서버를 구현할 수 있게 해줍니다. HTTPS 서버를 시작하려면 http.ListenAndServeTLS() 함수를 사용하거나, 혹은 커스텀 http.Server 객체 변수 srv의 srv.ListenAndServeTLS() 메서드를 사용합니다. ListenAndServeTLS() 함수의 시그니처는 다음과 같습니다.

```
func ListenAndServeTLS(addr, certFile, keyFile string, handler Handler)
```

ListenAndServeTLS() 함수와 ListenAndServe() 함수를 비교해보면, ListenAndServeTLS() 함수에서는 두 번째와 세 번째 매개변수로 TLS 인증서와 키 파일의 경로를 받습니다. 이 파일들에는 암호화와 복호화를 사용하여 서버와 클라이언트 간에 데이터를 안전하게 전송하기 위한 데이터가 들어있습니다. 직접 TLS 인증서를 생성하거나(흔히 **사설 인증서**라고 불리는), 또는 **인증 기관**certificate autority, CA에 생성을 요청할 수 있습니다. 사설 인증서는 동일 조직 내와 같이, 잘 정의된 특정 범위 내에서 안전하게 통신하기 위해 사용됩니다. 범위 외의 누군가가 사설 인증서를 사용하는 서버로 접근을 시도하면 인증서를 신뢰할 수 없다는 오류가 발생하게 되며 정상적인 접근이 불가능하게 됩니다. 반면 CA에서 생성된 인증서는 조직 내에서도, 조직 외에서도 신뢰할 수 있습니다. 대형 조직의 경우 내부 서비스를 위한 사설 인증서와 퍼블릭public 서비스를 위한 CA에서 발급된 인증서 모두 혼용합니다. 즉, 사설 도메인에는 사설 인증서를, 퍼블릭 도메인에는 CA에서 발급된 인증서를 사용합니다. 심지어는 조직 내에서도 인증 기관을 운영하여 사설 인증서 발급 역시 가능합니다. 다음으로는 사설 인증서를 사용하여 보안에 안전한 HTTP 서버를 구성하는 방법을 배웁니다.

7.3.1 TLS와 HTTP/2 구성

먼저 openssl 커맨드 라인 프로그램을 사용하여 사설 인증서와 개인키를 생성합니다. 맥OS나 리눅스 운영체제를 사용하는 경우 아마도 이미 openssl 프로그램이 설치되어 있을 것입니다.[6]

chap7/tls-server/ 경로로 새로운 디렉터리를 생성하고, 디렉터리 안에서 모듈을 초기화합니다.

```
$ mkdir -p chap7/tls-server
$ cd chap7/tls-server
$ go mod init github.com/username/tls-server
```

openssl을 사용하여 사설 인증서를 생성하기 위해 다음을 실행합니다.

```
$ openssl req -x509 -newkey rsa:4096 -keyout server.key -out server.crt
-days 365 -subj "/C=AU/ST=NSW/L=Sydney/O=Echorand/OU=Org/CN=localhost" -nodes
```

위의 커맨드 실행이 완료되면 결과로 다음과 같은 출력을 확인할 수 있습니다.

---

6   [옮긴이] 윈도우의 경우 https://blog.kesuskim.com/archives/install-openssl-by-os/ 참고.

```
Generating a 4096 bit RSA private key
.....................................................
.....................................................
........++
.....................................................++
writing new private key to 'server.key'
-----
```

chap7/tls-server/ 디렉터리에 server.key 파일과 server.crt 파일, 두 개의 파일이 생성된 것을 확인할 수 있습니다. 이 파일은 각각 ListenAndServeTLS() 함수 호출 시에 사용할 키 파일과 인증서 파일입니다. 위 커맨드에 대해 깊게 이해하는 것은 이 책의 목적이 아니지만, 주목할 지점이 두 가지 있습니다.

• 클라이언트는 기본적으로 사설 인증서를 신뢰하지 않기 때문에, 위의 인증서는 테스트 용도로 적합합니다.

• 오직 localhost 도메인을 사용하여 서버를 연결할 때만 위의 인증서를 사용하여 TLS 연결을 맺을 수 있습니다.

다음과 같이 HTTPS 서버를 구성하고 시작합니다.

```go
func main() {
    // ...

    tlsCertFile := os.Getenv("TLS_CERT_FILE_PATH")
    tlsKeyFile := os.Getenv("TLS_KEY_FILE_PATH")

    if len(tlsCertFile) == 0 || len(tlsKeyFile) == 0 {
        log.Fatal(
          "TLS_CERT_FILE_PATH and TLS_KEY_FILE_PATH must be specified")
    }

    // ...

    log.Fatal(
        http.ListenAndServeTLS(
            listenAddr,
            tlsCertFile,
            tlsKeyFile,
            m,
        ),
    )
}
```

서버에서는 각각 TLS_CERT_FILE_PATH와 TLS_KEY_FILE_PATH 환경 변수를 통해 인증서와 키 파일의 경로를 받습니다. 예제 7.6는 TLS 인증서를 사용하는 HTTP 서버의 전체 예시 코드입니다.

예제 7.6 **TLS를 사용하여 보안에 안전한 HTTP 서버**

```go
// chap7/tls-server/server.go
package main

import (
    "fmt"
    "log"
    "net/http"
    "time"
)

func apiHandler(w http.ResponseWriter, r *http.Request) {
    fmt.Fprintf(w, "Hello, world!")
}

func setupHandlers(mux *http.ServeMux) {
    mux.HandleFunc("/api", apiHandler)
}

func loggingMiddleware(h http.Handler) http.Handler {
    return http.HandlerFunc(
        func(w http.ResponseWriter, r *http.Request) {
            startTime := time.Now()
            h.ServeHTTP(w, r)
            log.Printf(
                "protocol=%s path=%s method=%s duration=%f",
                r.Proto, r.URL.Path, r.Method, time.Now().Sub(startTime).Seconds(),
            )
        })
}


func main() {
    listenAddr := os.Getenv("LISTEN_ADDR")
    if len(listenAddr) == 0 {
        listenAddr = ":8443"
    }

    tlsCertFile := os.Getenv("TLS_CERT_FILE_PATH")
    tlsKeyFile := os.Getenv("TLS_KEY_FILE_PATH")

    if len(tlsCertFile) == 0 || len(tlsKeyFile) == 0 {
        log.Fatal(
```

```
            "TLS_CERT_FILE_PATH and TLS_KEY_FILE_PATH must be specified")
    }

    mux := http.NewServeMux()
    setupHandlers(mux)
    m := loggingMiddleware(mux)

    log.Fatal(
        http.ListenAndServeTLS(
            listenAddr,
            tlsCertFile,
            tlsKeyFile, m,
        ),
    )
}
```

서버에 5장에서 살펴본 로깅 미들웨어와, /api 경로로의 요청을 처리하는 핸들러를 등록합니다. 여기서 listenAddr의 기본값으로 ":8443"을 지정해주었는데, 외부에 노출되지 않는 HTTPS 서버는 통상적으로 8443 포트를 사용하기 때문에 그렇습니다. 예제 7.6의 코드를 chap7/tls-server 디렉터리 내에 파일명 server.go로 저장합니다. 서버를 빌드하고 실행합니다.

```
$ go build -o server
$ TLS_CERT_FILE_PATH=./server.crt TLS_KEY_FILE_PATH=./server.key ./server
```

윈도우 운영체제의 경우 환경 변수를 지정하는 방법이 좀 다릅니다. 파워셸에서는 다음의 커맨드를 사용합니다.

```
C:\> $env:TLS_CERT_FILE_PATH=./server.crt; `
     $env: TLS_KEY_FILE_PATH=./server.key ./server
```

서버가 실행되었다면, curl을 이용하여 요청을 보냅니다.

```
$ curl https://localhost:8443/api
```

다음과 같은 에러가 발생합니다.

```
curl: (60) SSL certificate problem: self signed certificate
```

이는 curl에서 사설 인증서를 신뢰하지 않기 때문에 발생합니다. curl에서 여러분이 발급한 인증서를 신뢰하게 하기 위해 서버에서 사용한 server.crt 파일을 지정해주어야 합니다.

```
$ curl --cacert ./server.crt https://localhost:8443/api
Hello, world!
```

서버에서는 다음과 같은 메시지가 로그로 남은 것을 확인할 수 있습니다.

```
2021/05/05 08:17:55 protocol=HTTP/2.0 path=/api method=GET duration=0.000055
```

curl에 수동으로 직접 서버 인증서를 지정해주어 성공적으로 서버에 통신할 수 있었습니다. 이제 로그에서 프로토콜이 HTTP/2.0으로 남은 것을 주의 깊게 보세요. 이는 TLS가 활성화된 HTTP 서버를 시작할 때 Go에서 자동으로 클라이언트가 지원하는 경우에 HTTP/1.1 대신에 HTTP/2를 사용하도록 하며, curl의 경우 HTTP/2를 지원합니다. 그리고 3장과 4장에서 여러분이 작성한 HTTP 클라이언트 역시 서버에서 지원하면 자동으로 HTTP/2를 사용합니다.

7.3.2 TLS 서버 테스트

서버에서 TLS를 사용하도록 구성하였으면 핸들러 함수나 미들웨어를 테스트할 때도 서버와 TLS 통신이 정상적으로 이루어지는지 확인해야겠죠. 예제 7.7에서는 TLS가 활성화된 HTTP 서버인 예제 7.6의 코드를 일부 변경하여 로깅 미들웨어를 구성해봅니다.

예제 7.7 **TLS와 설정 가능한 로거를 사용하여 HTTP 서버 보안 구성**

```go
// chap7/tls-server-test/server.go
package main

import (
    "fmt"
    "log"
    "net/http"
    "os"
    "time"
)

// TODO - 예제 7.6의 apiHandler() 함수 삽입

func setupHandlersAndMiddleware(
    mux *http.ServeMux, l *log.Logger,
) http.Handler {
```

```
    mux.HandleFunc("/api", apiHandler)
    return loggingMiddleware(mux, l)
}

func loggingMiddleware(h http.Handler, l *log.Logger) http.Handler {
    return http.HandlerFunc(
        func(w http.ResponseWriter, r *http.Request,
        ) {
            startTime := time.Now()
            h.ServeHTTP(w, r)
            l.Printf(
                "protocol=%s path=%s method=%s duration=%f",
                r.Proto, r.URL.Path, r.Method,
                time.Now().Sub(startTime).Seconds()
            )
        })
}

func main() {
    // TODO - 예제 7.6의 셋업 코드 삽입
    mux := http.NewServeMux()

    l := log.New(
        os.Stdout, "tls-server",
        log.Lshortfile|log.LstdFlags,
    )
    m := setupHandlersAndMiddleware(mux, l)

    log.Fatal(
        http.ListenAndServeTLS(
            listenAddr, tlsCertFile, tlsKeyFile, m,
        )
    )
}
```

예제 7.7의 주요 변경 사항을 볼드체로 표기하였습니다. 핸들러와 미들웨어를 등록하는 부분의 코드를 setupHandlersAndMiddleware()라는 이름의 하나의 함수로 합쳤습니다. main() 함수에서는 새로운 log.Logger 객체를 생성하고 로그가 os.Stdout의 표준 출력으로 출력되도록 설정합니다. 이후에는 ServeMux와 log.Logger 객체를 매개변수로 전달하여 setupHandlersAndMiddleware() 함수를 호출합니다. 이렇게 하면 테스트 함수를 작성할 때 로거를 설정할 수 있습니다. chap7/tls-server-test/ 경로로 새로운 디렉터리를 생성하고, 디렉터리 안에서 모듈을 초기화합니다.

```
$ mkdir -p chap7/tls-server-test
$ cd chap7/tls-server-test
$ go mod init github.com/username/tls-server-test
```

chap7/tls-server-test/ 디렉터리 안에 예제 7.7의 코드를 파일명 server.go로 저장하고, chap7/
tls-server/ 디렉터리에 존재하는 server.crt 파일과 server.key 파일을 chap7/tls-server-
test/ 디렉터리로 복사합니다.

그다음으로 로깅 미들웨어가 정상적으로 동작하는지 검증하기 위한 테스트를 작성합니다. TLS와
HTTP/2가 활성화된 HTTP 서버를 시작하기 위해 net/http/httptest 패키지에 존재하는 기능을
이용합니다.

```
ts := httptest.NewUnstartedServer(m)
ts.EnableHTTP2 = true
ts.StartTLS()
```

먼저 httptest.NewUnstartedServer() 함수를 호출하여 서버 구성을 생성합니다. 함수에서 반환
된 포인터 타입의 *httptest.Server 타입의 객체는 net/http/httptest 패키지에 정의된 구조체
타입입니다. 이 객체에 EnableHTTP2 필드 값을 true로 설정하여 HTTP/2를 활성화합니다. 이렇게까
지 하는 이유는 테스트 서버가 가능한 '실제' 서버처럼 동작하도록 하기 위해서입니다. 마지막으로
StartTLS() 메서드를 호출합니다. 이 메서드는 자동으로 TLS 인증서와 키 페어를 생성하고 HTTPS
서버를 시작합니다. 생성된 테스트 HTTPS 서버와 통신하기 위해서는 특별하게 생성된 클라이언트를
사용해야 합니다.

```
client := ts.Client()
resp, err := client.Get(ts.URL + "/api")
```

테스트 서버 객체의 Client() 메서드를 호출하여 할당한 http.Client 객체에는 테스트를 위하여
생성한 TLS 인증서를 신뢰하도록 자동으로 구성됩니다. 예제 7.8은 로깅 미들웨어 기능을 검증하는
테스트 코드입니다.

예제 7.8 **TLS 가 활성화된 HTTP 서버의 미들웨어 동작 검증**

```
// chap7/tls-server-test/middleware_test.go
package main
import (
```

```
    "bytes"
    "log"
    "net/http"
    "net/http/httptest"
    "strings"
    "testing"
)

func TestMiddleware(t *testing.T) {
    var buf bytes.Buffer
    mux := http.NewServeMux()
    l := log.New(
        &buf, "test-tls-server",
        log.Lshortfile|log.LstdFlags,
    )
    m := setupHandlersAndMiddleware(mux, l)

    ts := httptest.NewUnstartedServer(m)
    ts.EnableHTTP2 = true
    ts.StartTLS()
    defer ts.Close()

    client := ts.Client()
    _, err := client.Get(ts.URL + "/api")
    if err != nil {
        t.Fatal(err)
    }

    expected := "protocol=HTTP/2.0 path=/api method=GET"
    mLogs := buf.String()
    if !strings.Contains(mLogs, expected) {
        t.Fatalf(
            "Expected logs to contain %s, Found: %s\n",
            expected, mLogs,
        )
    }
}
```

새로운 bytes.Buffer 타입의 객체 buf를 생성하고 새로운 log.Logger 객체를 생성할 때 io.Writer 로 buf를 지정해줍니다. 그리고 테스트 서버의 클라이언트 변수를 할당한 뒤 Get() 메서드를 사용 하여 HTTP GET 요청을 보냅니다. 단순하게 미들웨어 기능을 테스트하고 있으니 응답은 그냥 버리 도록 합니다. 이후에는 strings.Contains() 함수를 사용하여 buf 객체에 로깅된 메시지가 예상대 로 동작하였는지 확인합니다. chap7/tls-server-test/ 디렉터리 내에 예제 7.8의 코드를 파일명 middleware_test.go로 저장한 뒤, 테스트를 수행합니다.

```
$ go test -v
=== RUN TestMiddleware
--- PASS: TestMiddleware (0.01s)
PASS
ok          github.com/practicalgo/code/chap7/tls-server-test        0.557s
```

좋습니다. 이제 테스트를 위해 TLS가 활성화된 서버를 구성하는 방법을 배웠습니다. 실전에서는 이전에 살펴본 것처럼 TLS 인증서를 생성하지 않을 것입니다. 그리고 curl과 같은 HTTP 클라이언트에서, 서버에서 생성된 인증서를 신뢰하기 위해 인증서를 지정해주는 일 또한 없을 것입니다. 그렇게 하면 확장성이 없습니다. 대신에 다음과 같이 합니다.

- 내부 도메인과 서비스의 경우 cfssl(https://github.com/cloudflare/cfssl)과 같은 도구를 사용하여 내부적으로 신뢰할 수 있는 CA를 구현한 뒤 인증서를 생성하고 CA를 신뢰하는 메커니즘을 갖도록 한다.
- 외부에 오픈된 도메인과 서비스의 경우 수동으로 또는 대부분의 경우 자동화된 절차(예를 들어 https://github.com/caddyserver/certmagic)를 따라 신뢰할 수 있는 CA에 인증서를 요청하도록 한다.

7.4 요약

핸들러 함수 실행에 최대 실행 가능 제한을 설정하는 방법을 배우는 것으로 이번 장을 시작했습니다. 핸들러 함수가 특정 시간 내에 요청 처리를 완료하지 못할 경우 서버에서 HTTP 503 응답을 보내도록 구성하는 방법을 배웠습니다. 그리고 타임아웃이 이미 만료되었거나 클라이언트의 연결이 중도에 끊긴 경우 요청 처리를 중단하도록 핸들러 함수를 작성하는 방법을 배웠습니다. 이러한 기법들을 사용하여 서버의 자원이 불필요하게 낭비되지 않도록 할 수 있습니다.

그다음으로 서버 애플리케이션에 전역적인 읽기/쓰기 타임아웃을 구현하는 방법을 배웠고, 서버 애플리케이션에 우아한 종료를 구현하는 방법을 배웠습니다. 마지막으로 TLS 인증서를 사용하여 서버와 클라이언트 간에 보안 통신을 구현하는 방법을 배웠습니다. 이러한 기법들을 구현하면 HTTP 서버는 이제 실서비스 준비가 거의 끝납니다. 각주 A와 각주 B에서 남은 작업에 대해 간략하게 살펴보도록 합시다.

다음 장에서는 gRPC라는, HTTP/2 기반으로 설계된 원격 프로시저 콜remote procedure call, RPC 프레임워크를 사용하여 클라이언트와 서버를 개발하는 방법에 대해 배워봅니다.

8

gRPC를 사용한
RPC 애플리케이션 개발

이번 장에서는 통신에 **원격 프로시저 콜**remote procedure call, RPC을 사용하는 네트워크 애플리케이션을 개발하는 방법을 배웁니다. RPC 애플리케이션을 개발하기 위해 표준 라이브러리를 활용하는 방법도 있지만, 이 책에서는 오픈 소스 **범용** RPC 프레임워크인 **gRPC**를 사용합니다. 먼저 RPC 프레임워크에 대한 배경지식에 대해 간략하게 살펴본 뒤 마지막으로는 완벽하게 테스트 가능한 gRPC 애플리케이션을 작성하는 방법을 배웁니다. 그 여정 가운데 gRPC에서 클라이언트와 서버 간의 통신에 사용하며 인터페이스 기술 언어 및 데이터 교환 포맷으로 사용하는 프로토콜 버퍼를 사용하는 방법을 배우게 됩니다. 이제 시작해봅시다.

8.1 gRPC와 프로토콜 버퍼

프로그램 내에서 함수를 호출하면 그 함수는 대개 여러분이 직접 작성한 함수이거나, 혹은 표준 라이브러리나 서드 파티 패키지와 같이 다른 사람이 작성한 함수입니다. 애플리케이션을 빌드할 때 결과물의 바이너리 내에 함수의 구현체가 포함되게 됩니다. 함수 호출을 하는데, 함수가 애플리케이션 바이너리 안에 포함되지 않고 **네트워크**를 넘어 어느 다른 **서비스**에 정의되어 있다고 생각해봅시다. 그게 바로 **원격 프로시저 콜**입니다. 그림 8.1에서는 RPC 클라이언트와 서버 간의 일반적인 통신 구조, 즉 클라이언트로부터 서버까지의 요청 흐름을 보여줍니다. 마찬가지로 응답 흐름은 요청 흐름의 역순으로 동작합니다.

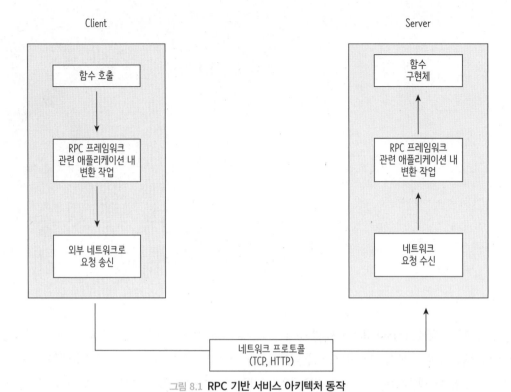

Client   Server

그림 8.1 **RPC 기반 서비스 아키텍처 동작**

RPC 프레임워크는 두 가지 중요한 고민을 하게 만듭니다. 첫 번째는 함수 요청이 네트워크상의 요청으로 어떻게 변환될 것인가, 두 번째는 요청 자체가 어떻게 전송될 것인가입니다. 사실 Go의 표준 라이브러리에 존재하는 **net/rpc** 패키지를 사용하면 RPC 서버와 클라이언트를 작성하기 위해 이러한 고민을 해결하는 기본 기능을 제공해줍니다. 이를 사용하면 HTTP 혹은 TCP를 통해 동작하는 RPC 애플리케이션을 구현할 수 있습니다. 하지만 **net/rpc** 패키지를 사용하면 서버와 클라이언트가 모두 Go로 작성되어야 한다는 제약이 발생합니다. 교환되는 데이터가 기본적으로 Go에서 사용하는, gob 포맷으로 인코딩되기 때문입니다.

net/rpc의 문제점의 개선으로 **net/rpc/jsonrpc** 패키지를 사용하면 데이터 전송 규격 포맷으로 gob 대신 JSON을 사용하여 HTTP를 통해 통신하는 RPC를 구현할 수 있습니다. 따라서 jsonrpc 패키지를 사용하면 Go로 RPC 서버를 작성하더라도 클라이언트까지 Go로 작성하지 않아도 되며, 이는 애플리케이션 내에 HTTP 서버를 구현하지 않고 RPC 아키텍처를 구현해야 할 때 좋은 선택지입니다. 하지만 JSON 자체에는 데이터 교환 언어data interchange language로서 사용되기에 근본적인 제약이 있는데, 가장 중요한 제약은 직렬화와 역직렬화에 필요한 비용이 많이 든다는 것과 데이터 타입이 원격 시스템에서 네이티브하게 동작하리라는 보장을 못 한다는 것입니다.

따라서 RPC 함수에 대해 언어에 중립적인 설계를 해야 한다면 더욱 효율적인 데이터 교환 포맷에 기반한 RPC 프레임워크 선택을 권장합니다. 그러한 프레임워크의 예시로 Apache Thrift와 gRPC가 있습니다. 표준 라이브러리에서 지원하는 RPC를 사용하는 대신 범용적인 RPC 프레임워크를 사용하면 클라이언트와 서버 애플리케이션을 전혀 다른 프로그래밍 언어로 작성할 수 있다는 장점이 있습니다.

이번 장은 gRPC에 대해 집중적으로 살펴봅니다. gRPC와 같이 언어 중립적인 프레임워크는 gRPC를 지원하는 어떤 프로그래밍 언어든 사용하여 서버와 클라이언트를 작성할 수 있습니다. gRPC에서는 효율적인 데이터 교환 포맷으로 프로토콜 버퍼protocol buffer(약칭 protobuf)를 사용합니다. protobuf 데이터 포맷은 사람이 읽을 수 있는 형태의 JSON과는 달리 기계만이 읽을 수 있지만, 프로토콜 버퍼 언어는 사람이 읽을 수 있습니다. 사실 gRPC를 사용하는 애플리케이션을 생성하기 위해 가장 먼저 해야 할 일은 프로토콜 버퍼 언어를 사용하여 서비스를 정의하는 것입니다.

다음의 코드는 프로토콜 버퍼 언어로 정의된 서비스를 나타냅니다. 이 서비스의 이름을 Users라 정의하고, 서비스에는 하나의 **메서드**인 GetUser()를 정의합니다. 이 메서드는 다음과 같이 **입력** 메시지를 받아서 **출력** 메시지를 반환합니다.

```
service Users {
    rpc GetUser (UserGetRequest) returns (UserGetReply) { }
}
```

GetUser 메서드는 UserGetRequest 타입의 입력 메시지를 매개변수로 받고, UserGetReply 타입의 메시지를 반환합니다. gRPC에서 함수는 클라이언트와 서버 애플리케이션 간에 메시지를 주고받으며 통신할 수 있도록 반드시 입력 메시지를 매개변수로 받고 출력 메시지를 반환해야 합니다.

메시지는 무엇일까요? 메시지는 클라이언트와 서버 간에 전송되는 것으로, 데이터를 위한 편지와 같습니다. 메시지의 정의는 구조체 타입을 정의하는 것과 유사합니다. GetUser 메서드는 이메일과 그외 식별자를 사용하여 클라이언트가 질의하는 목적으로 존재합니다. 따라서 UserGetRequest 메시지는 다음과 같이 두 개의 필드를 갖도록 정의합니다.

```
message UserGetRequest {
    string email = 1;
    string id = 2;
}
```

메시지 정의에서 문자열의 email 필드와 또 다른 문자열의 id 필드, 총 두 개의 필드를 정의합니다. 메시지 내의 필드 정의는 반드시 필드 타입과 필드 이름, 번호, 총 세 가지를 지정해야 합니다. 현재 지원되는 필드의 타입으로는 정수형 타입(int32, int64 등)과 실수형 데이터를 저장하기 위한 float, double, 불리언 데이터를 저장하기 위한 bool, 문자열을 위한 string, 임의의 데이터를 저장하기 위한 bytes가 있습니다.

다른 메시지 타입을 필드의 타입으로도 사용할 수 있습니다. 필드의 이름은 반드시 모두 소문자여야 하며, 여러 단어를 구분하기 위해 first_name과 같이 언더스코어underscore(_)를 사용합니다.[1] 필드 번호는 메시지 내에서 필드의 순서를 표현하는 방법입니다. 필드 번호는 1번부터 2^29번까지 사용하며, 일부 범위는 내부용으로 예약되어 있습니다. 필드 번호를 부여할 때 번호 사이에 일정 간격을 띄워서 부여하는 것을 권장합니다. 예를 들어 첫 번째 필드 번호는 1로 사용하고, 다음 필드 번호는 10으로 사용합니다. 이러면 이후에 전체 필드를 재정렬하지 않고도 어떤 필드 주변에 새로운 필드를 추가할 수 있습니다.

필드 번호 자체는 gRPC의 내부적인 목적으로 사용되며, 애플리케이션에서는 크게 걱정하지 않아도 된다는 사실을 짚고 넘어갑시다. 다만 향후에 함수를 재작성하거나 개선할 때 필드 번호가 절대로 바뀌지 않도록, 신중하게 필드 번호를 부여해야 합니다. 이번 장의 후반부에서 상위/하위 호환성에 대해 이야기할 때 관련 내용에 대해 더 살펴봅시다.

다음으로는 UserGetReply 메시지를 다음과 같이 정의합니다.

```
message UserGetReply {
    User user = 1;
}
```

위의 메시지에는 User 타입의 필드 user가 있습니다. User 타입 메시지는 다음과 같이 정의합니다.

```
message User {
    string id = 1;
    string first_name = 2;
    string last_name = 3;
    int32 age = 4;
}
```

---

1   옮긴이 snake_case를 사용합니다.

그림 8.2는 gRPC 서비스에서 각기 다른 프로토콜 버퍼 명세specification를 요약합니다. 이번 장 후반부에서 gRPC 서버에 여러 서비스를 등록하는 방법에 대해 알아봅니다.

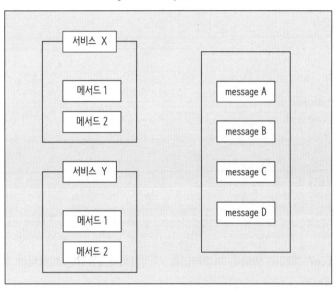

그림 8.2 protobuf 언어 명세의 일부분

서비스 인터페이스를 정의하고 난 뒤 애플리케이션 상에서 사용 가능한 형태로 프로토콜 언어 정의를 변환해야 합니다. 변환 철자는 프로토콜 버퍼 컴파일러인 protoc를 사용하며 먼저 변환되고, 이후에는 언어에 특정적인 컴파일러 플러그인 protoc-gen-go를 사용하여 변환됩니다. 사용자는 protoc-gen-go를 사용할 필요 없이 protoc 명령어만 사용하면 됩니다. 책 초입부의 설치 과정을 완료하지 않았다면, 다음 절로 넘어가기 전에 완료해주세요.

8.2 첫 서비스 작성

Users 서비스에는 특정 사용자를 얻어오기 위한 메서드로 GetUser를 정의합니다. 예제 8.1에서는 메시지 타입을 포함하여 서비스의 전체적인 프로토콜 버퍼 명세를 나타냅니다.

예제 8.1 **Users 서비스의 프로토콜 버퍼 명세**

```
// chap8/user-service/service/users.proto
syntax = "proto3";
option go_package = "github.com/username/user-service/service";
```

```
service Users {
    rpc GetUser (UserGetRequest) returns (UserGetReply) {}
}

message UserGetRequest {
    string email = 1;
    string id = 2;
}

message User {
    string id = 1;
    string first_name = 2;
    string last_name = 3;
    int32 age = 4;
}

message UserGetReply {
    User user = 1;
}
```

chap8/user-service/ 경로로 새로운 디렉터리를 생성합니다. 생성한 디렉터리 하위에 service 디렉터리를 생성하고, 모듈을 초기화합니다.

```
$ mkdir -p chap8/user-service/service
$ cd chap8/user-service/service
$ go mod init github.com/username/user-service/service
```

다음으로 예제 8.1의 코드를 파일명 users.proto로 저장합니다.

다음은 제가 '신비한 접착제magic glue'라고 부르는 것을 생성하는 단계입니다. 신비한 접착제란 예제 8.1의 사람이 읽기 편한 프로토콜 버퍼 정의, 사용자가 직접 구현하기 위하여 작성할 서버와 클라이언트 애플리케이션의 구현체, 네트워크상의 두 장비가 통신 가능한 형태의 프로토콜 버퍼 데이터 이렇게 세 가지를 하나로 묶어주는 것을 칭합니다. 그림 8.1에서의 사용자 요청을 RPC 프레임워크에서 사용 가능한 형태로 변환하는 작업이 신비한 접착제에 의해 수행됩니다.

chap8/user-service/service/ 디렉터리에서 다음의 커맨드를 수행합니다.

```
$ cd chap8/user-service/service
$ protoc --go_out=. --go_opt=paths=source_relative \
  --go-grpc_out=. --go-grpc_opt=paths=source_relative \
  users.proto
```

--go_out과 go-grpc_out 옵션은 생성된 신비한 접착제 코드가 저장될 경로를 지정합니다. 예시에서는 현재 디렉터리를 지정하였습니다. --go_opt=paths=source_relative 옵션과 --go-grpc_out=paths=source_relative 옵션은 파일이 users.proto 파일 기준으로 상대 경로에 위치한 곳에 생성되어야 함을 의미합니다. 커맨드 수행이 완료되면 service 디렉터리 내에 users.pb.go 파일과 users_grpc.pb.go 파일, 총 두 개의 파일이 생성된 것을 확인할 수 있습니다. 해당 파일에는 애플리케이션의 저자인 여러분이 구현할 서비스의 프로토콜 버퍼 메시지 타입과 인터페이스에 해당하는 Go 언어의 스텁stub 구현체를 정의합니다. 모듈 이름을 github.com/username/user-service/service 로 정의하였기에 서버와 클라이언트 애플리케이션을 작성할 때 모듈 경로로부터 여러 타입과 함수들을 임포트하여 사용하면 됩니다.

8.2.1 서버 작성

gRPC 서버 애플리케이션 작성은 HTTP 서버 애플리케이션 작성과 비슷합니다. 서버를 생성하고, 클라이언트가 보낸 요청을 처리하기 위한 핸들러를 작성하고, 작성한 핸들러를 서버에 등록합니다. 서버 생성은 네트워크 리스너를 생성하고 생성한 리스너에 gRPC 서버를 등록하는 두 단계로 구성됩니다.

```
lis, err := net.Listen("tcp", ":50051")
s := grpc.NewServer()
log.Fatal(s.Serve(lis))
```

net 패키지에 정의된 net.Listen() 함수를 사용하여 TCP 리스너를 시작합니다. Listen() 함수의 첫 번째 매개변수는 생성할 리스너의 타입, 이 경우에는 TCP를 나타내며, 두 번째 매개변수는 수신 대기할 네트워크 주소를 나타냅니다.

예시에서는 포트 50051번의 모든 네트워크 인터페이스에 대해 수신 대기하도록 리스너를 설정하였습니다. HTTP 서비스에서는 포트 8080번을 일반적으로 사용하듯이 gRPC 서버에서는 포트 50051번을 일반적으로 사용합니다. 리스너를 생성하고 나면 grpc.NewServer() 함수를 사용하여 grpc.Server 객체를 생성합니다. google.golang.org/grpc 패키지에는 gRPC 애플리케이션을 작성하기 위해 필요한 타입과 함수들이 정의되어 있습니다.

마지막으로 grpc.Server 객체에 정의된 Serve() 메서드에 생성된 리스너를 전달하여 호출합니다. Serve 메서드는 서버를 종료하거나 오류가 발생한 경우에 반환됩니다. 이 정도만으로 온전하게 동작하는 gRPC 서버가 실행됩니다. 하지만 아직 Users 서비스에서 사용자의 요청을 받아들이고 처리하는 부분을 살펴보지 못했습니다.

다음으로는 GetUser() 메서드를 구현해봅니다. 이 메서드를 정의하기 위해 이전에 생성한 패키지로부터 임포트해옵니다.

```
import users "github.com/username/user-service/service"
```

임포트 별명import alias으로 users를 주어 코드상의 다른 부분에서 쉽게 식별될 수 있도록 합니다. 그리고 users.UnimplementedUsersServer라는 구조체를 필드로 갖는 userService 구조체 타입을 정의합니다. 이렇게 UnimplementedUsersServer 구조체를 필드로 갖는 구조체 타입을 정의하는 것은 gRPC 애플리케이션을 구현하는 서비스 구현체에서 필수적으로 해야 하며, Users 서비스 구현의 첫 번째 단계입니다.

```
type userService struct {
    users.UnimplementedUsersServer
}
```

userService 타입은 Users 서비스의 **서비스 핸들러**입니다. 이제 server 구조체의 메서드로 GetUser() 메서드를 정의합니다.

```
func (s *userService) GetUser(
    ctx context.Context,
    in *users.UserGetRequest,
) (*users.UserGetReply, error) {
    log.Printf(
        "Received request for user with Email: %s Id: %s\n",
        in.Email,
        in.Id,
    )
    components := strings.Split(in.Email, "@")
    if len(components) != 2 {
        return nil, errors.New("invalid email address")
    }
    u := users.User{
        Id:        in.Id,
        FirstName: components[0],
        LastName:  components[1],
        Age:       36,
    }
    return &users.UserGetReply{User: &u}, nil
}
```

GetUser() 메서드는 context.Context 객체와 users.UserGetRequest 객체, 총 두 개의 매개변수를 받습니다. 메서드는 *users.UserGetReply 타입의 객체 포인터와 error를 반환합니다. RPC 메서드 GetUser()의 Go 구현체에서는 에러를 반환하기 위해 함수에서 두 번째 반환값으로 사용하는 점에 주의하세요. 다른 프로그래밍 언어에서는 이러한 동작이 Go와 동일하지 않습니다.

메시지에 해당하는 구조체 타입은 users.pb.go 파일에 정의되어 있습니다. 각 구조체에는 프로토콜 버퍼 내부적으로 사용하는 일부 필드가 존재하고, 프로토콜 버퍼에서 정의한 일부 필드 중 Go에서 사용 가능한 필드가 존재하는 것을 확인할 수 있습니다.

먼저 UserGetRequest 구조체의 경우는 다음과 같습니다.

```go
type UserGetRequest struct {
    // 프로토콜 버퍼에서 내부적으로 사용하는 필드
    Email string
    Id    string
}
```

유사하게 UserGetReply 구조체에도 User 필드를 포함합니다.

```go
type UserGetReply struct {
    // 프로토콜 버퍼에서 내부적으로 사용하는 필드
    User *User
}
```

User 타입에는 Id, FirstName, LastName, Age 필드가 있습니다.

```go
type User struct {
    // 프로토콜 버퍼에서 내부적으로 사용하는 필드
    Id        string
    FirstName string
    LastName  string
    Age       int32
}
```

메서드의 구현체는 수신 요청을 로그로 남기고, 이메일 주소로부터 사용자 이름과 도메인 이름을 추출한 뒤, 더미 User 객체를 생성하고, UserGetReply 값과 nil의 에러값을 반환하도록 합시다. 이메일 주소가 정상적이지 않은 경우 공백의 UserGetReply 값과 함께 이메일을 정상적으로 파싱하지 못하였다는 에러값을 반환하도록 합니다.

이제 Users 서비스를 gRPC 서버에 등록하면 gRPC 서버 애플리케이션을 구현하기 위한 마지막 단계를 마치게 됩니다.

```
lis, err := net.Listen("tcp", listenAddr)
s := grpc.NewServer()
users.RegisterUsersServer(s, &userService{})
log.Fatal(s.Serve(lis))
```

gRPC 서버에 Users 서비스 핸들러를 등록하기 위해서는 protoc 커맨드에서 생성된 users.RegisterUsersServer() 함수를 호출합니다. users.RegisterUsersServer() 함수는 두 개의 매개변수를 받는데, 첫 번째 매개변수는 *grpc.Server 객체이며, 두 번째 매개변수는 Users 서비스의 구현체, 즉 예시에서 정의한 userService 타입 객체입니다. 그림 8.3에서 각 단계를 도식으로 나타냅니다.

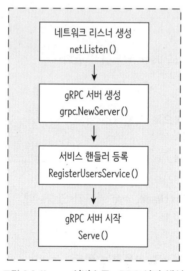

그림 8.3 Users 서비스로 gRPC 서버 생성

예제 8.2는 예시에서의 gRPC 서버의 전체 코드입니다.

예제 8.2 Users 서비스를 구현하는 gRPC 서버

```
// chap8/user-service/server/server.go
package main

import (
    "context"
    "errors"
```

```go
    "log"
    "net"
    "os"
    "strings"

    users "github.com/username/user-service/service"

    "google.golang.org/grpc"
)

type userService struct {
    users.UnimplementedUsersServer
}

// TODO - 위에서 정의한 GetUser() 함수 삽입

func registerServices(s *grpc.Server) {
    users.RegisterUsersServer(s, &userService{})
}

func startServer(s *grpc.Server, l net.Listener) error {
    return s.Serve(l)
}

func main() {
    listenAddr := os.Getenv("LISTEN_ADDR")
    if len(listenAddr) == 0 {
        listenAddr = ":50051"
    }

    lis, err := net.Listen("tcp", listenAddr)
    if err != nil {
        log.Fatal(err)
    }
    s := grpc.NewServer()
    registerServices(s)
    log.Fatal(startServer(s, lis))
}
```

chap8/user-service/ 디렉터리 내에 server라는 새로운 디렉터리를 생성하고, 생성한 디렉터리 안에서 모듈을 초기화합니다.

```
$ mkdir -p chap8/user-service/server
$ cd chap8/user-service/server
$ go mod init github.com/username/user-service/server
```

그다음으로 예제 8.2의 코드를 파일명 server.go로 저장합니다. server 디렉터리 안에서 다음의 커맨드를 수행합니다.

```
$ go get google.golang.org/grpc@v1.37.0
```

위의 커맨드는 google.golang.org/grpc/ 패키지를 받아온 뒤 go.mod 파일을 업데이트하고 go.sum 파일을 생성합니다. 마지막으로는 다음과 같이 수동으로 직접 go.mod 파일 내에 github.com/username/user-service/service 패키지 정보를 추가합니다.

```
replace github.com/username/user-service/service => ../service
```

위의 지시어directive는 Go 툴체인에게 github.com/username/user-service/service라는 패키지는 프로젝트 기준으로 ../service 디렉터리에서 찾으라고 알려주는 역할을 합니다. 최종적으로 go.mod 파일은 예제 8.3과 같은 모양이 됩니다.[2]

예제 8.3 Users gRPC 서버의 go.mod 파일

```
module github.com/practicalgo/code/chap8/user-sevice/server

go 1.18

require google.golang.org/grpc v1.37.1

require github.com/practicalgo/code/chap8/user-service/service v0.0.0

require (
  github.com/golang/protobuf v1.4.2 // indirect
  golang.org/x/net v0.0.0-20190311183353-d8887717615a // indirect
  golang.org/x/sys v0.0.0-20190215142949-d0b11bdaac8a // indirect
  golang.org/x/text v0.3.0 // indirect
  google.golang.org/genproto v0.0.0-20200526211855-cb27e3aa2013 // indirect
  google.golang.org/protobuf v1.25.0 // indirect
)

replace github.com/practicalgo/code/chap8/user-service/service => ../service
```

좋습니다. 이제 서버를 빌드하고 다음과 같이 실행합니다.

---

2   [옮긴이] replace 지시어를 사용하는 이유는, 아직 우리가 작성한 모듈이 실제로 배포되지 않아서 공공연하게 접근이 불가능하기 때문입니다.

```
$ go build -o server
$ ./server
```

이제 서버가 동작 중입니다. 동작 중인 채로 두세요. 정상적으로 동작하는지 알아보기 위해 서버와 통신하기 위한 클라이언트를 작성해봅시다.

8.2.2 클라이언트 작성

클라이언트 연결을 수립하기 위해서는 세 단계가 필요합니다. 첫 번째 단계는 서버와 **채널**이라 불리는 연결을 맺습니다. 채널을 맺기 위해서 google.golang.org/grpc 패키지에 정의된 grpc.DialContext() 함수를 호출합니다. 이를 위한 함수를 다음과 같이 작성합니다.

```
func setupGrpcConnection(addr string) (*grpc.ClientConn, error) {
    return grpc.DialContext(
        context.Background(),
        addr,
        grpc.WithInsecure(),
        grpc.WithBlock(),
    )
}
```

setupGrpcConnection() 함수는 localhost:50051이나 127.0.0.1:50051과 같이 연결할 서버 주소의 문자열 값을 매개변수로 받아 호출됩니다. 그리고 grpc.DialContext() 함수를 세 가지 매개변수로 호출합니다.

grpc.DialContext() 함수의 첫 번째 매개변수는 context.Context 객체입니다. 별도로 콘텍스트를 받지 않았으니 context.Background() 함수를 호출하여 공백 콘텍스트 객체를 생성합니다. 두 번째 매개변수는 연결할 서버의 주소를 포함하는 문자열 값입니다. grpc.DialContext() 함수는 **가변** variadic 함수이며, 따라서 마지막 매개변수의 경우 grpc.DialOption 구조체 타입의 값을 지정하지 않거나 여러 개를 지정하여 호출할 수 있습니다. 예시의 경우 두 개의 값을 지정하였습니다.

- grpc.WithInsecure() 옵션은 전송 계층 보안을 사용하지 않고 서버와 통신을 수립하기 위해 사용합니다. 이 책 후반부에서는 클라이언트와 서버가 통신하기 위해 TLS로 암호화된 채널을 사용하는 gRPC 애플리케이션에 대해 살펴봅니다.

- grpc.WithBlock() 옵션은 함수가 반환되기 전에 연결이 먼저 수립되어 연결 객체가 반환되도록 하기 위해 사용합니다. 즉, 서버가 실행되기 전에 클라이언트를 실행시켰다면, 이 옵션에 의해 무한정 대기하게 됩니다.

grpc.DialContext() 함수의 반환 값은 grpc.ClientConn 구조체 타입의 객체입니다.

서버와 통신하기 위한 채널, 즉 정상적인 grpcClientConn 객체가 생성되고 나면 Users 서비스와 통신하기 위한 클라이언트를 생성하도록 합니다. 이를 위한 getUserServiceClient() 함수를 작성합니다.

```
import users "github.com/username/user-service/service"
func getUserServiceClient(conn *grpc.ClientConn) users.UsersClient {
    return users.NewUsersClient(conn)
}
```

setupGrpcConn() 함수에서 반환된 *grpc.ClientConn 객체를 매개변수로 getUserServiceClient() 함수를 호출하도록 합니다. getUserServiceClient() 함수에서는 *grpc.ClientConn 객체를 받아서 프로토콜 버퍼 컴파일러에서 생성된 users.NewUsersClient() 함수를 호출합니다. users.NewUsersClient() 함수에서 반환된 값은 users.UsersClient 타입의 값입니다.

클라이언트 작성을 위한 마지막 단계는 Users 서비스에 있는 GetUser() 메서드를 호출하는 것입니다. 이를 위한 함수를 작성합니다.

```
func getUser(
    client users.UsersClient,
    u *users.UserGetRequest,
) (*users.UserGetReply, error) {
    return client.GetUser(context.Background(), u)
}
```

getUser() 함수는 Users 서비스와 통신하기 위해 구성된 클라이언트 객체와 사용자 요청을 서버로 전송하기 위해 사용하는 객체 users.UserGetRequest, 총 두 개의 매개변수를 입력으로 받습니다. 함수 내에서는 콘텍스트 객체와 users.UserGetRequest 타입의 객체 변수 u를 매개변수로 GetUser() 함수를 호출합니다. getUser() 함수의 반환 값은 users.UserGetReply 구조체 타입의 값과 에러값입니다. getUser() 함수는 다음과 같이 호출됩니다.

```
result, err := getUser(
    c,
    &users.UserGetRequest{Email: "jane@doe.com"},
)
```

예제 8.4는 클라이언트의 전체 코드입니다.

예제 8.4 **Users 서비스의 클라이언트**

```go
// chap8/user-service/client/main.go
package main

import (
    "context"
    "fmt"
    "log"
    "os"

    users "github.com/username/user-service/service"
    "google.golang.org/grpc"

)
// TODO - 위에서 정의한 setupGrpcConnection() 함수 삽입
// TODO - 위에서 정의한 getUserServiceClient() 함수 삽입
// TODO - 위에서 정의한 getUser() 함수 삽입

func main() {
    if len(os.Args) != 2 {
        log.Fatal(
            "Must specify a gRPC server address",
        )
    }
    conn, err := setupGrpcConnection(os.Args[1])
    if err != nil {
        log.Fatal(err)
    }
    defer conn.Close()

    c := getUserServiceClient(conn)

    result, err := getUser(
        c,
        &users.UserGetRequest{Email: "jane@doe.com"},
    )
    if err != nil {
        log.Fatal(err)
    }
    fmt.Fprintf(
        os.Stdout, "User: %s %s\n",
        result.User.FirstName,
        result.User.LastName,
    )
}
```

main() 함수에서는 먼저 커맨드 라인 인수로 클라이언트가 연결할 서버의 주소를 전달하였는지 확인합니다. 주소가 지정되지 않은 경우 에러 메시지와 함께 애플리케이션을 종료합니다. 이후 서버의 주소를 매개변수로 setupGrpcConn() 함수를 호출합니다. defer 구문으로 연결 객체의 Close() 메서드를 호출하여 프로그램이 종료되기 전에 클라이언트 연결이 정상적으로 종료되도록 합니다. 그리고 Users 서비스와 통신하기 위한 클라이언트 객체를 얻어오기 위해 getUserServiceClient() 함수를 호출합니다. 그다음으로 *users.UserGetRequest 객체 타입의 값을 매개변수로 getUser() 함수를 호출합니다. 기본적으로 프로토콜 버퍼 메시지의 필드는 선택적이기 때문에 별도로 Id 필드 값을 지정해주지 않았습니다. 즉, 그냥 공백의 값을 보내도 되며 그냥 단순하게 &users.UserGetRequest{} 값을 보낼 수도 있습니다. getUser() 함수는 users.UserGetReply 타입의 객체 값을 반환합니다. users.UserGetReply 객체는 하나의 users.User 구조체 객체를 필드로 가지며, 예시에서는 fmt.Fprintf() 함수를 사용하여 users.User 구조체 객체의 두 필드 FirstName과 LastName을 출력하였습니다.

chap8/user-service/ 디렉터리 하위에 client 경로로 새로운 디렉터리를 만들고, 모듈을 초기화합니다.

```
$ mkdir -p chap8/user-service/client
$ cd chap8/user-service/client
$ go mod init github.com/username/user-service/client
```

그다음 예제 8.4의 코드를 client 디렉터리 내에 파일명 main.go로 저장하고, 다음의 커맨드를 수행합니다.

```
$ go get google.golang.org/grpc@v1.46.0
```

위의 커맨드는 google.golang.org/grpc/ 패키지를 가져온 뒤 go.mod 파일을 업데이트하고 go.sum 파일을 생성합니다. 마지막 단계는 github.com/username/user-service/service 패키지에 대한 정보를 go.mod 파일에 수동으로 넣어주면 됩니다. 예제 8.5은 최종 go.mod 파일에 대한 정보입니다.

```
module github.com/practicalgo/code/chap8/user-sevice/client

go 1.18

require (
  github.com/practicalgo/code/chap8/user-service/service v0.0.0
  google.golang.org/grpc v1.37.0
)

require (
  github.com/golang/protobuf v1.4.2 // indirect
  golang.org/x/net v0.0.0-20190311183353-d8887717615a // indirect
  golang.org/x/sys v0.0.0-20190215142949-d0b11bdaac8a // indirect
  golang.org/x/text v0.3.0 // indirect
  google.golang.org/genproto v0.0.0-20200526211855-cb27e3aa2013 // indirect
  google.golang.org/protobuf v1.25.0 // indirect
)

replace github.com/practicalgo/code/chap8/user-service/service => ../service
```

chap8/user-service 디렉터리 구조는 이제 그림 8.4과 같은 모습을 갖게 됩니다.

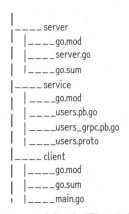

```
|
|____ server
|  |____go.mod
|  |____server.go
|  |____go.sum
|____ service
|  |____go.mod
|  |____users.pb.go
|  |____users_grpc.pb.go
|  |____users.proto
|____ client
|  |____go.mod
|  |____go.sum
|  |____main.go
```

그림 8.4 **Users 서비스에 대한 디렉터리 구조**

좋습니다. 이제 클라이언트를 빌드하고 다음을 수행합니다.

```
$ cd chap8/user-service/client
$ go build -o client
$ ./client localhost:50051
User: Jane Doe
```

서버에서는 다음과 같은 로그 메시지를 확인할 수 있습니다.

```
2021/05/16 08:23:52 Received request for user with Email: jane@doe.com Id:
```

좋습니다. 이제 gRPC로 통신하는 첫 서버와 클라이언트 애플리케이션을 작성해보았습니다. 다음 절에서는 클라이언트와 서버가 정상적으로 동작하는지 검증하는 테스트를 작성해봅니다.

8.2.3 서버 테스트

클라이언트와 서버를 테스트하기 위한 핵심 요소는 google.golang.org/grpc/test/bufconn(코드상에서 bufconn으로 접근 가능) 패키지입니다. 해당 패키지를 사용하면 gRPC 클라이언트와 서버 간에 통신을 위한 완벽한 인메모리 채널을 구성할 수 있습니다. 작성할 테스트에서는 **실제로** 네트워크 리스너를 생성하지 않고 bufconn 패키지를 사용하도록 합니다. bufconn 패키지를 사용하면 테스트 중에 실제로 네트워크를 사용하여 서버와 클라이언트를 구성할 필요 없이 서버와 클라이언트가 동작하기 위한 로직을 테스트할 수 있습니다.

이제 Users 서비스를 위한 gRPC 서버를 테스트하기 위한 함수를 작성해봅니다.

```
func startTestGrpcServer() (*grpc.Server, *bufconn.Listener) {
    l := bufconn.Listen(10)
    s := grpc.NewServer()
    registerServices(s)
    go func() {
        err := startServer(s, l)
        if err != nil {
            log.Fatal(err)
        }
    }()
    return s, l
}
```

먼저 bufconn.Listen() 함수를 호출하여 *bufconn.Listener 객체를 생성합니다. bufconn.Listen() 함수에 전달하는 매개변수는 리스닝 큐의 크기입니다. 단순하게 생각하면 서버와 어느 한 시점에 동시에 맺을 수 있는 연결의 개수를 의미합니다. 테스트 목적으로 10개의 연결이면 충분합니다.

다음으로는 grpc.NewServer() 함수를 호출하여 *grpc.Server 객체를 생성합니다. 그리고 서버 구현체에 정의된 registerService() 함수를 호출하여 서버에 서비스 핸들러를 등록하고, startServer() 함수를 고루틴에서 호출하여 서버를 시작합니다. 마지막으로 *grpc.Server 객체값과 *bufconn. Listener 객체값을 반환합니다. 테스트 서버와 통신하기 위해서는 특별히 구성된 클라이언트가 필요합니다.

먼저 다음과 같이 특별한 시그니처를 만족하는 함수 **다이얼러**를 생성합니다.

```
bufconnDialer := func(
    ctx context.Context, addr string,
) (net.Conn, error) {
    return l.Dial()
}
```

이 함수는 context.Context 객체와 연결할 주소를 포함하는 문자열을 매개변수로 받습니다. 그리고 Dial 메서드의 반환 값을 그대로 반환하여 net.Conn 타입의 객체와 error 값을 반환합니다. 여기서 변수 l은 bufconn.Listen() 함수 호출에서 생성된 bufconn.Listener 객체입니다.

다음으로는 테스트 서버에 연결하기 위한 클라이언트를 생성합니다.

```
client, err := grpc.DialContext(
    context.Background(),
    "", grpc.WithInsecure(),
    grpc.WithContextDialer(bufconnDialer),
)
```

두 가지 주목할 부분이 있습니다. 첫 번째로, DialContext() 함수 호출에 두 번째 매개변수로 공백의 주소 문자열을 지정하였습니다. 두 번째로, grpc.WithContextDialer() 함수에 전달하는 매개변수는 위에서 매개변수를 받아 생성한 bufConnDialer() 함수입니다. 이에 따라 grpc.DialContext() 함수에 사용할 다이얼러를 grpc.WithContextDialer() 함수 호출을 통해 얻어온 다이얼러로 설정하게 됩니다. 이를 단순하게 표현하자면, bufConnDialer() 함수가 구성할 **네트워크** 연결을 인메모리로 구성하도록 합니다. 그림 8.5에서는 이를 도식화하여 실제 네트워크 리스너에서 발생하는 클라이언트 서버 연결과 bufconn을 통해 일어나는 클라이언트 서버를 비교하여 보여줍니다.

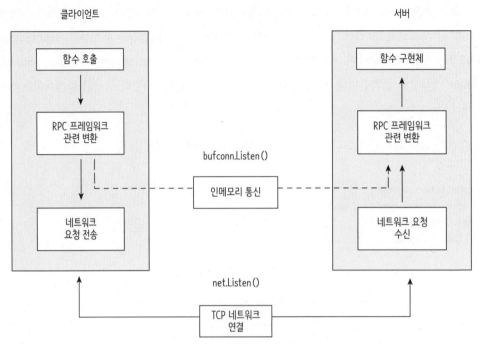

클라이언트   서버

함수 호출   함수 구현체

RPC 프레임워크 관련 변환   RPC 프레임워크 관련 변환

bufconn.Listen()

인메모리 통신

네트워크 요청 전송   네트워크 요청 수신

net.Listen()

TCP 네트워크 연결

그림 8.5 **실제 네트워크 리스너와 bufconn을 통해 생성한 리스너의 비교**

테스트 서버와 통신하도록 구성된 `grpc.Client`를 생성하고 나면, 이제 남은 일은 실제로 클라이언트에서 요청을 보내고 응답이 정상적으로 왔는지를 검증하면 됩니다. 예제 8.6은 전체 테스트 함수 코드입니다.

예제 8.6 **Users 서비스 테스트**

```go
// chap8/user-service/server/server_test.go
package main

import (
    "context"
    users "github.com/username/user-service-test/service"
    "google.golang.org/grpc"
    "google.golang.org/grpc/test/bufconn"
    "log"
    "net"
    "testing"
)

// TODO - 위에서 정의한 startTestGrpcServer() 함수 삽입

func TestUserService(t *testing.T) {
    s, l := startTestGrpcServer()
```

```
    defer s.GracefulStop()

    bufconnDialer := func(
        ctx context.Context, addr string,
    ) (net.Conn, error) {
        return l.Dial()
    }

    client, err := grpc.DialContext(
        context.Background(),
        "", grpc.WithInsecure(),
        grpc.WithContextDialer(bufconnDialer),
    )
    if err != nil {
        t.Fatal(err)
    }
    usersClient := users.NewUsersClient(client)
    resp, err := usersClient.GetUser(
        context.Background(),
        &users.UserGetRequest{
            Email: "jane@doe.com",
            Id:    "foo-bar",
        },
    )

    if err != nil {
        t.Fatal(err)
    }
    if resp.User.FirstName != "jane" {
        t.Errorf(
            "Expected FirstName to be: jane, Got: %s",
            resp.User.FirstName,
        )
    }
}
```

*grpc.Server 값에 정의된 GracefulStop() 메서드를 defer 구문으로 호출합니다. 이로 인해 테스트 함수가 종료되기 전에 서버가 반드시 중단되도록 합니다. 예제 8.6의 코드를 chap8/user-service/server/ 디렉터리 내에 파일명 server_test.go로 저장하고, 다음과 같이 테스트를 수행합니다.

```
$ go test
2021/05/28 16:57:42 Received request for user with Email: jane@doe.com
Id: foo-bar
```

다음으로는 클라이언트 테스트를 작성해봅시다.

8.2.4 클라이언트 테스트

클라이언트의 테스트를 작성할 때는 Users 서비스를 위한 더미 서버를 구현합니다.

```
type dummyUserService struct {
    users.UnimplementedUsersServer
}
```

그리고 이 타입의 사용자를 얻어오기 위한 더미 GetUser() 메서드를 정의합니다.

```
func (s *dummyUserService) GetUser(
    ctx context.Context,
    in *users.UserGetRequest,
) (*users.UserGetReply, error) {
    u := users.User{
        Id:        "user-123-a",
        FirstName: "jane",
        LastName:  "doe",
        Age:       36,
    }
    return &users.UserGetReply{User: &u}, nil
}
```

다음으로 gRPC 서버를 생성하고 더미 서비스 구현체를 등록하는 함수를 정의합니다.

```
func startTestGrpcServer() (*grpc.Server, *bufconn.Listener) {
    l := bufconn.Listen(10)
    s := grpc.NewServer()
    users.RegisterUsersServer(s, &dummyUserService{})
    go func() {
        err := startServer(s, l)
        if err != nil {
            log.Fatal(err)
        }
    }()
    return s, l
}
```

startTestGrpcServer() 함수는 서비스를 등록하는 부분을 제외하고는 기존에 작성한 서버와 동일합니다. 기존과 다른 부분은 실제 서비스가 아니라 다음과 같이 더미 서비스를 등록하는 것입니다.

```
users.RegisterUsersServer(s, &dummyUserService{})
```

별도의 고루틴에서 서버를 시작하고 테스트할 때처럼 클라이언트가 다이얼러를 생성할 수 있도록 *bufconn.Listener 값을 반환합니다. 기본 방향은 서버를 백그라운드에서 동작하도록 하고 테스트를 진행하며 백그라운드에서 동작하는 서버에 요청을 보내도록 하는 것입니다.

마지막으로 GetUser() RPC 메서드를 호출하고 결괏값을 검증하면 됩니다. 예제 8.7은 테스트 함수의 전체적인 코드입니다.

예제 8.7 **Users 서비스 클라이언트 테스트**

```go
// chap8/user-service/client/user_client_test.go
package main

import (
    "context"
    "log"
    "net"
    "testing"

    users "github.com/practicalgo/code/chap8/user-service/service"
    "google.golang.org/grpc"
    "google.golang.org/grpc/test/bufconn"
)

type dummyUserService struct {
  users.UnimplementedUsersServer
}

// TODO - 위에서 정의한 GetUser() 함수 삽입

// TODO - 위에서 정의한 startTestGrpcServer() 함수 삽입
func TestGetUser(t *testing.T) {

  s, l := startTestGrpcServer()
  defer s.GracefulStop()

  bufconnDialer := func(
    ctx context.Context, addr string,
  ) (net.Conn, error) {
```

```
    return l.Dial()
  }

  conn, err := grpc.DialContext(
    context.Background(),
    "", grpc.WithInsecure(),
    grpc.WithContextDialer(bufconnDialer),
  )
  if err != nil {
    t.Fatal(err)
  }

  c := getUserServiceClient(conn)
  result, err := getUser(
    c,
    &users.UserGetRequest{Email: "jane@doe.com"},
  )
  if err != nil {
    t.Fatal(err)
  }

  if result.User.FirstName != "jane" ||
    result.User.LastName != "doe" {
    t.Fatalf(
      "Expected: jane doe, Got: %s %s",
      result.User.FirstName,
      result.User.LastName,
    )
  }
}
```

chap8/user-service/client/ 디렉터리 내에 예제 8.7의 코드를 파일명 client_test.go로 저장하고, 다음과 같이 테스트를 수행합니다.

```
$ go test
PASS
ok      github.com/practicalgo/code/chap8/user-service/client 0.128s
```

더 살펴보기 전에 먼저 지금까지 배운 것을 요약해봅시다. gRPC 네트워크 애플리케이션을 개발하기 위하여 먼저 프로토콜 버퍼 언어로 서비스 명세를 생성해야 합니다. 이후에 프로토콜 버퍼 컴파일러(protoc)와 Go 언어 플러그인을 사용하여 **신비한 접착제**를 생성합니다. 신비한 접착제는 클라이언트와 서버 간에서 네트워크로 통신하기 위해, 주고받을 데이터를 직렬화하고 역직렬화하는 저수준lowlevel의 작업을 처리하는 데에 사용됩니다. 타입을 이용하여 인터페이스를 구현하고, 생성된 코드에서 함수를 호출한 뒤, 서버와 클라이언트를 구현합니다. 마지막으로 서버와 클라이언트의 테스트 코드를 작성합니다.

이 과정을 HTTP 서버와 클라이언트를 작성하는 절차와 간략하게 비교해보는 것도 의미가 있습니다. 먼저 gRPC 서버와 HTTP 서버를 생각해봅시다. 두 종류의 서버 애플리케이션은 모두 네트워크 서버를 구성하고 네트워크 요청을 처리하기 위한 핸들러 함수를 갖습니다. HTTP 서버는 임의의 핸들러 함수를 정의하고 임의의 경로에 핸들러 함수를 등록할 수 있습니다. 그에 반해 gRPC 서버는 프로토콜 버퍼 언어로 정의된 서비스 명세에 해당하는 함수에 대해 등록된 RPC 함수 호출만을 처리할 수 있습니다.

HTTP 클라이언트와 gRPC 클라이언트를 비교해보면 클라이언트를 생성하고 요청을 보내는 부분은 유사해 보입니다. 하지만 HTTP 클라이언트는 아무 HTTP 서버에나 요청을 보낼 수 있고, 잘못된 요청을 보냈을 때 오류를 응답 받을 수 있습니다. 반면 gRPC 클라이언트는 오직 프로토콜 버퍼 명세로 정의된 RPC 함수를 호출하는 경우에만 사용될 수 있습니다. 게다가 클라이언트는 메시지를 서버로 전송하기 위해서 반드시 RPC 서버에서 이해하는 형태를 미리 알고 있어야만 합니다. HTTP 애플리케이션의 경우 클라이언트에 그런 제약 사항은 존재하지 않습니다.

다음으로는 프로토콜 버퍼를 사용하여 작업할 때 중요하게 알아야 할 두 가지 요소, 마샬링과 언마샬링, 그리고 시간에 따른 데이터 포맷의 진화에 대해 알아봅니다.

8.3 프로토콜 버퍼 메시지 살펴보기

gRPC 애플리케이션의 가장 핵심이 되는 주춧돌은 메시지입니다. 어느 애플리케이션에서 gRPC 애플리케이션과 통신을 해야 하는 경우 바이트 데이터bytes of data를 프로토콜 버퍼로, 또는 프로토콜 버퍼를 바이트 데이터로 변환해야만 합니다. 이에 대해 다음 절에서 살펴봅니다. 이후에는 애플리케이션이 성장하며 상위 호환성과 하위 호환성을 고려한 프로토콜 버퍼 메시지 설계 방법에 대해 배우게 됩니다.

8.3.1 마샬링과 언마샬링

Users 서비스에 대한 GetUser() 함수의 요청을 생각해봅시다. 클라이언트와 테스트의 경우 다음과 같은 형태의 UserGetRequest 타입의 값을 생성합니다.

```
u := users.UserGetRequest{Email: "jane@doe.com"}
```

이후에 생성한 요청 객체를 매개변수로 전달하여 GetUser() 함수를 호출합니다. UserGetRequest 메시지 타입에 매핑되는 JSON 포맷 문자열로 검색 질의 요청을 보낼 수 있는 사용자 클라이언트 애플리케이션에서 GetUser() 함수를 호출하려면 어떻게 해야 할까요? 잊어버리신 분들을 위해 상기하자면, UserGetRequest 메시지는 다음과 같이 정의되어 있습니다.

```
message UserGetRequest {
    string email = 1;
    string id = 2;
}
```

메시지 타입과 매핑되는 JSON 포맷 문자열의 예시는 {"email": "jane@doe.com", "id": "user-123"}입니다. 이 JSON 문자열을 UserGetRequest 객체로 변환해봅시다.

```
u := users.UserGetRequest{}
jsonQuery = `'{"email": jane@doe.com, "id": "user-123"}`
input := []byte(jsonQuery)
err = protojson.Unmarshal(input, &u)
if err != nil {
    log.Fatal(err)
}
```

JSON 포맷 문자열을 프로토콜 버퍼 객체로 언마샬링하기 위해 google.golang.org/protobuf/encoding/protojson 패키지를 사용합니다. protojson.Unmarshal() 함수를 실행한 결과로 jsonQuery에 담긴 JSON 포맷 문자열 데이터를 기반으로 프로토콜 버퍼 객체 u의 데이터를 언마샬링합니다. 이 객체를 사용하여 예제 8.8의 코드와 같이 커맨드 라인에서 JSON 포맷 문자열을 사용하여 Users 서비스에 질의 요청을 보낼 사용자를 지정하도록 클라이언트 코드를 업데이트할 수 있습니다.

예제 8.8 Users 서비스의 클라이언트

```
// chap8/user-service/client-json/main.go
package main

import (
  "context"
  "fmt"
  "log"
  "os"
```

```go
    users "github.com/username/user-service/service"
    "google.golang.org/grpc"
    "google.golang.org/protobuf/encoding/protojson"
)

// TODO - 예제 8.4에서 정의한 setupGrpcConnection() 함수 삽입
// TODO - 예제 8.4에서 정의한 getUserServiceClient() 함수 삽입
// TODO - 예제 8.4에서 정의한 getUser() 함수 삽입

func createUserRequest(
    jsonQuery string,
) (*users.UserGetRequest, error) {
    u := users.UserGetRequest{}
    input := []byte(jsonQuery)
    return &u, protojson.Unmarshal(input, &u)
}

func main() {
    if len(os.Args) != 3 {
        log.Fatal(
            "Must specify a gRPC server address and search query",
        )
    }

    serverAddr := os.Args[1]
    u, err := createUserRequest(os.Args[2])
    if err != nil {
        log.Fatalf("Bad user input: %v", err)
    }

    conn, err := setupGrpcConnection(serverAddr)
    if err != nil {
        log.Fatal(err)
    }
    defer conn.Close()

    c := getUserServiceClient(conn)

    result, err := getUser(
        c,
        u,
    )
    if err != nil {
        log.Fatal(err)
    }
    fmt.Fprintf(
        os.Stdout, "User: %s %s\n",
```

```
    result.User.FirstName,
    result.User.LastName,
  )
}
```

chap8/user-service 디렉터리에 client-json라는 이름으로 새로운 디렉터리를 만들고, 생성한 디렉터리 안에서 다음과 같이 모듈을 초기화합니다.

```
$ mkdir -p chap8/user-service/client-json
$ cd chap8/user-service/client-json
$ go mod init github.com/username/user-service/client-json
```

그다음으로 예제 8.8의 코드를 파일명 main.go로 저장합니다. client-json 디렉터리 내에서 다음의 커맨드를 실행합니다.

```
$ go get google.golang.org/protobuf/encoding/protojson
```

위의 커맨드는 google.golang.org/protobuf/encoding/protojson 패키지를 가져온 뒤 go.mod 파일을 업데이트하고 go.sum 파일을 생성합니다. 마지막 단계는 github.com/username/user-service/service 패키지에 대한 정보를 go.mod 파일에 수동으로 넣어주면 됩니다. 예제 8.9은 최종 go.mod 파일에 대한 정보입니다.

예제 8.9 Users 서비스에 JSON 포맷 질의를 지원하는 클라이언트

```
module github.com/practicalgo/code/chap8/user-sevice/client-json

go 1.18

require (
  github.com/practicalgo/code/chap8/user-service/service v0.0.0
  google.golang.org/grpc v1.37.0
  google.golang.org/protobuf v1.26.0
)

require (
  github.com/golang/protobuf v1.5.0 // indirect
  golang.org/x/net v0.0.0-20190311183353-d8887717615a // indirect
  golang.org/x/sys v0.0.0-20190215142949-d0b11bdaac8a // indirect
  golang.org/x/text v0.3.0 // indirect
  google.golang.org/genproto v0.0.0-20200526211855-cb27e3aa2013 // indirect
```

```
)

replace github.com/practicalgo/code/chap8/user-service/service => ../service
```

이제 클라이언트를 빌드하고, 검색할 질의를 두 번째 인수로 하여 수행합니다. 비정상적인 질의 요청을 보내면 어떤 일이 발생하는지 봅니다.

```
$ go build
$ ./client-json localhost:50051 '{"Email": "jane@doe.com"}'
2021/05/21 06:53:53 Bad user input: proto: (line 1:2):
unknown field "Email"
```

email 필드가 아니라 Email 필드로 필드명을 잘못 지정하였고, 그와 관련한 오류가 반환되었습니다. 특정 필드에 대해 잘못된 데이터를 지정할 경우 다음과 같이 오류가 반환됩니다.

```
$ ./client-json localhost:50051 '{"email": "jane@doe.com", "id": 1}'
2021/05/21 06:56:18 Bad user input: proto: (line 1:33):
invalid value for string type: 1
```

이제 정상적인 질의 요청을 보내봅시다.

```
$ ./client-json localhost:50051 '{"email": "jon@doe.com", "id": "1"}'
User: jon doe.com
```

다음으로 결과를 사용자에게 JSON 포맷으로 반환하는 방법을 살펴봅시다. 언마샬링과 동일하게 protojson 패키지의 protojson.Marshal() 함수를 사용합니다.

```
result, err := client.GetUser(context.Background(), u)
..
data, err := protojson.Marshal(result)
```

Marshal() 함수가 nil 에러를 반환할 경우, 바이트 슬라이스[3]에는 RPC 함수 호출의 결과 객체를 JSON 포맷으로 변환한 문자열의 바이트 정보가 포함됩니다. 예제 8.10은 업데이트된 클라이언트 코드입니다.

---

3   옮긴이 data 변수

```go
// chap8/user-service/client-json/client.go
package main

import (
    "context"
    "fmt"
    "log"
    "os"

    users "github.com/username/user-service/service"
    "google.golang.org/grpc"
    "google.golang.org/protobuf/encoding/protojson"
)

// TODO - 예제 8.4에서 정의한 setupGrpcConnection() 함수 삽입
// TODO - 예제 8.4에서 정의한 getUserServiceClient() 함수 삽입
// TODO - 예제 8.4에서 정의한 getUser() 함수 삽입
// TODO - 예제 8.8에서 정의한 createUserRequest () 함수 삽입

func getUserResponseJson(result *users.UserGetReply) ([]byte, error) {
    return protojson.Marshal(result)
}

func main() {
    if len(os.Args) != 3 {
        log.Fatal(
            "Must specify a gRPC server address and search query",
        )
    }

    serverAddr := os.Args[1]
    u, err := createUserRequest(os.Args[2])
    if err != nil {
        log.Fatalf("Bad user input: %v", err)
    }

    conn, err := setupGrpcConnection(serverAddr)
    if err != nil {
        log.Fatal(err)
    }
    defer conn.Close()

    c := getUserServiceClient(conn)
    result, err := getUser(
        c,
        u,
```

```
    )
    if err != nil {
        log.Fatal(err)
    }
    data, err := getUserResponseJson(result)
    if err != nil {
        log.Fatal(err)
    }
    fmt.Fprint(
        os.Stdout, string(data),
    )
}
```

주요 변경 부분을 볼드체로 표기하였습니다. `users.UserGetRequest` 타입의 객체를 매개변수로 받아서 그에 매핑되는 JSON 포맷의 데이터를 바이트 슬라이스로 반환하는 `getUserResponseJson()`라는 새로운 함수를 추가하였습니다. 예제 8.10과 같이 클라이언트 코드를 업데이트하고 빌드한 뒤 실행합니다.

```
$ ./client-json localhost:50051 '{"email":"john@doe.com"}'
{"user":{"firstName":"john", "lastName":"doe.com", "age":36}}
```

이제 이번 장의 첫 번째 연습 문제인 연습 문제 8.1을 해결해봅시다.

연습 문제 8.1 │ Users 서비스의 커맨드 라인 클라이언트 구현하기

2장의 mync 커맨드 라인 클라이언트에서 gRPC 클라이언트의 기반이 되는 일부 코드를 작성하였습니다. 이제 gRPC 기능을 구현할 때가 되었습니다. service 옵션으로 gRPC 서비스를 받아서 다음과 같이 gRPC 요청을 보낼 수 있는 클라이언트를 구현하세요.

```
$ mync grpc -service Users -method UserGet -request
  '{"email":"bill@bryson.com"}' localhost:50051
```

결과는 사용자에게 JSON 포맷의 문자열로 보여야 합니다. 들여쓰기로 정렬까지 하면 추가점수입니다!

8.3.2 상위 호환성 및 하위 호환성

소프트웨어의 **상위 호환성**이란 구버전에서 작성된 소프트웨어가 신버전에서도 동작할 것이라는 의미입니다. 마찬가지로 소프트웨어의 **하위 호환성**이란 신버전에서 작성된 소프트웨어가 구버전에서도 동

작할 것이라는 의미입니다. 우리는 gRPC 애플리케이션을 사용하는 외부 서비스와 gRPC 애플리케이션 모두, 작성한 프로토콜 버퍼 메시지와 gRPC 메서드가 시간이 지나 진화하더라도 급격한 변화 breaking change 없이 구버전과 신버전에서 모두 동작하길 기대합니다. 메시지 내에 필드를 정의할 때 다음과 같이 필드에 태그를 할당하도록 합니다.

```
message UserGetRequest {
    string email = 1;
    string id = 2;
}
```

다음은 프로토콜 버퍼 메시지에 대해 핵심적으로 기억해야 할 주의 사항입니다.

- **절대로 필드의 태그를 변경하면 안 됨**
- **필드의 데이터 타입을 변경하려면 구버전의 데이터 타입과 신버전의 데이터 타입이 서로 호환 가능해야 함**. 예를 들어, int32, uint32, int64, uint64와 bool 데이터 타입 간에는 서로 변환이 가능함. 그 외의 데이터 타입에 대해서는 프로토콜 버퍼 3 스펙을 살펴볼 것
- **절대로 필드의 이름을 변경해서는 안 됨**. 필드의 이름을 변경해야 한다면 사용하지 않는 태그를 붙여서 새로운 필드를 추가하고, 모든 클라이언트와 서버가 새로운 필드를 사용하게 된 이후에 기존의 필드를 제거하도록 할 것

gRPC 서비스는 위에서 소개한 프로토콜 버퍼 메시지의 핵심 사항 외에도 다음 역시 주의하도록 합니다.

- 완전히 동일한 순간에 클라이언트와 서버를 동시에 바꾸는 경우를 제외하고 **서비스의 이름을 변경하게 되면 기존의 클라이언트는 필연적으로 호환성이 깨지게 됨**
- **함수의 이름을 변경할 수 없음**. 새로운 함수를 추가한 뒤 기존 함수를 사용하는 모든 애플리케이션에서 새로운 함수를 사용하도록 하고, 기존의 함수를 제거할 것

함수에서 매개변수로 입력을 받고 반환 값으로 출력하는 메시지 타입을 변경해야 하는 경우 어떠한 종류의 변경인지 고려해야 합니다. 메시지 내의 모든 필드가 동일한 경우 단순히 새로운 메시지 이름을 사용하도록 모든 애플리케이션을 업그레이드해주면 됩니다. 하지만 필드 자체에 변경이 생겨서 필드를 추가, 제거, 수정하는 경우 위에서 언급한 프로토콜 버퍼 메시지와 관련된 주의 사항을 반드시 염두에 두어야 합니다.

연습 문제 8.2에서는 gRPC 애플리케이션의 호환성에 대해 고려해볼 수 있는 특별한 상황에 대한 문제를 해결해봅니다.

8.4 여러 개의 서비스

gRPC **서버**는 하나 이상의 gRPC **서비스**를 제공할 수 있습니다. 특정한 사용자의 소스 코드를 질의하는 데 사용 가능한 두 번째 서비스 Repo를 추가하는 방법을 알아봅시다. 먼저, 추가하고자 하는 서비스의 프로토콜 버퍼 명세를 생성해야 합니다. chap8/multiple-services/ 경로로 새로운 디렉터리를 생성합니다. chap8/user-service/service 디렉터리에 존재하는 내용을 새로 생성한 디렉터리에 복사합니다.

```
$ mkdir -p chap8/multiple-services
$ cp -r chap8/user-service/service chap8/multiple-services/
```

go.mod 파일의 정보를 다음과 같이 수정합니다.

```
module github.com/username/multiple-services/service
go 1.18
```

예제 8.11의 코드를 파일명 repositories.proto로 저장합니다.

```
// chap8/multiple-services/service/repositories.proto

syntax = "proto3";
import "users.proto";

option go_package = "github.com/username/multiple-services/service";

service Repo {
    rpc GetRepos (RepoGetRequest) returns (RepoGetReply) {}
}

message RepoGetRequest {
    string id = 2;
    string creator_id = 1;
}

message Repository {
    string id = 1;
    string name = 2;
    string url = 3;
    User owner = 4;
}

message RepoGetReply {
    repeated Repository repo = 1;
}
```

Repo 서비스에는 GetRepos라는 하나의 RPC 메서드와 메서드의 입출력에 해당하는
RepoGetRequest, RepoGetReply 메시지 타입을 정의합니다. RepoGotReply 메시지 타입에는
Repository 타입의 repo라는 하나의 필드만을 포함합니다. 여기에 새로운 프로토콜 버퍼 기능인
repeated 필드를 사용하였습니다. 어떤 필드를 repeated로 정의한 경우, 해당 메시지는 하나 이상의
해당 필드의 인스턴스를 포함할 수도, 아닐 수도 있습니다. 즉, RepoGetReply 메시지는 0개 이상의
repo 필드를 포함하게 됩니다.

Repository 메시지에는 소유자를 정의하는, users.proto 파일에 정의된 User 타입의 owner 필드를
포함합니다. import "users.proto" 구문을 통해 해당 프로토콜 버퍼 명세 파일에 정의된 메시지 타
입을 참조할 수 있습니다. 다음으로 해당하는 프로토콜 버퍼 명세에 대해 Go 코드를 생성해봅니다.

```
$ protoc --go_out=. --go_opt=paths=source_relative \
 --go-grpc_out=. --go-grpc_opt=paths=source_relative \
 users.proto repositories.proto
```

이 커맨드를 수행한 뒤 service 디렉터리 내에 users.pb.go 파일, users_grpc.pb.go 파일, repositories.pb.go 파일, repositories_grpc.pb.go 파일이 생성된 것을 확인할 수 있습니다.

.proto 파일에 기재된 go_package 옵션은 프로토콜 버퍼 컴파일러의 Go 플러그인이 생성할 코드가 gRPC 서버와 다른 서비스에서 임포트될 방식을 지정합니다. 생성된 두 파일, users.pb.go 파일과 repositories.pb.go 파일에 대해 패키지 정의가 서비스의 정의임을 확인할 수 있습니다. 두 파일 모두 동일한 Go 패키지 내에 존재하기 때문에 Repository 타입은 직접 User 타입을 사용할 수 있습니다. 자세한 부분을 알고 싶으시다면 직접 repositories.pb.go 파일의 Repository 구조체의 정의를 살펴보세요.

이제 Repo 서비스를 구현하기 위해 gRPC 서버 코드를 수정합니다. 먼저 다음과 같이 Repo 서비스를 구현하기 위한 타입을 생성합니다.

```go
import svc "github.com/username/multiple-services/service"
type repoService struct {
    svc.UnimplementedRepoServer
}
```

그리고 GetRepos() 함수를 구현합니다.

```go
func (s *repoService) GetRepos(
    ctx context.Context,
    in *svc.RepoGetRequest,
) (*svc.RepoGetReply, error) {
    log.Printf(
        "Received request for repo with CreateId: %s Id: %s\n",
        in.CreatorId,
        in.Id,
    )
    repo := svc.Repository{
        Id:    in.Id,
        Name:  "test repo",
        Url:   "https://git.example.com/test/repo",
        Owner: &svc.User{Id: in.CreatorId, FirstName: "Jane"},
    }
    r := svc.RepoGetReply{
        Repo: []*svc.Repository{&repo},
    }
    return &r, nil
}
```

프로토콜 버퍼의 한 필드가 **repeated**로 선언되면 Go에서는 슬라이스로 생성됩니다. 따라서 RepoGetReply 객체를 선언할 때 예시 코드에 볼드체로 표기한 것처럼 Repo 필드에는 ***Repository** 타입 객체의 슬라이스를 할당합니다. 마지막으로 gRPC 서버 **s**에 다음과 같이 서비스를 등록하도록 합니다.

```
svc.RegisterRepoServer(s, &repoService{})
```

예제 8.12은 Users 서비스와 Repo 서비스를 모두 등록하는 업데이트된 버전의 서버 코드입니다.

예제 8.12 Users 서비스와 Repo 서비스를 모두 제공하는 gRPC 서버

```go
// chap8/multiple-services/server/server.go
package main

import (
    "context"
    "log"
    "net"
    "os"

    svc "github.com/username/multiple-services/service"
    users "github.com/username/user-service/service"
    "google.golang.org/grpc"
    "google.golang.org/grpc/reflection"
)

type userService struct {
    svc.UnimplementedUsersServer
}

type repoService struct {
    svc.UnimplementedRepoServer
}

// TODO - 예제 8.4에서 정의한 getUser() 함수 삽입
// TODO - 위에서 정의한 GetRepos() 함수 삽입


func registerServices(s *grpc.Server) {
    svc.RegisterUsersServer(s, &userService{})
    svc.RegisterRepoServer(s, &repoService{})
    reflection.Register(s)
}
func startServer(s *grpc.Server, l net.Listener) error {
```

```
        return s.Serve(l)
}

func main() {
    listenAddr := os.Getenv("LISTEN_ADDR")
    if len(listenAddr) == 0 {
        listenAddr = ":50051"
    }

    lis, err := net.Listen("tcp", listenAddr)
    if err != nil {
        log.Fatal(err)
    }

    s := grpc.NewServer()
    registerServices(s)
    log.Fatal(startServer(s, lis))
}
```

chap8/multiple-services 디렉터리에 server라는 이름으로 새로운 디렉터리를 만들고, 생성한 디렉터리 안에서 다음과 같이 모듈을 초기화합니다.

```
$ mkdir -p chap8/multiple-services/server
$ cd chap8/multiple-services/server
$ go mod init github.com/username/multiple-services/server
```

그다음으로 예제 8.12의 코드를 파일명 server.go로 저장합니다. server 서브디렉터리 내에서 다음의 커맨드를 실행합니다.

```
$ go get google.golang.org/grpc@v1.37.0
```

위의 커맨드는 google.golang.org/grpc/ 패키지를 가져온 뒤 go.mod 파일을 업데이트하고 go.sum 파일을 생성합니다. 예제 8.13은 최종 go.mod 파일에 대한 정보입니다.

예제 8.13 User 서비스와 Repo 서비스를 지원하는 gRPC 서비스의 go.mod 파일

```
module github.com/practicalgo/code/chap8/multiple-sevices/server

go 1.18

require google.golang.org/grpc v1.37.1
```

```
require github.com/practicalgo/code/chap8/multiple-services/service v0.0.0

require (
  github.com/golang/protobuf v1.4.2 // indirect
  golang.org/x/net v0.0.0-20190311183353-d8887717615a // indirect
  golang.org/x/sys v0.0.0-20190215142949-d0b11bdaac8a // indirect
  golang.org/x/text v0.3.0 // indirect
  google.golang.org/genproto v0.0.0-20200526211855-cb27e3aa2013 // indirect
  google.golang.org/protobuf v1.25.0 // indirect
)

replace github.com/practicalgo/code/chap8/multiple-services/service => ../service
```

다음으로는 테스트를 작성하여 Repo 서비스가 정상적으로 동작하는지 검증합니다.

```
func TestRepoService(t *testing.T) {

    s, l := startTestGrpcServer()
    defer s.GracefulStop()

    bufconnDialer := func(
        ctx context.Context, addr string,
    ) (net.Conn, error) {
        return l.Dial()
    }

    client, err := grpc.DialContext(
        context.Background(),
        "", grpc.WithInsecure(),
        grpc.WithContextDialer(bufconnDialer),
    )
    if err != nil {
        t.Fatal(err)
    }

    repoClient := svc.NewRepoClient(client)
    resp, err := repoClient.GetRepos(
        context.Background(),
        &svc.RepoGetRequest{
            CreatorId: "user-123",
            Id:        "repo-123",
        },
    )

    if err != nil {
        t.Fatal(err)
```

```
    }
    if len(resp.Repo) != 1 {
        t.Fatalf(
            "Expected to get back 1 repo, got back: %d repos", len(resp.Repo),
        )
    }

    gotId := resp.Repo[0].Id
    gotOwnerId := resp.Repo[0].Owner.Id

    if gotId != "repo-123" {
        t.Errorf(
            "Expected Repo ID to be: repo-123, Got: %s",
            gotId,
        )
    }

    if gotOwnerId != "user-123" {
        t.Errorf(
            "Expected Creator ID to be: user-123, Got: %s",
            gotOwnerId,
        )
    }
}
```

Repo 서비스를 테스트하기 위한 핵심 구문을 볼드체로 표기하였습니다. GetRepos() 함수에서 반환 값을 받아 resp.Repo 슬라이스의 길이를 확인합니다. 슬라이스에 단 하나의 Repository 타입의 객체만 포함되어 있어야 하며, 아닌 경우는 테스트에 실패했다고 봅니다. 슬라이스에서 단 하나의 Repository 타입 객체가 존재하는 경우, Repo 필드의 0번 인덱스에 접근하여 Id 필드 값과 OwnerId 필드 값을 얻어옵니다. 마지막으로 해당 필드 값이 정상적인지 검증하도록 합니다.

실행 가능한 온전한 테스트 코드는 이 책의 소스 코드 리포지터리의 chap8/multiple-services/server/server_test.go 파일을 살펴보세요.

다음 연습 문제에서는 mync grpc 클라이언트에 Repo 서비스로 요청을 보낼 수 있도록 기능을 확장해 봅니다.

연습 문제 8.1에서는 다음과 같이 mync grpc 서브커맨드의 인터페이스를 구현하였습니다.

```
$ mync grpc -service Users -method UserGet -request '{"email":"bill@bryson.com"}'
localhost:50051
```

이제 Repo 서비스에도 마찬가지로 요청을 보내도록 기능을 확장해보세요. 사용자는 리포지터리 검색 요청 기준을 JSON 포맷 문자열로 보낼 것입니다.

사용자에게 반환되는 결괏값은 JSON 포맷의 문자열로 화면에 표출되도록 합니다.

이번 장의 마지막 절에서는 gRPC 애플리케이션의 에러 핸들링에 대해 살펴봅니다.

8.5 에러 핸들링

지금까지 보신 것과 같이 gRPC 메서드 구현체는 응답 객체 값과 에러값, 두 개의 객체를 반환합니다. 만일 메서드에서 nil이 아닌 에러값을 반환하면 어떻게 처리해야 할까요? GetUser() 메서드에 비정상적인 이메일 주소를 전달하면 어떻게 되는지 살펴봅시다.

터미널에서 chap8/user-service/server 디렉터리로 이동한 후, 서버를 빌드한 뒤 실행합니다.

```
$ cd chap8/user-service/server
$ go build -o server
$ ./server
```

별도의 터미널을 켜고, chap8/user-service/client-json 디렉터리로 이동합니다. 클라이언트를 빌드하고, 다음과 같이 공백의 JSON을 인수로 실행합니다.

```
$ cd chap8/user-service/client-json
$ go build -o client
$ ./client localhost:50051 '{}'
2021/05/25 21:12:11 rpc error: code = Unknown desc = invalid email address
```

에러 메시지가 반환되고 클라이언트가 종료됩니다. "invalid email address" 텍스트는 Users 서비스 핸들러로부터 반환된 값입니다.

```
components := strings.Split(in.Email, "@")
if len(components) != 2 {
    return nil, errors.New("invalid email address")
}
```

문자열 "rpc error: code = Unknown desc"는 gRPC 라이브러리에서 반환된 값이며, 서버에서 반환된 에러 응답에 해당하는 코드 값을 찾을 수 없다는 것을 의미합니다. 이 오류를 수정하려면 HTTP 상태 코드와 같이 정상적인 에러 코드를 반환하도록 서버를 변경해야 합니다. google.golang.org/grpc/codes 패키지에는 gRPC에서 사용 가능한 많은 에러 코드가 정의되어 있습니다. 많은 에러 코드 중 하나에는 InvalidArgument라는 코드가 있는데, 지금과 같이 클라이언트가 올바른 이메일 주소를 지정하지 않은 경우 사용하기 적합한 에러 코드입니다.

이제 다음의 코드로 서버가 에러 코드를 반환하도록 변경합니다.

```
import (
    "google.golang.org/grpc/codes"
    "google.golang.org/grpc/status"
)

....

components := strings.Split(in.Email, "@")
if len(components) != 2 {
    return nil, status.Error(
        codes.InvalidArgument,
        "Invalid email address specified",
    )
}
```

에러 코드 값을 사용하기 위하여 google.golang.org/grpc/status 패키지의 Error() 함수를 사용합니다. 함수의 첫 번째 매개변수는 에러 코드 값이며, 두 번째 매개변수는 에러를 기술하기 위한 문자열 메시지입니다. 이 책의 소스 코드 리포지터리의 chap8/user-service-error-handling/server/ 디렉터리에서 업데이트된 서버의 소스 코드를 살펴볼 수 있습니다.

새로 업데이트된 서버 코드를 빌드하고 실행합니다.

```
$ ./server
```

클라이언트에서 다시 요청을 보내면 다음과 같은 로그를 확인할 수 있습니다.

```
$ ./client-json localhost:50051 '{}'
2021/05/25 21:45:16 rpc error: code = InvalidArgument desc = Invalid email
address specified
```

클라이언트에서 다음과 같이 status.Convert() 함수를 사용해 에러 코드와 에러 메시지에 각각 접근하여 에러 핸들링을 더욱 개선할 수 있습니다.

```
result, err := getUser(..)
s := status.Convert(err)
if s.Code() != codes.OK {
    log.Fatalf("Request failed: %v - %v\n", s.Code(), s.Message())
}
```

status.Convert() 함수는 *Status 객체 타입의 포인터값을 반환합니다. *Status 객체 타입의 Code() 메서드는 에러 코드를 반환합니다. 에러 코드의 값이 codes.OK가 아닌 경우 서비스가 에러를 반환하였다는 의미이며, 에러 코드와 에러 메시지를 로그로 남깁니다. 이 책의 소스 코드 리포지터리의 chap8/user-service-error-handling/client/ 디렉터리에서 업데이트된 클라이언트의 소스 코드를 살펴볼 수 있습니다.

이전처럼 서버로 비정상적인 요청을 보내면 다음과 같은 로그를 확인할 수 있습니다.

```
2021/05/25 21:59:13 Request failed: InvalidArgument - Invalid email address  specified
```

gRPC 명세에 정의된 여러 에러 코드들이 있습니다. google.golang.org/grpc/codes 패키지와 관련된 문서들을 참고하여 학습하길 권고합니다.[4]

4   　옮긴이　이에 대한 문서는 https://pkg.go.dev/google.golang.org/grpc/codes에 있습니다.

8.6 요약

이번 장에서는 gRPC 애플리케이션을 작성하는 방법에 대해 알아보았습니다. 이제 gRPC 애플리케이션의 기본 형태, 즉 요청–응답 서버 클라이언트 아키텍처를 익숙하게 작성할 수 있을 것입니다. 또한 무거운 서버 프로세스를 구성하지 않고도 클라이언트와 서버의 테스트를 작성하는 방법을 살펴보았습니다.

그리고 프로토콜 버퍼에 대해 배웠으며, 프로토콜 버퍼가 gRPC 애플리케이션에서 데이터 교환 포맷으로 사용되는 방법에 대해 알아보았습니다. 이후에는 프로토콜 버퍼 명세의 상위 호환성과 하위 호환성을 유지하는 방법을 살펴본 뒤, gRPC 서버 내에 여러 개의 서비스를 등록하는 방법을 알아보았습니다. 이번 장의 마지막으로 gRPC 애플리케이션 내에서 에러를 반환하고 처리하는 방법을 알아보았습니다.

다음 장에서는 스트리밍 커뮤니케이션 패턴, 바이너리 데이터 전송 및 애플리케이션 내 미들웨어 구현 등 고급 gRPC 기능을 학습하기 위한 여정을 계속하겠습니다.

9
CHAPTER

고급 gRPC 애플리케이션

이번 장의 앞부분에서는 **gRPC** 애플리케이션에서 스트리밍 커뮤니케이션 패턴을 구현하는 방법을 배웁니다. 뒷부분에서는 미들웨어를 사용하여 일반적인 서버 기능과 클라이언트 기능을 구현하는 방법을 배웁니다. 또한 바이너리 데이터를 송수신하는 방법을 배우게 되며, 프로토콜 버퍼에 대해 더욱 깊이 이해할 수 있게 됩니다. 이제 시작합니다!

9.1 스트리밍 커뮤니케이션

8장에서 살펴본 바와 같이 gRPC 애플리케이션 내의 클라이언트와 서버 간의 데이터 통신은 프로토콜 버퍼 메시지를 통해 일어납니다. 지금까지는 클라이언트가 서버에 요청을 보내고 대기한 뒤, 서버가 응답을 보내면 클라이언트는 받는 형태의 **단항 RPC** 패턴unary RPC pattern에 따라 **gRPC** 애플리케이션을 설계하였습니다. 구체적으로는 클라이언트 애플리케이션에서 RPC 메서드를 호출하고 프로토콜 버퍼 메시지로 요청을 보낸 뒤 서버로부터 응답 메시지를 기다립니다. 즉, 어느 한 시점에 클라이언트와 서버 간에는 단 **하나의** 메시지 교환만 존재합니다.

다음으로 세 가지 커뮤니케이션 패턴에 대해 살펴봅니다. 각각 **서버 사이드 스트리밍**server-side streaming, **클라이언트 사이드 스트리밍**client-side streaming, 두 스트리밍의 조합인 **양방향 스트리밍** bidirectional streaming입니다. 이 세 패턴에서는 메서드 호출 한 번으로 하나 이상의 요청 메시지와 응답 메시지를 주고받을 수 있습니다. 서버 사이드 스트리밍을 시작으로 각 패턴에 대해 알아봅시다.

9.1.1 서버 사이드 스트리밍

서버 사이드 스트리밍에서 클라이언트가 서버로 요청을 보내면 서버는 하나 이상의 응답 메시지를 보낼 수 있습니다. 이전 장에서 구현한 Repo 서비스의 GetRepos() RPC 메서드를 생각해봅시다. 하나의 메시지 내에 리포지터리의 목록을 직접 보내는 대신에 리포지터리의 세부 정보를 포함한 각각의 여러 Repo 메시지를 보낼 수 있습니다. 애플리케이션 내에 이를 구현하는 방법을 살펴봅시다.

먼저 Repo 서비스의 프로토콜 버퍼 명세를 다음과 같이 수정합니다.

```
service Repo {
    rpc GetRepos (RepoGetRequest) returns (stream RepoGetReply) {}
}
```

기존 대비 핵심적으로 달라진 부분은 메서드의 반환 값에 stream이라는 명세를 추가하였다는 것입니다. stream 키워드를 사용하면 프로토콜 버퍼 컴파일러와 Go gRPC 플러그인에 응답이 RepoGetReply 메시지의 **스트림**으로 존재할 것이라고 명시해줍니다. 예제 9.1은 Repo 서비스의 전체 프로토콜 버퍼 명세입니다.

예제 9.1 **Repo 서비스의 프로토콜 버퍼 명세**

```
// chap9/server-streaming/service/repositories.proto
syntax = "proto3";
import "users.proto";

option go_package = "github.com/username/server-streaming/service";

service Repo {
    rpc GetRepos (RepoGetRequest) returns (stream RepoGetReply) {}
}

message RepoGetRequest {
    string id = 2;
    string creator_id = 1;
}

message Repository {
    string id = 1;
    string name = 2;
    string url = 3;
    User owner = 4;
}

message RepoGetReply {
```

```
    Repository repo = 1;
}
```

서비스의 기존 명세(8장의 예제 8.11)와 비교하여 핵심적으로 두 가지 변화가 있습니다. GetRepos() 메서드는 이제 RepoGetReply 메시지의 스트림을 반환합니다. 또한 RepoGetReply 메시지에는 하나의 리포지터리의 세부 정보를 포함하며, 기존에 사용한 repeated 선언을 제거하였습니다.

chap9/server-streaming 경로로 새로운 디렉터리를 만들고, 생성한 디렉터리 안에서 service라는 서브디렉터리를 만듭니다. 그리고 서브디렉터리 안에서 다음과 같이 모듈을 초기화합니다.

```
$ mkdir -p chap9/server-streaming/service
$ cd chap9/server-streaming/service
$ go mod init github.com/username/server-streaming/service
```

다음으로 service 디렉터리 내에서 예제 9.1의 내용을 파일명 repositories.proto로 저장합니다. chap8/multiple-services/service/ 디렉터리에 존재하는 users.proto 파일 또한 service 디렉터리로 복사합니다. 그리고 users.proto 파일 내의 go_package 옵션의 내용을 다음과 같이 변경합니다.

```
option go_package = "github.com/username/server-streaming/service";
```

다음으로 프로토콜 버퍼 명세로부터 두 서비스에 해당하는 Go 코드를 생성합니다.

```
$ protoc --go_out=. --go_opt=paths=source_relative \
  --go-grpc_out=. --go-grpc_opt=paths=source_relative \
  users.proto repositories.proto
```

위의 커맨드를 수행하고 나면 service 디렉터리 내에 users.pb.go 파일, users_grpc.pb.go 파일, repositories.pb.go 파일, repositories_grpc.pb.go 파일이 생성된 것을 확인할 수 있습니다.

다음으로 GetRepos() 메서드의 구현체를 다음과 같이 수정합니다.

```
func (s *repoService) GetRepos(
    in *svc.RepoGetRequest,
    stream svc.Repo_GetReposServer,
) error {
```

```go
    log.Printf(
        "Received request for repo with CreateId: %s Id: %s\n",
        in.CreatorId,
        in.Id,
    )
    repo := svc.Repository{
        Id: in.Id,
        Owner: &svc.User{
            Id:        in.CreatorId,
            FirstName: "Jane",
        },
    }
    cnt := 1
    for {
        repo.Name = fmt.Sprintf("repo-%d", cnt)
        repo.Url = fmt.Sprintf(
            "https://git.example.com/test/%s",
            repo.Name,
        )
        r := svc.RepoGetReply{
            Repo: &repo,
        }
        if err := stream.Send(&r); err != nil {
            return err
        }
        if cnt >= 5 {
            break
        }
        cnt++
    }
    return nil
}
```

위의 구현체에서 몇 가지 주요 변경 사항이 있습니다. 먼저 메서드 구현체의 함수 시그니처가 변경되었습니다. 수신 요청을 나타내는 RepoGetRequest 타입의 객체 변수 in, 스트림 정보를 나타내는 Repo_GetReposServer 타입의 객체 변수 stream, 두 매개변수를 입력으로 받고, error 값을 반환합니다. Repo_GetReposServer 타입은 프로토콜 버퍼 컴파일러에 의해 생성된 인터페이스입니다.

```go
type Repo_GetReposServer interface {
    Send(*RepoGetReply) error
    grpc.ServerStream
}
```

이 인터페이스를 구현하는 구조체 타입은 예시의 응답 메시지 타입인[1] RepoGetReply 타입의 메시지를 입력 매개변수로 받아서 에러값을 반환하는 Send() 메서드를 반드시 구현해야 합니다. 애플리케이션 개발자로서 여러분이 직접 이 인터페이스를 구현하는 구조체 타입을 작성할 필요는 없습니다. 프로토콜 버퍼 컴파일러와 Go gRPC 플러그인에서 인터페이스를 구현하는 구조체 타입을 생성해줍니다. Send() 메서드는 RepoGetReply 구조체 타입의 메시지를 클라이언트에게 전송하는 데에 사용됩니다. 임베딩된 grpc.ServerStream 필드는 google.golang.org/grpc 패키지에 정의된 인터페이스 타입입니다. 이 인터페이스 타입에 대해서는 9.3절에서 알아봅니다.

메서드 보디 내부에서는 수신 요청의 세부 사항을 로그 메시지로 남겨 화면에 출력합니다. 그리고 응답으로 보낼 Repo 객체를 생성합니다. for 루프 안에서는 Repo 객체를 커스터마이징하고, RepoGetReply 메시지를 생성한 뒤, stream.Send() 메서드를 사용하여 클라이언트에게 응답을 보냅니다. Repo 객체를 조금씩 변경하여 총 5번의 응답 메시지를 보냅니다. 모든 응답 메시지를 보낸 뒤 for 루프를 빠져나오고 nil 에러값을 반환합니다.

예제 9.2는 Users 서비스와 Repo 서비스를 구현하는 gRPC 서버의 전체 코드입니다.

예제 9.2 **Users 서비스와 Repo 서비스의 gRPC 서버**

```
// chap9/server-streaming/server/server.go
package main

import (
    "context"
    "errors"
    "fmt"
    "log"
    "net"
    "os"
    "strings"
    svc "github.com/username/server-streaming/service"
    "google.golang.org/grpc"
)

type userService struct {
    svc.UnimplementedUsersServer
}

type repoService struct {
    svc.UnimplementedRepoServer
```

---

1   울긴이 예제 9.1 참조

```
    }

    // TODO - 8장 예제 8.2의 GetUser() 함수 삽입
    // TODO - 위에서 정의한 GetRepos() 함수 삽입

    func registerServices(s *grpc.Server) {
        svc.RegisterUsersServer(s, &userService{})
        svc.RegisterRepoServer(s, &repoService{})
    }

    func startServer(s *grpc.Server, l net.Listener) error {
        return s.Serve(l)
    }

    func main() {
        listenAddr := os.Getenv("LISTEN_ADDR")
        if len(listenAddr) == 0 {
            listenAddr = ":50051"
        }
        lis, err := net.Listen("tcp", listenAddr)
        if err != nil {
            log.Fatal(err)
        }
        s := grpc.NewServer()
        registerServices(s)
        log.Fatal(startServer(s, lis))
    }
```

다음과 같이 chap9/server-streaming 디렉터리 내에 server 서브디렉터리를 생성하고, 모듈을 초기화합니다.

```
$ mkdir -p chap9/server-streaming/server
$ cd chap9/server-streaming/server
$ go mod init github.com/username/server-streaming/server
```

server 디렉터리 내에 예제 9.2의 내용을 파일명 server.go로 저장합니다. 그다음 google.golang. org/grpc 패키지 버전 1.37.0을 받아옵니다.

```
$ go get google.golang.org/grpc@v1.37.0
```

그리고 replace 지시어를 사용하여 service 패키지의 의존성을 추가하도록 go.mod 파일을 수정합니다. 예제 9.3은 결과적인 go.mod 파일의 모습입니다.

예제 9.3 **서버의 go.mod 파일**

```
module github.com/practicalgo/code/chap9/server-streaming/server

go 1.18

require (
  github.com/golang/protobuf v1.4.2 // indirect
  golang.org/x/net v0.0.0-20190311183353-d8887717615a // indirect
  golang.org/x/sys v0.0.0-20190215142949-d0b11bdaac8a // indirect
  golang.org/x/text v0.3.0 // indirect
  google.golang.org/genproto v0.0.0-20200526211855-cb27e3aa2013 // indirect
  google.golang.org/grpc v1.37.0
  google.golang.org/protobuf v1.25.0 // indirect
)

require github.com/practicalgo/code/chap9/server-streaming/service v0.0.0

replace github.com/practicalgo/code/chap9/server-streaming/service => ../service
```

go build를 사용하면 서버가 성공적으로 빌드되어야 합니다. 이제 서버가 정상적으로 동작하는지 검증하기 위한 테스트 함수를 작성해봅니다. 8장에서 테스트 클라이언트와 서버 간에 인메모리 통신 채널을 구성하기 위해 bufconn 패키지를 이용하였습니다. gRPC 테스트 서버의 Repo 서비스와 통신하기 위해 구성된 클라이언트 객체인 repoClient가 있다고 해봅시다. GetRepos() 메서드를 다음과 같이 호출할 것입니다.

```
stream, err := repoClient.GetRepos(
    context.Background(),
    &svc.RepoGetRequest{CreatorId: "user-123", Id: "repo-123"},
)
```

메서드 호출은 두 개의 값을 반환합니다. 첫 번째 값은 Repo_GetReposClient 타입의 객체 값 변수 stream, 두 번째 값은 에러값 변수 err입니다. Repo_GetReposClient 타입은 이전에 살펴본 Repo_GetReposServer 타입의 클라이언트 버전이며, 다음과 같이 정의된 인터페이스 입니다.

```
type Repo_GetReposClient interface {
    Recv() (*RepoGetReply, error)
    grpc.ClientStream
}
```

이 인터페이스를 구현하는 구조체 타입은 `RepoGetReply` 타입의 메시지와 에러값을 반환하는 `Recv()` 메서드를 반드시 구현해야 합니다. 임베딩된 `grpc.ClientStream` 필드는 `google.golang.org/grpc` 패키지에 정의된 인터페이스 타입입니다. 이 인터페이스 타입에 대해서는 9.3절에서 알아봅니다.

서버로부터 응답 스트림을 읽기 위해 `Recv()` 메서드를 활용합니다.

```go
var repos []*svc.Repository
for {
    repo, err := stream.Recv()
    if err == io.EOF {
        break
        log.Fatal(err)
    }
    repos = append(repos, repo.Repo)
}
```

무한 `for` 루프에서 `Recv()` 메서드를 호출합니다. 반환된 에러값이 `io.EOF`인 경우 더 이상 읽을 메시지가 없으므로 루프를 빠져나옵니다. 에러값이 `io.EOF` 외의 에러인 경우 에러를 출력하고 실행을 종료합니다. 정상적으로 실행되었으면 반환 메시지에 담긴 리포지터리의 상세 정보를 `repos` 슬라이스에 추가합니다. 서버 응답을 읽은 뒤 상세 정보가 예상대로 일치하는지 검증합니다. 예제 9.4는 `GetRepos()` 메서드의 동작을 검증하기 위한 전체적인 테스트 함수들의 목록입니다(Users 서비스의 테스트 함수는 지면에 기재하지 않았습니다. 이에 대한 부분은 이 책의 소스 코드 리포지터리의 chap9/server-streaming/server 디렉터리에서 찾아볼 수 있습니다).

예제 9.4 **Repo 서비스의 테스트 함수**

```go
// chap9/server-streaming/server/server_test.go
package main

// TODO - 간결함을 위해 import 구문을 생략하였음
// TODO - 이전 장에서 정의한 startTestGrpcServer() 함수 삽입

func TestRepoService(t *testing.T) {

    l := startTestGrpcServer()

    bufconnDialer := func(
        ctx context.Context, addr string,
    ) (net.Conn, error) {
        return l.Dial()
    }
```

```
    client, err := grpc.DialContext(
        context.Background(),
        "", grpc.WithInsecure(),
        grpc.WithContextDialer(bufconnDialer),
    )
    if err != nil {
        t.Fatal(err)
    }
    repoClient := svc.NewRepoClient(client)
    stream, err := repoClient.GetRepos(
        context.Background(),
        &svc.RepoGetRequest{
            CreatorId: "user-123",
            Id:        "repo-123",
        },
    )
    if err != nil {
        t.Fatal(err)
    }

    // TODO - 이전에 살펴본 바와 같이, 스트리밍 응답을 읽기 위한 for 루프 삽입

    if len(repos) != 5 {
        t.Fatalf(
            "Expected to get back 5 repos, got back: %d repos", len(repos))
    }

    for idx, repo := range repos {
        gotRepoName := repo.Name
        expectedRepoName := fmt.Sprintf("repo-%d", idx+1)
        if gotRepoName != expectedRepoName {
            t.Errorf(
                "Expected Repo Name to be: %s, Got: %s",
                expectedRepoName,
                gotRepoName,
            )
        }
    }
}
```

server 서브디렉터리 내에 예제 9.4의 코드를 파일명 server_test.go로 저장하세요. 테스트를 수행하여 함수가 정상적으로 동작하는지 검증합니다.

```
$ go test -v
=== RUN TestUserService
```

```
2021/06/09 08:43:25 Received request for user with Email:
jane@doe.com Id: foo-bar
--- PASS: TestUserService (0.00s)
=== RUN TestRepoService
2021/06/09 08:43:25 Received request for repo with CreateId:
user-123 Id: repo-123
--- PASS: TestRepoService (0.00s)
PASS
Ok. github.com/practicalgo/code/chap9/server-streaming/server 0.141s
```

서버 사이드 스트리밍은 한 번의 RPC 메서드 호출로 클라이언트에게 여러 개의 응답 메시지를 보내야 할 때 유용합니다. 여러 객체의 배열을 보내는 것보다 그냥 객체들을 스트리밍으로 보내는 것이 더욱 효율적일 가능성이 더 높습니다. 서버 사이드 스트리밍이 유용할 수 있는 또 다른 상황으로는 또 다른 동작으로부터 결과를 스트리밍하는 것처럼, 아직 최종적으로 보내야 할 값이 결정되지 않은 상황이 있습니다.

이번 장의 첫 번째 연습 문제 9.1에서는 리포지터리의 빌드 잡build job을 시뮬레이션하고, 빌드 로그를 클라이언트에게 스트리밍해주는 Repo 서비스의 메서드를 구현해봅니다.

연습 문제 9.1 | 리포지터리의 빌드 로그 스트리밍 하기

Repo 서비스에서 Repository 타입의 매개변수를 받아 RepoBuildLog 타입 메시지의 스트림을 반환하는 CreateBuild() 메서드를 생성하세요. RepoBuildLog 메시지 타입에는 로그 라인 필드와 로그 라인이 생성되었을 때를 기록하는 타임스탬프를 나타내는 필드, 총 두 개의 필드를 갖습니다. 예제 9.4의 서비스 테스트를 수정하여 CreateBuild() 메서드에 대한 테스트를 추가하세요.

9.1.2 클라이언트 사이드 스트리밍

서버 사이드 스트리밍과 유사하게 **클라이언트 사이드 스트리밍**은 클라이언트가 서버의 RPC 메서드를 호출 시 요청을 하나의 메시지가 아니라 메시지 스트림을 보내는 방법을 의미합니다.

Repo 서비스에 메시지의 스트림을 매개변수로 받는 CreateRepo() 메서드를 추가해봅시다. 각 메시지는 리포지터리를 생성하기 위한 세부 정보를 담습니다. 이 메서드를 위해 RepoCreateRequest라는 이름의 새로운 메시지 타입을 정의해봅시다. 메서드를 위한 프로토콜 버퍼 명세는 다음과 같습니다.

```
rpc CreateRepo (stream RepoCreateRequest) returns (RepoCreateReply) {}
```

여기서도 마찬가지로 메시지 타입 이전에 등장한 stream 명세가 중요합니다. CreateRepo RPC 메서드에 해당하는 서버상의 서비스 핸들러는 다음과 같습니다.

```go
func (s *repoService) CreateRepo(
    stream svc.Repo_CreateRepoServer,
) error {
    for {
        data, err := stream.Recv()
        if err == io.EOF {
            // 요청 전체를 수신하였으니, 데이터 처리가 가능함
            r := svc.RepoCreateReply{..}
        }
    }
    return stream.SendAndClose(&r)
}
```

CreateRepo() 메서드 구현체는 매개변수로 svc.Repo_CreateRepoServer 타입의 변수 stream을 받습니다. svc.Repo_CreateRepoServer 타입은 프로토콜 버퍼 컴파일러와 Go 플러그인에서 생성된 인터페이스 타입입니다. 다음과 같이 정의됩니다.

```go
type Repo_CreateRepoServer interface {
    Recv() (*RepoCreateRequest, error)
    SendAndClose(*RepoCreateReply) error
    grpc.ServerStream
}
```

이 인터페이스 타입을 구현하는 구조체 타입은 Recv() 메서드와 SendAndClose() 메서드를 구현할 것이며, 또한 ServerStream 인터페이스 타입을 임베딩할 것입니다. Recv() 메서드는 클라이언트로부터 수신 요청을 받기 위해 사용되며, RepoCreateRequest 타입의 값과 error 값을 반환합니다. SendAndClose() 메서드는 클라이언트에게 응답 값을 반환하기 위해 사용되며, 매개변수로 RepoCreateReply 타입의 값을 받아서 클라이언트에게 응답을 반환한 뒤 연결을 닫습니다. 물론 이전에도 언급한 바와 같이 애플리케이션 개발자인 여러분이 구조체 타입을 어떻게 구현해야 하는지 고민할 필요는 없습니다.

다음은 클라이언트 애플리케이션에서 CreateRepo() 메서드를 호출하는 방법을 보여줍니다.

```go
repoClient := svc.NewRepoClient(client)
stream, err := repoClient.CreateRepo(
```

```
        context.Background(),
    )
```

별다른 요청 매개변수 없이 그냥 context.Context 객체만을 매개변수로 CreateRepo() 메서드를 호출하였습니다. CreateRepo() 메서드는 함수의 반환 값으로 Repo_CreateRepoClient 타입의 변수 stream과 error 값을 반환합니다. Repo_CreateRepoClient 타입은 다음과 같이 정의된 인터페이스입니다.

```
type Repo_CreateRepoClient interface {
    Send(*RepoCreateRequest) error
    CloseAndRecv() (*RepoCreateReply, error)
    grpc.ClientStream
}
```

이 인터페이스 타입을 구현하는 구조체 타입은 Send() 메서드와 CloseAndRecv() 메서드를 구현할 것이며, 또한 ClientStream 인터페이스 타입을 임베딩할 것입니다.

서버 애플리케이션으로 메시지를 보내기 위해서 Send() 메서드를 사용하며, 매개변수로 *RepoCreateRequest 구조체 타입의 포인터 값을 전달해야 합니다.

CloseAndRecv() 메서드는 서버로부터 응답을 받기 위해 사용되며, RepoCreateReply 타입의 값과 error 값을 반환합니다.

RepoCreateRequest 메시지 타입의 스트림을 서버로 전송하려면 다음과 같이 for 루프에서 Send() 메서드를 여러 번 호출하면 됩니다.

```
for i := 0; i < 5; i++ {
    r := svc.RepoCreateRequest{
        CreatorId: "user-123",
        Name: "hello-world",
    }
    err := stream.Send(&r)
    if err != nil {
        t.Fatal(err)
    }
}
```

요청 메시지 스트리밍이 완료된 후에는 서버로부터 응답을 읽을 수 있습니다.

```
resp, err := stream.CloseAndRecv()
```

예시의 서버 코드와 기능을 검증하기 위한 테스트 코드는 이 책의 소스 코드 리포지터리의 `chap9/`
`client-streaming` 디렉터리에서 찾아볼 수 있습니다. 다음으로는 클라이언트 사이드 스트리밍과 서
버 사이드 스트리밍을 결합한 스트리밍 패턴인 양방향 스트리밍에 대해 알아봅니다.

9.1.3 양방향 스트리밍

양방향 스트리밍bidirectional streaming에서는 클라이언트와 서버 간에 연결이 수립되고 나면 각 피어
peer[2]는 순서에 상관없이 독립적으로 데이터를 읽고 쓸 수 있게 됩니다. 읽는 순서나 쓰는 순서가 강
제되지 않기에 애플리케이션에서 강제하지 않는 한 순서가 보장되지 않습니다. 예를 들어 웹사이트
의 고객지원에서 채팅을 통해 도움을 요청하는 것처럼, 사용자가 서비스로부터 도움을 얻기 위한 기
능을 `Users` 서비스에 추가한다고 해봅시다. 이 경우 클라이언트와 서버 간에 발생하는 통신은 양방
향입니다. 사용자(클라이언트)가 지원 상담사(서버)에게 대화를 시작하고, 한쪽이 대화를 종료할 때까
지 대화를 진행한 후 종료합니다. 예제 9.5에서는 이를 위한 `Users` 서비스에 `GetHelp()`라는 하나의
RPC 메서드를 작성하였습니다.

예제 9.5 **Users 서비스의 프로토콜 버퍼 명세**

```
// chap9/bidi-streaming/service/users.proto
syntax = "proto3";

option go_package = "github.com/username/bidi-streaming/service";

service Users {
    rpc GetHelp (stream UserHelpRequest) returns (stream UserHelpReply) {}
}

message User {
    string id = 1;
}

message UserHelpRequest {
    User user = 1;
    string request = 2;
}

message UserHelpReply {
```

---

2 [옮긴이] 이 경우 서버 혹은 클라이언트를 의미합니다.

```
    string response = 1;
}
```

GetHelp() 메서드는 요청 매개변수로 UserHelpRequest 메시지 타입을 받고, UserHelpReply 메시지 타입의 스트림을 반환합니다.

다음과 같이 chap9/bidi-streaming 디렉터리 내에 service 서브디렉터리를 생성하고, 모듈을 초기화합니다.

```
$ mkdir -p chap9/bidi-streaming/service
$ go mod init github.com/username/bidi-streaming/service
```

service 디렉터리 하위에 예제 9.5의 코드를 파일명 users.proto로 저장합니다. 두 서비스에 해당하는 Go 코드를 다음과 같이 생성합니다.

```
$ protoc --go_out=. --go_opt=paths=source_relative \
  --go-grpc_out=. --go-grpc_opt=paths=source_relative users.proto
```

위의 커맨드를 수행하고 나면 service 디렉터리 내에 users.pb.go 파일과 users_grpc.pb.go 파일이 생성된 것을 확인할 수 있습니다. 이제 서버에서 GetHelp() 메서드를 구현합니다.

```go
func (s *userService) GetHelp(
    stream svc.Users_GetHelpServer,
) error {
    log.Println("Client connected")

    for {
        request, err := stream.Recv()
        if err == io.EOF {
            break
        }
        if err != nil {
            return err
        }
        fmt.Printf("Request received: %s\n", request.Request)
        response := svc.UserHelpReply{
            Response: request.Request,
        }
        err = stream.Send(&response)
        if err != nil {
```

```
            return err
        }
    }

    log.Println("Client disconnected")
    return nil
}
```

GetHelp() 메서드는 Users_GetHelpServer 타입의 매개변수를 받습니다. Users_GetHelpServer 타입은 다음과 같이 정의된, 프로토콜 버퍼 컴파일러와 Go 플러그인에서 생성된 인터페이스 타입입니다.

```
type Users_GetHelpServer interface {
    Send(*UserHelpReply) error
    Recv() (*UserHelpRequest, error)
    grpc.ServerStream
}
```

서버에서 메시지 스트림의 송신 및 수신을 처리하기 때문에 인터페이스 타입에 Send() 메서드와 Recv() 메서드가 둘 다 존재하며, ServerStream 인터페이스 타입을 임베딩합니다.

Send() 메서드는 클라이언트에게 UserHelpReply 타입의 메시지 응답을 보내기 위해 사용됩니다.

Recv() 메서드는 클라이언트로부터 요청을 수신받기 위해 사용됩니다. Recv() 메서드는 UserHelpRequest 구조체 타입의 값과 error 값을 반환합니다.

그리고 io.EOF 외의 에러가 발생 시 그대로 반환하고, io.EOF 에러가 발생하면 루프를 빠져나오도록 합니다. 그때까지 지속적으로 클라이언트의 스트림에서 값 읽기를 시도하는 for 루프를 생성합니다. 클라이언트로부터 정상 요청을 받은 경우 UserHelpReply 메시지를 만든 후 Send() 메서드를 사용하여 클라이언트에게 도움 요청 메시지를 그대로 에코잉해줍니다. 예제 9.6은 Users 서비스를 구현하는 gRPC 서버 애플리케이션 코드입니다.

예제 9.6 **Users 서비스를 구현하는 서버**

```
// chap9/bidi-streaming/server/server.go
package main

import (
    "fmt"
    "io"
```

```go
        "log"
        "net"
        "os"

        svc "github.com/username/bidi-streaming/service"
        "google.golang.org/grpc"
)

type userService struct {
        svc.UnimplementedUsersServer
}

// TODO - 위에서 정의한 GetHelp() 메서드 삽입

func registerServices(s *grpc.Server) {
        svc.RegisterUsersServer(s, &userService{})
}

func startServer(s *grpc.Server, l net.Listener) error {
        return s.Serve(l)
}

func main() {
        listenAddr := os.Getenv("LISTEN_ADDR")
        if len(listenAddr) == 0 {
                listenAddr = ":50051"
        }

        lis, err := net.Listen("tcp", listenAddr)
        if err != nil {
                log.Fatal(err)
        }
        s := grpc.NewServer()
        registerServices(s)
        log.Fatal(startServer(s, lis))
}
```

다음과 같이 **chap9/bidi-streaming** 디렉터리 내에 **server** 서브디렉터리를 생성하고, 모듈을 초기화합니다.

```
$ mkdir -p chap9/bidi-streaming/server
$ cd chap9/bidi-streaming/server
$ go mod init github.com/username/bidi-streaming/server
```

server 디렉터리 하위에 예제 9.6의 코드를 파일명 server.go로 저장합니다. 그리고 다음과 같이 버전 1.37.0의 google.golang.org/grpc 패키지를 받습니다.

```
$ go get google.golang.org/grpc@v1.37.0
```

그리고 replace 지시어를 사용하여 service 패키지의 의존성을 추가하도록 go.mod 파일을 수정합니다. 예제 9.7은 결과적인 go.mod 파일의 모습입니다.

예제 9.7 **서버의 go.mod 파일**

```
module github.com/practicalgo/code/chap9/bidi-streaming/server

go 1.18

require (
  github.com/golang/protobuf v1.4.2 // indirect
  golang.org/x/net v0.0.0-20190311183353-d8887717615a // indirect
  golang.org/x/sys v0.0.0-20190215142949-d0b11bdaac8a // indirect
  golang.org/x/text v0.3.0 // indirect
  google.golang.org/genproto v0.0.0-20200526211855-cb27e3aa2013 // indirect
  google.golang.org/grpc v1.37.0
  google.golang.org/protobuf v1.25.0 // indirect
)

require github.com/practicalgo/code/chap9/bidi-streaming/service v0.0.0

replace github.com/practicalgo/code/chap9/bidi-streaming/service => ../service
```

go build를 사용하면 서버가 성공적으로 빌드되어야 합니다. 이제 클라이언트를 구성해봅니다. 매개변수로 사용자의 도움 요청을 읽어 들이기 위한 io.Reader 변수, Users 서비스와 통신하기 위해 구성된 UsersClienct 객체 변수, 서버의 응답을 쓰기 위한 io.Writer 변수를 받는 setupChat() 함수를 생각해봅시다.

```
func setupChat(r io.Reader, w io.Writer, c svc.UsersClient) error {
    stream, err := c.GetHelp(context.Background())
    if err != nil {
        return err
    }

    for {
        scanner := bufio.NewScanner(r)
```

```
        prompt := "Request: "
        fmt.Fprint(w, prompt)

        scanner.Scan()
        if err := scanner.Err(); err != nil {
            return err
        }

        msg := scanner.Text()
        if msg == "quit" {
            break
        }

        request := svc.UserHelpRequest{
            Request: msg,
        }
        err := stream.Send(&request)
        if err != nil {
            return err
        }

        resp, err := stream.Recv()
        if err != nil {
            return err
        }

        fmt.Printf("Response: %s\n", resp.Response)
    }

    return stream.CloseSend()
}
```

먼저 Users_GetHelpClient 타입의 값을 반환하는 GetHelp() RPC 메서드를 호출합니다. Users_GetHelpClient 타입은 다음과 같이 정의된, 프로토콜 버퍼 컴파일러와 Go 플러그인에서 생성된 인터페이스 타입입니다.

```
type Users_GetHelpClient interface {
    Send(*UserHelpRequest) error
    Recv() (*UserHelpReply, error)
    grpc.ClientStream
}
```

Users_GetHelpServer 타입과 마찬가지로 Users_GetHelpClient 타입 역시 메시지를 송수신하기 위한 메서드를 정의하며, ClientStream 인터페이스를 임베딩합니다.

c.GetHelp() 메서드로부터 스트림 객체를 얻어온 뒤 사용자의 입력을 대화식interactively으로 읽어와서 UserHelpRequest 구조체에 담아 서버로 메시지를 전송합니다. 사용자가 quit을 입력하면 연결을 종료합니다.

예제 9.8은 Users 서비스를 구현하는 클라이언트 애플리케이션 코드입니다.

예제 9.8 **Users 서비스를 구현하는 클라이언트**

```go
// chap9/bidi-streaming/client/client.go
package main

import (
    "bufio"
    "context"
    "fmt"
    "io"
    "log"
    "os"

    svc "github.com/username/bidi-streaming/service"
    "google.golang.org/grpc"
)

func setupGrpcConn(addr string) (*grpc.ClientConn, error) {
    return grpc.DialContext(
        context.Background(),
        addr,
        grpc.WithInsecure(),
        grpc.WithBlock(),
    )
}

func getUserServiceClient(conn *grpc.ClientConn) svc.UsersClient {
    return svc.NewUsersClient(conn)
}

// TODO - 이전에 정의한 setupChat() 함수 삽입

func main() {
    if len(os.Args) != 2 {
        log.Fatal(
            "Must specify a gRPC server address",
```

```
        )
    }
    conn, err := setupGrpcConn(os.Args[1])
    if err != nil {
        log.Fatal(err)
    }
    defer conn.Close()

    c := getUserServiceClient(conn)
    err = setupChat(os.Stdin, os.Stdout, c)
    if err != nil {
        log.Fatal(err)
    }
}
```

다음과 같이 chap9/bidi-streaming 디렉터리 내에 client 서브디렉터리를 생성하고, 모듈을 초기화합니다.

```
$ mkdir -p chap9/bidi-streaming/client
$ cd chap9/bidi-streaming/client
$ go mod init github.com/username/bidi-streaming/client
```

client 디렉터리 하위에 예제 9.8의 코드를 파일명 client.go로 저장합니다. 그리고 다음과 같이 버전 1.37.0의 google.golang.org/grpc 패키지를 받습니다.

```
$ go get google.golang.org/grpc@v1.37.0
```

그리고 replace 지시어를 사용하여 service 패키지의 의존성을 추가하도록 go.mod 파일을 수정합니다. 예제 9.9는 결과적인 go.mod 파일의 모습입니다.

예제 9.9 **클라이언트의 go.mod 파일**

```
module github.com/practicalgo/code/chap9/bidi-streaming/client

go 1.18

require (
  github.com/golang/protobuf v1.4.2 // indirect
  golang.org/x/net v0.0.0-20190311183353-d8887717615a // indirect
  golang.org/x/sys v0.0.0-20190215142949-d0b11bdaac8a // indirect
  golang.org/x/text v0.3.0 // indirect
  google.golang.org/genproto v0.0.0-20200526211855-cb27e3aa2013 // indirect
```

```
    google.golang.org/grpc v1.37.0
    google.golang.org/protobuf v1.25.0 // indirect
)

require github.com/practicalgo/code/chap9/bidi-streaming/service v0.0.0

replace github.com/practicalgo/code/chap9/bidi-streaming/service => ../service
```

클라이언트를 빌드합니다.

터미널 세션을 열고, 서버를 실행합니다.

```
$ cd chap9/bidi-streaming/server
$ go build
$ ./server
```

다른 터미널 세션에서는 클라이언트를 실행합니다.

```
$ ./client localhost:50051
Request: Hello there
Response: Hello there
Request: I need some help
Response: I need some help
Request: quit
```

서버 사이드에서 다음과 같은 메시지를 확인할 수 있습니다.

```
2021/06/24 20:46:56 Client connected
Request received: Hello there
Request received: I need some help
2021/06/24 20:47:29 Client disconnected
```

클라이언트 터미널 세션에서 quit을 입력하면 클라이언트는 CloseSend() 메서드를 호출하여 클라이언트 연결을 닫게 되며, 서버에 io.EOF 에러값을 반환하게 됩니다.

이제 gRPC에서 사용 가능한 세 가지 범주의 스트리밍 커뮤니케이션에 대해 살펴보았습니다. 단순히 요청과 응답 메시지에 대한 교환만 존재하는 단항 RPC 메서드 호출과는 달리 스트리밍 커뮤니케이션에서는 여러 메시지가 교환됩니다. 그림 9.1은 이를 요약해서 보여줍니다.

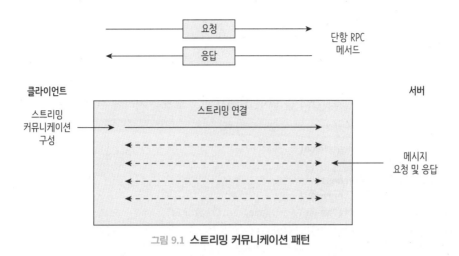

그림 9.1 **스트리밍 커뮤니케이션 패턴**

다음으로는 임의의 데이터를 전송하기 위해 스트리밍을 활용하는 방법을 알아봅니다.

9.2 임의의 데이터 송수신

지금까지는 gRPC 서버와 클라이언트 간에 문자열, 숫자를 주고받는 것만 살펴보았습니다. 그러면 리포지터리에 저장하는 .tar.gz 파일과 같은 임의의 데이터를 전송하고 처리하려면 어떻게 해야 할까요? 그래서 임의의 데이터를 처리하기 위한 bytes 타입이 존재합니다. 리포지터리에 저장될 파일의 내용을 포함하는 임의의 바이트 정보를 포함하도록 RepoCreateRequest 데이터 타입을 수정하여 data 필드를 추가합니다.

```
message RepoCreateRequest {
    string creator_id = 1;
    string name = 2;
    bytes data = 3;
}
```

Go에서 바이트 슬라이스로 저장되는 모든 데이터를 data 필드에 저장할 수 있습니다. 서버에 리포지터리 생성을 요청하려면 클라이언트는 다음과 같은 요청을 보냅니다.

```
repoData := []byte("Arbitrary data")
resp, err := repoClient.CreateRepo(
    context.Background(),
    &svc.RepoCreateRequest{
        CreatorId: "user-123",
        Name: "test-repo",
```

```
        Data: repoData,
    },
)
```

서버 사이드의 메서드는 다음과 같이 클라이언트에서 받은 요청을 처리할 수 있습니다.

```
func (s *repoService) CreateRepo(
    ctx context.Context,
    in *svc.RepoCreateRequest,
) (*svc.RepoCreateReply, error) {
    repoId := fmt.Sprintf("%s-%s", in.Name, in.CreatorId)
    repoURL := fmt.Sprintf("https://git.example.com/%s/%s", in.CreatorId, in.Name)
    data := in.Data
    repo := svc.Repository{
        Id: repoId,
        Name: in.Name,
        Url: repoURL,
    }
    r := svc.RepoCreateReply{
        Repo: &repo,
        Size: int32(len(data)),
    }

    return &r, nil
}
```

이에 대한 예시 코드는 이 책의 소스 코드 리포지터리의 **chap9/binary-data** 디렉터리에서 찾아볼 수 있습니다. 임의의 데이터 바이트를 전송하는 메커니즘은 꽤 직관적이고, 단순하게 몇 바이트만 보내더라도 완벽하게 동작합니다. 다만 대용량의 파일을 전송할 때는 스트리밍 커뮤니케이션 패턴을 사용하는 것을 권장합니다.

위의 예시 상황은 클라이언트 사이드 스트리밍을 사용하기에 적합합니다. 파일 등 원지점source에서 바이트 데이터를 점진적으로 읽은 뒤 서버destination로 데이터를 포함한 메시지를 전송합니다. 모든 데이터를 읽을 때까지 반복해서 메시지를 전송합니다.

스트리밍에서 클라이언트나 서버는 각각 요청이나 응답을 위해 여러 번 메시지를 보냅니다. 오직 데이터만 스트리밍되도록 하기 위하여 프로토콜 버퍼 메시지에 **data** 필드 하나만을 포함하도록 메시지를 구성합니다.

```
message RepoData {
    bytes data = 1;
}
```

종종 별다른 문맥 정보 없이도 임의의 바이트를 전송할 수 있습니다. 예를 들어 이전에 살펴본 RepoCreateRequest 메시지에는 creator_id 필드, name 필드, data 필드가 존재합니다. 스트리밍에 이 타입의 메시지를 사용한다면 모든 메시지에 동일한 creator_id와 name을 계속해서 사용해야 할 것입니다. 따라서 스트림의 첫 번째 메시지에만 creator_id와 name 필드를 설정해서 보내고, 스트림의 이후 메시지에는 data 필드만 포함하도록 하는 것을 권장합니다.

다행히 메시지를 정의하기 위해 사용되는 프로토콜 버퍼 기능 중에 방금 언급한 기능을 우아하게 처리하는 oneof라는 기능이 있습니다. 이 키워드는 어느 한 시점에서 oneof로 지정한 그룹 중 하나의 필드의 값만 설정되도록 강제할 때 사용됩니다. 다음과 같이 oneof 키워드를 사용하여 RepoCreateRequest 메시지를 재정의해봅시다.

```
message RepoCreateRequest {
    oneof body {
        RepoContext context = 1;
        bytes data = 2;
    }
}
```

RepoCreateRequest 메시지에 body라는 필드를 oneof 키워드로 정의하였습니다. 이 body 필드는 어느 한 시점에 메시지 내에 RepoContext 타입의 context 필드, 혹은 bytes 타입의 data 필드 중 하나의 필드에만 값을 갖습니다(두 필드 모두 값을 갖지 않습니다). 새로운 RepoContext라는 메시지 타입에는 다음과 같이 리포지터리를 생성하기 위한 문맥 정보를 담는 메시지입니다.

```
message RepoContext {
    string creator_id = 1;
    string name = 2;
}
```

예제 9.10은 변경된 Repo 서비스의 프로토콜 버퍼 명세입니다.

```
// chap9/bindata-client-streaming/service/repositories.proto

syntax = "proto3";

option go_package = "github.com/username/bindata-client-streaming/service";

service Repo {
    rpc CreateRepo (stream RepoCreateRequest) returns (RepoCreateReply){}
}

message RepoCreateRequest {
    oneof body {
        RepoContext context = 1;
        bytes data = 2;
    }
}

message RepoContext {
    string creator_id = 1;
    string name = 2;
}

message Repository {
    string id = 1;
    string name = 2;
    string url = 3;
}

message RepoCreateReply {
    Repository repo = 1;
    int32 size = 2;
}
```

이제 CreateRepo() 메서드는 RepoCreateRequest 메시지 타입의 스트림을 받아서 RepoCreateReply 메시지를 반환합니다. 다음과 같이 chap9/bindata-client-streaming 디렉터리를 생성하고, 생성한 디렉터리 내에 service 서브디렉터리를 생성한 뒤 모듈을 초기화합니다.

```
$ mkdir -p chap9/bindata-client-streaming/service
$ cd chap9/bindata-client-streaming/service
$ go mod init github.com/username/bindata-client-streaming/service
```

service 디렉터리 하위에 예제 9.10의 내용을 파일명 repositories.proto로 저장합니다.

그리고 서비스와 관련된 Go 코드를 생성합니다.

```
$ protoc --go_out=. --go_opt=paths=source_relative \
 --go-grpc_out=. --go-grpc_opt=paths=source_relative \
 repositories.proto
```

이전에 살펴본 것처럼 위의 커맨드의 결과로 repositories.pb.go 파일과 repositories_grpc.
pb.go 파일, 두 파일이 생성됩니다.

이제 서버 사이드의 CreateRepo() 메서드를 구현해봅시다.

```go
func (s *repoService) CreateRepo(
    stream svc.Repo_CreateRepoServer,
  ) error {
    var repoContext *svc.RepoContext
    var data []byte
    for {
        r, err := stream.Recv()
        if err == io.EOF {
            break
        }
        switch t := r.Body.(type) {
        case *svc.RepoCreateRequest_Context:
            repoContext = r.GetContext()
        case *svc.RepoCreateRequest_Data:
            b := r.GetData()
            data = append(data, b...)
        case nil:
            return status.Error(
                codes.InvalidArgument,
                "Message doesn't contain context or data",
            )
        default:
            return status.Errorf(
                codes.FailedPrecondition,
                "Unexpected message type: %s",
                t,
            )
        }
    }

    // TODO - 응답 메시지 생성
}
```

메서드는 Repo_CreateRepoServer 타입의 stream이라는 하나의 매개변수를 받고 error 값을 반환합니다. Repo_CreateRepoServer 타입은 다음과 같이 정의된, 프로토콜 버퍼 컴파일러와 Go 플러그인에서 생성된 인터페이스 타입입니다.

```
type Repo_CreateRepoServer interface {
    SendAndClose(*RepoCreateReply) error
    Recv() (*RepoCreateRequest, error)
    grpc.ServerStream
}
```

따라서 클라이언트로부터 수신되는 스트림을 읽는 데에도, 다시 클라이언트에게 응답할 때도 stream을 사용합니다.

메서드 보디 내에서는 RepoContext 타입의 repoContext 객체와 바이트 슬라이스의 data를 정의합니다. 리포지터리와 관련하여 수신되는 문맥 정보는 repoContext 객체의 필드에 저장하고, 리포지터리 콘텐츠 정보는 data 필드에 저장합니다.

그리고 for 루프 상에서 stream.Recv() 함수를 사용하여 io.EOF 에러가 발생할 때까지 지속해서 스트림 데이터를 읽어 들입니다. Recv() 메서드를 사용하여 스트림을 읽으면 반환 값으로 RepoCreateRequest 타입의 객체를 사용할 수 있습니다. 하지만 이전에 oneof 키워드를 설정하였기 때문에 context 필드, 혹은 data 필드 중 하나의 필드에만 값이 존재할 것입니다. 어느 필드에 값이 설정되었는지 확인하기 위해 프로토콜 버퍼 명세에서 oneof 키워드로 설정된 필드인 body 필드에 해당하는 r.Body의 타입을 살펴봅니다.

1. RepoCreateRequest_Context 타입인 경우 GetContext() 메서드를 호출하여 설정된 context 필드 값을 얻어온 뒤, repoContext 객체에 할당함
2. RepoCreateRequest_Data 타입인 경우 GetData() 메서드를 호출하여 데이터 바이트를 얻어온 뒤 data 슬라이스에 추가append함
3. 두 타입에 모두 해당하지 않거나 nil 타입인 경우, 클라이언트에게 에러를 반환함

switch..case 구문을 사용하여 위의 로직을 구현합니다. 그림 9.2는 Body 필드에 해당하는 프로토콜 버퍼 명세와 생성된 Go 코드의 타입 간의 매핑을 요약하여 보여줍니다.

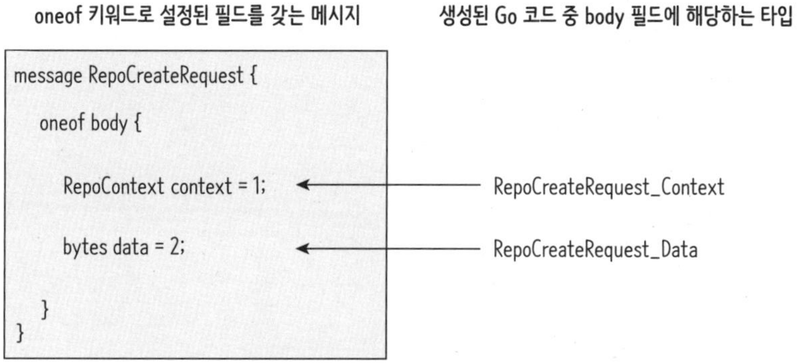

```
message RepoCreateRequest {

    oneof body {

        RepoContext context = 1;        ←————————  RepoCreateRequest_Context

        bytes data = 2;                 ←————————  RepoCreateRequest_Data

    }
}
```

그림 9.2 **프로토콜 버퍼의 oneof 키워드로 설정된 필드와 그에 해당하는 생성된 Go 코드의 타입**

모든 요청을 읽은 후에는 응답 메시지를 구성하고 stream 객체에 정의된 SendAndClose() 메서드를 사용하여 클라이언트에게 응답을 보냅니다.

```go
repo := svc.Repository{
    Name: repoContext.Name,
    Url: fmt.Sprintf(
            "https://git.example.com/%s/%s",
            repoContext.CreatorId,
            repoContext.Name,
    ),
}
r := svc.RepoCreateReply{
    Repo: &repo,
    Size: int32(len(data)),
}
return stream.SendAndClose(&r)
}
```

예제 9.11은 Repo 서비스를 구현하는 서버 코드입니다.

예제 9.11 **Repo 서비스를 구현하는 서버**

```go
// chap9/bindata-client-streaming/server/server.go
package main

import (
    "fmt"
    "io"
    "log"
    "net"
    "os"
```

```
        svc "github.com/username/bindata-client-streaming/service"
        "google.golang.org/grpc"
        "google.golang.org/grpc/codes"
        "google.golang.org/grpc/status"
)

type repoService struct {
    svc.UnimplementedRepoServer
}

// TODO - 이전에 정의한 CreateRepo() 함수 삽입

func registerServices(s *grpc.Server) {
    svc.RegisterRepoServer(s, &repoService{})
}

func startServer(s *grpc.Server, l net.Listener) error {
    return s.Serve(l)
}

func main() {
    listenAddr := os.Getenv("LISTEN_ADDR")
    if len(listenAddr) == 0 {
        listenAddr = ":50051"
    }

    lis, err := net.Listen("tcp", listenAddr)
    if err != nil {
        log.Fatal(err)
    }

    s := grpc.NewServer()
    registerServices(s)
    log.Fatal(startServer(s, lis))
}
```

chap9/bindata-client-streaming 디렉터리에 server라는 이름으로 새로운 디렉터리를 만들고, 생성한 디렉터리 안에서 다음과 같이 모듈을 초기화합니다.

```
$ mkdir -p chap9/bindata-client-streaming/server
$ cd chap9/bindata-client-streaming/server
$ go mod init github.com/username/bindata-client-streaming/server
```

그다음으로 예제 9.11의 코드를 파일명 server.go로 저장합니다. server 디렉터리 내에서 다음의 커맨드를 실행합니다.

```
$ go get google.golang.org/grpc@v1.37.0
```

그리고 replace 지시어를 사용하여 service 패키지의 의존성을 추가하도록 go.mod 파일을 수정합니다(github.com/username/bindata-client-streaming/service 패키지를 ../service 디렉터리에서 찾을 수 있도록 레퍼런스를 추가합니다). 예제 9.12는 결과적인 go.mod 파일의 모습입니다.

예제 9.12 **Repo 서비스를 구현하는 서버 구현체의 go.mod 파일**

```
module github.com/practicalgo/code/chap9/bindata-client-streaming/server

go 1.18

require google.golang.org/grpc v1.46.2

require github.com/practicalgo/code/chap9/bindata-client-streaming/service v0.0.0
require (
  github.com/golang/protobuf v1.5.2 // indirect
  golang.org/x/net v0.0.0-20201021035429-f5854403a974 // indirect
  golang.org/x/sys v0.0.0-20210119212857-b64e53b001e4 // indirect
  golang.org/x/text v0.3.3 // indirect
  google.golang.org/genproto v0.0.0-20200526211855-cb27e3aa2013 // indirect
  google.golang.org/protobuf v1.28.0 // indirect
)

replace github.com/practicalgo/code/chap9/bindata-client-streaming/service v0.0.0 => ../service
```

다음으로 넘어가기 전에 서버가 반드시 빌드되어야 합니다.

테스트 함수, 혹은 클라이언트 애플리케이션에서 리포지터리를 생성하기 위해 CreateRepo() 메서드를 호출하기 위한 핵심적인 두 단계는 다음과 같습니다.

1. 첫 번째 메시지에는 context 필드만 설정한 RepoCreateContext 객체를 전송합니다. 이 메시지는 리포지터리의 이름과 소유자owner 정보를 주고받기 위해 사용합니다.

2. 그 이후의 메시지에는 data 필드만 설정한 RepoCreateContext 객체를 전송합니다. 이 메시지들은 리포지터리에서 생성하기 위해 전송되는 데이터를 주고받기 위해 사용합니다.

다음은 별다른 에러 처리 없이 첫 번째 단계를 구현한 코드입니다.

```
stream, err := repoClient.CreateRepo(context.Background())
c := svc.RepoCreateRequest_Context{
    Context: &svc.RepoContext{
        CreatorId: "user-123",
        Name: "test-repo",
    },
}
r := svc.RepoCreateRequest{
    Body: &c,
}

err = stream.Send(&r)
```

Context 필드를 설정하여 RepoCreateRequest_Context 객체 c를 생성합니다. Context 객체에는 생성하고자 하는 리포지터리의 CreatorId와 Name 값을 포함합니다. 이후 RepoCreateRequest 타입의 객체를 생성한 뒤 Body 필드의 값으로 객체 c의 포인터 값을 지정해줍니다. 마지막으로 stream 객체의 Send() 메서드를 호출하여 첫 메시지로 RepoCreateRequest 객체를 전송합니다.

두 번째 단계를 구현하기 위해서 먼저 데이터를 읽기 위한 코드를 작성합니다.

```
data := "Arbitrary Data Bytes"
repoData := strings.NewReader(data)
```

strings.NewReader() 함수는 io.Reader 인터페이스를 만족하는 객체를 반환하며, 이를 사용하여 바이트를 읽은 뒤 서버로 전송할 수 있습니다.

```
for {
    b, err := repoData.ReadByte()
    if err == io.EOF {
        break
    }

    bData := svc.RepoCreateRequest_Data{
        Data: []byte{b},
    }
    r := svc.RepoCreateRequest{
        Body: &bData,
    }
    err = stream.Send(&r)
```

```
        if err != nil {
            t.Fatal(err)
        }
    }
}
```

repoData 객체로부터 한 번에 한 바이트씩 읽습니다. 읽은 바이트는 변수 b에 저장됩니다. 이후 RepoCreateRequest_Data 객체를 생성하여 Data 필드에 읽은 바이트가 저장된 변수 b를 바이트 슬라이스 형태로 할당합니다. 그리고 Body 필드 값을 RepoCreateRequest_Data 객체의 포인터로 설정하여 RepoCreateRequest 객체를 생성합니다. 마지막으로 Send() 메서드를 사용하여 생성한 메시지를 전송합니다. repoData 객체에서 모든 데이터를 읽어 들일 때까지 이를 반복합니다. 이후에는 서버로부터 응답을 읽어 들인 후 응답 데이터가 정상적인지 검증합니다.

```
resp, err := stream.CloseAndRecv()
if err != nil {
    t.Fatal(err)
}

expectedSize := int32(len(data))
if resp.Size != expectedSize {
    t.Errorf(
        "Expected Repo Created to be: %d bytes
        Got back: %d",
        expectedSize,
        resp.Size,
    )
}

expectedRepoUrl := "https://git.example.com/user-123/test-repo"
if resp.Repo.Url != expectedRepoUrl {
    t.Errorf(
        "Expected Repo URL to be: %s, Got: %s",
        expectedRepoUrl,
        resp.Repo.Url,
    )
}
```

이 책의 소스 코드 리포지터리의 chap9/bindata-client-streaming/server/ 디렉터리에 있는 server_test.go 파일에서 전체 테스트 함수를 찾아볼 수 있습니다.

다음으로는 **인터셉터**를 활용하여 gRPC 클라이언트 애플리케이션과 서버 애플리케이션에서 일반적으로 사용되는 기능을 구현하는 방법을 알아봅니다. 그 전에 먼저 연습 문제 9.2를 해결해봅시다.

사용자로부터 .tar.gz의 형태로 저장된 리포지터리 콘텐츠 파일을 받아서 클라이언트 사이드 스트리밍을 사용하여 리포지터리를 생성할 수 있는 Repo 서비스를 구현한 클라이언트 애플리케이션을 작성하세요. 클라이언트 애플리케이션은 사용자로부터 플래그를 사용하여 리포지터리 콘텐츠 파일의 경로를 받습니다.

9.3 인터셉터를 활용한 미들웨어 구현

gRPC 클라이언트와 서버에서의 미들웨어는 HTTP 클라이언트와 서버에서의 미들웨어와 같은 역할을 합니다. 즉, 애플리케이션 내에 로그를 남긴다든지, 메트릭 정보를 노출한다든지, 요청 식별자나 인증 정보 등의 메타데이터를 부착하는 등, 애플리케이션에서 일반적으로 사용되는 기능들을 구현하기 위해 사용됩니다.

gRPC 애플리케이션에서 미들웨어를 구현하려면 **인터셉터**라는 컴포넌트를 작성합니다. 사용하는 커뮤니케이션 패턴(단항 RPC 패턴, 혹은 스트리밍 패턴)에 따라 인터셉터 구현 또한 구분됩니다. 먼저 클라이언트 사이드 인터셉터를 구현하는 방법을 알아봅시다.

8장에서 작성한 Users 서비스에 인터셉터를 구현해볼 것입니다. chap9/interceptors 경로로 디렉터리를 생성한 뒤, 8장에서의 service, client, server 디렉터리를 새로 생성한 디렉터리로 복사합니다.

```
$ mkdir -p chap9/interceptors/
$ cd chap9/interceptors/
$ cp -r ../../chap8/user-service/{service, client, server} .
```

service 디렉터리에 존재하는 go.mod 파일을 예제 9.13의 내용과 같이 수정합니다.

예제 9.13 **Users 서비스의 go.mod 파일**

```
// chap9/interceptors/service/go.mod
module github.com/username/interceptors/service

go 1.18
```

프로토콜 버퍼 명세에 해당하는 Go 코드를 생성합니다.

```
$ cd service
$ protoc --go_out=. --go_opt=paths=source_relative \
 --go-grpc_out=. --go-grpc_opt=paths=source_relative \
 users.proto
```

server 디렉터리에 존재하는 go.mod 파일을 예제 9.14의 내용과 같이 수정합니다.

예제 9.14 **Users 서버의 go.mod 파일**

```
// chap9/interceptors/server/go.mod
module github.com/username/interceptors/server

go 1.18
require google.golang.org/grpc v1.37.0
require github.com/username/interceptors/service v0.0.0
replace github.com/username/interceptors/service => ../service
```

server.go 파일 내에 존재하는 service 패키지의 임포트 경로 역시 다음과 같이 업데이트해줍니다.

```
users "github.com/username/interceptors/service"
```

마찬가지로 server_test.go 파일의 임포트 경로 역시 업데이트해줍니다. 다음으로 넘어가기 전에 반드시 테스트가 통과하도록 합니다.

이제 client 디렉터리에 존재하는 go.mod 파일을 예제 9.15의 내용과 같이 수정합니다.

예제 9.15 **Users 클라이언트의 go.mod 파일**

```
module github.com/practicalgo/code/chap9/interceptors/client

go 1.18

require (
  github.com/practicalgo/code/chap9/interceptors/service v0.0.0
  google.golang.org/grpc v1.37.0
)

require (
  github.com/golang/protobuf v1.4.2 // indirect
  golang.org/x/net v0.0.0-20190311183353-d8887717615a // indirect
  golang.org/x/sys v0.0.0-20190215142949-d0b11bdaac8a // indirect
  golang.org/x/text v0.3.0 // indirect
  google.golang.org/genproto v0.0.0-20200526211855-cb27e3aa2013 // indirect
```

```
    google.golang.org/protobuf v1.25.0 // indirect
)

replace github.com/practicalgo/code/chap9/interceptors/service => ../service
```

다음과 같이 `client.go` 파일 내의 `service` 패키지에 대한 임포트 경로 역시 업데이트되었는지 확인합시다.

```
users "github.com/username/interceptors/service"
```

마찬가지로 `client_test.go` 파일의 임포트 경로 역시 업데이트해줍니다. 다음으로 넘어가기 전에 반드시 테스트가 통과하도록 합니다.

9.3.1 클라이언트 사이드 인터셉터

클라이언트 사이드 인터셉터에는 두 종류가 있습니다.

- **단항 클라이언트 인터셉터**unary client interceptor: 단항 RPC 메서드에 대한 호출만을 인터셉트하는 인터셉터
- **스트림 클라이언트 인터셉터**stream client interceptor: 스트리밍 RPC 메서드에 대한 호출만을 인터셉트하는 인터셉터

클라이언트 사이드 단항 인터셉터는 다음과 같이 정의된 `grpc.UnaryClientInterceptor` 타입의 함수입니다.

```
type UnaryClientInterceptor func(
    ctx context.Context, method string,
    req, reply interface{}, cc *ClientConn,
    invoker UnaryInvoker,
    opts ...CallOption,
) error
```

함수에 사용되는 매개변수는 다음과 같습니다.

- `ctx`는 RPC 메서드 호출과 연관된 콘텍스트
- `method`는 RPC 메서드 이름

- req와 reply는 각각 요청, 응답 메시지

- cc는 클라이언트의 기반 연결 객체를 나타내는 grpc.ClientConn 객체

- invoker는 인터셉트 된 원본의 RPC 메서드 호출자, 혹은 또 다른 인터셉터 중 하나. 인터셉터는 체이닝될 수 있음(곧 이에 대해 알아볼 것임)

- opts는 원본의 RPC 메서드에서 호출될 당시 사용된 grpc.CallOption 타입의 값

이처럼 대부분의 매개변수는 원본의 RPC 메서드 호출에서 받은 매개변수를 그대로 전달하여 다음의 메서드를 호출합니다. 이제 Users 서비스에서 사용하는 단항의 외부 요청 RPC 호출에 고유한 식별자를 추가하는 인터셉터를 작성해봅시다.

```
func metadataUnaryInterceptor(
    ctx context.Context,
    method string,
    req, reply interface{},
    cc *grpc.ClientConn,
    invoker grpc.UnaryInvoker,
    opts ...grpc.CallOption,
) error {
    ctxWithMetadata := metadata.AppendToOutgoingContext(
        ctx,
        "Request-Id",
        "request-123",
    )

    return invoker(
        ctxWithMetadata,
        method,
        req,
        reply,
        cc,
        opts...,
    )
}
```

외부 메서드 호출 콘텍스트에 요청 식별자를 추가하였습니다. gRPC에서는 RPC 메서드 호출에 메타데이터를 읽어 들이거나 저장하기 위해 google.golang.org/grpc/metadata 패키지를 사용합니다. 원본의 콘텍스트 객체 ctx, 메타데이터로 사용할 키-값 쌍의 값을 매개변수로 AppendToOutgoingContext() 함수를 호출하고, 원본의 콘텍스트 객체 대신 AppendToOutgoingContext() 함수에서 반환된 새로운 콘텍스트를 사용하여 RPC 메서드를 호출합니다. 그 결과 요청에 메타데이터로 Request-Id라는 이

름의 키에 요청 식별자(임의의 더미 값인 request-123)를 값으로 더하게 됩니다. 새로 생성된 콘텍스트 객체 ctxWithMetaData를 사용하여 원본의 RPC 메서드를 호출합니다. 그리고 invoker() 함수를 호출하며 반환되는 에러값을 그대로 반환합니다.

metadataUnaryInterceptor를 클라이언트 사이드 인터셉터로 등록하기 위하여 함수의 매개변수로 metadataUnaryInterceptor를 전달하여 grpc.WithUnaryInterceptor() 함수를 호출하고, 반환된 값을 grpc.DialOption 옵션으로 추가합니다. 그 결과 setupGrpcConn() 함수는 다음과 같은 모양을 갖습니다.

```
func setupGrpcConn(addr string) (*grpc.ClientConn, error) {
    return grpc.DialContext(
        context.Background(),
        addr,
        grpc.WithInsecure(),
        grpc.WithBlock(),
        grpc.WithUnaryInterceptor(metadataUnaryInterceptor),
    )
}
```

client.go 파일을 수정하여 metadataUnaryInterceptor() 함수의 정의를 추가하고, 위의 DialOption을 포함하도록 setupGrpcConn() 함수를 업데이트합니다. 다음으로 넘어가기 전에 클라이언트가 빌드되는지 확인하세요.

이제 스트리밍 RPC 메서드 호출에 대해 요청 식별자를 부착하는 인터셉터를 작성해봅시다. 예제 9.16과 같이 chap9/interceptors/service/users.proto에 존재하는 프로토콜 버퍼 명세의 Users 서비스에 GetHelp() RPC 메서드를 추가합니다.

예제 9.16 **Users 서비스를 위해 업데이트된 프로토콜 버퍼 명세**

```
//chap9/interceptors/service/users.proto
syntax = "proto3";

option go_package = "github.com/username/interceptors/service/users";

service Users {
    rpc GetUser (UserGetRequest) returns (UserGetReply) {}
    rpc GetHelp (stream UserHelpRequest) returns (stream UserHelpReply) {}
}

message UserGetRequest {
```

```
    string email = 1;
    string id = 2;
}

message User {
    string id = 1;
    string first_name = 2;
    string last_name = 3;
    int32 age = 4;
}

message UserGetReply {
    User user = 1;
}

message UserHelpRequest {
    User user = 1;
    string request = 2;
}

message UserHelpReply {
    string response = 1;
}
```

다음과 같이 프로토콜 버퍼 명세에 해당하는 Go 코드를 다시 생성합니다.

```
$ cd chap9/intereceptors/service
$ protoc --go_out=. --go_opt=paths=source_relative \
 --go-grpc_out=. --go-grpc_opt=paths=source_relative \
 users.proto
```

예제 9.8의 setupChat() 메서드의 정의를 chap9/interceptors/client/main.go 파일 내의 클라이 언트 코드에 삽입합니다.

이제 스트리밍 RPC 메서드 호출에 대해 동작하는 인터셉터를 작성해봅니다. 클라이언트 사이드 스 트림 인터셉터는 다음과 같이 정의된 grpc.StreamClientInterceptor 타입의 함수입니다.

```
type StreamClientInterceptor func(
    ctx context.Context,
    desc *StreamDesc,
    cc *ClientConn,
    method string,
    streamer Streamer,
```

```
    opts ...CallOption,
) (ClientStream, error)
```

함수에 사용되는 매개변수는 다음과 같습니다.

- ctx는 RPC 메서드 호출과 연관된 콘텍스트

- desc는 *grpc.StreamDesc 타입의 객체이며, RPC 메서드 이름, 메서드에 해당하는 서비스 핸들러, 스트림의 송수신 동작 지원 여부 등을 알려주는 다양한 속성값들로 구성됨

- cc는 클라이언트의 기반 연결 객체를 나타내는 grpc.ClientConn 객체

- method는 RPC 메서드 이름

- streamer는 인터셉트된 원본의 RPC 메서드 호출자, 혹은 체이닝된 스트리밍 인터셉터

- opts는 원본의 RPC 메서드에서 호출될 당시 사용된 grpc.CallOption 타입의 값

스트리밍 RPC 메서드 호출에 사용되는 메타데이터 인터셉터는 다음과 같이 작성됩니다.

```go
func metadataStreamInterceptor(
    ctx context.Context,
    desc *grpc.StreamDesc,
    cc *grpc.ClientConn,
    method string,
    streamer grpc.Streamer,
    opts ...grpc.CallOption,
) (grpc.ClientStream, error) {
    ctxWithMetadata := metadata.AppendToOutgoingContext(
        ctx,
        "Request-Id",
        "request-123",
    )
    clientStream, err := streamer(
        ctxWithMetadata,
        desc,
        cc,
        method,
        opts...,
    )

    return clientStream, err
}
```

단항 인터셉터와 마찬가지로 AppendToOutgoingContext() 함수를 사용하여 수신 요청 콘텍스트에
요청 식별자를 추가한 뒤 생성된 콘텍스트를 사용하여 스트리밍 커뮤니케이션에 사용하였습니다. 인
터셉터를 등록하기 위해 grpc.WithStreamInterceptor(metadataStreamInterceptor)를 사용하
여 새로운 DialOption을 생성하고 grpc.DialContext() 함수에 매개변수로 전달합니다. 업데이트된
setupGrpcConn() 함수는 다음과 같습니다.

```go
func setupGrpcConn(addr string) (*grpc.ClientConn, error) {
    return grpc.DialContext(
        context.Background(),
        addr,
        grpc.WithInsecure(),
        grpc.WithBlock(),
        grpc.WithUnaryInterceptor(metadataUnaryInterceptor),
        grpc.WithStreamInterceptor(metadataStreamInterceptor),
    )
}
```

예제 9.17은 전체 클라이언트 애플리케이션 코드입니다.

예제 9.17 **인터셉터 기능을 구현한 Users 서비스의 클라이언트 애플리케이션**

```go
// chap9/interceptors/client/main.go
package main

import (
    "bufio"
    "context"
    "errors"
    "fmt"
    "io"
    "log"
    "os"
    "strings"

    svc "github.com/username/interceptors/service"
    "google.golang.org/grpc"
    "google.golang.org/grpc/metadata"
)

// TODO - 이전에 정의한 metadataUnaryInterceptor() 함수 삽입
// TODO - 이전에 정의한 metadataStreamInterceptor() 함수 삽입
// TODO - 이전에 정의한 setupGrpcConn() 함수 삽입

func getUserServiceClient(conn *grpc.ClientConn) svc.UsersClient {
```

```go
        return svc.NewUsersClient(conn)
}

// TODO - 8장의 예제 8.2에서 정의한 GetUser() 함수 삽입
// TODO - 예제 9.8에서 정의한 setupChat() 함수 삽입

func main() {
    if len(os.Args) != 3 {
        log.Fatal(
            "Specify a gRPC server and method to call",
        )
    }
    serverAddr := os.Args[1]
    methodName := os.Args[2]

    conn, err := setupGrpcConn(serverAddr)
    if err != nil {
        log.Fatal(err)
    }
    defer conn.Close()

    c := getUserServiceClient(conn)

    switch methodName {
    case "GetUser":
        result, err := getUser(
            c,
            &svc.UserGetRequest{Email: "jane@doe.com"},
        )
        if err != nil {
            log.Fatal(err)
        }
        fmt.Fprintf(
            os.Stdout, "User: %s %s\n",
            result.User.FirstName,
            result.User.LastName,
        )

    case "GetHelp":
        err = setupChat(os.Stdin, os.Stdout, c)
        if err != nil {
            log.Fatal(err)
        }

    default:
        log.Fatal("Unrecognized method name")
    }
}
```

Users 서비스의 클라이언트 애플리케이션에서 GetUser() 메서드, 혹은 GetHelp() 메서드를 호출할 수 있도록 main() 함수를 재작성하였습니다. 첫 번째 인수는 gRPC 서버 주소이며, 두 번째 인수는 호출할 RPC 메서드 이름입니다. 다음으로 넘어가서 서버 사이드 인터셉터를 구현하기 전에 반드시 클라이언트가 빌드되도록 합니다.

9.3.2 서버 사이드 인터셉터

클라이언트 사이드 인터셉터와 마찬가지로 **서버 사이드 인터셉터**에는 두 종류가 있습니다.

- **단항 서버 인터셉터**unary server interceptor: 단항 RPC 메서드에 대한 호출만을 인터셉트하는 인터셉터
- **스트림 서버 인터셉터**stream server interceptor: 스트리밍 RPC 메서드에 대한 호출만을 인터셉트하는 인터셉터

먼저 이전 절의 클라이언트 사이드 인터셉터에서 구현한 요청 식별자와 메서드 이름 등의 정보를 로깅하는 서버 인터셉터를 작성해봅시다. 서버 사이드 단항 인터셉터는 다음과 같이 정의된 grpc.UnaryServerInterceptor 타입의 함수입니다.

```
type UnaryServerInterceptor func(
    ctx context.Context,
    req interface{},
    info *UnaryServerInfo,
    handler UnaryHandler,
) (resp interface{}, err error)
```

함수에 사용되는 매개변수는 다음과 같습니다.

- ctx는 RPC 메서드 호출과 연관된 콘텍스트
- req는 수신 요청
- info는 서비스의 구현체와 인터셉트한 RPC 메서드 정보를 포함하는 *UnaryServerInfo 타입의 객체
- handler는 RPC 메서드(예를 들어 GetHelp()나 GetUser())를 구현한 함수

따라서 단항 RPC 메서드 호출에 대한 로깅 서버 인터셉터는 다음과 같이 구현됩니다.

```
func loggingUnaryInterceptor(
    ctx context.Context,
    req interface{},
    info *grpc.UnaryServerInfo,
    handler grpc.UnaryHandler,
) (interface{}, error) {
    start := time.Now()
    resp, err := handler(ctx, req)
    logMessage(ctx, info.FullMethod, time.Since(start), err)
    return resp, err
}
```

함수 초입에 현재 시각을 저장하고 콘텍스트 객체와 요청 객체를 매개변수로 handler() 함수를 호출합니다. RPC 메서드 실행이 완료되면 곧 살펴볼 logMessage() 함수를 호출하여 함수 호출에 걸리는 레이턴시를 포함하여 여러 정보들을 로그로 남깁니다. *UnaryServerInfo 타입의 객체 변수 info의 FullMethod 속성 필드에는 서비스 이름과 함께 호출된 RPC 메서드 이름 정보가 있습니다. 최종적으로 인터셉터는 응답 객체와 에러값을 반환합니다.

스트림 서버 인터셉터는 다음과 같이 정의된 grpc.StreamServerInterceptor 타입의 함수입니다.

```
type StreamServerInterceptor func(srv interface{}, ss ServerStream, info
*StreamServerInfo, handler StreamHandler) error
```

함수에 사용되는 매개변수는 다음과 같습니다.

- srv는 인터셉터가 호출될 때 전달되는 gRPC 서버 구현체
- ss는 서버 사이드의 스트리밍 동작 정보를 기술하는 필드를 포함하는 grpc.ServerStream 타입의 객체
- info는 RPC 메서드의 이름과 클라이언트 사이드 스트림인지 서버 사이드 스트림인지 구분할 수 있는 정보를 포함하는 *grpc.StreamServerInfo 타입의 객체
- handler는 스트리밍 RPC 메서드(이 경우에는 GetHelp())를 구현한 함수

따라서 스트리밍 RPC 메서드 호출에 대한 로깅 서버 인터셉터는 다음과 같이 구현됩니다.

```
func loggingStreamInterceptor(
    srv interface{},
    stream grpc.ServerStream,
    info *grpc.StreamServerInfo,
```

```
    handler grpc.StreamHandler,
) error {
    start := time.Now()
    err := handler(srv, stream)
    ctx := stream.Context()
    logMessage(ctx, info.FullMethod, time.Since(start), err)
    return err
}
```

함수 초입에서 현재 시각을 저장하고, 핸들러 함수를 호출하여 스트리밍 연결을 시작합니다.

그리고 Context() 메서드를 호출하여 RPC 메서드 호출과 연관된 콘텍스트를 얻어옵니다. 이후 logMessage() 함수를 호출하여 RPC 메서드 호출의 상세 정보를 로그로 남깁니다. 마지막으로 핸들러 함수 호출에서 얻어온 에러값을 반환합니다.

이제 logMessage() 함수의 정의를 살펴봅시다.

```
func logMessage(
    ctx context.Context,
    method string,
    latency time.Duration,
    err error,
) {
    var requestId string
    md, ok := metadata.FromIncomingContext(ctx)
    if !ok {
        log.Print("No metadata")
    } else {
        if len(md.Get("Request-Id")) != 0 {
            requestId = md.Get("Request-Id")[0]
        }
    }
    log.Printf("Method:%s, Duration:%s, Error:%v, Request-Id:%s",
        method,
        latency,
        err,
        requestId,
    )
}
```

함수의 중요한 부분을 볼드체로 표기하였습니다. 먼저 metadata 패키지의 FromIncomingContext() 함수를 호출하여 함수 호출 콘텍스트로부터 메타데이터를 얻어옵니다. FromIncomingContext() 함수는 metadata.MD 타입의 변수 md와 불리언 변수 ok를 반환합니다(metadata.MD 타입에서 MD는 MD map[string][]string로 정의되었습니다). 콘텍스트로부터 메타데이터를 발견하면 ok 변수의 값은 true 가 되며, 발견하지 못하는 경우 false가 됩니다. 이후 함수에서 ok 변수의 값에 따라 메타데이터로부터 Request-Id 키에 해당하는 문자열 슬라이스의 값을 얻어옵니다. 값이 존재하는 경우 슬라이스의 첫 번째 요소를 requestId에 할당한 뒤 log.Printf() 함수를 호출하여 로그로 남깁니다. 예제 9.18 은 서버 애플리케이션 코드입니다.

예제 9.18 인터셉터를 구현한 Users 서비스의 서버 애플리케이션

```go
// chap9/interceptors/server/server.go

package main

import (
    "context"
    "errors"
    "fmt"
    "io"
    "log"
    "net"
    "os"
    "strings"
    "time"

    svc "github.com/username/interceptors/service"
    "google.golang.org/grpc"
    "google.golang.org/grpc/metadata"
)

type userService struct {
    svc.UnimplementedUsersServer
}

// TODO - 이전에 정의한 logMessage() 함수 삽입
// TODO - 이전에 정의한 loggingUnaryInterceptor() 함수 삽입
// TODO - 이전에 정의한 loggingStreamInterceptor() 함수 삽입
// TODO - 8장의 예제 8.2에서 정의한 GetUser() 함수 삽입
// TODO - 예제 9.6에서 정의한 GetHelp() 함수 삽입

func registerServices(s *grpc.Server) {
    svc.RegisterUsersServer(s, &userService{})
}

func startServer(s *grpc.Server, l net.Listener) error {
    return s.Serve(l)
```

```
}

func main() {
    listenAddr := os.Getenv("LISTEN_ADDR")
    if len(listenAddr) == 0 {
        listenAddr = ":50051"
    }

    lis, err := net.Listen("tcp", listenAddr)
    if err != nil {
        log.Fatal(err)
    }

    s := grpc.NewServer(
        grpc.UnaryInterceptor(loggingUnaryInterceptor),
        grpc.StreamInterceptor(loggingStreamInterceptor),
    )
    registerServices(s)
    log.Fatal(startServer(s, lis))
}
```

gRPC 서버에 인터셉터를 등록하기 위해 grpc.ServerOption 타입(클라이언트 애플리케이션에서의 grpc.
DialOption 타입)의 두 값을 매개변수로 grpc.NewServer() 함수를 호출합니다. grpc.ServerOption
타입의 두 값은 각각 loggingUnaryInterceptor를 매개변수로 하여 grpc.UnaryInterceptor() 함
수를 호출하고, loggingStreamInterceptor를 매개변수로 하여 grpc.StreamInterceptor() 함수
를 호출하여 얻어옵니다. 서버를 빌드한 후 실행합니다.

```
$ cd chap9/interceptors/server
$ go build
$ ./server
```

새로운 터미널 세션에서 먼저 GetUser 메서드를 호출하기 위해 클라이언트 애플리케이션을 실행합니다.

```
$ cd chap9/interceptors/client
$ go build
$ ./client localhost:50051 GetUser
User: jane doe.com
```

서버를 시작한 터미널 세션에서 다음과 같은 로그를 확인할 수 있습니다.

```
2021/06/26 22:14:04 Received request for user with Email: jane@doe.com Id:
2021/06/26 22:14:04 Method:/Users/GetUser, Duration:214.333µs, Error:<nil>,
Request-Id:request-123
```

RPC 메서드 이름, 서비스 이름, 메서드 호출에 걸린 시간duration, 클라이언트에서 지정한 Request-Id의 값이 로그로 남았습니다.

다음은 클라이언트 애플리케이션에서 GetHelp 메서드를 호출해봅니다.

```
Request: Hello there
Response: Hello there
Request: how are you
Response: how are you
Request: quit
```

서버 사이드에서 다음과 같은 로그를 확인할 수 있습니다.

```
2021/06/26 22:24:40 Client connected
Request received: Hello there
Request received: how are you
2021/06/26 22:24:46 Client disconnected
2021/06/26 22:24:46 Method:/Users/GetHelp, Duration:6.186660625s,
Error:<nil>, Request-Id:request-123
```

보시는 것처럼 메서드 호출에 걸린 시간은 RPC 스트리밍 연결이 활성화되어 있는 전체 시간, 즉 클라이언트와의 연결이 활성화되어 있는 시간입니다.

지금까지 작성된 클라이언트와 서버의 인터셉터로는 RPC 메서드 호출의 **시작**과 **끝**을 인터셉트할 수 있습니다. 단항 RPC 메서드 호출에는 충분합니다. 하지만 스트리밍 RPC 메서드 호출의 경우 전체 스트리밍 커뮤니케이션이 완전히 끝날 때까지 클라이언트 사이드 인터셉터는 대기하지 않고 바로 스트리밍 커뮤니케이션 채널이 **구성된 후에** 반환됩니다(그림 9.3 참조). 즉, 스트리밍 커뮤니케이션이 진행되는 동안의 전체 시간을 구하고 싶다면 클라이언트 사이드 인터셉터를 다른 방향으로 구현해야 합니다. 서버 사이드 인터셉터 역시 마찬가지로 각각의 **메시지** 교환마다 커스텀 코드를 실행하기 위한 인터셉터를 구현하기 위해서는 원래의 클라이언트 스트림 혹은 서버 스트림을 래핑하여 별도의 커스텀 스트림을 생성해야 합니다.

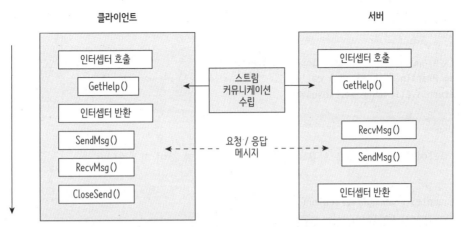

그림 9.3 **인터셉터와 스트리밍 커뮤니케이션**

9.3.3 스트림 래핑

먼저 클라이언트 스트림을 래핑하는 예시를 살펴봅시다.

```
type wrappedClientStream struct {
    grpc.ClientStream
}
```

그리고 SendMsg(), RecvMsg(), CloseSend() 세 개의 메서드를 구현합니다. 먼저 SendMsg() 메서드는 다음과 같이 구현합니다.

```
func (s wrappedClientStream) SendMsg(m interface{}) error {
    log.Printf("Send msg called: %T", m)
    return s.Stream.SendMsg(m)
}
```

클라이언트가 서버로 메시지를 보낼 때마다 위의 메서드가 호출됩니다. 메시지는 로그로 기록되고, 이후에 메서드에 종속되는 스트림의 SendMsg() 메서드가 호출됩니다. 마찬가지로 RecvMsg() 메서드는 다음과 같이 구현합니다.

```
func (s wrappedClientStream) RecvMsg(m interface{}) error {
    log.Printf("Recv msg called: %T", m)
    return s.Stream.RecvMsg(m)
}
```

CloseSend() 메서드는 다음과 같이 구현합니다.

```
func (s wrappedClientStream) CloseSend() error {
    log.Println("CloseSend() called")
    return s.ClientStream.CloseSend()
}
```

래핑된 클라이언트의 스트림을 사용하는 인터셉터는 다음과 같이 작성합니다.

```
func exampleStreamingInterceptor(
    ctx context.Context,
    desc *grpc.StreamDesc,
    cc *grpc.ClientConn,
    method string,
    streamer grpc.Streamer,
    opts ...grpc.CallOption,
) (grpc.ClientStream, error) {
    stream, err := streamer(
        ctx,
        desc,
        cc, method,
        opts...,
    )
    clientStream := wrappedClientStream{
        ClientStream: stream,
    }
    return clientStream, err
}
```

래핑된 서버 스트림을 생성하려면 먼저 grpc.ServerStream을 래핑하는 구조체를 생성합니다.

```
type wrappedServerStream struct {
    grpc.ServerStream
}
```

그리고 커스텀 코드를 실행하기 위한 메서드를 구현합니다. 메시지 송수신이 제일 중요한 동작이므로, SendMsg() 메서드와 RecvMsg() 메서드를 오버라이딩 합니다.

```
func (s wrappedServerStream) SendMsg(m interface{}) error {
    log.Printf("Send msg called: %T", m)
    return s.ServerStream.SendMsg(m)
```

```
}

func (s wrappedServerStream) RecvMsg(m interface{}) error {
    log.Printf("Waiting to receive a message: %T", m)
    return s.ServerStream.RecvMsg(m)
}
```

래핑된 서버 스트림을 생성하고 커스텀 메서드를 구현한 뒤 로깅 인터셉터를 다음과 같이 수정합니다.

```
func loggingStreamInterceptor(
    srv interface{},
    stream grpc.ServerStream,
    info *grpc.StreamServerInfo,
    handler grpc.StreamHandler,
) error {
    serverStream := wrappedServerStream{
        ServerStream: stream,
    }
    err := handler(srv, serverStream)
    // 그 외에는 동일함
    // ...
    return err
}
```

클라이언트 스트림과 서버 스트림을 래핑하면 스트리밍 연결에서 메시지를 교환할 때마다 인터셉터에서 커스텀 코드를 실행할 수 있습니다. 이로 인해 가령 메시지를 캐싱하거나 레이트 리미팅을 구현하는 등, 교환되는 메시지의 내용을 알아야만 하는 인터셉터를 작성할 수 있습니다. 다음으로는 인터셉터 체이닝을 생성하는 방법에 대해 알아봅니다.

9.3.4 인터셉터 체이닝

인터셉터를 활용하여 애플리케이션상의 범용적인 기능을 구현하므로 인터셉터를 체이닝하면 하나 이상의 인터셉터를 애플리케이션에 통합할 수 있습니다. 먼저 클라이언트 애플리케이션의 예시를 봅시다. DialContext를 생성할 때 체이닝을 구성합니다. 다음은 체이닝 구성된 setupGrpcConn() 함수입니다.

```
func setupGrpcConn(addr string) (*grpc.ClientConn, error) {
    return grpc.DialContext(
        context.Background(),
        addr,
```

```
        grpc.WithInsecure(),
        grpc.WithBlock(),
        grpc.WithChainUnaryInterceptor(
            loggingUnaryInterceptor,
            metadataUnaryInterceptor,
        ),
        grpc.WithChainStreamInterceptor(
            loggingStreamingInterceptor,
            metadataStreamingInterceptor,
        ),
    )
}
```

google.golang.org/grpc 패키지에 정의된 WithChainUnaryInterceptor() 함수는 여러 개의 인터셉터를 등록할 때 사용합니다. 예시에서는 loggingUnaryInterceptor와 metadataUnaryInterceptor라는 두 개의 인터셉터를 등록하였습니다. 해당 패키지에 존재하는 WithChainStreamInterceptor() 함수는 여러 개의 스트림 인터셉터를 등록할 때 사용되며, 예시에서는 loggingStreamingInterceptor와 metadataStreamingInterceptor라는 인터셉터를 등록하였습니다. 두 경우 모두 가장 내부에 존재하는 인터셉터가 먼저 실행됩니다.

이 책의 소스 코드 리포지터리의 chap9/interceptor-chain/client 디렉터리에서 클라이언트 인터셉터 체인을 구성하는 방법을 비롯하여 전체적인 클라이언트 애플리케이션 코드를 찾아볼 수 있습니다. logStreamingInterceptor 함수를 살펴보면 클라이언트 스트림을 래핑하는 방법을 이해하실 수 있습니다.

서버 사이드에서 인터셉터 체인을 구성하려면 grpc.Server 객체를 생성할 때 인터셉터를 등록해야 합니다.

```
s := grpc.NewServer(
    grpc.ChainUnaryInterceptor(
        metricUnaryInterceptor,
        loggingUnaryInterceptor,
    ),
    grpc.ChainStreamInterceptor(
        metricStreamInterceptor,
        loggingStreamInterceptor,
    ),
)
```

ChainUnaryInterceptor() 함수와 ChainStreamInterceptor() 함수 역시 마찬가지로 여러 개

의 인터셉터를 등록하기 위해 사용되며, 가장 내부에 존재하는 인터셉터가 먼저 실행됩니다. 이 책의 소스 코드 리포지터리의 `chap9/interceptor-chain/server` 디렉터리에서 서버 인터셉터 체인을 구성하는 방법을 비롯하여 전체적인 서버 애플리케이션 코드를 찾아볼 수 있습니다. `logStreamingInterceptor` 함수를 살펴보면 서버 스트림을 래핑하는 방법을 이해할 수 있습니다.

지금까지 gRPC 애플리케이션에서 인터셉터를 작성하는 방법을 알아보았습니다. 또한 클라이언트와 서버 애플리케이션 간 단항 커뮤니케이션과 스트리밍 커뮤니케이션에 대해 인터셉터를 작성하는 방법을 알아보았습니다. 이제 마지막 연습 문제인 연습 문제 9.3을 통해 지금까지 이해한 지식을 확인해봅시다.

연습 문제 9.3 | 스트림 내에서 주고받은 메시지 개수 로깅하기

`Repository` 서비스에서 `GetHelp()` 메서드를 호출하며 주고받은 메시지를 로깅하는 클라이언트 사이드 인터셉터와 서버 사이드 인터셉터를 구현하세요. 이 책의 소스 코드 리포지터리의 `chap9/interceptor-chain` 디렉터리의 코드를 기반으로 시작하면 됩니다.

9.4 요약

이번 장에서는 단순하게 요청과 응답으로 구성된 단항 RPC 메서드 이외의 다양한 방법으로 gRPC 애플리케이션을 작성하는 방법을 알아보았습니다. 다양한 종류의 스트리밍 커뮤니케이션 패턴을 구현하는 방법을 배웠으며, 클라이언트 사이드 스트리밍, 서버 사이드 스트리밍, 양방향 스트리밍에 대해 알아보았습니다. 이러한 기법을 사용하면 클라이언트와 서버 애플리케이션 간에 효율적으로 데이터를 주고받을 수 있습니다.

이후에는 단순하게 숫자나 문자열 외에도 클라이언트와 서버 애플리케이션 간에 임의의 데이터를 주고받는 방법을 알아보았습니다. 또한 더욱 효율적인 데이터 전송을 위해 스트리밍을 활용하는 방법을 알아보았습니다.

다음으로는 인터셉터를 활용하여 gRPC 애플리케이션에 미들웨어를 구현하는 방법을 배웠습니다. 클라이언트 사이드와 서버 사이드에서 인터셉터를 구현하는 방법, 단항 커뮤니케이션과 스트리밍 커뮤니케이션 패턴에서 인터셉터를 구현하는 방법을 살펴보았습니다. 또한 요청에 메타데이터를 부착하는 방법을 알아보았습니다.

다음 장에서는 gRPC 애플리케이션의 확장성과 보안을 위한 다양한 기법을 구현하는 방법에 대해 알아보겠습니다.

10 CHAPTER

실서비스 가능한
gRPC 애플리케이션

이번 장에서는 TLS가 활성화 되어 보안에 안전한secure gRPC 애플리케이션 작성법에 대해 배웁니다. 그리고 gRPC 애플리케이션 상에서 헬스 체크health check를 구현하는 기법과 런타임 오류를 처리하는 기법, 서버 애플리케이션에서 요청을 처리하는 기법에 대해 배웁니다. 이후에는 클라이언트 애플리케이션의 강건성을 향상하기 위한 기법, 예컨대 여러 동작에 타임아웃을 설정하고 일시적으로 발생하는 오류를 처리하는 방법에 대해 배웁니다. 마지막 절에서는 gRPC 라이브러리가 클라이언트와 서버 간의 연결을 내부적으로 어떻게 관리하는지 배웁니다. 이제 시작합니다!

10.1 TLS를 활용한 보안 통신

지금까지 작성한 클라이언트와 서버 애플리케이션은 **안전하지 않은**insecure 채널을 통해 통신하였습니다. 즉, 클라이언트에서 서버로 연결을 맺기 위해 사용한 setupGrpcCommunication() 함수를 살펴보면 다음과 같이 grpc.WithInsecure()의 DialOption을 사용하여 클라이언트와 서버 간에 안전하지 않은 채널을 명시적으로 사용합니다.

```
func setupGrpcConnection(addr string) (*grpc.ClientConn, error) {
    return grpc.DialContext(
        context.Background(),
        addr,
        grpc.WithInsecure(),
        grpc.WithBlock(),
    )
}
```

당연하게도 서버 애플리케이션에서 마찬가지로 안전하지 않은 채널을 사용하도록 구성되어야 클라이언트 애플리케이션을 사용할 수 있습니다. 7장에서 HTTP 클라이언트와 서버 간의 안전한 통신을 위해 전송 계층 보안을 사용한다고 했습니다. 동일한 기법을 사용하여 gRPC 애플리케이션 간에 안전한 통신 채널을 구성할 수 있습니다.

```
tlsCertFile := os.Getenv("TLS_CERT_FILE_PATH")
tlsKeyFile := os.Getenv("TLS_KEY_FILE_PATH")
creds, err := credentials.NewServerTLSFromFile(
    tlsCertFile,
    tlsKeyFile,
)
credsOption := grpc.Creds(creds)
s := grpc.NewServer(credsOption)
```

TLS 인증서와 개인 키 경로를 매개변수로 하여 google.golang.org/grpc/credentials 패키지의 credentials.NewServerTLSFromFile() 함수를 호출합니다. credentials.NewServerTLSFromFile() 함수는 credentials.TransportCredentials 타입의 객체 변수 creds와 에러값을 반환합니다. 이후에는 creds를 매개변수로 grpc.Creds() 함수를 호출합니다. grpc.Creds() 함수는 grpc.ServerOption 타입의 객체 변수 credsOption을 반환합니다. 그리고 이 변수들을 매개변수로 grpc.NewServer() 함수를 호출합니다. TLS로 통신하는 gRPC 서버 구성 완료입니다.

HTTP에서 동작하는 TLS 서버, 즉 HTTPS 서버의 포트는 일반적으로 HTTP 서버의 포트와는 다른 포트를 사용하지만,[1] gRPC 서버의 경우 TLS가 활성화되더라도 동일하게 50051번 포트를 사용합니다.

다음으로는 TLS로 구성된 서버와 통신하기 위해 클라이언트 애플리케이션을 구성합니다.

```
func setupGrpcConn(
    addr string,
    tlsCertFile string,
) (*grpc.ClientConn, error) {
    creds, err := credentials.NewClientTLSFromFile(tlsCertFile, "")
    if err != nil {
        return nil, err
    }
    credsOption := grpc.WithTransportCredentials(creds)
```

---

1   [옮긴이] HTTP는 일반적으로 80번 포트나 8080번 포트를, HTTPS는 일반적으로 443번 포트나 8443번 포트를 사용합니다.

```
    return grpc.DialContext(
        context.Background(),
        addr,
        credsOption,
        grpc.WithBlock(),
    )
}
```

서버와 TLS로 통신하기 위해 구성된 *grpc.ClientConn 객체를 반환하도록 setupGrpcConn() 함수를 업데이트하였습니다. 클라이언트를 구성할 때는 서버를 구성할 때와는 달리 클라이언트가 신뢰할 수 있는 TLS 인증서의 경로를 문자열로 하는 변수 tlsCertFile을 매개변수로 주어야 합니다. google.golang.org/grpc/credentials 패키지에 정의된 NewClientTlsFromFile() 함수를 TLS 인증서 경로를 매개변수로 호출합니다. 두 번째 매개변수가 공백 문자열 외의 값인 경우 인증서의 호스트네임을 오버라이딩하게 되며, 인증서에서 제공하는 호스트네임 대신 매개변수로 제공한 호스트네임을 신뢰합니다. 예시에서 사용하는 인증서는 localhost라는 호스트네임을 갖게 되며, 클라이언트는 localhost라는 호스트네임을 신뢰하게 됩니다. 그래서 별도로 오버라이딩할 호스트네임을 지정하지 않고 공백 문자열을 전달합니다. NewClientTLSFromFile() 함수는 credentials.TransportCredentials 타입의 변수 creds 값과 에러값을 반환합니다. 이후 ClientOption 값으로 credsOption 변수를 매개변수로 전달하여 DialContext() 함수를 호출합니다. tlsCertFile의 파일 경로는 반드시 서버에서 사용한 인증서 파일과 동일한 경로여야만 합니다.

마지막으로는 자체 서명한self-signed TLS 인증서를 생성하면 됩니다. 7장에서 구성한 openssl 커맨드를 사용할 것인데, Go에서 사용하는 라이브러리의 클라이언트 사이드 TLS 인증에 문제가 없도록 인수를 다음과 같이 사용합니다.

```
$ openssl req -x509 -newkey rsa:4096 -keyout server.key -out server.crt \
    -days 365 \
    -subj "/C=AU/ST=NSW/L=Sydney/O=Echorand/OU=Org/CN=localhost" \
    -extensions san \
    -config <(echo '[req]'; echo 'distinguished_name=req';
        echo '[san]'; echo 'subjectAltName=DNS:localhost') \
    -nodes
```

위의 커맨드의 결과로 TLS 키 파일에 해당하는 server.key 파일과 TLS 인증서에 해당하는 server.crt 파일이 생성됩니다. 이 두 파일을 사용하여 서버와 클라이언트를 구성하면 됩니다.

이 책의 소스 코드 리포지터리의 **chap10/user-service-tls** 디렉터리에서 서버와 클라이언트 애플리케이션 코드를 찾으실 수 있습니다. 8장에서의 Users 서비스를 구현하는 서버는 이제 TLS로 암호화된TLS-encrypted 채널로 클라이언트와 통신합니다. 애플리케이션뿐만 아니라 서버와 클라이언트 간의 테스트 또한 TLS 채널로 통신합니다.

이제 실제로 애플리케이션을 실행해봅시다. 먼저 서버를 실행해봅니다.

```
$ cd chap10/user-service-tls/server
$ go build
$ TLS_KEY_FILE_PATH=../tls/server.key \
  TLS_CERT_FILE_PATH=../tls/server.crt \
  ./server
```

별도의 터미널을 켜고, 클라이언트를 실행합니다.

```
$ cd chap10/user-service-tls/client
$ go build
$ TLS_CERT_FILE_PATH=../tls/server.crt \
  ./client localhost:50051
User: jane doe.com
```

7장에서 살펴본 것처럼 인증서를 수동으로 생성하고 배포하면 확장성이 없습니다. 내부 서비스를 구축하는 경우 **cfssl**(https://github.com/cloudflare/cfssl)과 같은 도구를 이용하여 내부적으로 신뢰 가능한 CA를 구성한 뒤 해당 CA에서 인증서를 생성하도록 하고, 클라이언트에서는 구축한 CA를 신뢰하도록 하는 메커니즘을 구현하는 것이 좋습니다.

외부에 노출되는 서비스는 무료로 제공되는 오픈 CA인 Let's Encrypt로부터 인증서를 얻어 오기 위한 도구인 autocert(https://pkg.go.dev/golang.org/x/crypto/acme/autocert)를 활용하면 유용합니다.

이제 서버 애플리케이션을 강건하게 만들기 위한 다양한 기법을 공부해봅니다.

10.2 서버의 강건성

이번 절에서는 서버 애플리케이션에 헬스 체크를 구현하는 방법을 배웁니다. 이후 처리되지 않은 런타임 오류들을 애플리케이션이 올바르게 대처하는 방법을 배웁니다. 그리고 인터셉터를 사용하여 요청 처리를 중단하여 자원의 낭비를 막는 방법에 대해 배웁니다.

10.2.1 헬스 체크 구현

서버 프로세스가 시작하고 나면 네트워크 리스너 생성 및 gRPC 서비스 등록, 데이터 저장소나 다른 서비스에 연결을 수립하는 데에 몇 초는 필요합니다. 따라서 아마도 **곧바로** 클라이언트 요청을 처리할 수 있는 상태는 아닐 것입니다. 또한 너무 많은 요청으로 과부화된 서버는 이미 받은 요청을 처리 중인 경우 새로운 요청을 더 받으면 안됩니다. 두 상황에 대해 서버가 현재 **건강한**healthy 상태인지 아닌지 판별하기 위한 RPC 메서드를 추가하는 것이 좋습니다. 대개 이러한 판별probe 기능은 로드 밸런서나 프록시 서비스 등 사용자로부터 받은 요청을 현재 처리가 가능한 상태에 있는 건강한 서버로 전달하는 별도의 애플리케이션에서 수행됩니다.

gRPC의 헬스 체크 프로토콜은 Health라는 고유한 목적의 gRPC 서비스를 위한 명세를 정의합니다. 이는 다음과 같이 헬스 체크를 위한 서비스가 구현해야 할 프로토콜 버퍼 명세를 정의합니다.

```proto
syntax = "proto3";

package grpc.health.v1;

message HealthCheckRequest {
    string service = 1;
}

message HealthCheckResponse {
    enum ServingStatus {
        UNKNOWN = 0;
        SERVING = 1;
        NOT_SERVING = 2;
        SERVICE_UNKNOWN = 3; // Used only by the Watch method.
    }
    ServingStatus status = 1;
}

service Health {
    rpc Check(HealthCheckRequest) returns (HealthCheckResponse);
    rpc Watch(HealthCheckRequest) returns (stream HealthCheckResponse);
}
```

HealthCheckRequest 메시지는 로드 밸런서와 같은 외부 애플리케이션에서 서버의 헬스 상태를 요청하기 위해 사용됩니다. 이 메시지에는 클라이언트가 헬스 상태를 질의할 서비스의 이름을 나타내기 위한 string 타입의 service 필드가 존재합니다. 이를 활용하면 보시는 것처럼 각 서비스의 헬스 상태를 구성할 수 있습니다.

HealthCheckResponse 메시지는 헬스 체크 요청의 결과를 보내기 위해 사용됩니다. 이 메시지에는 하나의 enum으로 구성된 ServingStatus 타입의 status 필드가 존재합니다. status 필드의 값은 넷 중 하나의 값입니다.

- UNKNOWN
- SERVING
- NOT_SERVING
- SERVICE_UNKNOWN

google.golang.org/grpc/health/grpc_health_v1 패키지에는 위의 프로토콜 명세를 기반으로 생성된 Health 서비스의 Go 코드가 있습니다. google.golang.org/grpc/health/ 패키지에는 Health 서비스의 구현체가 있습니다. 따라서 gRPC 서버에 Health 서비스를 등록하려면 다음과 같이 어느 곳에서 서비스를 등록하는지 코드를 업데이트해야 합니다.

```
import (
    healthsvc "google.golang.org/grpc/health"
    healthz "google.golang.org/grpc/health/grpc_health_v1"
)

func registerServices(s *grpc.Server, h *healthz.Server) {
    svc.RegisterUsersServer(s, &userService{})
    healthsvc.RegisterHealthServer(s, h)
}
```

registerServices() 함수는 google.golang.org/grpc/health 패키지에 정의된 health.Server 타입의 값과 Health 서비스 구현을 나타내는 값을 추가 매개변수로 받습니다. Health 서비스를 등록하기 위해 grpc_health_v1 패키지에 정의된 RegisterHealthServer() 함수를 호출합니다.

다음과 같이 registerServices() 함수를 호출합니다.

```
s := grpc.NewServer()
h := healthz.NewServer()
registerServices(s, h)
```

grpc_health_v1 패키지에 정의된 NewServer() 함수를 호출하여 헬스 서비스의 내부 자료구조를 초기화합니다. 이 함수는 *healthz.Server 타입의 객체를 반환하는데, 이 객체는 Health 서비스의 구현체입니다. 이후 *grpc.Server 객체 값과 *healthz.Server 객체 값을 매개변수로 하여 registerServices() 함수를 호출합니다. 또한 Users 서비스의 경우 gRPC 서버는 Health 서비스로부터 요청을 처리할 수 있도록 구성되었습니다.

그다음 각 서비스의 헬스 상태를 구성합니다. healthz.Server 객체의 SetServingStatus() 메서드를 사용하여 서비스의 상태를 설정합니다. SetServingStatus() 메서드는 서비스 이름을 나타내는 문자열의 service와 HealthCheckResponse 메시지의 일부분에서 enum으로 정의된 ServiceStatus 타입의 값을 매개변수로 받습니다. 다음과 같이 방금 언급한 로직을 래핑하기 위한 헬퍼 함수를 정의합니다.

```
func updateServiceHealth(
    h *healthz.Server,
    service string,
    status healthsvc.HealthCheckResponse_ServingStatus,
) {
    h.SetServingStatus(
        service,
        status,
    )
}
```

서버에서는 registerServices() 함수를 부른 뒤 다음과 같이 Users 서비스의 헬스 상태를 구성합니다.

```
s := grpc.NewServer()
h := healthz.NewServer()
registerServices(s, h)
updateServiceHealth(
    h,
    svc.Users_ServiceDesc.ServiceName,
    healthsvc.HealthCheckResponse_SERVING,
)
```

Users_ServiceDesc.ServiceName 속성값에서 Users 서비스의 서비스 이름을 얻어온 뒤 SetServingStatus() 메서드를 호출하여 서비스의 헬스 상태를 HealthCheckResponse_SERVING으로 설정합니다. 9장에서 살펴본 Users 서비스에 등록하는 gRPC 서버 코드와 Health 서비스에 대한 코드를 이 책의 소스 코드 리포지터리의 chap10/server-healthcheck/server 디렉터리에서 찾을 수 있습니다.

이제 Health 서비스를 검증하기 위한 테스트를 작성해봅시다. 테스트에서 먼저 Health 서비스와 통신하기 위한 클라이언트를 생성해야 합니다. 다음의 함수를 정의하여 클라이언트를 생성합니다.

```
package main

import (
    // 그 외 임포트 구문

    healthsvc "google.golang.org/grpc/health/grpc_health_v1"
)

func getHealthSvcClient(
    l *bufconn.Listener,
) (healthsvc.HealthClient, error) {

    bufconnDialer := func(
        ctx context.Context, addr string,
    ) (net.Conn, error) {
        return l.Dial()
    }

    client, err := grpc.DialContext(
        context.Background(),
        "", grpc.WithInsecure(),
        grpc.WithContextDialer(bufconnDialer),
    )
    if err != nil {
        return nil, err
    }

    return healthsvc.NewHealthClient(client), nil
}
```

getHealthSvcClient() 함수는 bufconn.Listener 타입의 객체 변수 l을 매개변수로 받고 healthsvc.HealthClient 타입의 값과 error 값을 반환합니다. 함수 안에서는 *grpc.ClientConn 타입의 객체 client를 생성하는데에 사용되는 다이얼러 bufconnDialer를 생성합니다. 이후 grpc_health_v1 패키지에 정의된 NewHealthClient() 함수를 호출하여 healthsvc.HealthClient 객체를 생성합니다.

처음으로 작성할 테스트 함수는 Health 서비스에 공백의 HealthCheckRequest 객체를 사용하여 Check() 메서드를 호출할 것입니다.

```
func TestHealthService(t *testing.T) {
    l := startTestGrpcServer()
    healthClient, err := getHealthSvcClient(l)
    if err != nil {
        t.Fatal(err)
    }

    resp, err := healthClient.Check(
        context.Background(),
        &healthsvc.HealthCheckRequest{},
    )
    if err != nil {
        t.Fatal(err)
    }
    serviceHealthStatus := resp.Status.String()
    if serviceHealthStatus != "SERVING" {
        t.Fatalf(
            "Expected health: SERVING, Got: %s",
            serviceHealthStatus,
        )
    }
}
```

8장과 9장에서 정의한 `startTestGrpcServer()` 함수를 사용하여 테스트 서버를 생성합니다. 반환된 `*bufconn.Listener` 객체를 이전에 정의한 `getHealthSvcClient()` 함수의 매개변수로 호출하여 Health 서비스와 통신하기 위해 구성된 클라이언트를 할당합니다.

그리고 공백의 `HealthCheckRequest` 값으로 `Check()` 메서드를 호출합니다. 반환된 `HealthCheckResponse` 타입의 값을 사용하여 Status 필드 값이 예상한 값과 일치하는지 비교합니다. 서비스 이름을 지정하지 않은 채로 서버에서 요청을 성공적으로 응답한 경우 응답 상태는 1, 혹은 SERVING이 됩니다. 상태 필드 값은 enum 타입이므로 현재 등록된 서비스의 헬스 상태를 설정했든 아니든, 건강한 상태든 아니든 상관없이 `String()` 메서드를 호출하여 필드 값의 문자열 이름을 얻어올 수 있습니다.

Users 서비스의 헬스 상태를 확인하기 위해 다음과 같이 `Check()` 메서드를 호출합니다.

```
resp, err := healthClient.Check(
        context.Background(),
        &healthsvc.HealthCheckRequest{
        Service: "Users",
    },
)
```

서비스에 헬스 상태를 지정해주지 않으면 응답 값에 해당하는 resp 변수는 nil 값을 갖게 되며, err 변수는 nil 외의 값을 갖게 됩니다. 헬스 상태를 지정해주지 않으면 google.golang.org/grpc/codes 패키지에 정의된 codes.NotFound 값을 에러 응답 상태 값으로 갖게 됩니다. 다음은 이러한 동작을 검증하기 위한 테스트입니다.

```go
func TestHealthServiceUnknown(t *testing.T) {

    l := startTestGrpcServer()
    healthClient, err := getHealthSvcClient(l)
    if err != nil {
        t.Fatal(err)
    }

    _, err = healthClient.Check(
        context.Background(),
        &healthsvc.HealthCheckRequest{
            Service: "Repo",
        },
    )
    if err == nil {
        t.Fatalf("Expected non-nil error, Got nil error")
    }
    expectedError := status.Errorf(
        codes.NotFound, "unknown service",
    )
    if !errors.Is(err, expectedError) {
        t.Fatalf(
            "Expected error %v, Got; %v",
            err,
            expectedError,
        )
    }
}
```

핵심 구문을 볼드체로 표기하였습니다. 먼저 google.golang.org/grpc/status 패키지의 Errorf() 함수를 사용하여 에러값을 생성한 뒤 errors 패키지의 errors.Is() 함수를 사용하여 반환된 에러가 예상대로 반환되었는지 확인합니다.

다음으로는 Health 서비스에서 두 번째로 정의된 Watch() 메서드를 살펴봅니다. Watch() 메서드는 서버 사이드 스트리밍 RPC 메서드이며, 헬스 체크를 수행하는 클라이언트가 서비스의 헬스 상태가 변하면 **알림**을 받아야 하는 경우에 유용합니다. 어떻게 동작하는지 봅시다.

Watch() 메서드는 두 개의 매개변수를 받습니다. 첫 번째 매개변수는 context.Context 객체이며, 두 번째 매개변수는 Users 서비스에서 헬스 상태를 체크할 대상을 나타내는 HealthCheckRequest 객체입니다.

```
client, err := healthClient.Watch(
    context.Background(),
        &healthsvc.HealthCheckRequest{
        Service: "Users",
    },
)
```

Watch() 메서드는 Health_WatchClient 타입의 객체 변수 client와 에러값을 반환합니다. Health_WatchClient는 grpc_health_v1 패키지에 다음과 같이 정의된 인터페이스 타입입니다.

```
type Health_WatchClient interface {
    Recv() (*HealthCheckResponse, error)
    grpc.ClientStream
}
```

Recv() 메서드는 HealthCheckResponse 타입의 객체와 에러값을 반환합니다. 이후 조건 없는 for 루프를 돌며 반복적으로 Recv() 메서드를 호출하여 가능할 때마다 서버로부터 응답을 읽습니다.

```
for {
    resp, err := client.Recv()
    if err == io.EOF {
        break
    }
    if err != nil {
        log.Printf("Error in Watch: %#v\n", err)
    }
    log.Printf("Health Status: %#v", resp)
    if resp.Status != healthsvc.HealthCheckResponse_SERVING {
        log.Printf("Unhealthy: %#v", resp)
    }
}
```

Recv() 메서드를 처음 호출할 때는 Users 서비스의 현재 헬스 상태를 응답으로 받습니다. 이후에는 서비스의 헬스 상태에 변화가 있을 때만 응답을 받습니다.

다음은 이를 검증하기 위한 테스트 함수입니다.

```go
func TestHealthServiceWatch(t *testing.T) {

    // TODO - healthClient를 설정 및 구성

    client, err := healthClient.Watch(
        context.Background(),
        &healthsvc.HealthCheckRequest{
            Service: "Users",
        },
    )
    if err != nil {
        t.Fatal(err)
    }

    resp, err := client.Recv()
    if err != nil {
        t.Fatalf("Error in Watch: %#v\n", err)
    }
    if resp.Status != healthsvc.HealthCheckResponse_SERVING {
        t.Errorf(
            "Expected SERVING, Got: %#v",
            resp.Status.String(),
        )
    }

    updateServiceHealth(
        h,
        "Users",
        healthsvc.HealthCheckResponse_NOT_SERVING,
    )

    resp, err = client.Recv()
    if err != nil {
        t.Fatalf("Error in Watch: %#v\n", err)
    }
    if resp.Status != healthsvc.HealthCheckResponse_NOT_SERVING {
        t.Errorf(
            "Expected NOT_SERVING, Got: %#v",
            resp.Status.String(),
        )
    }
}
```

Watch() 메서드를 호출한 뒤 Recv() 메서드를 한 번 호출합니다. 그리고 서비스의 헬스 상태가 SERVING인지 검증합니다. 이후 updateServiceHealth() 메서드를 호출하여 서비스의 헬스 상태를 NOT_SERVING으로 변경합니다. Recv() 메서드를 한 번 더 호출합니다. 이번에는 응답의 상태 필드 값이 NOT_SERVING인지 검증합니다. 따라서 서버의 헬스 체크를 위해서는 클라이언트가 서버의 상태 변화를 알아차리기 위해 주기적으로 Check() 메서드를 호출하거나, Watch() 메서드를 사용하여 헬스 상태에 변화가 생기면 서버에서 먼저 클라이언트에게 알려주어 그에 따라 반응하게 하는 두 가지 방법이 있습니다.

이 책의 소스 코드 리포지터리의 chap10/server-healthcheck/server 디렉터리의 health_test.go 파일에서 헬스 체크 기능을 테스트하기 위한 테스트 함수의 소스 코드를 확인하실 수 있습니다.

다음 절에서는 런타임 오류가 발생하는 경우 서버가 종료되지 않도록 인터셉터를 사용하여 복구 메커니즘을 구성하는 방법을 배웁니다. 그 전에 먼저 이번 장의 첫 번째 연습 문제인 10.1에서 Health 서비스의 클라이언트를 구현해봅시다.

연습 문제 10.1 | 헬스 체크 클라이언트

Health 서비스의 커맨드 라인 클라이언트를 구현하세요. 클라이언트는 Check 메서드와 Watch 메서드를 모두 구현해야 합니다. 헬스 상태가 정상적이지 않은 경우 클라이언트는 0 이외의 종료 코드와 함께 종료되어야 합니다.

애플리케이션에서는 서버와 통신하기 위한 방법으로 안전하지 않은insecure 통신과 TLS로 암호화된 통신을 모두 지원해야 합니다. 또한 헬스 체크를 진행할 서비스 이름을 지정할 수 있어야 합니다.

10.2.2 런타임 오류 처리

클라이언트 애플리케이션에서 gRPC 서버로 요청을 보낼 때 요청을 보내는 부분은 HTTP 서버와 마찬가지로 별도의 고루틴에서 처리됩니다. 하지만 HTTP 서버와는 요청을 처리하는 도중 달리 처리되지 않은 런타임 오류, 즉 panic() 함수가 호출되는 등 예외 상황이 발생하는 경우 서버 전체 프로세스가 종료됩니다. 따라서 현재 처리 중인 다른 요청들도 마찬가지로 종료됩니다. 대개 이와 같은 동작[2]은 바람직하지 않습니다. 만약 이와 같은 동작을 원치 않고, 예외 상황이 발생하더라도 계속해서 현재 처리 중인 요청뿐 아니라 새로운 요청도 처리하는 메커니즘을 구현하려 한다고 해봅시다. 통상적으로 서버 사이드 인터셉터를 사용하여 이러한 메커니즘을 구현합니다. 인터셉터 내에서 지연된 호출을 작

---

2 [옮긴이] 런타임 오류 발생 시 전체 프로세스가 종료되는 것

성하여 함수를 부르고, 그 함수 내에서는 recover() 함수를 호출한 뒤 예외 상황이 발생한 경우 이를 로그로 남기는 동작을 처리합니다. 런타임 오류가 발생하면 애플리케이션이 종료되는 대신 defer로 호출된 함수에서 recover() 함수가 호출되며 프로세스가 종료되지 않습니다.

먼저 단항 인터셉터를 살펴봅시다.

```go
func panicUnaryInterceptor(
    ctx context.Context,
    req interface{},
    info *grpc.UnaryServerInfo,
    handler grpc.UnaryHandler,
) (resp interface{}, err error) {
    defer func() {
        if r := recover(); r != nil {
            log.Printf("Panic recovered: %v", r)
            err = status.Error(
                codes.Internal,
                "Unexpected error happened",
            )
        }
    }()
    resp, err = handler(ctx, req)
    return
}
```

인터셉터 함수를 정의할 때 **기명**named의 반환 값, resp와 err를 사용하였습니다. 이로써 런타임 오류가 발생하면 값을 설정할 수 있게 됩니다. 런타임 오류가 발생하면 recover() 함수가 nil 외의 값을 반환합니다. 이 값을 로그로 남긴 뒤 status.Error() 함수에서 반환되는 값을 err 변수에 할당합니다. 응답 코드로는 codes.Internal을 사용하고,[3] 응답 메시지는 사용자가 지정한 커스텀 메시지를 구성합니다. 이제 서버상에는 실제 에러를 로그로 남기지만, 클라이언트에게는 사용자가 지정한 커스텀 메시지 부분만 간략하게 에러 메시지가 전달됩니다. 코드상의 이 지점에서 예상치 못한 런타임 오류가 발생한 경우 애플리케이션의 필요에 따라 무언가 다른 동작을 수행할 수 있습니다.[4] 이후 RPC 요청의 반환 값으로 resp의 기본값, nil이 반환됩니다.

서버 사이드 스트림 인터셉터도 유사하게 구성됩니다. 스트림 인터셉터에서 흥미로운 부분은 런타임 오류가 초기 스트림 구성 단계에서 발생하든, 이후의 메시지 교환 단계에서 발생하든 상관없이 잘 처

---

3   [옮긴이] HTTP 서버에서 http.StatusInternalServerError와 같은 역할이라고 보시면 됩니다.

4   [옮긴이] 예시로 RPC 메서드가 호출되는 동안만 존재해야 하는 외부 서비스로의 연결 객체 종료 등의 작업이 있습니다.

리되어 동작한다는 점입니다.

이 책의 소스 코드 리포지터리의 chap10/svc-panic-handling 디렉터리에는 9.3.4절의 gRPC 애플리케이션을 일부 수정한 코드가 있습니다. 서버 코드는 단항 RPC 메서드 호출과 스트리밍 메서드 호출에 대해 런타임 오류를 처리하기 위한 패닉 핸들링 인터셉터를 가장 안쪽에innermost 등록하도록 업데이트되었습니다.

```
s := grpc.NewServer(
    grpc.ChainUnaryInterceptor(
        metricUnaryInterceptor,
        loggingUnaryInterceptor,
        panicUnaryInterceptor,
    ),
    grpc.ChainStreamInterceptor(
        metricStreamInterceptor,
        loggingStreamInterceptor,
        panicStreamInterceptor,
    ),
)
```

가장 안쪽에 패닉 핸들링 인터셉터를 등록하면 서비스 핸들러에서 발생하는 런타임 오류가 다른 인터셉터들의 동작을 방해하지hamper 않습니다. 이는 물론 다른 바깥쪽 인터셉터에서도 런타임 오류가 발생하지 않아야만 합니다. 다른 인터셉터들에 대해서도 패닉 핸들링 인터셉터를 적용하려면 가장 바깥쪽outermost과 가장 안쪽innermost에 모두 패닉 핸들링 인터셉터를 적용하여 다른 인터셉터들을 감싸면 모든 인터셉터의 런타임 오류를 처리할 수 있습니다.

인터셉터의 동작을 확인하기 위해 서버 애플리케이션과 클라이언트 애플리케이션을 다음과 같이 수정합니다.

사용자의 이메일 주소가 panic@example.com과 같은 형태를 갖는 경우 panic() 함수를 호출하도록 Users 서비스의 GetUser() 메서드를 수정합니다.

```
components := strings.Split(in.Email, "@")
if len(components) != 2 {
    return nil, errors.New("invalid email address")
}
if components[0] == "panic" {
    panic("I was asked to panic")
}
```

사용자의 이메일을 세 번째 인수로 받도록 클라이언트 애플리케이션을 수정하고, 인수로 받은 이메일을 GetUser() 메서드 요청에 사용합니다.

GetHelp() 메서드는 수신되는 요청 메시지가 panic이라는 문자열인 경우 panic() 함수를 호출하도록 수정합니다.

```
fmt.Printf("Request receieved: %s\n", request.Request)
if request.Request == "panic" {
    panic("I was asked to panic")
}
```

이제 터미널 세션에서 서버를 빌드한 뒤 실행합니다.

```
$ cd chap10/svc-panic-handling/server
$ go build
$ ./server
```

별도의 터미널 세션에서 클라이언트를 빌드합니다.

```
$ cd chap10/svc-panic-handling/client
$ go build
```

클라이언트를 실행하며 GetUser() 메서드를 호출합니다.

```
$ ./client localhost:50051 GetUser panic@example.com
2021/07/05 21:02:25 Method:/Users/GetUser, Duration:1.494875ms,
Error:rpc error: code = Internal desc = Unexpected error happened
2021/07/05 21:02:25 rpc error: code = Internal desc = Unexpected
error happened
```

클라이언트가 성공적인 응답을 받진 못했지만, 서버로부터 오류를 받은 것을 확인할 수 있습니다. code의 값과 desc 필드의 값은 이전에 패닉 핸들링 인터셉터에서 설정한 값입니다.

서버 사이드에서 다음과 같은 로그 메시지를 확인할 수 있습니다.

```
2021/07/05 21:02:25 Received request for user with Email: panic@example.com
Id:
2021/07/05 21:02:25 Panic recovered: I was asked to panic
```

```
2021/07/05 21:02:25 Method:/Users/GetUser, Error:rpc error:
code = Internal desc = Unexpected error happened,
Request-Id:[request-123]
2021/07/05 21:02:25 Method:/Users/GetUser, Duration:160.291μs
```

다음은 GetHelp() 메서드를 호출합니다.

```
$ ./client localhost:50051 GetHelp
Request: panic
2021/07/05 21:07:37 Send msg called: *users.UserHelpRequest
2021/07/05 21:07:37 Recv msg called: *users.UserHelpReply
2021/07/05 21:07:37 rpc error: code = Internal desc = Unexpected
error happened
```

서버 사이드에서 다음과 같은 로그 메시지를 확인할 수 있습니다.

```
Request receieved: panic
2021/07/05 21:07:37 Panic recovered: I was asked to panic
2021/07/05 21:07:37 Method:/Users/GetHelp, Error:rpc error: code =
Internal desc = Unexpected error happened, Request-Id:[request-123]
2021/07/05 21:07:37 Method:/Users/GetHelp, Duration:1.302932917s
```

런타임 오류로부터 복구recover하는 인터셉터를 작성하면 서버가 다른 요청을 처리하는 도중에도 계속해서 문제없이 동작할 수 있습니다. 또한 오류의 발생 원인을 로그로 남길 수 있고, 오류를 모니터링하기 위한 메트릭을 발행publish a metric할 수 있으며, 혹은 별도의 커스텀 정리 작업cleanup이나 롤백 프로시저를 실행할 수 있습니다.

다음으로는 요청을 처리하는 데 걸리는 시간이 구성된 시간보다 더 길거나, 클라이언트의 연결이 끊어진 경우 요청 처리를 중단할 수 있는 기법을 알아봅니다.

10.2.3 요청 처리 중단

RPC 메서드 실행에 걸리는 최대 시간을 강제하고 싶다고 합시다. 기존의 서비스 내역을 볼 때 어떤 악의적인 사용자 요청의 RPC 메서드를 처리하기 위하여 가령 300ms 이상이 필요합니다. 처리에 300ms 이상이 걸리는 요청을 단순하게 중단하려고 합니다. 서버 사이드 인터셉터를 사용하여 모든 서비스 핸들러에 공통으로 적용되는 요청 처리 중단 로직을 구현할 수 있습니다.

다음 함수는 단항의 RPC 타임아웃 인터셉터 구현체입니다.

```go
func timeoutUnaryInterceptor(
    ctx context.Context,
    req interface{},
    info *grpc.UnaryServerInfo,
    handler grpc.UnaryHandler,
) (interface{}, error) {
    var resp interface{}
    var err error

    ctxWithTimeout, cancel := context.WithTimeout(
        ctx,
        300*time.Millisecond,
    )
    defer cancel()

    ch := make(chan error)

    go func() {
        resp, err = handler(ctxWithTimeout, req)
        ch <- err
    }()

    select {
    case <-ctxWithTimeout.Done():
        cancel()
        err = status.Error(
            codes.DeadlineExceeded,
            fmt.Sprintf(
                "%s: Deadline exceeded",
                info.FullMethod,
            ),
        )
        return resp, err
    case <-ch:

    }
    return resp, err
}
```

위의 인터셉터는 매개변수로 받은 콘텍스트 변수 ctx를 부모 콘텍스트로 하여 context.With
Timeout() 함수에 매개변수로 전달하여 새로운 context.Context 객체 변수 ctxWithTimeout을 생
성합니다. 타임아웃 시간은 서비스 핸들러의 최대 실행 시간인 300ms로 지정합니다. 이후 고루틴에서
핸들러 메서드를 실행합니다. 그리고 select 구문을 사용하여 ctxWithTimeout.Done() 함수에서 반
환되는 채널에서 값이 수신되거나, 혹은 handler를 실행한 뒤 반환되는 err 값을 ch 채널에서 수신

될 때까지 대기합니다. err 변수의 값은 핸들러 메서드 실행이 완료되면 읽을 수 있습니다.

반면에 ctxWithTimeout.Done() 함수는 300ms가 지난 뒤에 반환됩니다. handler가 정상적으로 실행되지 않고 300ms가 지나면 콘텍스트를 취소하고 codes.DeadLineExceeded 코드 값을 갖는 에러 값을 생성한 뒤 nil 값을 갖는 resp와 함께 에러를 반환합니다.

위의 인터셉터를 사용하여 서버를 구성하면 실행에 300ms 이상 소요되는 모든 RPC 메서드는 중단됩니다. 7장에서 살펴본 것처럼 콘텍스트를 이용한 취소 방법으로 인터셉터를 사용하여 현재 처리 중인 요청을 취소하는 방식으로 서비스 메서드를 작성하면 서버 내의 리소스는 종종 다른 요청을 처리할 수 있을 만큼 여유가 생깁니다timely freed. 인터셉터의 동작을 검증하기 위하여 직접 gRPC 서버를 실행하는 대신 테스트 함수를 작성하여 인터셉터의 동작을 검증합니다. 이는 또한 서버 사이드 단항 RPC 인터셉터에 대한 유닛 테스트를 작성하는 방법을 나타내기도 합니다.

다음과 같이 테스트의 결과로 예상하는 값을 매개변수로 timeoutUnaryInterceptor() 함수를 직접 호출합니다.

```go
func TestUnaryTimeOutInterceptor(t *testing.T) {
    req := svc.UserGetRequest{}
    unaryInfo := &grpc.UnaryServerInfo{
        FullMethod: "Users.GetUser",
    }
    testUnaryHandler := func(
        ctx context.Context,
        req interface{},
    ) (interface{}, error) {
        time.Sleep(500 * time.Millisecond)
        return svc.UserGetReply{}, nil
    }

    _, err := timeoutUnaryInterceptor(
        context.Background(),
        req,
        unaryInfo,
        testUnaryHandler,
    )
    if err == nil {
        t.Fatal(err)
    }
    expectedErr := status.Errorf(
        codes.DeadlineExceeded,
        "Users.GetUser: Deadline exceeded",
    )
```

```
    if !errors.Is(err, expectedErr) {
        t.Errorf(
            "Expected error: %v Got: %v\n",
            expectedErr,
            err,
        )
    }
}
```

timeoutUnaryInterceptor() 함수는 4개의 매개변수를 받습니다. 위의 테스트 함수에서는 매개변수를 다음과 같이 사용하였습니다.

- **context**: context.Context 타입의 객체. context.Background() 함수를 호출하여 콘텍스트 객체를 생성

- **req**: 요청 RPC 메시지 객체로써, 공백의 interface{} 타입으로 정의되었음. 공백의 svc.User GetRequest{} 타입의 객체를 생성한 뒤 req에 할당

- **info**: grpc.UnaryServerInfo 타입의 객체. grpc.UnaryServerInfo 타입의 객체를 생성한 뒤 FullMethod 필드에 "Users.GetUser"라는 문자열을 설정

- **handler**: grpc.UnaryHandler 타입의 함수. 작성한 testUnaryHandler() 함수는 서비스 핸들러의 테스트 함수임. testUnaryHandler() 함수는 인터셉터 동작을 검증하기 위하여 500ms 동안 sleep 한 뒤, 응답으로 공백의 UserGetReply 객체를 반환

이제 스트리밍 RPC 메서드에 동일한 기능을 구현하려 합니다. 스트리밍 RPC 메서드의 경우 스트리밍 연결이 오랫동안 지속되리라고 기대할 수 있습니다. 요청과 응답은 연속적인 메시지 간에 잠재적인 대기 시간potential delay을 갖는 메시지 스트림으로 구성될 것입니다. 만일 스트리밍 RPC 메서드에도 타임아웃을 강제해야 하는 경우 어떻게 해야 할까요? 예를 들어 클라이언트 사이드 스트리밍 메서드, 혹은 양방향 스트리밍 RPC 메서드의 경우, 클라이언트로부터 60초 동안 아무런 메시지를 수신받지 못하였다면 연결을 종료합니다. 이를 구현하기 위해 timeoutUnaryInterceptor()와 동일한 동작을 하는 스트리밍 서버 사이드 인터셉터를 구현합니다. 서버가 메시지 수신을 대기 중일 때 최대 타임아웃 시간을 강제하고, 사용자로부터 메시지를 받을 때마다 타이머를 리셋합니다. wrappedServerStream이라는 이름으로 새로운 타입을 정의하고 ServerStream 객체를 래핑한 뒤 RecvMsg() 메서드 내에 타임아웃 로직을 구현합니다.

```go
type wrappedServerStream struct {
    RecvMsgTimeout time.Duration
    grpc.ServerStream
}

func (s wrappedServerStream) SendMsg(m interface{}) error {
    return s.ServerStream.SendMsg(m)
}

func (s wrappedServerStream) RecvMsg(m interface{}) error {
    ch := make(chan error)
    t := time.NewTimer(s.RecvMsgTimeout)
    go func() {
        log.Printf("Waiting to receive a message: %T", m)
        ch <- s.ServerStream.RecvMsg(m)
    }()

    select {
    case <-t.C:
        return status.Error(
            codes.DeadlineExceeded,
            "Deadline exceeded",
        )
    case err := <-ch:
        return err
    }
}
```

정의한 wrappedServerStream 구조체는 두 필드를 갖습니다. 첫 번째 필드는 time.Duration 타입의 RecvMsgTimeout 값이고, 두 번째 필드는 임베딩된 grpc.ServerStream 객체입니다. 예시에서 구현한 SendMsg() 메서드는 임베딩된 스트림의 SendMsg() 메서드를 호출합니다. RecvMsg() 메서드 내에서는 time.NewTimer() 함수의 매개변수로 RecvMsgTimeout 값을 전달하여 time.Timer 객체를 생성합니다. 반환된 객체 변수 t에는 chan Time 타입의 채널 C를 필드 값으로 갖습니다. 이후 고루틴에서 임베딩된 스트림 구조체의 RecvMsg() 메서드를 호출합니다.

select 구문을 사용하여 t.C와 ch 중 하나의 채널에서 값이 먼저 수신되기를 대기합니다. t.C 채널은 RecvMsgTimeout에 지정한 대기 시간이 만료되는 경우 값이 수신됩니다. ch 채널은 임베딩된 스트림 구조체의 RecvMsg() 메서드의 값이 반환된 경우 값이 수신됩니다. select의 동작 구조상 t.C 채널에서 먼저 값이 수신되면 codes.DeadlineExceeded의 코드 값을 갖는 에러를 반환합니다. 서비스 핸들러에서 에러를 수신하면 이후 RPC 메서드 실행 역시 중단시킵니다.

RecvMsg() 메서드에 타임아웃 로직을 정의하였으니 다음과 같이 인터셉터를 정의합니다.

```
func timeoutStreamInterceptor(
    srv interface{},
    stream grpc.ServerStream,
    info *grpc.StreamServerInfo,
    handler grpc.StreamHandler,
) error {
    serverStream := wrappedServerStream{
        RecvMsgTimeout: 500 * time.Millisecond,
        ServerStream:   stream,
    }
    err := handler(srv, serverStream)
    return err
}
```

인터셉터는 RecvMsgTimeout 값으로 500ms의 타임아웃 시간을 정의합니다. 다음에 유닛 테스트를 작성하여 인터셉터가 정상적으로 동작하는지 검증할 것입니다. timeoutStreamingInterceptor() 함수는 다음의 매개변수로 호출됩니다.

- **srv**: interface{} 타입의 값이며 따라서 아무 타입의 객체가 될 수 있음. 예시에서는 "test"라는 문자열을 사용

- **stream**: grpc.ServerStream 인터페이스를 구현하는 타입의 객체. 예시에서는 이 인터페이스를 구현하기 위해 testStream이라는 새로운 타입을 정의함. RecvMsg() 메서드 내에서는 구성된 인터셉터의 타임아웃 시간을 초과하는 700ms 동안 대기하는 반응성이 없는 클라이언트의 동작을 시뮬레이션

- **info**: *grpc.ServerInfo 타입의 객체이며, 다음과 같이 생성함

```
streamInfo := &grpc.StreamServerInfo{
    FullMethod:     "Users.GetUser",
    IsClientStream: true,
    IsServerStream: true,
```

- **handler**: 양방향, 혹은 서버 사이드 스트리밍 RPC 메서드 핸들러. 예시에서는 다음의 테스트 핸들러 함수를 구현함

```
testHandler := func(
    srv interface{},
```

```
        stream grpc.ServerStream,
) (err error) {
    for {
        m := svc.UserHelpRequest{}
        err := stream.RecvMsg(&m)
        if err == io.EOF {
            break
        }
        if err != nil {
            return err
        }
        r := svc.UserHelpReply{}
        err = stream.SendMsg(&r)
        if err == io.EOF {
            break
        }
        if err != nil {
            return err
        }
    }
    return nil
}
```

생성한 각 객체를 이용하여 테스트 함수를 정의합니다.

```
type testStream struct {
    grpc.ServerStream
}

func (s testStream) SendMsg(m interface{}) error {
    log.Println("Test Stream - SendMsg")
    return nil
}

func (s testStream) RecvMsg(m interface{}) error {
    log.Println("Test Stream - RecvMsg - Going to sleep")
    time.Sleep(700 * time.Millisecond)
    return nil
}

func TestStreamingTimeOutInterceptor(t *testing.T) {
    streamInfo := &grpc.StreamServerInfo{
        FullMethod:      "Users.GetUser",
        IsClientStream: true,
        IsServerStream: true,
    }
```

```
        testStream := testStream{}

        // TODO - 위의 testHandler 함수를 정의

        err := timeoutStreamInterceptor(
            "test",
            testStream,
            streamInfo,
            testHandler,
        )
        expectedErr := status.Errorf(
            codes.DeadlineExceeded,
            "Deadline exceeded",
        )
        if !errors.Is(err, expectedErr) {
            t.Errorf(
                "Expected error: %v Got: %v\n",
                expectedErr,
                err,
            )
        }
    }
}
```

이 책의 소스 코드 리포지터리의 **chap10/svc-timeout** 디렉터리에서 타임아웃 인터셉터의 구현체 소스 코드와 유닛 테스트가 적용된 예시 gRPC 서버 애플리케이션의 소스 코드를 찾아볼 수 있습니다.

클라이언트가 요청 중단을 시작한 경우에 반응하는 기능도 서버 애플리케이션에 있어야 합니다. 그러한 상황의 예시로는 콘텍스트가 취소되는 경우, 혹은 네트워크가 끊기는 경우가 있습니다. 그런 상황이 발생하면 서버는 불필요한 자원의 낭비를 막기 위하여 가능한 한 빠르게 요청이 처리되는 것을 중단해야 합니다. 단항 RPC 메서드의 인터셉터에서 이를 구현하는 것은 타임아웃 인터셉터를 구현하는 것과 매우 유사합니다.

```
func clientDisconnectUnaryInterceptor(
    ctx context.Context,
    req interface{},
    info *grpc.UnaryServerInfo,
    handler grpc.UnaryHandler,
) (interface{}, error) {
    var resp interface{}
    var err error
    ch := make(chan error)

    go func() {
```

```
        resp, err = handler(ctx, req)
        ch <- err
    }()

    select {
    case <-ctx.Done():
        err = status.Error(
            codes.Canceled,
            fmt.Sprintf(
                "%s: Request canceled",
                info.FullMethod,
            ),
        )
        return resp, err
    case <-ch:

    }
    return resp, err
}
```

중요한 부분을 볼드체로 표기하였습니다. 먼저 고루틴 내에서 RPC 메서드 핸들러를 호출합니다. 이후 select 구문을 사용하여 클라이언트의 연결이 닫혔음을 나타내는 ctx.Done() 메서드에서 반환된 채널, 또는 핸들러 함수가 정상적으로 실행되었음을 나타내는 채널로부터 값이 수신되기를 기다립니다. ctx.Done() 메서드에서 반환된 채널로부터 값을 먼저 수신하는 경우 요청이 취소되었음을 나타내는 에러값을 생성한 뒤 이를 반환합니다.

스트리밍 인터셉터의 구현체는 단항 인터셉터의 구현체와 매우 유사합니다.

```
func clientDisconnectUnaryInterceptor(
    srv interface{},
    stream grpc.ServerStream,
    info *grpc.StreamServerInfo,
    handler grpc.StreamHandler,
) (err error) {

    ch := make(chan error)

    go func() {
        err = handler(srv, stream)
        ch <- err
    }()

    select {
```

```
    case <-stream.Context().Done():
        err = status.Error(
            codes.Canceled,
            fmt.Sprintf(
                "%s: Request canceled",
                info.FullMethod,
            ),
        )
        return
    case <-ch:

    }
    return
}
```

이전과 마찬가지로 고루틴에서 RPC 메서드 핸들러를 호출합니다. 그리고 select 구문을 사용하여 클라이언트와의 연결이 닫혔음을 나타내는 stream.Context.Done() 메서드가 반환하는 채널[5]에서 값이 반환되기를, 또는 핸들러 함수의 실행이 정상적으로 종료되기를 기다립니다. 만일 첫 번째 채널에서 값을 먼저 수신하면 요청이 취소되었음을 나타내는 에러값을 생성한 뒤 생성한 에러값을 반환합니다. 유닛 테스트를 포함하여 인터셉터가 구현된 서버 애플리케이션의 예시 코드를 이 책의 소스 코드 리포지터리의 chap10/svc-client-dxn 디렉터리에서 찾아볼 수 있습니다.

다음 절에서 클라이언트 애플리케이션의 회복 탄력성resiliency에 대해 알아보기 전에 먼저 연습 문제 10.2를 해결해봅시다.

연습 문제 10.2 │ 타임아웃이 적용된 우아한 종료 구현

gRPC 서버를 우아하게 종료graceful shutdown하기 위해 grpc.Server 객체의 GracefulStop() 메서드를 호출합니다. 하지만 GracefulStop() 메서드는 현재 존재하여 처리 중인 요청이 완료될 때까지 최대 어느 정도까지 대기해야 하는지 제한 시간을 지정할 수 없습니다. 이번 연습 문제의 목표는 서버에 시간제한이 있는time-bound 우아한 종료를 구현하는 것입니다. 지정한 시간이 만료되면 Stop() 메서드를 호출하여 강제로 종료hard shutdown를 수행해야 합니다.

GracefulStop() 메서드를 호출하기 전에 모든 서비스의 헬스 상태를 NOT_SERVING으로 업데이트하세요. 이로써 클라이언트가 보내는 헬스 체크 요청 역시 서비스의 현재 상태를 반영하여 정상적으로 동작할 수 있도록 합니다.

---

5 [옮긴이] ch 채널

10.3 강건한 클라이언트

이번에는 클라이언트 애플리케이션의 강건성을 개선하기 위한 기법을 배웁니다. 먼저 설정할 수 있는 여러 타임아웃 값들에 대해 배웁니다. 이후 RPC 메서드가 호출되며 데이터가 전송되는 동안 내부적으로 발생하는 연결에 대해 배웁니다. 마지막으로 각 메서드 호출의 강건성을 향상하기 위한 기법에 대해 연구합니다.

이번 절에서는 Users 서비스가 등록된 gRPC 서버를 활용합니다. Users 서비스는 GetUser()와 GetHelp() 두 RPC 메서드를 정의합니다. 클라이언트는 커맨드 라인 인수에서 받은 데이터를 기반으로 둘 중 하나의 RPC 메서드를 호출할 수 있습니다. 이 책의 소스 코드 리포지터리의 chap10/client-resiliency 디렉터리에서 애플리케이션의 소스 코드를 찾아볼 수 있습니다.

10.3.1 연결 구성 개선

클라이언트는 먼저 서버와 채널을 수립해야 RPC 메서드를 호출할 수 있습니다. 잠시 복습해보면, 이전에 다음의 코드를 사용하여 채널을 생성하였던 적이 있습니다.

```
func setupGrpcConn(addr string) (*grpc.ClientConn, error) {
    return grpc.DialContext(
        context.Background(),
        addr,
        grpc.WithBlock(),
    )
    return conn, err
}
```

DialContext() 함수의 매개변수로 사용된 grpc.WithBlock() 함수는 연결이 정상적으로 수립되기 전까지 **반환되지 않습니다.** 사실 별도로 옵션을 **지정해주지 않으면** 연결 수립 과정을 곧바로 시작하지 않습니다. 미래의 **어느 시점**, 즉 RPC 메서드를 처음 호출할 때 혹은 호출하기 직전에 연결이 수립됩니다.

grpc.WithBlock() 옵션은 서버에 **일시적인** 문제가 있을 때 유용합니다. 가령 서버 프로세스 시작 초기에 요청 처리를 준비하기까지 시간이 걸려서 클라이언트의 요청을 받아들일 준비가 안 된 경우라든지, 혹은 일시적인 네트워크 단선으로 인하여 타임아웃이 발생한 경우가 그러한 상황입니다. 하지만 클라이언트가 일시적이지 않은, **영구적인** 문제 상황에서도 계속해서 연결 수립을 시도할 시에는 정상적으로 처리하지 못합니다. 영구적인 문제의 예시로는 클라이언트에서 접속할 서버 주소의 형태가 잘못된 경우, 혹은 서버의 호스트네임이 존재하지 않는 경우가 있습니다.

grpc.WithBlock() 옵션의 이점을 취하는 **한편** 연결이 수립될 때까지 '무한정' 대기하지 않으려면, grpc.FailOnNonTempDialError(true) 함수에서 반환되는 또 다른 DialOption을 사용해야 합니다. 매개변수 true는 일시적이지 않은 에러가 발생하였을 때 연결을 재시도하지 않도록 지정합니다. 그로 인해 DialContext() 함수는 발생한 에러를 그대로 반환할 것입니다.[6]

게다가 일시적인 에러라 하더라도 연결이 수립되기까지 최대 제한 시간을 두는 것이 실용적입니다. grpc.DialContext() 함수는 첫 번째 매개변수로 context.Context 객체를 받습니다. 따라서 타임 아웃을 갖는 콘텍스트 값을 생성하여 매개변수로 전달하면 됩니다.

위의 사항들이 모두 반영된 setupGrpcConn() 함수는 다음과 같습니다.

```go
func setupGrpcConn(
    addr string,
) (*grpc.ClientConn, context.CancelFunc, error) {
    log.Printf("Connecting to server on %s\n", addr)
    ctx, cancel := context.WithTimeout(
        context.Background(),
        10*time.Second,
    )
    conn, err := grpc.DialContext(
        ctx,
        addr,
        grpc.WithBlock(),
        grpc.FailOnNonTempDialError(true),
        grpc.WithReturnConnectionError(),
    )
    return conn, cancel, err
}
```

세 번째 DialOption으로 grpc.WithReturnConnectionError() 함수의 반환 값을 추가하였습니다. 이 옵션을 주어 생성한 gRPC 연결 객체는 DialContext() 함수가 정상적으로 연결을 수립하기 전에 일시적인 에러가 발생하고 콘텍스트가 만료되면, 연결이 정상적으로 일어나지 못하여 발생한 원래의 에러를 포함하는 에러를 반환하게 됩니다.

grpc.WithReturnConnectionError() 함수에서 반환된 DialOption 옵션은 암묵적으로 grpc.WithBlock() 옵션을 설정한다는 사실을 알고 가면 좋습니다. 지금까지 살펴본 변화를 적용한 DialContext() 함수는 다음의 동작을 수행하게 됩니다.

---

6   [옮긴이] 연결될 때까지 재시도하지 않습니다.

- 일시적이지 않은 에러가 발생하면 곧바로 반환됨. 반환된 에러의 값은 발생한 에러의 세부 정보를 포함함

- 일시적이지 않은 에러가 발생하면 단 10초 동안만 연결 수립을 시도함. 함수가 반환하는 에러값에는 일시적이지 않은 에러의 세부 정보를 포함함

다음과 같이 `chap10/client-resiliency` 디렉터리의 클라이언트 애플리케이션을 빌드한 뒤 별다른 gRPC 서버를 실행하지 않고 클라이언트를 실행합니다.

```
$ cd chap10/client-resiliency/client
$ go build
$/client localhost:50051 GetUser jane@joe.com
2021/07/22 19:02:31 Connecting to server on localhost:50051
2021/07/22 19:02:31 Error in creating connection: connection error:
desc = "transport: error while dialing: dial tcp [::1]:50051:
connect: connection refused"
```

`grpc.FailOnNonTempDialError()` 함수와 `grpc.WithReturnConnectionError()` 함수에서 반환된 두 `DialOption`은 시험적experimental이며, 향후 버전의 gRPC에서 변경될 수도 있습니다.[7]

10.3.2 일시적인 장애 상황 대응

서버와 채널을 수립하고 난 뒤 클라이언트는 RPC 메서드 호출을 할 수 있습니다. gRPC를 사용하는 가장 큰 장점 중 하나는 클라이언트가 여러 번의 RPC 메서드 호출을 하기 위하여 하나의 요청마다 하나의 채널을 수립하지 않아도 된다는 점입니다. 하지만 이는 곧 기본적으로 네트워크 연결이 오랫동안 유지되며, 장애가 발생하기 쉽다는 의미이기도 합니다. 다행히도 gRPC에는 RPC 메서드를 호출할 때 추가 인수로 호출 가능한 Wait for Ready 시맨틱semantic을 정의합니다.[8] 여기서 추가 인수는 `true`를 매개변수로 `grpc.WaitForReady()` 함수를 호출하여 반환된 `grpc.CallOption` 값입니다.

```
client.GetUser(context.Background(), req, grpc.WaitForReady(true))
```

7 　[옮긴이] 번역되는 시점에서도 동일합니다. 이에 대한 공식 문서는 https://pkg.go.dev/google.golang.org/grpc#DialOption에서 찾아볼 수 있습니다.

8 　[옮긴이] 프로그래밍이라는 문맥에서 시맨틱이란 프로그램 코드 일정 부분의 __의미__를 나타내며, 시맨틱의 예시로는 수식, 혹은 구문이 있습니다.

위의 RPC 메서드가 호출되고 서버로의 연결이 바로 맺어지지 않았다면 먼저 서버로 연결 수립을 시도한 뒤, RPC 메서드를 호출합니다.

실제 동작을 봅시다. 먼저 chap10/client-resiliency/server 디렉터리에서 서버를 빌드한 뒤 실행합니다.

```
$ cd chap10/client-resiliency/server
$ go build
$ ./server
```

서버가 실행된 채로 잠시 클라이언트 애플리케이션을 살펴봅시다. 다음과 같이 GetUser() RPC 메서드를 호출하여 요청을 보낸 뒤 1초 동안 쉬는 동작을 다섯 번 반복하는 for 루프가 있습니다.

```
for i := 1; i <= 5; i++ {
    log.Printf("Request: %d\n", i)
    userEmail := os.Args[3]
    result, err := getUser(
        c,
        &svc.UserGetRequest{Email: userEmail},
    )
    if err != nil {
        log.Fatalf("getUser failed: %v", err)
    }
    fmt.Fprintf(
        os.Stdout,
        "User: %s %s\n",
        result.User.FirstName,
        result.User.LastName,
    )
    time.Sleep(1 * time.Second)
}
```

클라이언트 애플리케이션을 빌드하고 실행합니다.

```
$ ./client localhost:50051 GetUser jane@joe.com
2021/07/23 09:43:58 Connecting to server on localhost:50051
2021/07/23 09:43:58 Request: 1
User: jane joe.com
2021/07/23 09:43:59 Request: 2
User: jane joe.com
2021/07/23 09:44:00 Request: 3
```

```
User: jane joe.com
2021/07/23 09:44:01 Request: 4
User: jane joe.com
2021/07/23 09:44:02 Request: 5
User: jane joe.com
```

요청을 보내고 있는 시점에 서버 프로세스를 **종료**한 뒤 **재시작**하더라도 오류가 발생하며 종료되지 않고, 클라이언트가 보내는 다섯 번의 요청이 정상적으로 완료되는 것을 확인할 수 있습니다.

WaitForReady() 옵션은 RPC 메서드가 호출되었을 때만 유용합니다. 단항 RPC 메서드 호출에 대해서는 일시적인 장애 발생 시에 유용하게 사용될 수 있습니다. 하지만 스트리밍 RPC 메서드 호출의 경우 WaitForReady() 메서드는 스트림을 **생성할 때**만 유용합니다. 스트림을 생성한 **이후에** 네트워크에 장애가 생겼다면 어떻게 해야 할까요?

Send() 메서드를 사용하여 메시지를 보내는 도중, 혹은 Recv() 메서드를 사용하여 메시지를 받는 도중에 에러가 발생하였다고 가정합시다. 반환된 에러를 살펴본 뒤 RPC 메서드 호출을 중단해야 할지 말지, 혹은 새로운 스트림을 생성하고 통신을 재시도해야 할지 결정해야 할 것입니다. 새로운 스트림을 생성하고 양방향 스트리밍 RPC 메서드의 스트리밍 통신을 별 이상 없이 재시도할 수 있다고 가정합시다. 예시로 살펴본 Users 서비스의 GetHelp() 메서드의 경우 다음에 설명한 것처럼 자동으로 연결을 다시 맺는 로직을 구현할 수 있습니다.

GetHelp() 메서드를 호출하여 스트림을 생성하는 함수를 정의합니다.

```
func createHelpStream(c svc.UsersClient) (
    users.Users_GetHelpClient, error,
) {
    return c.GetHelp(
        context.Background(),
        grpc.WaitForReady(true),
    )
}
```

이후 생성된 스트림을 사용하고 서버로 요청을 보낸 뒤 응답을 받기 위한 setupChat() 함수를 정의합니다. setupChat() 함수 내부는 GetHelp() 메서드를 호출할 때 생성된 스트림 타입의 svc.Users_GetHelpClient 구조체 타입의 버퍼 없는_{unbuffered} 채널을 생성합니다. 별도의 고루틴에서 Recv() 메서드를 반복적으로 호출할 것입니다. Recv() 메서드가 io.EOF 외의 에러를 반환하면 스트림을 재생성하며, 이후에는 clientConn 채널로 읽은 값을 씁니다.

다음의 코드는 스트림에서 데이터를 읽는 클라이언트의 일부분이며, 재연결 로직이 구현되었습니다.

```
func setupChat(
    r io.Reader,
    w io.Writer,
    c svc.UsersClient,
) (err error) {

    var clientConn = make(chan svc.Users_GetHelpClient)
    var done = make(chan bool)

    stream, err := createHelpStream(c)
    defer stream.CloseSend()
    if err != nil {
        return err
    }

    go func() {
        for {
            clientConn <- stream
            resp, err := stream.Recv()
            if err == io.EOF {
                done <- true
            }
            if err != nil {
                log.Printf("Recreating stream.")
                stream, err = createHelpStream(c)
                if err != nil {
                    close(clientConn)
                    done <- true
                }
            } else {
                fmt.Printf(
                    "Response: %s\n", resp.Response,
                )
                if resp.Response == "hello-10" {
                    done <- true
                }
            }
        }
    }()

    // TODO - 서버로 요청 전송

    <-done
    return stream.CloseSend()
}
```

스트림으로부터 데이터를 읽는 고루틴 내에는 별도의 조건문이 붙지 않은 for 루프가 있습니다. 루프의 시작 부분에서 clientConn 채널에 현재의 스트림 객체를 씁니다. 이로 인해 클라이언트에서 서버로 메시지를 전송하는 부분의 블로킹이 해제됩니다(이에 대해 곧 살펴봅니다). 그리고 Recv() 메서드를 호출합니다. 메서드가 io.EOF 에러를 반환하면 done 채널에 true 값을 쓰고 스트림을 종료한 뒤 함수를 반환합니다.

io.EOF 외의 에러가 발생하면 createHelpStream() 함수를 호출하여 스트림을 다시 생성합니다. 스트림을 생성할 수 없으면 clientConn 채널을 닫고 데이터를 전송하기 위해 블로킹된 부분을 해제합니다. 또한 done 채널에 true 값을 써서 함수가 반환되도록 합니다.

에러가 발생하지 않으면 서버로부터 받은 응답을 씁니다. 응답 값이 hello-10인 경우 done 채널에 true 값을 씁니다. 이 문자열은 클라이언트가 보낸 마지막 요청에 해당합니다. 따라서 이 메시지를 수신하였다는 것은 이제 더 이상 클라이언트가 보낼 메시지가 없다는 의미입니다.

다음의 코드는 setupChat() 함수의 전송 부분을 나타냅니다.

```go
func setupChat(
    r io.Reader,
    w io.Writer,
    c svc.UsersClient,
) (err error) {
    var clientConn = make(chan svc.Users_GetHelpClient)
    var done = make(chan bool)

    stream, err := createHelpStream(c)
    defer stream.CloseSend()
    if err != nil {
        return err
    }


    // TODO - 이전에 살펴본 메시지 수신부 고루틴

    requestMsg := "hello"
    msgCount := 1
    for {
        if msgCount > 10 {
            break
        }
        stream = <-clientConn
        if stream == nil {
            break
```

```
        }
        request := svc.UserHelpRequest{
            Request: fmt.Sprintf(
                "%s-%d", requestMsg, msgCount,
            ),
        }

        err := stream.Send(&request)
        if err != nil {
            log.Printf("Send error: %v. Will retry.\n", err)
        } else {
            log.Printf("Request sent: %d\n", msgCount)
            msgCount += 1
        }
    }

    <-done
    return stream.CloseSend()
}
```

클라이언트에서 서버로 10개의 메시지를 전송합니다. 서버는 받은 메시지를 그대로 응답으로 클라이언트에게 전송합니다. 각 메시지를 전송하기 전에 clientConn 채널로부터 메시지를 보내기 위해 사용할 스트림을 읽습니다. 그리고 Send() 메서드를 호출합니다. Send() 메서드가 에러를 반환하면 수신부 고루틴에서 스트림을 다시 생성한 뒤 채널에 새로운 스트림 객체를 쓸 때까지 대기합니다. 새로 생성된 스트림 객체를 읽은 뒤에는 다시 데이터 전송을 시도합니다. 방금 살펴본 예시의 실제 동작하는 소스 코드는 이 책의 소스 코드 리포지터리의 chap10/client-resiliency/client 디렉터리에서 GetHelp() 메서드를 찾아보시면 됩니다.

Recv() 메서드에서 반환된 에러를 사용하여 스트림을 다시 생성해야 할지 말지를 결정합니다. 이렇게 에러를 사용하여 스트림 재생성 유무를 판단하는 이유는 만일 에러값이 io.EOF인 경우 스트림이 정상적으로 종료되었기 때문이며, 정상적으로 종료된 경우에는 재생성하지 않아야 하기 때문입니다. 스트림이 정상적으로 종료되지 않은 경우 io.EOF 외의 에러가 발생하며, 따라서 이를 기준으로 정상적인 종료인지 아닌지를 판단합니다. 반면에 Send() 메서드는 스트림이 예기치 못하게 네트워크 장애 등의 이유로 종료되더라도 io.EOF 에러를 반환하며, 따라서 Send() 메서드의 경우 io.EOF 에러를 기준으로 정상적인 종료인지 아닌지 판별하기가 어렵습니다. 그럼에도 만일 Send() 메서드에서 io.EOF 에러가 발생하였다면 RecvMsg() 메서드를 호출하여 반환된 에러값을 사용하면 정상적인 종료인지 아닌지를 판별할 수 있습니다.

다음은 9장(chap9/bindata-client-streaming)의 구현체에서 위의 스트림 재생성 로직이 반영된 코드입니다.

```go
for i := 0; i < 5; i++ {
    log.Printf("Creating Repo: %d\n", i)
    r := svc.RepoCreateRequest{
        CreatorId: "user-123",
        Name:      "hello-world",
    }
    err := stream.Send(&r)
    if err == io.EOF {
        var m svc.RepoCreateReply
        err := stream.RecvMsg(&m)
        if err != nil {
            // 스트림 재생성 로직 구현
        }
    }
    if err != nil {
        continue
    }
}
```

RecvMsg() 함수에서 반환된 에러값이 nil 외의 에러인 경우 정상적인 종료가 아닌 io.EOF 에러라고 추론할 수 있으며, 다음 메시지를 보내기 전에 스트림을 재생성할 수 있습니다.

10.3.3 메서드 호출에 타임아웃 설정

이제 서버와의 연결에 문제가 생긴 경우 예외 상황에 빠지지 않고 에러와 함께 종료되도록 클라이언트 애플리케이션을 구성하였습니다. 그럼 서버와의 연결을 무한정 붙들고 있는 것을 막으려면 어떻게 해야 할까요? 또한 RPC 메서드의 실행 시간이 최대 어느 정도는 넘지 않는다는 것을 어떻게 확신할 수 있을까요? context.WithTimeout()을 호출하여 생성한 context.Context 객체를 첫 번째 매개변수로 사용하여 RPC 메서드를 호출하면 방금 고민한 두 문제를 모두 해결할 수 있습니다. 다음은 이에 대한 예시 코드입니다.

```go
ctx, cancel := context.WithTimeout(
    context.Background(),
    10*time.Second,
)
resp, err := client.GetUser(
    ctx,
    u,
```

```
    grpc.WaitForReady(true),
)
```

10초 뒤에 취소되는 콘텍스트를 생성하면 10초라는 타임아웃은 RPC 메서드 호출에 필요한 모든 곳에 적용되어야 합니다. 즉 클라이언트가 RPC 메서드 호출을 위해 서버로의 연결 수립을 해야 한다면 10초 뒤에는 연결 시도가 종료되어야 합니다. 만약 연결이 바로 수립된 경우에는 10초 이내에 RPC 메서드 호출이 종료되어야 합니다.

스트리밍 RPC 메서드 호출의 경우 RPC 메서드 호출에 타임아웃을 걸어야 할지 말지는 전적으로 애플리케이션에 달려 있습니다. 대부분의 경우 타임아웃을 거는 것은 효용적이지 못합니다.[9] 스트리밍 RPC 메서드 호출에 대해서 `WaitForReady` 타임아웃을 구현하기 위한 한 가지 방법은 다음과 같은 패턴을 구현하는 것입니다.

```
ctxWithTimeout, cancel := context.WithTimeout(
    ctx, 10*time.Second,
)
defer cancel()
ch := make(chan error)
go func() {
    stream, err = createRPCStream(..)
    ch <- err
}()

select {
case <-ctxWithTimeout.Done():
    cancel()
    err = status.Error(
        codes.DeadlineExceeded,
        fmt.Sprintf(
            "%s: Deadline exceeded",
            info.FullMethod,
        ),
    )
    return resp, err
case <-ch:
}
```

위의 코드의 일부분을 살펴보면, 별도의 고루틴에서 `createRPCStream()` 함수를 사용하여 스트림을 생성한 뒤 ch 채널로 전달합니다. 또한 10초의 타임아웃을 갖는 콘텍스트를 생성한 뒤, select

---

9 [옮긴이] 장애 상황이 아닌 이상, 필요한 순간에 데이터를 전송하면 되기 때문입니다.

구문을 통해 먼저 값을 수신하는 채널이 실행되도록 합니다. 스트림이 정상적으로 생성되면 그대로 select 구문을 지나가고, 10초가 지나면 콘텍스트가 취소되고 함수가 반환됩니다.

이제 gRPC 클라이언트와 서버 간의 연결 관리connection management에 대한 전반적인 부분을 살펴보며 이번 장을 마치겠습니다.

10.4 연결 관리

연결connection이란 즉 **DialContext()**를 호출하여 클라이언트와 서버 간에 생성된 채널로, 다섯 가지의 상태를 갖도록 구성된 상태 기계state machine입니다. 연결은 다섯 가지의 상태 중 하나의 상태를 갖습니다.

- CONNECTING
- READY
- TRANSIENT_FAILURE
- IDLE
- SHUTDOWN

그림 10.1은 다섯 가지 상태 간에 가능한 변화를 나타내는 도식입니다.

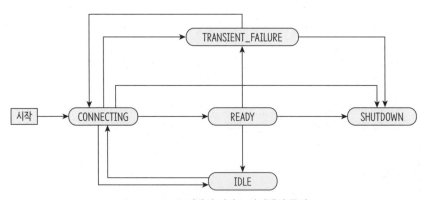

그림 10.1 **RPC 기반의 서비스 아키텍처 동작**

연결은 먼저 **CONNECTING** 상태에서 그 **삶**life을 시작합니다. 이 상태에 속한 연결은 세 가지의 일이 일어납니다.

- 호스트네임의 이름 해석name resolution

- TCP 연결 구성

- 안전한 통신을 위한 TLS 핸드셰이크

모든 세 단계가 성공적으로 완료되면 연결은 READY 상태가 됩니다. 어느 단계라도 실패할 경우 연결은 TRANSIENT_FAILURE 상태가 됩니다. 클라이언트 애플리케이션이 종료되면 연결은 SHUTDOWN 상태가 됩니다.

READY 상태에 있는 연결은 네트워크 장애나 서버 프로세스가 종료된 등의 문제가 발생할 경우 TRANSIENT_FAILURE 상태가 됩니다. 연결 상태가 현재 TRANSIENT_FAILURE일 때, CallOption으로 grpc.WaitForReady(true)를 지정해주지 않은 경우 RPC 메서드 호출은 즉시 에러를 반환하게 됩니다.

READY 상태에 있는 연결은 스트림으로 전송되는 메시지를 포함하여 설정된 시간 간격 동안 아무런 RPC 요청 및 메시지 교환이 없는 경우에 IDLE 상태가 됩니다. 다만 Go gRPC 클라이언트 google.golang.org/grpc 버전 1.46에는 해당 동작이 구현되지 않았습니다.

TRANSIENT_FAILURE 상태에 있는 연결은 서버로의 연결 수립을 재시도하는 경우 CONNECTING 상태가 됩니다. 연결 수립에 실패하는 경우 다시 연결 수립을 시도하기 전까지 TRANSIENT_FAILURE 상태로 돌아옵니다. google.golang.org/grpc 라이브러리에 구현된 연결 백오프connection backoff 프로토콜은 반복적으로 수행하는 재시도 간격을 조정합니다.[10]

상태 변화가 직접 동작하는 것을 확인하려면 다음의 두 환경 변수, GRPC_GO_LOG_SEVERITY_LEVEL=info와 GRPC_GO_LOG_VERBOSITY_LEVEL=99를 설정하여 google.golang.org/grpc 패키지에서 로그를 남기도록 합니다.

```
$ GRPC_GO_LOG_SEVERITY_LEVEL=info GRPC_GO_LOG_VERBOSITY_LEVEL=1 \
  ./client localhost:50051 GetUser jane@joe.com
2021/07/24 09:35:56 Connecting to server on localhost:50051
INFO: 2021/07/24 09:35:56 [core] parsed scheme: ""
INFO: 2021/07/24 09:35:56 [core] scheme "" not registered, fallback to
default scheme
…
```

10　옮긴이 백오프란 물러난다는 의미로, 연결이 끊어졌을 때 바로 재시도하였음에도 실패하여 연결이 다시 끊어진 경우, 다시 재시도하더라도 동일한 이유로 실패할 수 있습니다. 연결 백오프 프로토콜이란 재시도 간격을 조정하여 바로 재시도하지 않고 일정 시간을 대기한 뒤 다시 연결을 시도하는 규칙입니다.

```
INFO: 2021/07/24 09:35:56 [core] Subchannel Connectivity change to
CONNECTING
INFO: 2021/07/24 09:35:56 [core] Channel Connectivity change to
CONNECTING
INFO: 2021/07/24 09:35:56 [core] Subchannel picks a new address
"localhost:50051" to connect
INFO: 2021/07/24 09:35:56 [core] Subchannel Connectivity change to READY
INFO: 2021/07/24 09:35:56 [core] Channel Connectivity change to READY
2021/07/24 09:35:56 Request: 1
```

그리고 서버 프로세스를 종료하면 클라이언트 애플리케이션에서 다음과 같은 로그를 확인할 수 있습니다.[11]

```
INFO: 2021/07/24 09:36:18 [core] Subchannel Connectivity change to
CONNECTING
INFO: 2021/07/24 09:36:18 [core] Channel Connectivity change to
CONNECTING
INFO: 2021/07/24 09:36:18 [core] Subchannel picks a new address "localhost:50051"
to connect
WARNING: 2021/07/24 09:36:38 [core] grpc: addrConn.createTransport failed to
connect to {localhost:50051 localhost:50051 <nil> 0 <nil>}. Err: connection
error: desc = "transport: error while dialing: dial tcp [::1]:50051: connect:
connection refused". Reconnecting...
INFO: 2021/07/24 09:36:38 [core] Subchannel Connectivity change to
TRANSIENT_FAILURE
INFO: 2021/07/24 09:36:38 [core] Channel Connectivity change to
TRANSIENT_FAILURE
INFO: 2021/07/24 09:36:39 [core] Subchannel Connectivity change to
CONNECTING
INFO: 2021/07/24 09:36:39 [core] Subchannel picks a new address
"localhost:50051" to connect
INFO: 2021/07/24 09:36:39 [core] Channel Connectivity change to CONNECTING
INFO: 2021/07/24 09:37:01 [core] Channel Connectivity change to CONNECTING
INFO: 2021/07/24 09:37:01 [core] Subchannel Connectivity change to READY
INFO: 2021/07/24 09:37:01 [core] Channel Connectivity change to READY
```

클라이언트와 서버 간에 연결이 생성되면 생성된 연결을 사용하여 동시에concurrently 여러 개의 RPC 메서드 호출이 발생합니다. 별도로 커넥션 풀connection pool을 관리할 필요가 없습니다. 기본적으로 어느 한 시점에 활성화된 RPC 메서드 호출이 최대 100개까지 존재할 수 있습니다. 핵심적으로 주목

---

11 옮긴이 gRPC의 연결 상태들에 대해 자세히 탐구하실 분은 다음의 주소를 참조하시길 바랍니다. https://grpc.github.io/grpc/core/md_doc_connectivity-semantics-and-api.html

해야 할 부분은 클라이언트와 서버 프로세스 사이에 단 **하나의** 연결만이 존재한다는 사실입니다. 실서비스 환경에서는 하나의 gRPC 서비스를 위한 여러 개의 서버 백엔드가 존재할 수 있으며, 따라서하나의 서버 백엔드마다 하나의 연결을 갖습니다. gRPC의 이러한 동작으로 인하여 RPC 메서드 호출 시에 첫 번째 이외의 호출은 연결 객체를 생성하고 연결을 수립하는 비용이 전혀 발생하지 않습니다. 이는 로드 밸런싱에 문제가 되는데, 왜냐하면 부하를 분산하기 위하여 RPC 메서드가 호출될 때마다 각기 다른 서버에서 메서드가 호출되어야 하는데, 하나의 연결만 수립하고 다른 연결을 수립하지 않으면 여러 개의 서버 백엔드로 부하를 분산할 수가 없기 때문입니다. 하지만 잘 알려진 오픈 소스 리버스 프록시reverse proxy 서버인 Nginx나 HAProxy, 그리고 오픈 소스 서비스 메시service-mesh 플랫폼인 Envoy나 Linkerd를 사용하면 gRPC 로드 밸런싱을 처리할 수 있습니다.

10.5 요약

이번 장에서는 클라이언트와 서버 애플리케이션 간에 TLS로 암호화된 통신을 구현하는 방법을 알아보았습니다. 이를 위해 자체 서명한 TLS 인증서를 생성하고 애플리케이션에서 자체 서명한 TLS 인증서를 사용하도록 구성하여 클라이언트와 서버 애플리케이션 간에 안전한 통신을 구성할 수 있었습니다.

다음으로 gRPC 헬스 체크 프로토콜을 구현하는 Health 서비스를 서버 애플리케이션에 등록하여 헬스 체크를 구현하는 방법에 대해 알아보았습니다. gRPC 서버의 헬스 체크 엔드포인트는 로드 밸런서 혹은 서비스 프록시에게 현재 서버의 상태가 새로운 요청을 처리할 준비가 되었는지 질의할 수 있는 지표가 되며, 따라서 항상 헬스 체크 엔드포인트는 반드시 구현돼야 합니다. 이후에는 이전 장에서 살펴본 서버 사이드 인터셉터를 사용하여 처리되지 않은 런타임 오류를 대처하고 서버가 응답 없는 상태가 되지 않도록, 혹은 악의적인 클라이언트 애플리케이션을 대처할 수 있도록 강건성을 향상하는 방법을 알아보았습니다. 또한 단독적으로 서버 사이드 인터셉터를 테스트하는 방법을 알아보았습니다.

이후 남은 두 절에서는 클라이언트와 서버 애플리케이션 간에 연결이 어떻게 관리되는지 알아보았습니다. 클라이언트 애플리케이션에서 일시적인 연결 장애가 발생할 경우 대처하는 방법을 구현해보았으며, 또한 연결 생명주기life cycle의 여러 단계에 대해 타임아웃을 구성하는 방법을 알아보았습니다.

이번 장을 마지막으로 이 책의 gRPC 여정을 마칩니다. 거의 모든 애플리케이션과 서비스는 데이터를 저장해야 합니다. 따라서 다음의 마지막 장에서는 애플리케이션에서 여러 데이터 저장소datastore를 활용하는 방법에 대해 알아봅니다.

11
CHAPTER

데이터 저장소 활용

이번 장에서는 애플리케이션에서 데이터 저장소를 활용하는 방법을 배웁니다. 범용적으로 여러 종류의 애플리케이션에 대해 적용 가능성을 기준으로 두 종류의 데이터 저장소를 살펴볼 것입니다. 먼저 비정형 데이터 블롭unstructured data blob[1]을 저장하는 데 사용하는 오브젝트 스토리지 서비스object storage service를 사용하는 방법을 배웁니다. 이후 관계형 데이터베이스relational database를 사용하는 방법을 배웁니다. 데이터 저장소에 접근할 수 있는 다양한 기능들을 구현한 HTTP 서버 샘플 애플리케이션을 활용할 것입니다. 3장에서 처음 살펴본 소프트웨어 패키지를 저장하는 서버를 구현해봅니다.

- 클라이언트는 하나 이상의 패키지를 업로드할 수 있음. 정확한 파일 포맷에 대해선 신경 쓰지 않고 그냥 **아무** 파일이나 업로드할 수 있도록 함
- 각 패키지에는 이름과 버전이 존재. 클라이언트는 동일한 패키지의 여러 버전을 업로드할 수 있음
- 클라이언트는 특정 버전의 패키지를 다운로드할 수 있음

그림 11.1은 구현할 시나리오의 아키텍처를 보여줍니다. 패키지 서버에 두 데이터 저장소를 통합할 것입니다. 업로드된 패키지는 오브젝트[2] 저장소에 저장됩니다. 로컬 개발 환경에서 오브젝트 저장소

---

1   옮긴이 binary large object의 약자.
2   옮긴이 Object를 상황에 따라 객체, 혹은 오브젝트로 번역하였습니다. 데이터베이스 연결 객체 혹은 구조체 객체와 같이 프로그램상에서 사용 가능한 형태인 경우 객체로 번역하였으며, 저장을 위한 단위로서의 파일을 의미하는 경우 오브젝트로 그대로 음차하였습니다. 현업에서는 오브젝트 스토리지와 객체 스토리지를 혼용해서 사용하기에, 문맥상 이해하시면 될 것 같습니다.

object store를 활용하기 위하여 AWSAmazon Web Service의 S3Simple Storage Service와 호환되는 오픈 소스 소프트웨어인 MinIO를 사용합니다. 패키지의 메타데이터를 저장하기 위해서 관계형 데이터베이스인 MySQL을 사용합니다.

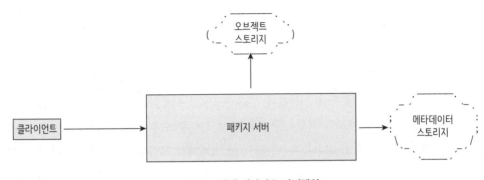

그림 11.1 **예제 시나리오 아키텍처**

데이터를 저장하는 기능은 대부분의 애플리케이션에서 필요하지만, 개발과 테스트에서 복잡도가 증가합니다. 이번 장 전체적으로 **로컬 환경에서** 자동화된 테스트뿐 아니라 수동으로 기능을 테스트하는 방법을 알아볼 것입니다. 이후에 살펴볼 내용을 따라오시려면 이 책의 초반부의 '시작하기'에 나온 설치 가이드에 따라 도커를 설치해주세요. 또한 외부 네트워크가 사용 가능하여 도커 허브Docker Hub 이미지 레지스트리에서 도커 이미지를 다운로드할 수 있는 상태여야 합니다. 이제 시작합니다!

11.1 오브젝트 저장소 활용

AWS의 S3 서비스나 GCSGoogle Cloud Storage 서비스, 혹은 MinIO(https://min.io)와 같은 오픈 소스 소프트웨어는 비정형화된 애플리케이션 데이터, 가령 이미지나 비디오, 바이너리 파일 등의 오브젝트를 읽고 쓰기 위해 사용합니다. 이제 살펴볼 패키지 서버를 생각해봅시다. 사용자가 패키지를 업로드하면 서버는 이를 받은 뒤 오브젝트 저장소에 저장합니다. 이후 사용자가 패키지를 다운로드하려고 하면 애플리케이션은 사용자가 패키지 저장소에서 패키지를 다운로드 받을 수 있도록 합니다. 어느 오브젝트 저장소를 사용해야 하는가는 조직의 정책적 결정이나 단순히 개인의 선호도에 따라 결정됩니다. 애플리케이션을 퍼블릭 클라우드에 배포하는 경우, 아마도 AWS의 S3 서비스나 GCS 서비스와 같은 클라우드 업체에서 제공해주는 오브젝트 스토리지를 사용하게 될 것입니다. 혹은 조직 내에 인하우스 오브젝트 스토리지로 사용 가능한 MinIO 등이 있는 경우 그것을 사용하면 됩니다.

데이터 저장소를 결정하고 나면, 스토리지 서비스에 접근하는 방법은 스토리지 서비스마다 다릅니다.

대개 벤더에 특정적인 라이브러리를 사용합니다. 따라서 가령 S3의 경우 `https://docs.aws.amazon.com/sdk-for-go/api/service/s3/`를 사용하고, GCS의 경우 `https://pkg.go.dev/cloud.google.com/go/storage`를 사용하며, MinIO의 경우 `https://github.com/minio/minio-go`를 사용합니다. 각 스토리지 서비스에 맞는 접근법을 취할 것입니다.[3]

클라우드와 클라우드가 아닌non-cloud 서비스를 활용하기 위해 벤더에 중립적인 범용 API를 제공하는 Go CDKGo Cloud Development Kit라는 프로젝트를 활용할 것입니다(https://gocloud.dev). 오브젝트 저장소 역시 Go CDK에서 지원합니다. 그 밖에도 관계형 데이터베이스, 도큐먼트 저장소document store, publish-subscribe 시스템 등을 지원합니다. Go CDK를 사용하는 이유는 두 가지가 있습니다. 첫 번째는 이를 활용하면 오브젝트 저장소를 사용할 때 고수준의 추상화된 API를 지원하기 때문에 비즈니스 로직만을 작성할 수 있습니다. 두 번째는 Go CDK에서 로컬 파일시스템 스토리지 서비스를 활용하여 테스트 가능한 코드를 작성하는 기능을 제공하기 때문입니다. 애플리케이션 관점에서 이로 인한 이점은 클라우드 벤더에게 어느 정도 종속되지 않게 된다는 것입니다.

11.1.1 패키지 서버 접근 및 활용

먼저 수신한 패키지 업로드 요청을 처리하기 위한 HTTP 핸들러 함수를 살펴봅시다. 이 핸들러 함수에서는 업로드되는 패키지 데이터를 받아서 오브젝트 저장소에 업로드하는 기능을 구현할 것입니다.

이전의 3장에서는 패키지 서버로 패키지를 업로드하기 위한 클라이언트를 작성했습니다. 이를 테스트하기 위해 테스트 패키지 서버를 작성하여 사용자의 HTTP 패키지 업로드 요청을 처리할 수 있는 HTTP 서버를 구현하였습니다(예제 3.9 참조). 이번 장에서는 먼저 예제 3.9의 코드를 빌려와서 HTTP 서버 애플리케이션을 작성합니다. 6장에서 살펴본 커스텀 `Handler` 타입을 구현합니다. 처음으로 작성할 핸들러 함수는 패키지 업로드 요청을 처리할 것입니다. 다음의 코드는 데이터 업로드를 처리하기 위한 헬퍼 함수를 포함하여 패키지 등록 요청을 처리하기 위한 핸들러 함수의 기반 코드blueprint입니다.

```go
func uploadData(config appConfig, f *multipart.FileHeader) error {
    config.logger.Printf("Package uploaded: %s\n", f.Filename)
    return nil
}
```

---

3   [옮긴이] 모든 오브젝트 스토리지에 해당하는 이야기는 아니지만, 일반적으로 오브젝트 스토리지는 S3에서 사용하는 프로토콜과 호환되는 API를 사용합니다. 이는 S3가 가장 대중화되었고 선점 효과로 인하여 다른 오브젝트 스토리지도 자체적인 내부 구현이 어떻든, 필연적으로 외부 인터페이스로는 S3와 호환되는 API를 제공하게 되었습니다. 어느 오브젝트 스토리지가 S3-Compatible하다면 해당 오브젝트 스토리지는 접근 엔드포인트만 올바르게 설정해주면 S3에 접근할 때 사용한 SDK를 동일하게 사용할 수 있습니다.

```go
func packageRegHandler(
    w http.ResponseWriter,
    r *http.Request,
    config appConfig,
) {
    d := pkgRegisterResponse{}
    err := r.ParseMultipartForm(5000)

    // TODO - 에러 처리

    mForm := r.MultipartForm

    // TODO - mForm 변수에서 멀티파트 요청 데이터 읽기

    d.ID = fmt.Sprintf(
        "%s-%s-%s",
        packageName,
        packageVersion,
        fHeader.Filename,
    )

    err = uploadData(config, d.ID, fHeader)

    // TODO - 에러 처리 및 응답 전송
}
```

수신 요청 보디는 `multipart/form-data` 메시지로 인코딩되어 있습니다. `ParseMultipartForm()` 메서드를 사용하여 요청 보디로부터 여러 메시지를 읽어 들인 뒤, 현재는 단순하게 메시지를 로깅만 하는 `uploadData()` 함수를 호출합니다. `uploadData()` 함수는 두 개의 매개변수를 받으며, 각각 `appConfig` 타입의 객체와 수신되는 `multipart/form-data` 메시지에 접근이 가능한 `*multipart.FileHeader` 타입의 객체입니다. `appConfig`는 다음과 같이 정의된 구조체입니다.

```go
type appConfig struct {
    logger        *log.Logger
    packageBucket *blob.Bucket
}
```

이 구조체 타입은 핸들러 함수 내에서 데이터를 공유하기 위해 사용됩니다. 현재 구조체에는 `*log.Logger` 타입의 값 `logger` 필드와 `*blob.Bucket` 타입의 객체 `packageBucket` 필드가 있습니다. `packageBucket` 필드는 현재 사용 중인 **버킷**bucket의 연결 객체이며, 버킷이란 오브젝트 스토리지 서

비스에서 오브젝트들을 포함하는 컨테이너를 의미합니다. 이후 핸들러 함수에서는 버킷 객체를 사용하여 여러 동작을 수행합니다. 이후 *blob.Bucket 객체를 생성하며 이에 대해 자세히 살펴봅니다. appConfig 객체를 생성하고 난 뒤 uploadData() 함수를 다음과 같이 업데이트합니다.

```go
func uploadData(
    config appConfig, objectId string, f *multipart.FileHeader,
) (int64, error) {
    ctx := context.Background()

    fData, err := f.Open()
    if err != nil {
        return 0, err
    }
    defer fData.Close()

    w, err := config.packageBucket.NewWriter(ctx, objectId, nil)
    if err != nil {
        return 0, err
    }

    nBytes, err := io.Copy(w, fData)
    if err != nil {
        return 0, err
    }
    err = w.Close()
    if err != nil {
        return nBytes, err
    }
    return nBytes, nil
}
```

먼저 *multipart.FileHeader 객체의 Open() 메서드를 호출합니다. 이 함수는 두 값을 반환합니다. 첫 번째 값은 mime/multipart 패키지에 정의된 multipart.File 타입의 변수 fData이며 두 번째 값은 에러값 변수 err입니다. multipart.File 타입은 요청에 담긴 파일의 데이터에 접근하기 위한 인터페이스 타입입니다. multipart.File 타입은 io.Reader 인터페이스 타입과 io.Close 인터페이스 타입을 임베딩하며, 그 외 io 패키지의 일부 인터페이스 타입을 임베딩합니다.

Go CDK를 활용하여 오브젝트 저장소 서비스에 접근하기 위해서는 먼저 존재하는 **버킷**, 즉 오브젝트들이 담긴 컨테이너를 **열어야** 합니다. 버킷 없이 단독으로 오브젝트를 저장할 수는 없습니다. 버킷을 성공적으로 열었다면 *blob.Bucket 타입의 객체를 사용할 수 있게 됩니다. uploadData() 함수의 config 객체에서는 config.packageBucket 필드를 통해 접근하면 버킷의 연결 객체에 접근할 수 있습니다. 이후 config.packageBucket 객체에 정의된 NewWriter() 메서드를 다음의 세 매개변수를 사용하여 호출합니다.

- context.Context 객체 값

- 데이터를 식별하기 위한 식별자 혹은 객체의 이름의 문자열

- gocloud.dev/blob 패키지에 정의된 blob.WriterOptions 타입의 객체이며 현재는 nil 값을 사용. 쓰기 동작과 관련된 다양한 설정값을 변경할 수 있음. 캐시 동작을 제어하기 위한 헤더를 설정하거나, 쓰기 동작 중에 메시지의 정합성을 확인하도록 설정할 수 있으며, 혹은 파일이 전달되는 방식을 설정하기 위한 content disposition 헤더를 설정할 수 있음

NewWriter() 메서드는 *blob.Writer 타입의 변수 w와 error 값을 반환합니다. *blob.Writer 타입은 io.WriterCloser 인터페이스를 만족하는 구조체입니다. 이후 io.Copy() 함수를 호출하여 reader인 fData 변수로부터 writer인 w 변수로 데이터를 복사합니다. io.Copy() 함수는 복사된 데이터의 바이트 수를 나타내는 int64 값의 nBytes 변수와 error 값을 반환합니다. 복사된 데이터의 바이트 수를 반환한 뒤 패키지 업로드 핸들러 함수에서 로그로 남깁니다. 에러값이 nil인 경우 *blob.Writer 객체의 Close() 메서드를 호출하여 객체를 닫습니다.

gocloud.dev/blob 패키지를 이용하여 AWS S3 내의 버킷에 접근하기 위해서는 gocloud.dev/blob/s3blob 패키지를 **공백**blank 임포트해야 합니다. s3blob 패키지는 AWS S3 서비스에 접근하기 위한 기능을 구현하는 드라이버 패키지입니다. 이 패키지를 임포트하게 되면 AWS S3 서비스에 접근하기 위한 기능을 gocloud.dev/blob 패키지에 추가하기 위해 자신을 등록합니다. 구글 클라우드의 GCS와 마이크로소프트 애저의 Azure Blob Storage에도 동일한 역할의 패키지가 존재합니다.

다음의 코드는 AWS의 ap-southeast-2 리전에 my-bucket이라는 이름의 S3 버킷을 엽니다.

```
import (
    "gocloud.dev/blob"
    _ "gocloud.dev/blob/s3blob"
)
bucket, err := blob.OpenBucket(
    ctx, "s3://my-bucket?region=ap-southeast-2",
)
..
```

코드상에서 gocloud.dev/blob 패키지만 활용할 것이기 때문에 gocloud.dev/blob/s3blob 패키지는 공백 임포트[4]합니다. 이는 명시적으로 애플리케이션 내에서 특정 드라이버의 기능을 활용하지 않겠다는 것을 의미합니다. blob.OpenBucket() 함수는 context.Context 객체와 버킷 URL의 문자열을 매개변수로 받습니다. S3 버킷을 열려면 버킷 URL의 값으로 s3://bucket-name?<기타 옵션>의 형태를 갖는 S3 URL을 지정해줍니다. 로컬 개발을 위해서는 S3와 호환되는 오픈 소스 스토리지 서비스인 MinIO(https://min.io)를 사용합니다. 로컬에서 동작 중인 MinIO에 접근하려면 버킷 URL의 값으로 s3://bucket-name?endpoint=http://127.0.0.1:9000&disableSSL=true&s3ForcePathStyle=true를 사용합니다. endpoint 쿼리 파라미터는 요청을 보낼 오브젝트 스토리지 서비스의 주소입니다. disableSSL=true 쿼리 파라미터는 스토리지 서버에 HTTPS가 아니라 HTTP로 통신하겠다는 의미입니다. 로컬 시스템 외에 네트워크상에서 MinIO에 접근해야 한다면 disableSSL 쿼리 파라미터를 사용하지 않고 HTTPS로 통신해야 합니다. s3ForcePathStyle 쿼리 파라미터는 지금은 사용되지 않지만deprecated MinIO와 통신하기 위해 필요한 S3 경로 스타일의 URL 포맷을 강제하기 위해 사용됩니다. 함수는 *blob.Bucket 타입의 값과 error 값을 반환합니다. error 값이 nil이라면 정상적으로 연결되었다는 의미이며 이후 버킷에 행하는 모든 동작은 *blob.Bucket 타입의 객체 변수 bucket에 정의된 메서드를 호출하면 됩니다. getBucket() 함수를 정의하여 버킷을 열기 위한 기능을 캡슐화encapsulation합니다.

```go
func getBucket(
    bucketName, s3Address, s3Region string,
) (*blob.Bucket, error) {
    urlString := fmt.Sprintf("s3://%s?", bucketName)
    if len(s3Region) != 0 {
        urlString += fmt.Sprintf("region=%s&", s3Region)
    }

    if len(s3Address) != 0 {
        urlString += fmt.Sprintf("endpoint=%s&"+
            "disableSSL=true&"+
            "s3ForcePathStyle=true",
            s3Address,
        )
    }
    return blob.OpenBucket(context.Background(), urlString)
}
```

---

4 [옮긴이] 언더스코어(_)를 별칭으로 두어 임포트는 되지만 특정 필드는 사용하지 않도록 하는 임포트를 공백 임포트라 합니다. 이 경우 해당 패키지 내의 init() 함수만이 실행됩니다.

getBucket() 함수가 s3Address 변수로 공백 문자열 외의 값을 받으면 로컬에서 동작 중인 MinIO 와 통신한다고 가정하고 그에 따라 urlString 값을 구축합니다. 마지막으로 blob.OpenBucket() 함 수를 호출하고 OpenBucket() 함수에서 반환되는 값인 *blob.Bucket과 error를 그대로 반환합니다. getBucket() 함수는 main() 함수에서 다음과 같이 호출됩니다.

```go
func main() {

    bucketName := os.Getenv("BUCKET_NAME")
    if len(bucketName) == 0 {
        log.Fatal("Specify Object Storage bucket - BUCKET_NAME")
    }
    s3Address := os.Getenv("S3_ADDR")
    awsRegion := os.Getenv("AWS_DEFAULT_REGION")
    if len(s3Address) == 0 && len(awsRegion) == 0 {
        log.Fatal(
            "Assuming AWS S3 service. Specify AWS_DEFAULT_REGION",
        )
    }

    packageBucket, err := getBucket(
        bucketName, s3Address, awsRegion,
    )
    if err != nil {
        log.Fatal(err)
    }
    defer packageBucket.Close()

    listenAddr := os.Getenv("LISTEN_ADDR")
    if len(listenAddr) == 0 {
        listenAddr = ":8080"
    }

    config := appConfig{
        logger: log.New(
            os.Stdout, "",
            log.Ldate|log.Ltime|log.Lshortfile,
        ),
        packageBucket: packageBucket,
    }

    mux := http.NewServeMux()
    setupHandlers(mux, config)
    log.Fatal(http.ListenAndServe(listenAddr, mux))
}
```

애플리케이션 시작 시 BUCKET_NAME, S3_ADDR, AWS_DEFAULT_REGION이라는 세 개의 환경 변수를 조회합니다. BUCKET_NAME 환경 변수는 반드시 지정되어야 하며 오브젝트 저장소에 지정된 이름으로 버킷이 이미 존재해야 합니다. S3_ADDR 환경 변수가 지정되었다면 로컬에서 동작 중인 MinIO 서버를 사용하는 것으로 가정하고 동작합니다. 지정되지 않았다면 AWS S3 서비스를 사용하는 것으로 가정하고 동작하며, 따라서 기본 AWS 리전을 지정하지 않으면 에러와 함께 애플리케이션을 종료합니다. AWS에 친숙하지 않으신 분을 위해 첨언하자면, 기본 AWS 리전은 gocloud.dev/blob/s3blob 패키지와 기반이 되는 AWS Go SDK가 어느 리전으로 HTTP 요청을 보내야 할지를 결정하기 위해 꼭 필요합니다. 이후 getBucket() 함수를 호출한 뒤, 별다른 에러가 발생하지 않으면 appConfig 타입의 객체를 생성하고 packageBucket 필드를 적절히 구성합니다. 지금까지 논의한 내용들이 전부 반영된 코드는 이 책의 소스 코드 리포지터리의 chap11/pkg-server-1 디렉터리에서 찾아볼 수 있습니다. 애플리케이션이 정상적으로 빌드되는지 확인하세요.

```
$ cd chap11/pkg-server-1
$ go build -o pkg-server
```

애플리케이션을 실행하기 전에 먼저 도커를 사용하여 로컬 환경에서 MinIO 서비스를 동작시켜야 합니다. 새로운 터미널 세션을 열고 도커가 설치되고 외부 인터넷 접근이 가능한 환경의 컴퓨터에서 다음의 커맨드를 실행하세요.

```
$ docker run \
    -p 9000:9000 \
    -p 9001:9001 \
    -e MINIO_ROOT_USER=admin \
    -e MINIO_ROOT_PASSWORD=admin123 \
    -ti minio/minio:RELEASE.2021-07-08T01-15-01Z \
    server "/data" \
    --console-address ":9001"
```

두 네트워크 포트에서 MinIO 기능에 접근할 수 있습니다. 애플리케이션에서 9000번 포트로 전송되는 요청은 오브젝트 스토리지 서비스 API를 호출하는 데에 사용됩니다. 패키지 서버에서는 이 포트로 요청이 도달하도록 설정합니다. 콘솔 주소console address로 구성된 9001번 포트는 웹 유저 인터페이스web user interface를 사용하여 MinIO에 접근하기 위해 사용됩니다. 각 포트에 127.0.0.1:9000 주소와 127.0.0.1:9001 주소를 사용하여 각 서비스에 접근할 수 있습니다. root 사용자명을 admin으로 설정하였고, 비밀번호는 admin123으로 설정하였습니다. 또한 로컬 서비스를 동작시키기 위하여

RELEASE.2021-07-08T01-15-01Z 태그의 도커 이미지를 사용하였습니다. 위의 커맨드를 수행하면 도커 이미지를 다운로드한 뒤에 컨테이너를 시작하게 되며, 터미널에서 다음과 같은 로그를 확인할 수 있습니다.

```
API: http://172.17.0.2:9000 http://127.0.0.1:9000
RootUser: admin
RootPass: admin123

Console: http://172.17.0.2:9001 http://127.0.0.1:9001
RootUser: admin
RootPass: admin123

Command-line: https://docs.min.io/docs/minio-client-quickstart-guide
 $ mc alias set myminio http://172.17.0.2:9000 admin admin123

Documentation: https://docs.min.io
```

서버를 실행 중인 채로 두세요. 브라우저에서 http://127.0.0.1:9001에 접근하여 웹 UI에 로그인합니다. 아이디username는 admin이고 비밀번호password는 admin123입니다. 로그인 후에 http://127.0.0.1:9001/buckets으로 이동한 뒤 'Create Bucket'을 클릭하세요. 버킷 이름으로 test-bucket을 지정한 뒤 Save를 누릅니다(그림 11.2 참조).

그림 11.2 MinIO에서 버킷 생성

버킷이 생성되었으면 다음과 같이 패키지 서버를 빌드한 터미널로 이동하여 서버를 실행합니다.

```
$ cd chap11/pkg-server-1
$ S3_ADDR=http://127.0.0.1:9000 BUCKET_NAME=test-bucket \
```

```
    AWS_ACCESS_KEY_ID=admin \
    AWS_SECRET_ACCESS_KEY=admin123 \
    ./pkg-server
```

MinIO API에 접근할 수 있는 주소를 포함하는 S3_ADDR 환경 변수를 지정하였습니다. 사용할 버킷의 이름을 포함하는 BUCKET_NAME 환경 변수를 지정하였습니다. 또한 MinIO API에서 인증 정보를 전달하기 위해 AWS_ACCESS_KEY_ID 환경 변수와 AWS_SECRET_ACCESS_KEY 환경 변수를 지정하였습니다. 예시에서는 도커 서비스 생성 시 구성한 root 사용자명과 비밀번호를 지정하였습니다. 이제 서버를 실행시킨 뒤에 패키지 서버에 패키지를 업로드하는 요청을 보내봅시다.

아무 파일이나 업로드할 수 있습니다. 예시에서는 소스 코드 중 하나의 파일을 사용할 것입니다. 새로운 터미널 세션을 열고 curl 커맨드 라인 프로그램을 사용하여 다음의 커맨드를 실행합니다.

```
$ curl -F name=server -F version=0.1 -F filedata=@server.go
http://127.0.0.1:8080/api/packages
{"id":"server-0.1-server.go"}
```

packagename-version-filename 형태의 패키지 식별자를 응답으로 받았습니다. 서버를 실행한 터미널에서는 다음의 로그를 확인할 수 있습니다.

```
2021/08/14 08:06:08 handlers.go:46: Package uploaded: server-0.1-server.go. Bytes written: 1803
```

브라우저에서 http://127.0.0.1:9001/object-browser/test-bucket으로 MinIO 웹 UI에 접속하면 test-bucket 내에 server-0.1-server.go라는 이름으로 식별되는 객체를 확인할 수 있습니다. 네, 훌륭합니다. 패키지 서버에서 지정된 파일을 성공적으로 오브젝트 스토리지에 업로드하였습니다. MinIO와 패키지 서버가 실행된 상태로 다음으로 넘어갑니다.

이제 애플리케이션 사용자가 오브젝트 스토리지 서비스에서 패키지를 다운로드할 수 있도록 하는 핸들러 함수를 작성해봅니다.

```
func packageGetHandler(
    w http.ResponseWriter,
    r *http.Request,
    config appConfig,
) {
    queryParams := r.URL.Query()
```

```
    packageID := queryParams.Get("id")

    exists, err := config.packageBucket.Exists(
        r.Context(), packageID,
    )
    if err != nil || !exists {
        http.Error(w, "invalid package ID", http.StatusNotFound)
        return
    }

    url, err := config.packageBucket.SignedURL(
        r.Context(),
        packageID,
        nil,
    )
    if err != nil {
        http.Error(
            w,
            err.Error(),
            http.StatusInternalServerError,
        )
        return
    }

    http.Redirect(w, r, url, http.StatusTemporaryRedirect)
}
```

id 쿼리 파라미터로 정확한 패키지 식별자를 받아야 합니다. 이후 오브젝트 스토리지 서비스에서 *blob.Bucket 타입의 객체 packageBucket의 Exists() 메서드를 호출하여 해당하는 식별자의 오브젝트가 존재하는지 확인합니다. 요청 콘텍스트와 패키지 식별자를 매개변수로 Exists() 메서드를 호출합니다. Exists() 메서드는 bool 타입의 변수 exists와 에러값의 변수 err를 반환합니다. exists 변수의 값이 true인 경우 버킷 내에 해당하는 식별자의 오브젝트가 존재한다는 의미이며 그 외에는 false 값을 갖습니다. err 값이 nil 외의 에러인 경우 무언가 오브젝트의 존재 여부를 확인하며 예기치 못한 문제가 있었다는 것을 의미합니다. exists 값이 false이며 err 값이 nil 외의 에러인 경우 클라이언트에게 HTTP 404 오류 응답을 반환합니다. 이러한 오브젝트 확인을 명시적으로 하는 이유는 어느 한 오브젝트에 해당하는 사이닝된 URLsigned URL을 생성할 때는 실제로 오브젝트가 존재하는지 확인하는 별도의 과정이 없기 때문입니다. 버킷 내에 오브젝트가 존재하면 해당하는 오브젝트의 사이닝된 URL을 생성하고 생성한 URL로 리다이렉트할 수 있도록 응답을 보냅니다. 임시 리다이렉트 상태(http.StatusTemporaryRedirect)를 사용하였는데, 이는 다음에 파일을 요청할 때는 사이닝된 URL이 변경되기 때문입니다.

사이닝된 URL을 활용하면 애플리케이션에서 오브젝트의 요청자에게 버킷 내의 특정 오브젝트에 짧은 시간 동안 접근할 수 있게 됩니다. packageBucket 객체에 정의된 SignedURL() 메서드를 세 매개변수로 호출합니다. 첫 번째 매개변수는 수신 요청의 콘텍스트 객체이며, 두 번째 매개변수로는 사이닝된 URL을 생성하기 위한 객체의 식별자이고, 마지막 매개변수는 nil 값을 지정하였습니다. 만일 세 번째 매개변수에 nil 외의 값을 지정하려면 사이닝된 URL의 유효 기간 등을 커스터마이징하기 위해 사용되는 blob.SignedURLOptions 타입의 객체를 지정하면 됩니다(예를 들어 사이닝된 URL의 만료 시간을 기본값인 60분이 아니라 15분으로 설정할 수 있음). 사이닝된 URL을 생성하는 동작은 버킷 내의 객체를 생성하거나 삭제하는 등의 동작에도 유용합니다. 해당 동작의 경우 blob.SignedURLOptions 객체의 Method 필드를 기본값인 GET 메서드 말고, 각각 PUT 또는 DELETE로 설정하여야 합니다. 다음은 blob.SignedURLOptions 객체에 커스텀 만료 시간과 PUT 메서드를 사용하여 애플리케이션 사용자에게 지정된 식별자에 해당하는 오브젝트를 한정된 시간 동안 생성할 수 있는 사이닝 URL을 생성하는 예제입니다.

```
sOpts := blob.SignedURLOptions{
    Expiry: 15 * time.Minute,
    Method: http.MethodPut,
}
url, err := config.packageBucket.SignedURL(
    r.Context(),
    packageName,
    &sOpts,
)
```

이제 패키지를 질의하는 동작을 봅니다. 패키지 서버가 이미 동작 중이어야 합니다. 이전에 업로드한 패키지의 식별자를 받았으니, 이제 이를 질의해봅니다.

```
$ curl "http://127.0.0.1:8080/api/packages?id=server-0.1-server.go"
<a href="http://127.0.0.1:9000/test-bucket/server-0.1-server.go?
X-Amz-Algorithm=AWS4-HMAC-SHA256&amp;X-Amz-Credential=admin%2F20210814%
2Fap-southeast-2%2Fs3%2Faws4_request&amp;X-Amz-Date=20210814T003039Z&
amp;X-Amz-Expires=3600&amp;X-Amz-SignedHeaders=host&amp;
X-Amz-Signature=3b627ab2ae31e69fba1f8c224c76aae6e24f87982640e
c3373aa8ea
7f94962a2">Temporary Redirect</a>.
```

질의한 오브젝트에 해당하는 사이닝된 URL로 리다이렉트되도록 응답을 받았습니다. URL은 로컬에서 실행 중인 MinIO 서버를 가리킵니다. 따라서 사용자가 사이닝된 URL을 받은 뒤에는 직접

MinIO에 접근하여 데이터를 다운로드할 수 있게 됩니다. curl 커맨드에 직접 `--location` 옵션을 주어 리다이렉트를 따라가도록 요청을 보내거나, 반환된 사이닝된 URL을 브라우저로 열면 다음과 같은 파일 내용을 확인할 수 있습니다.

```
$ curl --location \
 "http://127.0.0.1:8080/api/packages?id=server-0.1-server.go"
# 파일 내용 생략
```

물론 해당 오브젝트를 참조하는 사이닝된 URL로 리다이렉트하는 방법은 클라이언트에게 데이터를 반환하기 위한 하나의 방법일 뿐입니다. 또 다른 방법으로는 애플리케이션에서 직접 `ReadAll()` 메서드를 사용하거나, `NewReader()` 메서드에서 반환된 `io.Reader` 객체를 사용하여 버킷에서 직접 오브젝트의 데이터를 읽어온 뒤 클라이언트에게 직접 응답을 보낼 수도 있습니다. 연습 문제 11.1에서 이를 구현해봅시다.

> **연습 문제 11.1 | 응답으로 데이터 보내기**
>
> `packageGetHandler()` 함수를 업데이트하여 `download` 쿼리 파라미터를 인식하도록 하세요. 클라이언트가 `download` 쿼리 파라미터를 설정하여 요청을 보낸 경우 응답에 직접 파일 데이터를 보내도록 합니다. 올바른 `Content-Type` 헤더와 `Content-Disposition` 헤더를 설정하여 클라이언트가 파일 데이터를 정상적으로 처리할 수 있도록 하세요.

MinIO를 사용하여 로컬 개발을 마친 후에는 패키지 서버가 AWS S3 버킷을 가리키도록 합니다. 이를 위해 버킷 이름과 접근 정보, 리전을 올바르게 설정해주기만 하면 됩니다.

```
$ AWS_DEFAULT_REGION=ap-southeast-2 BUCKET_NAME=<버킷 이름> \
 AWS_ACCESS_KEY_ID=<AWS 액세스 키>\
 AWS_SECRET_ACCESS_KEY=<AWS 시크릿 키> ./pkg-server-1
```

이제 작성한 핸들러 함수의 자동화된 테스트를 작성해봅시다.

11.1.2 패키지 업로드 테스트

패키지 업로드 기능을 테스트하기 위해 `go.dev/blob/fileblob` 드라이버 패키지에 구현된 파일 시스템 기반의 버킷을 활용합니다. 먼저 파일 시스템 기반의 버킷을 나타내는 `blob.Bucket` 객체를 반환하는 함수를 작성합니다.

```
func getTestBucket(tmpDir string) (*blob.Bucket, error) {
    myDir, err := os.MkdirTemp(tmpDir, "test-bucket")
    if err != nil {
        return nil, err
    }
    u, err := url.Parse(fmt.Sprintf("file:///%s", myDir))
    if err != nil {
        return nil, err
    }
    opts := fileblob.Options{
        URLSigner: fileblob.NewURLSignerHMAC(
            u,
            []byte("super secret"),
        ),
    }
    return fileblob.OpenBucket(myDir, &opts)
}
```

fileblob 패키지 디렉터리를 이용하여 파일시스템 기반의 버킷을 엽니다. 파일시스템 기반의 버킷을 사용하는 이유는 사이닝 된 URL을 생성하는 기능을 추가하기 위해서입니다. 생성한 임시 디렉터리를 가리키는 URL 스킴scheme인 file:///로 시작하는 URL과 임의의 시크릿 문자열인 'super secret'을 매개변수로 URLSigner 필드의 함수를 구성하여 fileblob.Options 구조체 객체를 생성합니다.

테스트 함수 안에서는 다음과 같이 getTestBucket() 함수를 호출한 뒤 appConfig 객체를 생성합니다.

```
func TestPackageRegHandler(t *testing.T) {
    packageBucket, err := getTestBucket(t.TempDir())
    if err != nil {
        t.Fatal(err)
    }
    defer packageBucket.Close()

    config := appConfig{
        logger: log.New(
            os.Stdout, "", log.Ldate|log.Ltime|log.Lshortfile),
        packageBucket: packageBucket,
    }
    mux := http.NewServeMux()
    setupHandlers(mux, config)

    ts := httptest.NewServer(mux)
```

```
    defer ts.Close()

    p := pkgData{
        Name:     "mypackage",
        Version:  "0.1",
        Filename: "mypackage-0.1.tar.gz",
        Bytes:    strings.NewReader("data"),
    }

    // 이후의 테스트 부분
}
```

패키지 등록 핸들러 함수를 테스트하기 위한 함수는 이 책의 소스 코드 리포지터리의 chap11/pkg-server-1 디렉터리의 package_reg_handler_test.go 파일을 참조하세요.

패키지 다운로드 핸들러 함수에 대한 테스트는 리다이렉트 동작만을 검증합니다. 핸들러 함수의 응답으로 리다이렉트가 정상적으로 생성되는 것을 검증할 수 있다면 정상적으로 동작하였다고 볼 수 있습니다. 다음은 이를 검증하기 위한 TestPackageGetHandler() 함수의 핵심 부분 코드입니다.

```
func TestPackageGetHandler(t *testing.T) {
    // TODO - 테스트 버킷 연결 객체 얻어오기

    err = packageBucket.WriteAll(
        context.Background(),
        "test-object-id",
        []byte("test-data"),
        nil,
    )

    // TODO - 에러 처리 및 환경 구성, 테스트 서버 셋업

    var redirectUrl string
    client := http.Client{
        CheckRedirect: func(
            req *http.Request, via []*http.Request,
        ) error {
            redirectUrl = req.URL.String()
            return errors.New("no redirect")
        },
    }
    _, err = client.Get(ts.URL + "/api/packages?id=test-object-id")
    if err == nil {
        t.Fatal("Expected error: no redirect, Got nil")
    }
```

```
    if !strings.HasPrefix(redirectUrl, "file:///") {
        t.Fatalf("Expected redirect url to start with file:///, got: %v", redirectUrl)
    }
}
```

테스트 버킷에서 오브젝트 식별자로 생성된 오브젝트를 직접 생성합니다. 그리고 잠시 4장에서 배운 내용을 복습하자면, 커스텀 `CheckRedirect` 함수를 사용하여 HTTP 클라이언트를 생성해야 자동으로 리다이렉트를 따라가지 않습니다. 다음으로는 생성한 HTTP 클라이언트를 이용해 `test-object-id`의 식별자를 갖는 패키지를 얻어오기 위하여 테스트 서버로 HTTP GET 요청을 보냅니다. 이후 `redirectUrl` 변수에 이전에 구성한 파일시스템 기반의 버킷을 지칭하는 `file:///`로 시작하는 리다이렉트 주소의 문자열이 정상적으로 설정되었는지 검증합니다. 전체 테스트 함수는 이 책의 소스 코드 리포지터리의 `chap11/pkg-server-1` 디렉터리의 `package_get_handler_test.go` 파일에서 찾아볼 수 있습니다. `go test`를 실행하여 테스트가 정상적으로 통과하는지 확인하세요.

11.1.3 기반 드라이버 타입 접근

지금까지 `gocloud.dev/blob` 패키지에서 지원하는 다양한 고수준 레벨의 인터페이스를 사용하여 AWS S3에 호환되는 스토리지 서비스에 접근하는 방법을 알아보았습니다. 그리고 `gocloud.dev/blob/fileblob` 패키지를 사용하여 테스트를 작성할 때 유용하게 사용 가능한 파일시스템 기반의 오브젝트 스토리지 서비스를 사용하는 방법을 배웠습니다. 만일 향후에 사용 중인 오브젝트 스토리지 서비스를 변경하려면 `*blob.Bucket` 객체를 생성하는 방법, 혹은 버킷을 여는 방법을 수정하면 됩니다. 그 외의 애플리케이션 코드를 수정할 필요는 없습니다. 그것이 `gocloud.dev/blob` 패키지가 제공하는 기능입니다.

하지만 종종 `gocloud.dev/blob` 패키지가 제공하지 않는 기반의underlying 벤더 고유vendor-specific 기능을 사용해야 할 때가 있습니다. 벤더에 종속적인 기능을 사용하기 위해 `gocloud.dev/blob` 패키지에는 `gocloud.dev/blob` 패키지에 정의된 타입을 기반의 벤더에 고유한 드라이버 타입으로 **변환**convert하는 기능을 제공합니다. 변환이 성공하면 기반에 존재하는 드라이버 기능에 직접 접근할 수 있습니다. AWS S3의 버킷을 연결하였다면 Go 언어의 AWS SDK에서 제공하는 기능에 직접 접근할 수 있으며, 마찬가지로 다른 스토리지 서비스 역시 해당 서비스에서 제공하는 기능에 직접 접근할 수 있습니다.

한번 예시를 살펴봅시다. `blob.OpenBucket()` 함수는 열고자 하는 버킷이 존재하지 않을 때 에러를 반환하지 않습니다. 사실 `gocloud.dev/blob` 패키지에서 별도로 이를 확인할 수 있는 기능을 제공해 주지 않습니다. 하지만 AWS SDK의 드라이버에 고유한driver-specific 구조체 타입에서는 이를 확인할 수 있는 기능이 존재합니다. 다음의 코드를 봅시다.

```go
func main() {
    bucketName := "practicalgo-echorand"
    testBucket, err := blob.OpenBucket(
        context.Background(),
        fmt.Sprintf("s3://%s", bucketName),
    )
    if err != nil {
        log.Fatal(err)
    }
    defer testBucket.Close()

    var s3Svc *s3.S3
    if !testBucket.As(&s3Svc) {
        log.Fatal(
            "Couldn't convert type to underlying S3 bucket type",
        )
    }
    _, err = s3Svc.HeadBucket(
        &s3.HeadBucketInput{
            Bucket: &bucketName,
        },
    )
    if err != nil {
        log.Fatalf(
            "Bucket doesn't exist, or insufficient permissions: %v\n",
            err,
        )
    }
}
```

OpenBucket() 함수에서 반환된 *blob.Bucket 객체는 github.com/aws/aws-sdk-go/s3 패키지에 정의된 *s3.S3 구조체 타입으로 변환이 가능합니다. 이를 위해 *s3.S3 구조체 타입의 변수 s3Svc를 선언한 뒤 testBucket 객체에 정의된 As() 메서드를 호출합니다. As() 메서드는 변환이 성공한 경우 true를 반환하며, 그 외의 경우 false를 반환합니다. 변환이 성공한 경우 s3Svc 객체를 사용할 수 있으며, s3.S3 객체에 정의된 HeadBucket() 메서드를 호출하여 버킷의 존재 여부를 확인하도록 HTTP HEAD 요청을 보낼 수 있습니다. nil 외의 에러값을 반환할 경우 버킷이 존재하지 않거나 현재 설정한 인증 정보로는 버킷에 접근할 권한이 없다는 것을 의미합니다. 이 책의 소스 코드 리포지터리의 chap11/object-store-demo/vendor-as-demo 디렉터리에서 실행 가능한 프로그램의 코드를 찾아볼 수 있습니다. gocloud.dev/blob 패키지에서 제공하는 기반의 타입들과 함수들에 대해 더 알아보려면 드라이버에 고유한 패키지 문서를 살펴보세요.

MinIO 서버와 패키지 서버 프로세스를 모두 종료합니다. 다음 절에서는 패키지 서버에 관계형 데이터베이스를 사용하여 이름과 버전, 패키지의 소유자 정보를 포함하는 **메타데이터**를 저장하는 기능을 추가할 것입니다. 이에 따라 패키지 서버에서는 이름이나 버전 정보를 이용하여 특정 패키지를 질의할 수 있는 기능을 추가할 수 있게 됩니다. 즉, 관계형 데이터베이스를 사용하여 패키지 서버에 질의가 가능한 상태queryable state를 추가합니다.

11.2 관계형 데이터베이스 활용

일반적으로 사용되는 관계형 데이터베이스 시스템relational database management system에는 MySQL과 PostgreSQL, SQLite가 있습니다. 예시의 패키지 서버를 위한 관계형 데이터베이스로는 MySQL을 사용합니다. 관계형 데이터베이스 시스템은 데이터를 저장하기 위하여 엔티티entity로 표현되는 데이터를 그에 해당하는 테이블과, 테이블 간의 관계들로 표현하는 개념을 기반으로 설계 및 구현되었습니다. package_server라는 데이터베이스에 packages와 users, 두 개의 테이블을 생성합니다. packages 테이블의 행row에는 패키지의 이름, 패키지의 버전, 협정 세계시coordinated universal time, UTC로 표현된 패키지의 생성 시간, 패키지의 소유자, 업로드된 버전마다 고유하게 갖는 패키지의 식별자 정보 등을 포함합니다. users 테이블의 행에는 시스템상에서 사용자를 고유하게 식별하고 인증하는 데에 사용하는 username 열column 정보를 포함합니다. 애플리케이션 내에서는 예시의 단순함을 위하여 별도의 인증authentication이나 인가authorization를 구현하지 않습니다. 사용자는 여러 버전의 패키지를 업로드할 수 있으며, 어느 버전의 패키지라도 다운로드할 수 있습니다. 이미 존재하는 버전의 패키지는 다시 업로드할 수 없습니다. 그림 11.3은 package_server 데이터베이스의 엔티티 관계entity-relationship 모델을 나타냅니다.

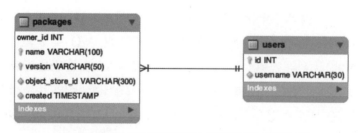

그림 11.3 패키지 서버 데이터베이스 엔티티 관계 다이어그램

먼저 도커를 이용하여 MySQL 데이터베이스를 로컬에서 실행한 뒤 데이터베이스 테이블을 생성하고 일부 데이터를 미리 채워 넣습니다. 이 책의 소스 코드 리포지터리의 chap11/pkg-server-2/

mysql-init 디렉터리에서 초기 데이터베이스 부트스트랩bootstrap 작업에 필요한 구조화된 질의 언어structured query language, SQL 스크립트를 찾으실 수 있습니다. 먼저 01-create-table.sql 파일에 존재하는 SQL 구문을 활용하여 users와 packages 테이블을 생성합니다.

```
use package_server;

CREATE TABLE users (
  id INT PRIMARY KEY AUTO_INCREMENT,
  username VARCHAR(30) NOT NULL
);

CREATE TABLE packages(
  owner_id INT NOT NULL,
  name VARCHAR(100) NOT NULL,
  version VARCHAR(50) NOT NULL,
  object_store_id VARCHAR(300) NOT NULL,
  created TIMESTAMP DEFAULT CURRENT_TIMESTAMP NOT NULL,
  PRIMARY KEY (owner_id, name, version),
  FOREIGN KEY (owner_id)
    REFERENCES users(id)
    ON DELETE CASCADE
);
```

첫 번째 스크립트를 실행하고 난 뒤 02-insert-data.sql 파일에서 두 번째 스크립트를 실행하여 users 테이블에 다섯 개의 더미 데이터를 삽입합니다.

```
INSERT INTO users (username) VALUES ("joe_cool"), ("jane_doe"), ("go_fer"), ("gopher"),
("bill_bob");
```

더미 데이터를 삽입하여 패키지를 업로드할 때 패키지의 소유자를 다섯 중 하나로 선택할 수 있습니다. 도커를 이용하여 로컬 환경에 MySQL을 동작시키기 위해 터미널 세션에서 다음의 커맨드를 실행합니다.

```
$ cd chap11/pkg-server-2
$ docker run \
    -p 3306:3306 \
    -e MYSQL_ROOT_PASSWORD=rootpassword \
    -e MYSQL_DATABASE=package_server \
    -e MYSQL_USER=packages_rw \
    -e MYSQL_PASSWORD=password \
```

```
-v "$(pwd)/mysql-init":/docker-entrypoint-initdb.d \
-ti mysql:8.0.26 \
--default-authentication-plugin=mysql_native_password
```

데이터베이스 서버는 실행 중인 채로 다음으로 넘어갑니다.

11.2.1 패키지 서버와 통합

관계형 데이터베이스를 사용하려면 database/sql 패키지와 데이터베이스에 해당하는 **드라이버** 패키지를 함께 사용해야 합니다. 드라이버 패키지는 애플리케이션에서 접근하는 데이터베이스에 고유한 서드 파티 패키지입니다. 지원하는 관계형 데이터베이스 드라이버의 목록을 확인하려면 Go 커뮤니티에서 관리하는 https://github.com/golang/go/wiki/SQLDrivers를 참조하시면 됩니다. database/sql 패키지의 인터페이스를 만족하는 드라이버를 사용한다면 애플리케이션 코드는 어느 특정 데이터베이스에 종속하지 않게 됩니다. 이는 사실 이전에 클라우드 기반 오브젝트 서비스 등에서 gocloud.dev/blob 패키지를 사용할 때의 상황과 유사합니다. database/sql 패키지를 이용하여 SQL 데이터베이스를 사용하려면 먼저 sql.Open() 함수를 이용하여 연결을 생성해야 합니다.

```
db, err := sql.Open("mysql", dsn)
```

sql.Open() 함수는 사용할 데이터베이스 드라이버 이름을 포함하는 문자열과 데이터베이스에 연결하기 위한 정보를 포함하는 DSN_{data source name} 문자열을 매개변수로 받습니다. 각 SQL 드라이버에는 관계형 데이터베이스마다 고유한 이름이 존재합니다. 예시에서 사용할 드라이버는 https://github.com/go-sql-driver/mysql 패키지의 드라이버이며, mysql이라는 이름을 갖습니다. DSN에는 데이터베이스에 연결하기 위한 사용자 이름, 비밀번호, 데이터베이스의 네트워크 주소와 연결할 데이터베이스의 이름을 총체적으로 포함하는 정보가 있습니다. packages_rw:password@tcp(127.0.0.1:3306)/package_server는 DSN의 예시입니다. 예시의 DSN에는 연결할 데이터베이스의 이름, 즉 package_server를 지정하며, 또한 로컬 컴퓨터의 3306번 포트에서 packages_rw라는 사용자 이름과 password라는 비밀번호를 사용하여 MySQL 서버에 접근하겠다는 정보를 지정합니다.

Open() 함수는 *sql.DB 타입의 객체와 error 값을 반환합니다. *sql.DB 객체는 데이터베이스로의 연결 풀_{pool of connection}을 캡슐화한 객체로서 내부 구현체에서 자동으로 데이터베이스로의 연결을 생성하고 해제합니다. SetMaxOpenConns() 메서드를 사용하여 열 수 있는 최대 연결 개수를 제어할 수 있습니다. SetConnMaxLifeTime() 메서드를 사용하여 연결의 최대 수명을 제어할 수 있고,

SetMaxIdleConns() 메서드를 사용하여 최대 유휴 연결 개수를 제어할 수 있습니다. 각 메서드는 매개변수로 time.Duration 객체를 받습니다. Open() 함수를 호출하더라도 해당 데이터베이스로 바로 연결이 구성되는 것이 아니라는 사실에 주의하세요. 그래서 해당하는 DSN으로 정상적으로 연결이 수립될 수 있는지 Ping() 메서드를 호출하여 검증하는 것이 좋습니다.

먼저 *sql.DB 객체를 생성하고 반환하는 함수를 정의합니다.

```go
func getDatabaseConn(
    dbAddr, dbName, dbUser, dbPassword string,
) (*sql.DB, error) {
    dsn := fmt.Sprintf("%s:%s@tcp(%s)/%s",
        dbUser, dbPassword,
        dbAddr, dbName,
    )
    return sql.Open("mysql", dsn)
}
```

서버 애플리케이션 시작 시 *sql.DB 객체를 생성하여, 서버가 동작하는 동안 계속해서 살아있습니다. 그래서 sql.Open() 함수는 서버 프로세스 생명주기 동안 단 한 번 호출됩니다. 수정된 main() 함수의 코드는 다음의 모양을 갖습니다.

```go
func main() {
    // TODO - 오브젝트 저장소 연결 정보 읽어 들이기
    dbAddr := os.Getenv("DB_ADDR")
    dbName := os.Getenv("DB_NAME")
    dbUser := os.Getenv("DB_USER")
    dbPassword := os.Getenv("DB_PASSWORD")

    if len(dbAddr) == 0 || len(dbName) == 0 ||
        len(dbUser) == 0 || len(dbPassword) == 0 {
        log.Fatal(
            "Must specify DB details - DB_ADDR, DB_NAME, DB_USER, DB_PASSWORD",
        )
    }
    db, err := getDatabaseConn(
        dbAddr, dbName,
        dbUser, dbPassword,
    )
    config := appConfig{
        logger: log.New(
            os.Stdout, "",
            log.Ldate|log.Ltime|log.Lshortfile,
```

```
        ),
        packageBucket: packageBucket,
        db:            db,
    }

    // 서버 초기 시작 코드
}
```

*sql.DB 객체를 생성한 후에는 서버에서 쿼리를 실행하기 위하여 Conn() 메서드를 호출하여 *sql.
Conn 객체를 얻어옵니다.

```
ctx := context.Background()
conn, err := config.db.Conn(ctx)
defer conn.Close()
```

연결을 얻어온 뒤에는 어딘가에서는 반드시 Close() 메서드를 호출하여 연결이 연결 풀로 반환되도록 해야 합니다. *sql.DB 객체를 기반에 존재하는 실제의 연결 객체 *sql.Conn 풀의 추상 객체로 이해하면 도움이 됩니다. 데이터를 조회만 하는 SELECT 구문의 질의를 위해서는 *sql.Conn 객체의 QueryContext() 메서드를 사용합니다. INSERT나 DELETE, UPDATE와 같은 동작을 수행하기 위해서는 *sql.Conn 객체의 ExecuteContext() 메서드를 사용합니다. 이 메서드를 활용하여 관계형 데이터베이스에 데이터를 질의하고 저장하는 기능을 패키지 서버에 추가해봅시다.

패키지를 오브젝트 저장소에 업로드한 이후 패키지의 메타데이터를 저장하기 위해 INSERT SQL 쿼리 구문을 사용하여 패키지 테이블에 새로운 데이터를 추가하는 새로운 함수 updateDb()를 정의합니다. 이제 패키지 등록 핸들러 함수는 다음의 모양을 갖습니다.

```
// owner id 값으로 1부터 5 사이의 랜덤한 값을 반환
// 초기 더미 데이터 부트스트래핑 전용
// 외래키가 설정되어 있기 때문에 패키지 소유자는 이전의
// 사용자 더미 데이터 중 하나여야 함
func getOwnerId() int {
    return rand.Intn(4) + 1
}

func packageRegHandler(
    w http.ResponseWriter,
    r *http.Request,
    config appConfig,
) {
```

```
    // TODO - 수신 데이터 읽어 들이기

    packageOwner := getOwnerId()

    // 오브젝트 저장소에 데이터 업로드
    nBytes, err := uploadData(config, d.ID, fHeader)

    // TODO - 에러 처리

    // 데이터베이스에 패키지 메타데이터 추가
    err = updateDb(
        config,
        pkgRow{
            OwnerId:       packageOwner,
            Name:          packageName,
            Version:       packageVersion,
            ObjectStoreId: d.ID,
        },
    )

    // TODO - 응답 반환
}
```

데이터베이스 초기 구성 시에 users 테이블에 다섯 개의 데이터를 삽입하였습니다. 패키지의 소유자 ID의 범위에 속하기 위해 getOwnerId() 함수는 1부터 5 사이의 정숫값을 반환하도록 합니다. updateDb() 함수의 정의는 다음과 같습니다.

```
func updateDb(config appConfig, row pkgRow) error {
    ctx := context.Background()
    conn, err := config.db.Conn(ctx)
    if err != nil {
        return err
    }
    defer conn.Close()

    result, err := conn.ExecContext(
        ctx,
        `INSERT INTO packages
        (owner_id, name, version, object_store_id)
        VALUES (?,?,?,?);`,
        row.OwnerId, row.Name, row.Version, row.ObjectStoreId,
    )
    if err != nil {
        return err
    }
```

```
    nRows, err := result.RowsAffected()
    if err != nil {
        return err
    }
    if nRows != 1 {
        return fmt.Errorf(
            "expected 1 row to be inserted, Got: %v",
            nRows,
        )
    }
    return nil
}
```

updateDb() 함수는 두 매개변수로 호출됩니다. 첫 번째 매개변수는 appConfig 구조체 타입의 객체
변수 config로, MySQL 데이터베이스의 연결 풀을 나타내는 *sql.DB 타입의 필드 db를 포함합니다.
config.db.Conn(ctx) 구문을 사용하여 연결 풀에서 연결을 얻어올 수 있습니다. 두 번째 매개변수
는 pkgRow 구조체 타입의 변수 row이며, pkgRow 구조체 타입은 다음과 같이 정의됩니다.

```
type pkgRow struct {
    OwnerId       int
    Name          string
    Version       string
    ObjectStoreId string
    Created       string
}
```

pkgRow 구조체는 packages 테이블에 저장된 하나의 데이터를 표현하며, 패키지 정보를 데이터베이스
테이블에 삽입하거나 질의할 때 애플리케이션의 메모리상에서 처리되는 형태입니다. 연결을 성공적으
로 얻어오면 다음과 같이 INSERT 질의를 수행할 수 있습니다.

```
result, err := conn.ExecContext(
    ctx,
    `INSERT INTO packages
    (owner_id, name, version, object_store_id)
    VALUES (?,?,?,?);`,
    row.OwnerId, row.Name, row.Version, row.ObjectStoreId,
)
```

ExecContext() 메서드의 첫 번째 매개변수는 context.Context 타입의 객체입니다. 두 번째 매개변
수는 실행할 SQL 쿼리입니다. 쿼리에 사용할 값을 쿼리 구문의 일부로 전달하지 않고 플레이스홀더

placeholder 문자열인 ?를 사용하였습니다. 이는 애플리케이션의 악의적인 사용자가 SQL **인젝션** 공격을 수행하지 못하도록 해줍니다. 이후 플레이스홀더 문자 개수와 일치하도록 순서에 맞춰 대체해서 사용할 값들을 매개변수로 전달합니다. Go MySQL 드라이버는 쿼리를 수행하기 위해 내부적으로 MySQL의 prepared statements[5] 기능을 사용합니다. 먼저 prepared statement를 생성합니다. 이후 쿼리를 수행할 때 사용할 값들을 prepared statement에 전달합니다. ExecContext() 메서드는 `sql.Result` 타입의 변숫값 result와 error 타입의 변숫값 err를 반환합니다. `sql.Result` 타입은 다음과 같이 정의된 인터페이스 타입입니다.

```
type Result interface {
    LastInsertId() (int64, error)
    RowsAffected() (int64, error)
}
```

두 메서드의 동작 모두 데이터베이스에 의존적입니다. ExecContext() 메서드가 `nil` 에러를 반환할 경우 SQL 쿼리가 정상적으로 수행되었다는 것을 의미합니다. LastInsertId() 메서드를 호출하여 반환된 값은 **아마도** INSERT, DELETE 혹은 UPDATE 동작에 성공하여 자동으로 증가된auto-increment 열의 값입니다. packages 테이블에는 따로 자동으로 증가하는 열이 존재하지 않기 때문에 0의 값이 반환됩니다. RowAffected() 메서드는 구문이 실행되며 영향을 받은 행의 수가 반환됩니다. RowAffected() 메서드를 활용하면 실행한 SQL 구문을 실행하여 어느 영향을 미쳤는지 명확하게 알수 있습니다. updateDb() 함수는 하나의 행, 즉 실제로 삽입된 데이터만 영향을 받아야 합니다. 그외의 경우는 에러를 반환합니다.

다음으로 packageGetHandler() 함수를 업데이트하여 사용자가 메타데이터, 즉 소유자 id, 패키지 이름, 패키지 버전 정보를 지정하여 패키지 데이터를 다운로드할 수 있도록 합니다. 쿼리 파라미터를 캡슐화하기 위한 pkgQueryparams 타입을 정의합니다.

```
type pkgQueryParams struct {
    name    string
    version string
    ownerId int
}
```

핸들러 함수를 다음과 같이 업데이트합니다.

---

5 올긴이 prepared statement는 국문으로 대체할 말이 없고 음차하기에도 어색하여 원문을 그대로 사용합니다.

```go
func packageGetHandler(
    w http.ResponseWriter, r *http.Request, config appConfig,
) {
    queryParams := r.URL.Query()
    owner := queryParams.Get("owner_id")
    name := queryParams.Get("name")
    version := queryParams.Get("version")

    // TODO - 위의 쿼리 파라미터 중 일부가 존재하지 않을 경우
    // HTTP 400 Bad Request 에러 반환

    ownerId, err := strconv.Atoi(owner)

    // TODO - 형 변환이 실패한 경우 HTTP 400 에러 반환

    q := pkgQueryParams{
        ownerId: ownerId,
        version: version,
        name:    name,
    }
    pkgResults, err := queryDb(
        config, q,
    )

    // TODO - 에러 처리

    if len(pkgResults) == 0 {
        http.Error(w, "No package found", http.StatusNotFound)
        return
    }

    url, err := config.packageBucket.SignedURL(
        r.Context(),
        pkgResults[0].ObjectStoreId,
        nil,
    )
    if err != nil {
        http.Error(
            w, err.Error(), http.StatusInternalServerError,
        )
        return
    }
    http.Redirect(w, r, url, http.StatusTemporaryRedirect)
}
```

핸들러 함수의 수신 요청 URL로부터 owner_id, name, version 총 세 개의 쿼리 파라미터를 찾습니

다. 세 쿼리 파라미터를 찾지 못한 경우, 혹은 owner_id의 값이 정수가 아니어서 형 변환될 수 없는 경우에 HTTP bad request 에러를 반환합니다.

이후 세 쿼리 파라미터값을 포함하는 pkgQueryParams 타입의 구조체 객체를 생성한 뒤 queryDb() 함수를 호출합니다. queryDb() 함수는 두 값을 반환합니다. 첫 번째 반환 값은 pkgRow 객체의 슬라이스이며, 두 번째 반환값은 error 값입니다. 공백의 슬라이스가 반환될 경우 HTTP 404 상태 값을 응답으로 반환합니다. 그 외에는 슬라이스의 첫 번째 항목을 취한 뒤 config.packageObject 객체에 정의된 SignedURL() 메서드를 호출하여 사이닝된 URL을 생성한 뒤 해당 URL로 리다이렉트합니다. 다음으로는 queryDb() 함수의 정의를 살펴봅시다.

queryDb() 함수는 먼저 데이터베이스로 보낼 쿼리를 만듭니다. 쿼리는 SELECT * FROM packages WHERE owner_id=1 AND name=test-package AND version=0.1의 형태를 보입니다. 비록 이 쿼리는 지정한 모든 조건을 만족해야 하지만,[6] queryDb() 함수는 어느 한 조건이라도 만족할 경우 패키지를 가져올 수 있도록 코드를 작성할 것입니다. (연습 문제 11.2를 해결하다 보면 어느 한 조건이라도 만족할 때 패키지를 가져오도록 하는 것이 유용할 것입니다). 그래서 SELECT * FROM packages WHERE owner_id=1 AND name=test-package, 혹은 SELECT * FROM packages WHERE owner_id=1의 형태를 갖는 쿼리를 만들어야 합니다.

다음은 queryDb() 함수에서 쿼리를 만드는 부분에 대한 코드입니다.

```go
func queryDb(
    config appConfig, params pkgQueryParams,
) ([]pkgRow, error) {

    args := []interface{}{}
    conditions := []string{}
    if params.ownerId != 0 {
        conditions = append(conditions, "owner_id=?")
        args = append(args, params.ownerId)
    }
    if len(params.name) != 0 {
        conditions = append(conditions, "name=?")
        args = append(args, params.name)
    }
    if len(params.version) != 0 {
        conditions = append(conditions, "version=?")
        args = append(args, params.version)
```

---

6   [옮긴이] 조건을 AND로 연결하였기 때문에

```
    }
    if len(conditions) == 0 {
        return nil, fmt.Errorf("no query conditions found")
    }

    query := fmt.Sprintf(
        "SELECT * FROM packages WHERE %s",
        strings.Join(conditions, " AND "),
    )
    // TODO - 쿼리 실행
}
```

두 개의 슬라이스를 생성하여 params 객체에 속한 필드 데이터를 포함시킵니다. 첫 번째 슬라이스인 변수 args는 interface{} 타입의 공백 슬라이스slice of empty interface이며, owner_id, name, version 값을 저장합니다. 문자열 슬라이스 타입인 []string 대신 인터페이스 슬라이스 타입인 []interface{}{}을 만드는 이유는 QueryContext() 메서드에서 플레이스홀더 값의 매개변수로 인터페이스 슬라이스 타입을 받기 때문입니다. 두 번째 슬라이스인 conditions은 []string{} 타입의 문자열 슬라이스이며, 쿼리에 사용할 조건들을 저장합니다. 어느 필드가 지정되어야 하고 해당하는 조건에 따라 쿼리에 조건을 추가해야 하는지, 플레이스홀더 값을 conditions 슬라이스와 args 슬라이스에 추가해야 하는지를 검사합니다. 부합하는 조건이 없는 경우 에러를 반환합니다.

마지막으로, conditions 슬라이스와 "AND" 문자열을 매개변수로 strings.Join() 함수를 호출합니다. 이제 fmt.Sprintf() 함수를 호출하여 반환되는 결과 문자열을 실행할 준비가 되었습니다.

```
func queryDb(
    config appConfig, params pkgQueryParams,
) ([]pkgRow, error) {
    ctx := context.Background()
    conn, err := config.db.Conn(ctx)
    if err != nil {
        log.Fatal(err)
    }
    defer conn.Close()

    // TODO - 설명한 내용을 기반으로 SQL 쿼리 작성

    rows, err := conn.QueryContext(ctx, query, args...)
    if err != nil {
        return nil, err
    }
    defer rows.Close()
```

```
    // TODO - 결과 읽기
}
```

QueryContext() 함수는 다음의 매개변수를 받습니다.

- 첫 번째 매개변수는 context.Context 타입의 객체
- 두 번째 매개변수는 실행할 쿼리의 문자열
- 세 번째 매개변수는 쿼리 내의 플레이스홀더 값으로 사용할 인터페이스 슬라이스

QueryContext() 함수는 database/sql 패키지에 정의된 *sql.Rows 타입의 객체 변수 rows와 에러값을 반환합니다. nil 외의 에러값이 반환될 경우 쿼리는 실패하며, 함수를 반환합니다. 하지만 만약 nil 에러값이 반환되면 defer로 rows.Close() 메서드를 호출한 뒤 쿼리 실행 결과를 읽습니다. rows.Close() 메서드를 호출해야 연결이 정상적으로 풀에 반환됩니다.

다음과 같이 rows 객체를 **순회**enumeration하며 한 번에 하나의 결과를 읽습니다.

```
func queryDb(
    config appConfig, params pkgQueryParams,
) ([]pkgRow, error) {
    // TODO - 설명한 내용을 기반으로 SQL 쿼리 구축

    // TODO - 설명한 내용을 기반으로 SQL 쿼리 실행

    var pkgResults []pkgRow
    for rows.Next() {
        var pkg pkgRow
        if err := rows.Scan(
            &pkg.OwnerId, &pkg.Name, &pkg.Version,
            &pkg.ObjectStoreId, &pkg.Created,
        ); err != nil {
            return nil, err
        }
        pkgResults = append(pkgResults, pkg)
    }

    if err := rows.Err(); err != nil {
        return nil, err
    }
    return pkgResults, nil
}
```

rows.Next() 메서드를 호출하면 데이터를 읽어 들이기 시작합니다. 더 이상 읽을 데이터가 없거나 읽는 도중 오류가 발생한 경우 rows.Next() 메서드는 false를 반환합니다.

읽은 데이터를 저장할 변수들을 목적지로 하여 rows.Scan() 메서드를 호출합니다. 데이터를 읽어서 저장할 변수의 순서와 반환되는 열의 순서가 반드시 일치해야 합니다. Scan() 메서드가 정상적으로 호출되면 pkg 값을 pkgResults 슬라이스에 추가합니다.

모든 행을 정상적으로 읽었거나, 혹은 읽는 도중 오류가 발생하여 for 루프를 벗어나는 경우 Err() 메서드를 호출하여 에러값의 유무를 확인합니다. 에러값이 존재하는 경우 이를 반환하고, 에러값이 없는 경우 pkgResults 슬라이스와 nil 에러값을 반환합니다.

오브젝트 저장소 서비스와 데이터베이스를 통합한 패키지 서버의 새로운 버전에 대한 소스 코드를 이 책의 소스 코드 리포지터리의 chap11/pkg-server-2 디렉터리에서 찾아볼 수 있습니다. db_store.go 파일에는 데이터베이스를 사용하기 위한 기능들이 존재합니다. AWS S3 버킷을 직접 사용하는 게 아니라면 로컬 환경의 별도의 터미널에서 MinIO 서비스도 반드시 시작해야 합니다. 또한 로컬 환경에서 MySQL 데이터베이스가 실행 중이 아니라면 이 역시 실행하도록 합니다. 이제 패키지 서버를 빌드하고 실행합니다.

```
$ cd chap11/pkg-server-2
$ go build
$ AWS_ACCESS_KEY_ID=admin \
  AWS_SECRET_ACCESS_KEY=admin123 \
  BUCKET_NAME=test-bucket \
  S3_ADDR=localhost:9000 \
  DB_ADDR=localhost:3006 \
  DB_NAME=package_server \
  DB_USER=packages_rw \
  DB_PASSWORD=password ./pkg-server
```

새로운 터미널 세션에서 먼저 존재하지 않는 패키지를 다운로드해 봅니다.

```
$ curl "http://127.0.0.1:8080/api/packages?name=test-package&version=0.1&owner_id=1"
No package found
```

좋습니다, 이제 패키지를 추가해 봅니다.

```
$ curl -F name=test-package -F version=0.1 \
```

```
-F filedata=@image.tgz http://127.0.0.1:8080/api/packages
{"id":"2/test-package-0.1-image.tgz"}
```

책의 소스 코드 리포지터리의 chap11/pkg-server-2 디렉터리에 image.tgz 파일이 있습니다. 물론
그냥 아무 파일을 사용해도 됩니다. 소유자의 id 값인 2 역시 응답으로 반환되었는데, 랜덤하게 할당
한 값이니 여러분이 실행할 때는 다를 수 있습니다. 이제 해당하는 메타데이터 값으로 패키지 다운로
드를 시도해봅니다.

```
$ curl --location "http://127.0.0.1:8080/api/packages?name=test-package&version=0.1&owner_id=2"
Warning: Binary output can mess up your terminal. Use "--output -" to tell
Warning: curl to output it to your terminal anyway, or consider "--output
Warning: <FILE>" to save to a file.
```

curl은 응답 값이 텍스트 형식이 아닌 경우 기본적으로 화면에 결과를 출력하지 않습니다. curl 대
신 브라우저에서 해당 주소를 입력한 경우 업로드된 파일이 다운로드되거나, 브라우저에서 바로inline
내용을 확인할 수 있습니다. 좋습니다! 이제 패키지 서버에 오브젝트 저장소 서비스와 데이터베이스
통합이 되었습니다. 애플리케이션에서 로컬에 있는 MySQL 데이터베이스 서버 대신 가령 AWS RDS
같은 외부 데이터베이스의 연결 정보를 설정하면 로컬에서 동작한 것처럼 똑같이 동작합니다.

이제 연습 문제 11.2에서 지금까지 배운 것들을 복습해봅시다.

연습 문제 11.2 | 패키지 조회 엔드포인트

사용자가 패키지의 소유자 id, 패키지 이름, 또는 패키지 버전 정보를 쿼리 파라미터로 하여 패키지의 세부 정보를
조회할 수 있도록 패키지 서버를 업데이트하세요. 패키지 버전 정보만 지정할 수는 없습니다. 쿼리 파라미터로 아
무런 값을 지정하지 않으면 모든 세부 정보를 반환합니다. 클라이언트에게 응답으로 반환되는 패키지의 메타데이
터는 JSON 포맷의 문자열이어야 합니다.

이미 이전에 작성한 /api/packages 엔드포인트에 조회 기능을 구현하고, 패키지를 다운로드하는 새로운 API
엔드포인트를 구현하세요.

11.2.2 데이터 스토리지 테스트

데이터베이스 사용을 테스트하는 방법은 여러 가지가 있습니다. 모킹mock을 이용하거나, 인메모리
의 SQL 데이터베이스를 이용하거나, 로컬 환경에서 동작하는 데이터베이스를 이용하는 것입니다. 우
리는 로컬 환경에서 데이터베이스를 동작시키는 세 번째 방법을 사용합니다. 이렇게 실제 데이터베

이스 서버를 사용하도록 구성하면 애플리케이션의 테스트 환경이 실서비스 환경과 거의 유사하게 됩니다. Docker 컨테이너를 사용하여 로컬 환경에서 MySQL을 실행한 뒤 이전 절에서 살펴본 것처럼 테이블을 생성하고 초기 더미 데이터를 넣는 부트스트랩 작업을 수행합니다. 그리고 로컬의 데이터베이스 서버를 사용하도록 애플리케이션을 구성합니다. 테스트 수행이 완료된 후에는 MySQL 컨테이너는 자동으로 종료됩니다. 테스트 컨테이너를 생성하고 종료하는 모든 절차를 제어하기 위해 https://github.com/testcontainers/testcontainers-go/라는 서드 파티 패키지를 사용합니다. 이 패키지를 이용하여 생성된 테스트 데이터베이스와 통신하도록 구성된 *sql.DB 객체를 반환하는 getTestDb() 함수를 다음과 같이 작성합니다.

```go
func getTestDb() (testcontainers.Container, *sql.DB, error) {
    bootStrapSqlDir, err := os.Stat("mysql-init")
    if err != nil {
        return nil, nil, err
    }

    cwd, err := os.Getwd()
    if err != nil {
        return nil, nil, err
    }

    bindMountPath := filepath.Join(cwd, bootStrapSqlDir.Name())

    // TODO - 컨테이너 생성 및 시작
}
```

11.2절 초반부에서 우리는 로컬 환경에서 MySQL Docker 컨테이너를 생성할 때 chap11/pkg-server-2 디렉터리의 mysql-init 서브디렉터리를 볼륨으로 마운트하여 테이블을 생성하고 users 테이블에 데이터를 삽입했습니다. 테스트 컨테이너에도 동일한 작업을 수행합니다. 먼저 os 패키지의 os.Stat() 함수를 호출하여 디렉터리가 존재하는지 확인하고, 디렉터리의 절대 경로를 구축한 뒤 bindMountPath 변수에 저장합니다.

이후에 다음과 같이 컨테이너 생성 요청을 보낼 수 있습니다.

```go
func getTestDb() (testcontainers.Container, *sql.DB, error) {
    // TODO - 이전에 살펴본 코드 삽입

    waitForSql := wait.ForSQL("3306/tcp", "mysql",
        func(p nat.Port) string {
            return "root:rootpw@tcp(" +
```

```
                    "127.0.0.1:" + p.Port() +
                    ")/package_server"
        })
    waitForSql.WithPollInterval(5 * time.Second)

    req := testcontainers.ContainerRequest{
        Image:        "mysql:8.0.26",
        ExposedPorts: []string{"3306/tcp"},
        Env: map[string]string{
            "MYSQL_DATABASE":      "package_server",
            "MYSQL_USER":          "packages_rw",
            "MYSQL_PASSWORD":      "password",
            "MYSQL_ROOT_PASSWORD": "rootpw",
        },
        BindMounts: map[string]string{
            bindMountPath: "/docker-entrypoint-initdb.d",
        },
        Cmd: []string{
            "--default-authentication-plugin=mysql_native_password",
        },
        WaitingFor: waitForSql,
    }

    // TODO - 컨테이너를 시작 후 *sql.DB 객체 생성
}
```

컨테이너를 생성하기 위해 먼저 testcontainers 패키지(https://github.com/testcontainers/testcontainers-go/)에 정의된 testcontainers.ContainerRequest 타입의 객체를 생성해야 합니다.

* Image 필드는 생성할 컨테이너의 기반이 되는 도커 이미지

* ExposedPorts 필드는 호스트에 노출할 포트/프로토콜 형태의 문자열 슬라이스. 예시로 MySQL 프로세스에 해당하는 3306 포트만을 노출하려 함. 별도로 호스트의 포트 매핑을 지정하지 않고 동적으로 매핑된 호스트 포트를 얻어옴

* Env 필드는 컨테이너 내부에 설정할 환경 변수를 나타내는 map 형의 데이터. 관련된 환경 변수를 이용하여 데이터베이스 이름, 사용자 이름, 비밀번호, root 비밀번호를 설정함

* BindMounts 필드는 컨테이너에 마운트할 볼륨의 정보를 포함하는 map 형의 데이터. 예시에는 호스트의 mysql-init 디렉터리를 컨테이너의 /docker-entrypoint-initdb.d 디렉터리로 마운트하는 단 하나의 볼륨 마운트만 존재

* Cmd 필드는 컨테이너 시작 시 프로그램에 지정할 커맨드 라인 인수를 포함하는 문자열

- `WaitingFor` 필드는 컨테이너 **대기 전략**waiting strategy을 지정함. 필드의 값은 반드시 testcontainers/wait 패키지에 정의된 `wait.Strategy` 인터페이스 타입을 만족해야 함. 이 필드는 바로 다음 코드에서 살펴볼 컨테이너 생성 함수가 지정된 대기 전략의 상태를 만족할 때까지 반환하지 않기 위하여 사용됨. testcontainers/wait 패키지에 존재하는 `waitForSql` 인터페이스 타입에는 SQL 데이터베이스를 위한 대기 전략이 있음. 지정된 드라이버와 연결 정보를 사용하여 SELECT 1 쿼리를 수행하고, 현재 데이터베이스를 사용할 수 있는 상태인지 아닌지를 확인함. 개발자 입장에서는 컨테이너 내부의 포트 번호, 사용할 드라이버, 데이터베이스에 연결하기 위한 DSN을 생성할 함수를 매개변수로 `wait.ForSQL()` 함수를 호출하기만 하면 됨. `wait.ForSQL()` 함수를 호출할 때 사용하는 첫 번째 매개변수인 포트 정보는 `nat.Port` 객체로 전달하는데, 이 객체의 `Port()` 메서드를 호출하면 내부 컨테이너의 포트에 매핑된 호스트의 포트 정보를 얻어올 수 있음. 또한 폴링 주기polling interval를 5초로 설정하여 5초마다 상태 확인

마지막으로 컨테이너를 시작하고, 시작한 컨테이너를 연결하여 `*sql.DB` 객체를 생성합니다.

```go
func getTestDb() (testcontainers.Container, *sql.DB, error) {
    // TODO - 이전에 살펴본 코드 삽입
    // TODO - 이전에 살펴본 컨테이너 생성 요청

    ctx := context.Background()
    mysqlC, err := testcontainers.GenericContainer(
        ctx,
        testcontainers.GenericContainerRequest{
            ContainerRequest: req,
            Started:          true,
        })
    if err != nil {
        return mysqlC, nil, err
    }

    addr, err := mysqlC.PortEndpoint(ctx, "3306", "")
    if err != nil {
        return mysqlC, nil, err
    }
    db, err := getDatabaseConn(
        addr, "package_server",
        "packages_rw", "password",
    )
    if err != nil {
        return mysqlC, nil, nil
    }
    return mysqlC, db, nil
}
```

testcontainers.GenericContainer() 함수는 두 매개변수를 받습니다. 첫 번째 매개변수는 컨테이너의 생성 대기 시간을 제어하기 위한 context.Context 타입의 객체이며, 두 번째 매개변수는 testcontainers.GenericContainerRequest 타입의 객체입니다. testcontainers.Generic ContainerRequest 구조체에는 이전에 생성한, 컨테이너 요청 객체를 나타내는 ContainerRequest 타입의 객체 필드 req와, 컨테이너가 생성되며 시작될지 여부를 결정하는 Started 필드가 있으며, 컨테이너를 시작하기 위해 Started 필드 값을 true로 설정합니다. testcontainers.Generic Container() 함수는 testcontainers.Container 타입의 객체와 에러값을 반환합니다. 에러값이 nil인 경우 PortEndpoint() 메서드를 호출하여 호스트에서 컨테이너로 연결하기 위한 주소를 얻어옵니다. 그리고 getDatabaseConn() 메서드를 호출하여 *sql.DB 객체를 얻어옵니다.

getTestDb() 함수의 전체 코드는 이 책의 소스 코드 리포지터리의 chap11/pkg-server2/test_utils.go 파일에서 찾아볼 수 있습니다. 이제 테스트 용도로 MySQL 컨테이너를 생성할 수 있게 되었으니 데이터베이스를 사용하는 핸들러 함수 테스트를 작성할 수 있습니다. 가령 패키지를 얻어오는 핸들러 함수에 대한 테스트는 다음과 같이 정의됩니다.

```go
func TestPackageGetHandler(t *testing.T) {
    packageBucket, err := getTestBucket(t.TempDir())
    testObjectId := "pkg-0.1-pkg-0.1.tar.gz"

    // 테스트 오브젝트 생성
    err = packageBucket.WriteAll(
        context.Background(),
        testObjectId, []byte("test-data"),
        nil,
    )

    testC, testDb, err := getTestDb()
    if err != nil {
        t.Fatal(err)
    }
    defer testC.Terminate(context.Background())

    config := appConfig{
        logger: log.New(
            os.Stdout, "",
            log.Ldate|log.Ltime|log.Lshortfile,
        ),
        packageBucket: packageBucket,
        db:            testDb,
    }
```

```
    // 테스트 오브젝트의 패키지 메타데이터 업데이트
    err = updateDb(
        config,
        pkgRow{
            OwnerId:       1,
            Name:          "pkg",
            Version:       "0.1",
            ObjectStoreId: testObjectId,
        },
    )
    if err != nil {
        t.Fatal(err)
    }

    // TODO - HTTP 요청 전송 및 결과 검증
}
```

getTestDb() 함수를 호출하여 *sql.DB 객체를 얻어옵니다. 그리고 반환된 testcontainers. Container 타입의 객체 변수 testC의 Terminate() 메서드를 defer로 호출하여 테스트가 종료되면 컨테이너가 정상적으로 종료되도록 합니다.

이후 db 필드에 testDb 변수를 설정하여 appConfig 객체를 생성합니다. 그리고 updateDb() 함수를 호출하여 테스트 패키지의 메타데이터를 추가합니다. 이 메타데이터 정보는 함수의 앞부분에서 생성한 테스트 오브젝트의 정보에 해당합니다. 이후 HTTP 요청을 보내서 패키지 데이터를 다운로드하고 리다이렉트가 정상적으로 동작하는지 검증합니다. 전체적인 테스트 코드는 package_get_handler_test.go 파일에서 확인할 수 있습니다. 패키지 등록 기능에 대한 테스트 함수는 package_reg_handler_test.go 파일에서 확인할 수 있습니다.

다음으로는 데이터베이스를 활용하며 일반적으로 겪는 데이터 타입 형 변환data type conversion 시나리오에 대해 알아봅시다.

11.2.3 데이터 타입 형 변환

*sql.Rows 객체의 Scan() 메서드를 호출하면 데이터베이스의 열에 존재하던 원본 데이터를 스캔되어 저장되는 대상 변수의 타입에 맞게 자동으로 드라이버 패키지가 데이터 타입을 형 변환시킵니다. ExecContext() 메서드를 호출하여 INSERT나 UPDATE 구문을 실행하면 Scan() 메서드를 호출할

때 발생하는 상황이 반대로 일어납니다reverse process. Scan() 메서드의 문서[7]에는 형 변환 동작에 대한 가이드라인을 제시합니다.

첫 번째 시나리오는 TIMESTAMP, 즉 DATETIME 열 타입이나 TIME 열 타입을 형 변환해야 하는 경우입니다. 다음과 같은 pkgRow 구조체를 생각해봅시다.

```
type pkgRow struct {
    OwnerId       int
    Name          string
    Version       string
    ObjectStoreId string
    Created       string
}
```

Created 필드는 packages 테이블에서 질의된 created 열의 값을 저장하기 위해 사용됩니다. created 열은 TIMESTAMP 타입으로 정의되었습니다. MySQL에서 TIMESTAMP 타입의 데이터는 날짜date와 시간time을 UTC 값, 가령 2022-01-19 03:14:07의 데이터를 저장하는 데에 사용됩니다. Scan() 메서드를 사용하면 created 열의 값이 읽힌 뒤 pkgRow 객체의 Created 필드에 문자열로 저장됩니다. 이후에 저장된 문자열을 time.Time 객체로 형 변환하려면 다음과 같이 time 패키지에 정의된 time.Parse() 함수를 이용합니다.

```
// results 변수는 queryDb()를 호출하여 반환된 sql.Rows 객체
layout := "2006-01-02 15:04:05"
created := results[0].Created
parsedTime, err := time.Parse(layout, created)
if err != nil {
    t.Fatal(err)
}
```

문자열을 읽은 뒤 형 변환하는 것 외에도 MySQL 드라이버의 자동 파싱 기능을 이용할 수 있습니다. 데이터베이스에 연결할 때 DSN에 parseTime=true를 추가하면 자동으로 TIMESTAMP, DATETIME, DATE 타입의 열의 경우 time.Time 타입으로 형 변환을 시도합니다. 이 기능이 적용된 getDatabaseConn() 함수는 다음의 모양을 갖습니다.

---

7   옮긴이 https://pkg.go.dev/database/sql#Rows.Scan

```
func getDatabaseConn(
    dbAddr, dbName, dbUser, dbPassword string,
) (*sql.DB, error) {
    dsn := fmt.Sprintf(
        "%s:%s@tcp(%s)/%s?parseTime=true",
        dbUser, dbPassword,
        dbAddr, dbName,
    )
    return sql.Open("mysql", dsn)
}
```

그리고 pkgRow 구조체의 Created 필드를 time.Time으로 재정의합니다.

```
type pkgRow struct {
    // 이전에 정의한 다른 필드
    Created time.Time
}
```

이제 Scan() 함수를 호출하면 Created 필드에는 created 열의 값, 즉 UTC로 저장된 패키지 생성 시간이 time.Time 객체 값으로 저장됩니다. 다만 만일 파싱에 실패할 경우 Scan() 메서드가 실패할 수도 있음을 주의해야 합니다. 따라서 만약에 데이터베이스에 존재하는 데이터를 신뢰할 수 없는 경우에는 명시적으로 TIMESTAMP를 파싱하고, 이후에 연관된 필드를 파싱하는 것이 좋습니다.

두 번째 시나리오에서는 데이터베이스의 NULL 데이터를 처리하는 방법에 대해 살펴봅니다. 가령 packages 테이블에 repo_url이라는 새로운 열을 추가한다고 합시다.

```
CREATE TABLE packages(
  repo_url VARCHAR(300) DEFAULT NULL,
  -- TODO - 다른 열들
)
```

이 repo_url 열은 선택적으로 패키지 소스 코드 리포지터리의 URL을 포함합니다. NULL 값을 문자열 데이터로 취급하고 스캐닝을 시도하면 실패하게 됩니다. 따라서 database/sql 패키지에는 NULL 값을 처리하기 위한 특별한 데이터 타입, sql.NullString 타입이 있습니다.

```
type pkgRow struct {
    // 이전에 정의한 다른 필드
    RepoURL sql.NullString
}
```

sql.NullString 타입에는 Boolean 타입의 필드 Valid가 있는데, repo_url 열에 저장된 값이 NULL 이 아니면 true이며, NULL인 경우 false입니다. Valid 필드의 값이 true인 경우 String 필드에는 repo_url 열에서 스캐닝한 문자열 값이 저장됩니다. 데이터베이스에 행을 추가하는 것이 그리 간단 하지는 않을 겁니다. 먼저 다음과 같이 pkgRow 객체를 생성합니다.

```
pkgRow{
    // 다른 필드
    RepoURL: sql.NullString{
        String: "http://github.com/practicalgo/code",
        Valid: true,
    },
},
```

그리고 updateDb() 함수를 다음과 같이 업데이트한 후, 실행합니다.

```
func updateDb(config appConfig, row pkgRow) error {
    // TODO - DB 연결 객체 얻어오기

    columnNames := []string{
        "owner_id", "name", "version", "object_store_id",
    }
    valuesPlaceholder := []string{"?", "?", "?", "?"}
    args := []interface{}{
        row.OwnerId, row.Name, row.Version, row.ObjectStoreId,
    }
    if row.RepoURL.Valid {
        columnNames = append(columnNames, "repo_url")
        valuesPlaceholder = append(valuesPlaceholder, "?")
        args = append(args, row.RepoURL.String)
    }
    query := fmt.Sprintf(
        "INSERT INTO packages (%s) VALUES (%s);",
        strings.Join(columnNames, ","),
        strings.Join(valuesPlaceholder, ","),
    )

    result, err := conn.ExecContext(
        ctx, query, args...,
    )

    // TODO - 결괏값 처리
}
```

repo_url 열에 값이 반드시 있어야 하는 것은 아니기 때문에 pkgRow 객체에서 RepoURL 필드가 정상인지valid 확인하고, 정상이라면 SQL 구문을 업데이트합니다.

sql.NullString 타입 외에도 database/sql 패키지에는 time.Time 타입, float64 타입, int32 타입, int64 타입과 그 밖의 Go에서 지원하는 타입들에 대해 NULL 값을 처리하기 위한 타입을 정의합니다. 이 책의 소스 코드 리포지터리의 chap11/mysql-demo 디렉터리 예시 코드 목록을 살펴보면 다음 살펴볼 개념에 대해 더 자세히 이해하는 데 도움이 됩니다.

이번 장 마지막 절에서는 애플리케이션에서 데이터베이스 트랜잭션을 이용하는 방법을 알아봅니다.

11.2.4 데이터베이스 트랜잭션 이용

트랜잭션을 시작하기 위해서는 *sql.Conn 객체에 정의된 BeginTx() 메서드를 호출합니다. BeginTx() 메서드는 *sql.Tx 타입의 값과 에러값을 반환합니다. *sql.Tx 값이 정상적으로 반환되면 반환된 객체의 ExecContext() 메서드를 호출하여 SQL 쿼리를 실행할 수 있습니다. 다음 예시는 트랜잭션을 이용하도록 업데이트된 패키지 서버의 updateDb() 함수입니다.

```go
func updateDb(ctx context.Context, config appConfig, row pkgRow) error {
    conn, err := config.db.Conn(ctx)
    if err != nil {
        return err
    }
    defer conn.Close()

    tx, err := conn.BeginTx(ctx, nil)
    if err != nil {
        return err
    }

    result, err := tx.ExecContext(
        ctx,
        `INSERT INTO packages
      (owner_id, name, version, object_store_id) VALUES (?,?,?,?);`,
        row.OwnerId, row.Name, row.Version, row.ObjectStoreId,
    )
    if err != nil {
        rollbackErr := tx.Rollback()
        log.Printf("Txn Rollback Error:%v\n", rollbackErr)
        return err
    }
    return tx.Commit()
}
```

BeginTx() 메서드는 두 매개변수를 받습니다. 첫 번째 매개변수는 context.Context 타입의 객체이고, 두 번째 매개변수는 database/sql 패키지에 다음과 같이 정의된 sql.TxOptions 타입의 객체입니다.

```
type TxOptions struct {
    Isolation IsolationLevel
    ReadOnly  bool
}
```

Isolation 필드는 트랜잭션의 격리 수준isolation level을 지정합니다. 트랜잭션의 격리 수준이 별도로 지정되지 않은 경우 MySQL 드라이버의 기본 격리 수준을 사용합니다. 예시에서 사용 중인 MySQL 드라이버는 MySQL 스토리지 엔진의 기본 격리 수준을 사용합니다.[8]

쿼리를 실행하다가 오류가 발생할 경우 Rollback() 메서드를 호출하여 트랜잭션을 롤백roll back합니다. 트랜잭션을 롤백하는 도중에 오류가 발생할 경우 이를 로그로 남기고 원래 발생한 에러를 반환합니다. 쿼리가 정상적으로 실행된 경우 그 밖에 필요한 다른 쿼리들도 실행합니다. 모든 쿼리가 성공적으로 실행되면 tx.Commit() 메서드를 호출하여 트랜잭션을 커밋합니다. Commit() 메서드는 에러값을 반환하며, 반환된 에러값을 그대로 반환합니다.

애플리케이션 관점에서 쿼리를 트랜잭션으로 실행시켰을 때 얻을 수 있는 가장 큰 장점은 트랜잭션을 생성하며 지정한 콘텍스트가 취소되었을 때 자동으로 롤백된다는 점입니다. 이는 즉 클라이언트가 요청을 취소하거나 혹은 다른 이유로 처리가 취소된 경우 서버에서 트랜잭션이 자동으로 취소되어 데이터베이스의 정합성을 유지할 수 있습니다. 예를 들어 다음과 같이 패키지 등록 핸들러 함수를 업데이트할 수 있습니다.

```
func packageRegHandler(
    w http.ResponseWriter,
    r *http.Request,
    config appConfig,
) {
    // TODO - 패키지를 오브젝트 저장소로 업로드

    err = updateDb(
```

---

8 울긴이 데이터베이스의 트랜잭션이란 동시에 여러 데이터에 접근하기 위해 사용되는 기법이며, 격리 수준이란 트랜잭션의 정도를 제어하기 위한 방법입니다. MySQL의 가장 많이 사용되는 스토리지 엔진인 InnoDB의 경우 격리 수준에 대한 문서는 다음의 링크를 참조하세요.
https://dev.mysql.com/doc/refman/8.0/en/innodb-transaction-isolation-levels.html

```
        r.Context(),
        config,
        pkgRow{
            OwnerId:        packageOwner,
            Name:           packageName,
            Version:        packageVersion,
            ObjectStoreId: d.ID,
        },
    )

    // TODO - 그 외 코드
}
```

gRPC 애플리케이션도 마찬가지로 클라이언트의 연결이 끊겼을 때 비슷한 전략을 취할 수 있습니다. 이 책의 소스 코드 리포지터리의 **chap11/pkg-server-2-transactions** 디렉터리에서 트랜잭션을 사용하는 업데이트된 패키지 서버의 코드를 찾아볼 수 있습니다.

11.3 요약

이번 장에서는 애플리케이션에서 데이터를 영속적으로persistently 저장하는 방법을 알아보았습니다. 먼저 비정형 데이터 블롭을 오브젝트 스토리지 서비스에 저장하는 방법을 알아보았습니다. 벤더에 중립적인 방법으로 접근하여 오브젝트 스토리지 서비스에 접근하기 위하여 `gocloud.dev/blob` 패키지를 이용하였습니다. 이 패키지를 이용하면 한 오브젝트 스토리지 서비스에서 애플리케이션 상에서 큰 변경 없이 다른 오브젝트 스토리지 서비스로 전환이 가능합니다. 파일시스템 기반의 오브젝트 스토리지 서비스를 구현한 `gocloud.dev/blob/fileblob` 패키지를 이용하면 기능 테스트를 구현하는 것도 가능합니다.

이후 애플리케이션에서 관계형 데이터베이스에 데이터를 저장하는 방법을 알아보았습니다. 표준 인터페이스인 `database/sql` 패키지와 `database/sql` 패키지를 구현한 MySQL 드라이버 패키지를 사용하여 MySQL에 데이터를 저장하고 질의하는 방법을 알아보았습니다. `gocloud.dev` 패키지와 마찬가지로 `database/sql` 패키지 역시 애플리케이션상에서 큰 변경 없이 다른 데이터베이스 벤더로 변경이 가능합니다. 이후 MySQL을 로컬 환경에서 컨테이너로 실행하는 데에 도움이 되는 서드 파티 패키지를 사용하여 애플리케이션을 테스트하는 방법을 알아보았습니다.

이제 이 책의 마지막 장을 완료하였습니다. 남은 두 부록에서는 애플리케이션에 계측instrumentation 기능을 추가하는 방법과 애플리케이션을 분산시키고 배포하기 위한 방법을 알아봅니다.

애플리케이션을
관측 가능하게 만들기

이번 부록에서는 애플리케이션에서 일어나는 동작을 텔레메트리 데이터telemetry data를 사용하여 관측 가능하도록observable 만들기 위한 구현 기법 가이드라인을 살펴봅니다. 텔레메트리 데이터는 일반적으로 **로그**log, **메트릭**metric, **트레이스**trace로 분류됩니다. 세 종류의 데이터 모두 애플리케이션이 현재 무슨 일을 하고 있는지 이해하는 데 도움이 되며, 특정 시점에서 애플리케이션의 내부 상태에 대한 다양한 궁금증을 해결하는 데에 도움이 됩니다. 먼저 애플리케이션에서 유용하게 사용 가능한 텔레메트리 데이터를 기록emit하는 방법과 이를 구현하기 위한 Go 패키지를 살펴봅니다. 이후 애플리케이션 내에 구현한 기능을 통합하는 예시를 살펴봅니다.

A.1 로그, 메트릭, 그리고 트레이스

지금까지는 애플리케이션에서 발생하는 메시지를 로그로 남기기 위해 표준 라이브러리의 log 패키지에 존재하는 Printf()나 Fatal() 함수를 사용하였습니다. 이렇게라도 로깅하는 방법은 구현하기 간단하고 없는 것보다 낫습니다. 이 경우 로깅 시스템에서 텍스트를 사용하여 특정 로그를 찾아볼 수 있지만, 로그 내에 존재하는 특정한 데이터를 찾아야 하는 경우 그다지 효율적이지 못합니다. 일반적으로 로그를 사용해서 하고자 하는 작업은 요청과 연관된 특정한 콘텍스트, 혹은 메타데이터 찾기입니다. 예를 들면 특정 커맨드, 특정한 HTTP 경로, 또는 gRPC 메서드와 연관된 모든 로그를 찾는 것입니다. 지금까지 사용한 로깅 기법으로 이러한 경우를 처리하기에는 컴퓨팅 비용적으로 매우 비싸고 비효율적입니다. 따라서 애플리케이션에서 로그를 기록할 때부터 각 로그 라인이 특정한 자료구조를 갖도록 해야 합니다. 그 자료구조는 메타데이터로 문맥contextual 정보를 갖고, 로그로 남길 각 데이터를 개별 필드로 가져야 합니다. 이러한 로깅 기법을 **구조화된 로깅**structured logging이라고 하며, 이를 구현하기 위한 다양한 방법이 있습니다. 각 로그 라인을 아무런 형식 없는free-form 텍스트로 기록하지 않고 대개 키-값 쌍을 갖는 형태 혹은 JSON 포맷 문자열로 데이터의 **필드**field를 기록합니다.

6장의 예제 6.2에서는 로그를 기록하기 위한 로깅 미들웨어(loggingMiddleware())를 다음과 같이 정의하였습니다.

```
config.Logger.Printf(
    "protocol=%s path=%s method=%s duration=%f status=%d",
    r.Proto, r.URL.Path, r.Method,
    time.Now().Sub(startTime).Seconds(),
    customRw.code,
)
```

위의 코드는 스페이스로 구분된 키-값 쌍의 로그(예시: protocol=HTTP path=/api duration=0.05 status=200)를 기록합니다. 이는 단순하게 /api/search 경로로 HTTP 요청 수신. 응답코드 200. 처리시간 0.1초 같은 로그보다는 개선된 로그입니다. 대부분의 로깅 시스템은 키-값 쌍으로 된 형태의 로그의 **파싱** 및 **인덱싱**을 내장 지원in-built support하며, 그로 인해 개별 데이터를 검색할 수 있습니다. 스트라이프Stripe가 블로그에 'Canonical Log Lines(표준 로그 라인)' (https://stripe.com/blog/canonical-log-lines)라는 글을 올린 이후에, 커뮤니티에서는 이러한 포맷을 logfmt라 부르게 되었습니다. Printf() 함수, 혹은 log 패키지에서 제공하는 함수들만으로 위와 같은 로그 라인을 구성하는 것은 쉽지 않은 일입니다. 따라서 https://github.com/go-logfmt/logfmt 같은 서드 파티 패키지를 이용하여 키-값 쌍의 포맷을 갖는 로그 라인을 구성할 수 있습니다. 이 서드 파티 패키지는 logfmt 포맷의 인코더와 디코더만을 구현하였으므로 실제 로깅 기능을 위해서는 표준 로그 라이브러리의 로깅 함수를 사용해야 합니다. 또 다른 서드 파티 패키지인 https://github.com/apex/log에는 logfmt 포맷으로 로그를 기록할 수 있으며, 그냥 표준 라이브러리의 log 패키지를 대체하여 바로 사용할 수 있습니다.

구조화된 로깅을 구현하기 위한 또 다른 방법은 로그 라인을 JSON으로 인코딩된 문자열로 기록하는 라이브러리를 사용하는 것입니다. JSON 포맷을 사용하면 이전 문단에서 살펴본 예시는 {"protocol":"HTTP","path":"api","duration": 0.05,"status": 200}으로 표현 가능합니다. 아마도 JSON으로 로그를 기록하는 것이 구조화된 로그를 작성하기 위한 가장 일반적인 방법이며, 이를 위해 몇 가지 선택할 수 있습니다. 우선 가장 오래된 패키지 https://github.com/sirupsen/logrus가 있습니다. 이는 표준 라이브러리의 log.Logger 타입 API와 호환됩니다. 최근에는 더 많은 기능을 갖추고

성능을 개선한 https://github.com/uber-go/zap 패키지와 https://github.com/rs/zerolog 패키지가 개발되었습니다. 다음 절에서는 애플리케이션에 github.com/rs/zerolog 패키지를 통합하는 방법을 알아봅니다. zap이 아니라 zerolog를 선택한 이유는 API가 간단명료하기 때문입니다.

다음으로는 애플리케이션에서 메트릭을 내보내는export 방법에 대해 알아봅니다.

메트릭metric은 애플리케이션의 다양한 행동behavior을 수량화quantify한 숫자 값이며, 애플리케이션에서는 이를 계산calculate하고 발행publish합니다. 이러한 행동의 예시로는 커맨드 라인 애플리케이션에서 커맨드를 실행하는데 걸린 시간, HTTP 요청이나 gRPC 메서드 호출을 처리하는데 걸린 시간latency, 데이터베이스 작업에 걸린 시간 등이 있습니다.

일반적으로 메트릭 데이터는 **카운터**counter, **게이지**gauge, **히스토그램**histogram, 총 세 범주로 분류됩니다. **카운터 메트릭**은 가령 애플리케이션이 동작하는 동안 처리한 요청의 수와 같이, **단조적으로 증가**monotonically increasing하는 정숫값을 측정할 때 사용합니다. **게이지 메트릭**은 가령 애플리케이션의 메모리 사용량 혹은 초당 요청의 수와 같이 시간에 따라 증가하거나 감소하는 값을 측정할 때 사용하며, 정수형 혹은 실수형 값을 갖습니다. **히스토그램 메트릭**은 가령 요청에 걸린 시간latency 등의 관측observation을 기록하기 위해 사용됩니다. 게이지 메트릭과 비교해보면, 히스토그램 메트릭은 여러 메트릭 값들을 그룹으로 묶은 뒤 버킷에 넣고 퍼센타일percentile 값을 추출하는 등의 연산을 수행합니다.[1]

애플리케이션이 메트릭을 계산하고 난 뒤에는 별도의 외부 모니터링 시스템으로 메트릭 데이터를 전송하거나(**푸시 모델**push model) 모니터링 시스템이 애플리케이션으로부터 메트릭 데이터를 읽습니다(**풀 모델**pull model). 모니터링 시스템에서 메트릭 데이터를 저장한 뒤에는 이를 질의할 수 있으며, 다양한 통계 연산을 수행하거나 알람을 설정할 수 있습니다.

여태껏 애플리케이션의 개발자는 모니터링 시스템의 모니터링 데이터를 만들어내기 위해 벤더에 고유한 라이브러리를 사용해야만 했습니다. 근래에는 **오픈 텔레메트리 프로젝트**OpenTelemetry project(https://opentelemetry.io/)가 개발됨에 따라 벤더에 중립적인 방식으로(심지어는 상업용 벤더를 포함하여) 메트릭을 내보낼 수 있습니다. 또한 메트릭은 애플리케이션의 관점에서 분리decoupled되어 있습니다. 가령 모니터링 시스템을 다른 것으로 변경하더라도 애플리케이션 코드는 변경되지 않습니다. 그렇긴 하지만 이 책이 쓰이는 시점에서 OpenTelemetry Go 커뮤니티(https://github.com/open-telemetry/

---

1 [옮긴이] 퍼센타일 값의 예시로서, 가령 숫자로 구성된 데이터들을 오름차순으로 정렬한 뒤 앞에서 5%에 속한 값을 추출하면 이를 5퍼센타일이라고 합니다.

opentelemetry-go)는 트레이싱 기능 지원을 집중하기 위해 메트릭 개발의 우선순위를 미뤘다고 합니다.[2] 따라서 구현체가 존재하긴 하지만 사용하진 않을 것입니다. 대신에 오픈 소스 모니터링 솔루션인 statsd(https://github.com/statsd/statsd)에 정의된 https://github.com/DataDog/datadog-go의 포맷을 사용하여 직접 애플리케이션에서 메트릭을 내보내도록 합니다. 조직 내에서 statsd를 직접 사용하진 않더라도 모니터링 솔루션에서 statsd 메트릭 포맷 지원이 가능할 수 있습니다.

다음으로는 애플리케이션의 **트레이스**를 내보내는 방법을 알아봅니다.

트레이스는 시스템 내의 **트랜잭션**transaction을 추적하기 위한 텔레메트리 데이터입니다. 서버가 요청을 받으면 보통은 요청을 처리하며 하나 이상의 작업action을 수행하게 됩니다. **트레이스의 생명주기** trace's lifetime는 애플리케이션의 생명주기와 동일합니다. 트랜잭션 처리 도중 발생하는 작업이나 이벤트는 **스팬**span을 시작합니다. 따라서 어떤 한 트레이스에는 예를 들어 시스템 내에 존재하는 여러 서비스와 데이터베이스에 걸쳐 하나 이상의 스팬으로 구성됩니다. 트랜잭션과 관련된 모든 스팬은 동일한 트레이스 식별자를 가지며, 트레이싱 시스템을 사용하면 각 스팬의 처리 시간과 트랜잭션의 일부분에서 수행된 작업의 성공/실패 결괏값을 시각적으로 분석할 수 있습니다. 메트릭을 통해 트랜잭션이 느리다는 것을 알 수 있다면 트레이스는 트랜잭션이 왜 느린지 더욱 세밀한 정보를 알려줍니다.

예를 들어 11장에서 구현한 패키지 서버를 생각해봅시다. 패키지를 업로드하는 동작은 구분된distinct 두 작업으로 이루어진 트랜잭션입니다. 하나는 오브젝트 스토리지 서비스로 패키지를 업로드하는 작업이며, 다른 하나는 패키지의 메타데이터를 관계형 데이터베이스에 업데이트하는 작업입니다. 각 작업은 동작에 대한 세부 정보와 동작의 소요 시간을 포함하는 트레이스 데이터를 내보냅니다emit. 두 작업의 트레이스 데이터 모두 동일한 트랜잭션 식별자를 가지므로, 트랜잭션의 전체적인 소요 시간뿐 아니라 트랜잭션을 구성constituent하고 있는 개별 작업의 트레이스 데이터와 소요 시간 역시 확인할 수 있습니다. 이는 하나의 트랜잭션 동안 여러 개의 서비스를 호출하는 서비스 지향적인 아키텍처service-oriented architecture에 매우 유용합니다. 트레이싱 데이터를 저장하고 분석하는 것은 별도의 특별한 시스템이 필요하며, 여태껏 트레이싱 데이터를 전송, 저장 및 분석하는 시스템은 벤더에 고유한 라이브러리를 사용해야 했습니다. 하지만 **오픈 텔레메트리 프로젝트**의 **Go 라이브러리**를 사용하면 벤더에 중립적인 방식으로 트레이싱 데이터를 구현할 수 있습니다. 이 책이 쓰이는 시점에서 현재 OpenTelemetry Go의 트레이싱 라이브러리는 1.7.0 버전입니다. 이 버전의 라이브러리를 사용하여 트레이스를 내보내는 기능을 구현합니다.

2　 [옮긴이] 번역되는 시점에서도 SDK는 0.3 Alpha 버전입니다. 다만 API는 현재 stable하다고 하니, 점진적으로 적용해볼 수 있겠습니다. 관련 상태는 https://opentelemetry.io/status/에서 확인하시면 됩니다.

다음 절에서는 텔레메트리 데이터를 내보낼 수 있도록 애플리케이션을 개선하기 위한 몇 가지 패턴에 대해 배웁니다.

A.2 텔레메트리 데이터 내보내기

11장에서 작성한 패키지 서버를 활용하기 위한 별도의 커스텀 커맨드 라인 클라이언트 pkgcli를 구현하였습니다. 또한 패키지를 업로드 한 사람을 검증할 수 있도록 gRPC 서버와 통신하는 기능을 패키지 서버에 추가하였습니다. 이와 관련된 코드와 안내 사항은 이 책의 소스 코드 리포지터리의 appendix-a 디렉터리를 참조하세요. 로그, 메트릭, 트레이스 데이터를 저장하기 위한 스토리지는 특화된 시스템이어야 하며, 이를 위한 오픈 소스 솔루션과 상업용 솔루션이 여럿 존재합니다. 따라해볼 예시는 애플리케이션에서 발생하는 데이터를 내보내는 것에만 집중하며 데이터를 시각화하거나 분석하진 않습니다. 데모를 위한 커맨드 라인 애플리케이션과 서버를 실행하기 위한 가이드라인은 appendix-a/README.md 파일을 참조하세요.

A.2.1 커맨드 라인 애플리케이션

커맨드 라인 애플리케이션이 시작되면 로깅을 구성한 뒤 별도의 커맨드를 실행하기 전에 메트릭과 트레이스를 내보내기 위한 네트워크 클라이언트를 초기화합니다. 이후 초기화된 구성을 활용하여 애플리케이션에서 메시지를 로깅하고, 메트릭을 내보내거나 커맨드가 실행되는 동안 생성된 트레이스 데이터를 내보냅니다. 이 예시 커맨드 라인 애플리케이션 pkgcli에 대한 코드는 appendix-a/commandline-app 디렉터리에서 찾아볼 수 있습니다. 이 애플리케이션은 flag 패키지를 사용하여 사용자로부터 입력을 받고, 2장에서 살펴본 서브커맨드 아키텍처가 적용되었습니다. 서브커맨드 아키텍처를 통해 커맨드 라인 애플리케이션은 register와 query, 두 개의 서브커맨드를 구현합니다. register 서브커맨드는 사용자가 패키지 서버에 패키지를 업로드할 수 있는 기능을 제공하며, query 서브커맨드는 패키지 서버에서 패키지 정보를 질의할 수 있는 기능을 제공합니다. 초기화 단계에서 구성 정보를 포괄하기 위한 PkgCliConfig 구조체를 config 패키지에 정의합니다. PkgCliConfig 구조체는 로거, 메트릭 클라이언트, 트레이싱 클라이언트 정보를 포함합니다.

```
type PkgCliConfig struct {
  Logger   zerolog.Logger
  Metrics telemetry.MetricReporter
  Tracer   telemetry.TraceReporter
}
```

telemetry 패키지에는 세 개의 함수를 정의합니다. InitLogging() 함수는 초기화된 zerolog.

Logger 객체를 반환하고, InitMetrics() 함수는 초기화된 telemetry.MetricReporter 객체를, InitTracing() 함수는 초기화된 telemetry.TraceReporter 객체를 반환합니다. MetricReporter 구조체 타입과 TraceReporter 구조체 타입은 메트릭과 트레이스를 기록하고 내보내기 위하여 필요한 클라이언트를 추상화하기 위하여 정의되었습니다. telemetry 패키지의 logging.go 파일에는 InitLogging() 함수를 다음과 같이 정의합니다.

```go
package telemetry

import (
    "io"

    "github.com/rs/zerolog"
)

func InitLogging(
    w io.Writer, version string, logLevel int,
) zerolog.Logger {
    rLogger := zerolog.New(w)
    versionedL := rLogger.With().Str("version", version)
    timestampedL := versionedL.Timestamp().Logger()
    levelledL := timestampedL.Level(zerolog.Level(logLevel))

    return levelledL
}
```

github.com/rs/zerolog 패키지의 zerolog.New() 함수를 호출하여 출력 writer를 w로 설정한 zerolog.Logger 타입의 루트 로거root logger 객체를 생성합니다. 그리고 With() 메서드를 호출하여 루트 로거에 로깅 콘텍스트logging context를 추가합니다. 루트 로거인 rLogger에 version을 매개변수로 Str() 메서드를 호출하여 자식 로거child logger를 생성하며, 생성된 자식 로거는 모든 로그의 키로 version이라는 문자열을, 값으로 버전 정보를 갖도록 합니다. 이에 따라 애플리케이션의 모든 로그에는 version 문자열 필드로 애플리케이션의 버전 정보를 포함하게 됩니다.

다음으로는 로그에 타임스탬프를 더하기 위한 로깅 콘텍스트를 추가하고 timestampedL이라는 이름으로 새로운 자식 로거를 생성합니다. 마지막으로 Level() 메서드를 호출하여 로그에 레벨을levelled 추가하고, 생성된 zerolog.Logger 객체를 반환합니다. 구성된 로거는 logLevel 변수로 주어진 값의 레벨과 같거나 높은 수준의 레벨에 대해서만 메시지를 로깅합니다. logLevel 값은 -1부터 5 사이의 정숫값입니다. 레벨 값이 -1인 경우 모든 메시지를 로깅하며, 레벨값이 5인 경우 패닉 메시지만 로깅합니다.

telemetry 패키지의 metrics.go 파일에는 InitMetrics() 함수를 다음과 같이 정의합니다.

```go
package telemetry
import (

    "github.com/DataDog/datadog-go/statsd"
)

type MetricReporter struct {
    statsd *statsd.Client
}

func InitMetrics(statsdAddr string) (MetricReporter, error) {
    var m MetricReporter
    var err error
    m.statsd, err = statsd.New(statsdAddr)
    if err != nil {
        return m, err
    }
    return m, nil
}
```

잘 유지 보수 되고 있다는 이유로 github.com/DataDog/datadog-go/statsd 패키지를 선택하였습니다.[3] statsd 서버 주소를 매개변수로 statsd.New() 함수를 호출하여 클라이언트를 생성한 뒤 생성된 클라이언트를 MetricReporter 객체의 statsd 필드로 할당합니다. 만약 OpenTelemetry가 메트릭을 지원하면 애플리케이션 내에 벤더에 고유한 라이브러리를 사용하진 않을 것입니다.

커맨드의 실행 시간을 측정하기 위하여 DurationMetric 구조체 타입을 정의합니다.

```go
type DurationMetric struct {
    Cmd        string
    DurationMs float64
    Success    bool
}
```

그리고 커맨드의 실행 시간을 포함하는 히스토그램을 메트릭 수집 서버로 푸시하기 위한 Report Duration() 메서드를 정의합니다. 실행 시간은 초seconds로 측정합니다. 메트릭을 그룹화group하고 집계aggregate하기 위하여 메트릭에 두 개의 태그를 추가합니다. 첫 번째 태그는 실행된 커맨드를 Cmd

---

3   [옮긴이] 현재도 꾸준히 업데이트되고 있습니다.

필드의 값으로부터, 두 번째 태그는 커맨드 실행의 성공 실패 여부를 Success 필드의 값으로부터 가져옵니다. ReportDuration() 메서드는 다음과 같이 정의됩니다.

```go
func (m MetricReporter) ReportDuration(metric DurationMetric) {
    metricName := "cmd.duration"
    m.statsd.Histogram(
        metricName,
        metric.DurationMs,
        []string{
            fmt.Sprintf("cmd:%s", metric.Cmd),
            fmt.Sprintf("success:%v", metric.Success),
        },
        1, // 샘플링 레이트 (0: 샘플링 안함, 1: 모든 데이터를 샘플링함)
    )
}
```

마찬가지로 비슷한 메서드를 정의하여 다른 종류의 메트릭을 메트릭 수집 서버로 푸시할 수 있습니다.

telemetry 패키지의 trace.go 파일에는 InitTracing() 메서드를 정의합니다. telemetry 패키지 내의 InitTracing 메서드에서는 다음과 같이 애플리케이션 내에서 사용할 트레이싱 설정 정보를 구성합니다.

```go
package telemetry

import (
    "context"

    "go.opentelemetry.io/otel"
    "go.opentelemetry.io/otel/exporters/jaeger"
    "go.opentelemetry.io/otel/trace"

    // TODO - 그 밖의 otel 패키지 임포트

)
type TraceReporter struct {
    Client trace.Tracer
    Ctx    context.Context
}

func InitTracing(
    jaegerAddr string,
) (TraceReporter, *sdktrace.TracerProvider, error) {
```

```
    // 1. trace exporter 생성 및 구성

    // 2. span processor 생성 및 구성

    // 3. tracer provider 생성 및 구성

    // 4. propagator 생성 및 구성

    // 5. TraceReporter 타입의 값 반환
}
```

트레이싱을 초기화하려면 핵심적으로 다섯 단계를 거쳐야 합니다. 먼저 내보낸 트레이스 데이터를 저장할 시스템이 필요합니다. 그래야 나중에 트레이스 데이터를 조회하고 질의할 수 있습니다. 이를 위해 오픈 소스 분산 트레이싱 시스템인 Jaeger(https://www.jaegertracing.io)를 사용할 것이며, 따라서 애플리케이션에서는 go.opentelemetry.io/exporters/jaeger 패키지에 구현된 Jaeger exporter를 사용합니다.

다음의 코드는 trace exporter를 생성합니다.

```
traceExporter, err := jaeger.New(
  jaeger.WithCollectorEndpoint(
    jaeger.WithEndpoint(jaegerAddr),
  ),
)
```

Jaeger 패키지 대신에 go.opentelemetry.io/otel/exporters/otlp 패키지에 구현된 OpenTelemetry exporter를 사용하면 애플리케이션은 분산 트레이싱 시스템에 완전히 중립적이 됩니다. 다만 단순한 예시를 위하여 직접 Jaeger exporter를 사용하도록 합니다.[4]

다음 단계는 이전에 생성한 trace exporter를 매개변수로 하여, 애플리케이션이 내보내는 **스팬**span 데이터 처리를 전반적으로 관리oversee하는 span processor를 생성합니다.[5]

```
bsp := sdktrace.NewSimpleSpanProcessor(traceExporter)
```

---

4   [옮긴이] otlp 패키지를 사용하면 설정해야 할 부분과 작성해야 할 코드가 조금 더 늘어납니다.

5   [옮긴이] go.opentelemetry.io/otel/sdk/trace 패키지를 sdktrace라는 별칭으로 사용합니다.

실서비스 애플리케이션의 경우 다음과 같이 `SimpleSpanProcessor` 대신에 `BatchSpanProcessor`를 사용하는 것을 권장합니다.[6]

```
bsp := sdktrace.NewBatchSpanProcessor(traceExporter)
```

다음 단계는 이전에 생성한 span processor를 사용하여 tracer provider를 생성합니다.

```
tp := sdktrace.NewTracerProvider(
    sdktrace.WithSpanProcessor(bsp),
    sdktrace.WithResource(
        resource.NewWithAttributes(
            semconv.SchemaURL,
            semconv.ServiceNameKey.String(
                "PkgServer-Cli",
            ),
        ),
    ),
)
```

두 매개변수로 `sdktrace.NewTraceProvider()` 함수를 호출하여 trace provider를 생성합니다. 첫 번째 매개변수는 이전 단계에서 생성한 span processor이며, 두 번째 매개변수는 OpenTelemetry 문서의 "Resource Semantic Conventions"[7]을 참조하여 구성한, 트레이스 데이터를 생성한 애플리케이션을 식별하는 식별자 문자열입니다. 예시에서는 단순하게 서비스 이름을 `PkgServer-Cli`로 설정하였습니다. trace provider를 생성하고 난 뒤에는 다음의 코드를 사용하여 애플리케이션에 전역적인 trace provider를 설정합니다.

```
otel.SetTracerProvider(tp)
```

다음 단계는 현 애플리케이션의 트레이스 식별자를 다른 서비스들로 전파하기 위해 사용되는 트레이스의 전역적인 propagator[8]를 생성합니다.

---

6   [옮긴이] `SimpleSpanProcessor`는 모든 스팬이 발생하는 즉시 exporter에게 동시적으로 보내는 반면, `BatchSpanProcessor`는 구성된 옵션에 따라 스팬을 배치로 보냅니다. 따라서 `SimpleSpanProcessor`는 개발 단계에서 적합합니다.

7   [옮긴이] Github의 opentelemetry-specification 리포지터리에 이에 대해서 자세히 설명하는데, 번역되는 시점에도 시험적인 단계이며, 활발하게 업데이트되는 중입니다.

8   [옮긴이] propagate라는 단어는 끊임없이 재생산되는 이미지를 갖는 단어로, propagator는 무언가를 재생산하여 퍼뜨리는 행위자, 즉 전파자의 의미를 갖습니다.

```
propagator := propagation.NewCompositeTextMapPropagator(
    propagation.Baggage{},
    propagation.TraceContext{},
)
otel.SetTextMapPropagator(propagator)
```

마지막 단계로는 다음의 코드를 실행합니다.

```
v1, err := baggage.NewMember("version", "version")
bag, err := baggage.New(v1)
tr.Client = otel.Tracer("")
ctx := context.Background()
tr.Ctx = baggage.ContextWithBaggage(ctx, bag)
return tr, tp, nil
```

go.opentelemetry.io/contrib/instrumentation/net/http/otelhttp 패키지에는 패키지 서버와 HTTP로 통신하기 위한 클라이언트가 구성되어 있으며, 이를 이용합니다.

```
// pkgregister/pkgregister.go
func RegisterPackage(
    ctx context.Context, cliConfig *config.PkgCliConfig,
    url string, data PkgData,
) (*PkgRegisterResult, error) {

    // 그 외 코드 생략
    r, err := http.NewRequestWithContext(
        ctx, http.MethodPost, url+"/api/packages",
        reader,
    )
    if err != nil {
        return nil, err
    }

    r.Header.Set("Content-Type", contentType)
    authToken := os.Getenv("X_AUTH_TOKEN")
    if len(authToken) != 0 {
        r.Header.Set("X-Auth-Token", authToken)
    }

    client := http.Client{
        Transport: otelhttp.NewTransport(http.DefaultTransport),
    }
    resp, err := client.Do(r)
```

```
    // 응답 처리
}
```

계측된instrumented HTTP 클라이언트를 사용하면 HTTP 요청-응답 트랜잭션 도중에 발생하는 스팬을 자동으로 내보내줍니다.

애플리케이션의 main() 함수에서 텔레메트리 구성을 초기화하는 코드는 다음과 같습니다.

```go
func main() {
    var tp *sdktrace.TracerProvider

    cliConfig.Logger = telemetry.InitLogging(
        os.Stdout, version, c.logLevel,
    )

    cliConfig.Metrics, err = telemetry.InitMetrics(c.statsdAddr)
    if err != nil {
        cliConfig.Logger.Fatal().Str("error", err.Error()).Msg(
            "Error initializing metrics system",
        )
    }

    cliConfig.Tracer, tp, err = telemetry.InitTracing(
        c.jaegerAddr+"/api/traces", version,
    )
    if err != nil {
        cliConfig.Logger.Fatal().Str("error", err.Error()).Msg(
            "Error initializing tracing system",
        )
    }

    defer func() {
        tp.ForceFlush(context.Background())
        tp.Shutdown(context.Background())
    }()

    err = handleSubCommand(cliConfig, os.Stdout, subCmdArgs)
    if err != nil {
        cliConfig.Logger.Fatal().Str("error", err.Error()).Msg(
            "Error executing sub-command",
        )
    }
}
```

로거를 사용하여 구조화된 로그 메시지를 다음과 같이 남길 수 있는 것을 확인 가능합니다.

```
cliConfig.Logger.Fatal().Str("error", err.Error()).Msg(
    "Error initializing metrics system",
)
```

로그 메시지는 다음과 같은 모양을 갖습니다.

```
{"level":"fatal","version":"0.1","error":"lookup 127.0.0.: no such  host","time":"2021-09-
11T12:22:23+10:00","message": "Error initializing metrics system"}
```

cmd 패키지 내의 HandleRegister() 함수에는 다음과 같이 레벨을 갖는levelled 로깅의 예시를 찾아 볼 수 있습니다.

```
cliConfig.Logger.Info().Msg("Uploading package...")
cliConfig.Logger.Debug().Str("package_name", c.name).
    Str("package_version", c.version).
    Str("server_url", c.serverUrl)
```

커맨드의 실행 시간을 측정하기 위해 다음의 패턴을 구현합니다.

```
c.Logger = c.Logger.With().Str("command", "register").Logger()
tStart := time.Now()
defer func() {
    duration := time.Since(startTime).Seconds()
    c.Metrics.ReportDuration(
        telemetry.DurationMetric{
            Cmd:        "pkgcli.register",
            DurationMs: duration,
            Success:    err == nil,
        },
    )
}()
err = cmd.HandleRegister(&c, w, args[1:])
```

서브커맨드 핸들러 함수를 호출하기 전에 먼저 command 키에 register 값을 갖도록 새로운 로깅 콘텍스트를 생성한 뒤 로거를 업데이트하여, 이후에 발생하는 모든 로그 메시지에서 register 서브커맨드의 로그임을 식별할 수 있도록 합니다.

그리고 타이머를 시작한 뒤 defer로 ReportDuration() 메서드를 호출하여 커맨드의 실행 시간을 기록합니다.

cmd 패키지에 정의된 HandleRegister() 함수에서 다음과 같이 패키지 서버로 HTTP 요청을 보내기 전에 먼저 스팬을 생성합니다.

```
ctx, span := cliConfig.Tracer.Client.Start(
    cliConfig.Tracer.Ctx,
    "pkgquery.register",
)
defer span.End()
```

이제 트레이싱을 처리하기 위해 계측된 패키지 서버를 살펴봅시다.

A.2.2 HTTP 애플리케이션

HTTP 서버 애플리케이션은 먼저 서버 초기 단계에 로깅을 구성하고, 메트릭과 트레이스를 내보내기 위한 네트워크 클라이언트를 초기화합니다. 그리고 초기화한 구성 정보를 이용하여 애플리케이션의 다른 부분에서도 커맨드를 실행하는 동안 메시지를 로깅하고 메트릭을 기록하고 트레이스를 내보낼 수 있도록 합니다.

이를 위해 수정된 패키지 서버의 코드는 appendix-a/http-server 디렉터리에서 찾아볼 수 있습니다. 11장에서 구현한 패키지 서버를 기반으로 기능이 추가되었습니다.

먼저 config 패키지에 애플리케이션의 구성 정보와 텔레메트리 구성 정보를 포함하는 AppConfig 구조체를 정의합니다.

```
type AppConfig struct {
    PackageBucket *blob.Bucket
    Db            *sql.DB
    UsersSvc      users.UsersClient

    // telemetry
    Logger   zerolog.Logger
    Metrics  telemetry.MetricReporter
    Trace    trace.Tracer
    TraceCtx context.Context
    Span     trace.Span
    SpanCtx  context.Context
}
```

telemetry 패키지 내에 존재하는 `logging.go`, `metrics.go`, `trace.go` 파일에는 텔레메트리 구성 정보를 초기화하기 위한 메서드를 정의합니다. `InitLogging()` 메서드와 `InitMetrics()` 메서드는 클라이언트 커맨드 라인 애플리케이션에서 정의한 메서드와 동일합니다.

middleware 패키지는 텔레메트리 데이터를 내보내기 위한 미들웨어를 정의합니다. 로깅 미들웨어는 다음과 같이 정의됩니다.

```go
func LoggingMiddleware(
    c *config.AppConfig, h http.Handler,
) http.Handler {
    return http.HandlerFunc(func(
        w http.ResponseWriter, r *http.Request,
    ) {
        c.Logger.Printf("Got request - headers:%#v\n", r.Header)
        startTime := time.Now()
        h.ServeHTTP(w, r)
        c.Logger.Info().Str(
            "protocol",
            r.Proto,
        ).Str(
            "path",
            r.URL.Path,
        ).Str(
            "method",
            r.Method,
        ).Float64(
            "duration",
            time.Since(startTime).Seconds(),
        ).Send()
    })
}
```

이전 예시 코드에서 구조화된 로깅의 예시를 확인하실 수 있습니다. 로그에 추가할 필드의 키와 값을 더하여 내부적으로 `zerolog.Event` 타입의 값을 갖는 로그 라인을 구성한 뒤 `Send()` 메서드를 호출하여 로그를 내보냅니다. `LoggingMiddleware()` 함수에서 내보낸 로그 라인은 다음과 같은 모양을 가집니다.

```
{"level":"info","version":"0.1","protocol":"HTTP/1.1", "path":"/api/packages","method":"POST", "duration":0.038707083, "time":"2021-09-12T08:39:05+10:00"}
```

요청 처리 대기 시간request processing latency을 푸시하기 위한 미들웨어를 정의합니다.

```
func MetricMiddleware(c *config.AppConfig, h http.Handler) http.Handler {
    return http.HandlerFunc(func(
        w http.ResponseWriter, r *http.Request,
    ) {
        startTime := time.Now()
        h.ServeHTTP(w, r)
        duration := time.Since(startTime).Seconds()
        c.Metrics.ReportLatency(
            telemetry.DurationMetric{
                DurationMs: duration,
                Path:       r.URL.Path,
                Method:     r.Method,
            },
        )
    })
}
```

서버의 InitTracing() 메서드는 클라이언트의 InitTracing() 메서드와는 조금 다릅니다.

```
func InitTracing(jaegerAddr string) error {
    traceExporter, err := jaeger.New(
        jaeger.WithCollectorEndpoint(
            jaeger.WithEndpoint(jaegerAddr + "/api/traces"),
        ),
    )
    if err != nil {
        return err
    }

    bsp := sdktrace.NewSimpleSpanProcessor(traceExporter)
    tp := sdktrace.NewTracerProvider(
        sdktrace.WithSpanProcessor(bsp),
        sdktrace.WithResource(
            resource.NewWithAttributes(
                semconv.SchemaURL,
                semconv.ServiceNameKey.String(
                    "PkgServer",
                ),
            ),
        ),
    )
    otel.SetTracerProvider(tp)

    propagator := propagation.NewCompositeTextMapPropagator(
        propagation.Baggage{},
        propagation.TraceContext{},
```

```
        )
    otel.SetTextMapPropagator(propagator)
    return nil
}
```

전역적인 trace provider를 구성하였지만, 아직 별다른 트레이스를 생성하진 않았습니다. 커맨드를 실행한 뒤 종료되는 커맨드 라인 애플리케이션과는 달리 서버는 프로세스가 동작하는 동안 여러 요청을 처리해야 합니다. 따라서 모든 요청에 대해 트레이스를 생성하는 별도의 미들웨어를 생성합니다.

middleware 패키지에 정의된 TracingMiddleware() 함수는 모든 요청에 대해 트레이스를 생성하며, 다음과 같이 정의되었습니다.

```
func TracingMiddleware(
    c *config.AppConfig, h http.Handler,
) http.Handler {
    return http.HandlerFunc(func(
        w http.ResponseWriter, r *http.Request,
    ) {
        c.Trace = otel.Tracer("")
        tc := propagation.TraceContext{}
        incomingCtx := tc.Extract(
            r.Context(),
            propagation.HeaderCarrier(r.Header),
        )
        c.TraceCtx = incomingCtx

        ctx, span := c.Trace.Start(c.TraceCtx, r.URL.Path)
        c.Span = span
        c.SpanCtx = ctx
        defer c.Span.End()

        h.ServeHTTP(w, r)
    })
}
```

수신 요청에서 콘텍스트를 추출한 뒤 현재 처리 중인 요청의 경로를 이름으로 새로운 스팬을 시작합니다. 모든 요청을 처리하고 미들웨어에서 값을 반환하기 이전에 스팬을 종료합니다. go.opentelemetry.io/contrib/instrumentation/net/http/otelhttp 패키지에서도 HTTP 서버를 위한 트레이싱 기능이 포함된 미들웨어를 제공하지만, 필요에 맞는 스팬을 따로 생성하기 위해 예시에서는 별도로 커스텀 미들웨어를 정의합니다. 예를 들면 다음과 같이 storage 패키지의 UpdateDb() 함수에서 데이터베이스 트랜잭션 시작 전에 스팬을 시작하고, 트랜잭션이 커밋되거나 롤백된 이후에 스팬을 종료합니다.

```go
func UpdateDb(
    ctx context.Context,
    config *config.AppConfig,
    row types.PkgRow,
) error {
    conn, err := config.Db.Conn(ctx)
    if err != nil {
        return err
    }
    defer func() {
        err = conn.Close()
        if err != nil {
            config.Logger.Debug().Msg(err.Error())
        }
    }()

    _, spanTx := config.Trace.Start(
        config.SpanCtx, "sql:transaction",
    )
    defer spanTx.End()

    tx, err := conn.BeginTx(ctx, nil)
    if err != nil {
        return err
    }

    // 이하 부분 생략
}
```

미래에는 그냥 사용하면 자동으로 계측되는 버전의 **database/sql** 패키지가 존재할 수도 있으며, 그러면 데이터베이스에서 발생하는 동작을 트레이싱하는 코드를 직접 작성하지 않아도 됩니다.[9]

Users 서비스와 통신하기 위한 gRPC 클라이언트를 생성할 때는 자동으로 계측되는 라이브러리를 사용합니다. **server.go** 파일에서 다음의 함수를 찾습니다.

```go
func setupGrpcConn(addr string) (*grpc.ClientConn, error) {
    return grpc.DialContext(
        context.Background(),
        addr,
        grpc.WithInsecure(),
        grpc.WithUnaryInterceptor(
            otelgrpc.UnaryClientInterceptor(),
```

---

9   옮긴이 https://opentelemetry.io/registry/?language=go에서 자동으로 계측되는 라이브러리들을 찾아볼 수 있습니다.

```
        ),
        grpc.WithStreamInterceptor(
            otelgrpc.StreamClientInterceptor(),
        ),
    )
}
```

go.opentelemetry.io/contrib/instrumentation/google.golang.org/grpc/otelgrpc 패키지는
gRPC 애플리케이션이 OpenTelemetry와 통합하기 위한 클라이언트 사이드와 서버 사이드의 인터셉
터를 모두 정의합니다.

이제 계측된 gRPC 서버를 살펴봅시다.

A.2.3 gRPC 애플리케이션

HTTP 서버 애플리케이션과 마찬가지로 서버 시작 시에 로깅을 구성하고 메트릭과 트레이스를 내
보내기 위한 네트워크 클라이언트를 초기화합니다. appendix-a/grpc-server 디렉터리에서 계
측된 gRPC 서버의 코드를 찾아볼 수 있습니다. 이 코드는 8장의 Users 서비스를 작성한 부분이
며, 하나의 단일 RPC 메서드인 GetUser()만을 정의합니다. 서비스의 구현체는 main 패키지의
usersServiceHandler.go 파일에 있습니다. 또한 User 서비스의 구현체인 userService 구조체에
새로운 필드를 추가하여 여러 서비스 핸들러 간에 데이터를 공유하는 예시를 확인할 수 있습니다.

```
type userService struct {
    users.UnimplementedUsersServer
    config config.AppConfig
}

func (s *userService) GetUser(
    ctx context.Context,
    in *users.UserGetRequest,
) (*users.UserGetReply, error) {
    s.config.Logger.Printf(
        "Received request for user verification: %s\n",
        in.Auth,
    )
    u := users.User{
        Id: rand.Int31n(4) + 1,
    }
    return &users.UserGetReply{User: &u}, nil
}
```

grpc.Server 객체는 main() 함수 내에서 다음과 같이 생성됩니다.

```
s := grpc.NewServer(
    grpc.ChainUnaryInterceptor(
        interceptors.MetricUnaryInterceptor(&config),
        interceptors.LoggingUnaryInterceptor(&config),
        otelgrpc.UnaryServerInterceptor(),
    ),
    grpc.ChainStreamInterceptor(
        interceptors.MetricStreamInterceptor(&config),
        interceptors.LoggingStreamInterceptor(&config),
        otelgrpc.StreamServerInterceptor(),
    ),
)
```

메트릭과 로깅에 대한 인터셉터는 interceptors 패키지에 정의하였습니다. 또한 gRPC 서비스 핸들러 함수 호출에 대해 자동으로 계측될 수 있도록 go.opentelemetry.io/contrib/instrumentation/ google.golang.org/grpc/otelgrpc 패키지에 정의된 인터셉터를 등록하였습니다. telemetry 패키지는 로깅과 메트릭, 트레이싱 구성을 초기화합니다. 이에 대한 초기화 코드는 이전 절에서 살펴본 HTTP 서버의 초기화 코드와 동일합니다.

커맨드 라인 애플리케이션과 HTTP 서버, gRPC 서버에 대해 정상적으로 계측이 구성되고 나면, 패키지 업로드 요청을 보낼 때 각 애플리케이션에서 발생하는published 로그와 메트릭, 트레이스를 확인할 수 있게 됩니다. 물론 트레이스에는 모든 세 시스템으로 전파되어 전체적인 트랜잭션을 시각적으로 살펴볼 수 있는 이점이 있습니다.

A.3 요약

이번 부록에서는 먼저 로그와 메트릭, 트레이스에 대해 알아보았습니다. 그리고 커맨드 라인 애플리케이션, HTTP 클라이언트와 서버, 그리고 gRPC 애플리케이션을 계측하기 위한 패턴을 알아보았습니다. 또한 github.com/rs/zerolog 패키지를 이용하여 구조화된 로그와 레벨을 갖는 로그를 구현해보았습니다. 이후 github.com/DataDog/datadog-go 패키지를 사용하여 statsd 포맷으로 애플리케이션의 메트릭 측정 데이터를 내보내는 방법을 알아보았습니다. 마지막으로 github.com/opentelemetry/opentelemetry-go 패키지를 이용하여 시스템 내에서 관련된 트랜잭션들에 대해 트레이스를 내보내는 방법을 알아보았습니다.

애플리케이션 배포하기

이번 부록에서는 애플리케이션의 환경설정configuration, 분배distribution, 배포deployment를 관리하기 위한 전략에 대해 알아봅니다. 이를 위해 선택해야 할 사항이 굉장히 많으며, 여러분이 취할 전략은 주로 애플리케이션을 배포할 인프라infrastructure에 의해 결정됩니다. 구체적인 사항에 대해서는 다루지 않고 일반적인 가이드라인만 살펴봅시다.

B.1 환경설정 정보 관리

애플리케이션의 다양한 **환경설정** 데이터를 관리하기 위하여 지금까지는 커맨드 라인 플래그와 환경 변수를 사용했습니다. **환경설정 데이터**configuration data는 애플리케이션이 기능하기 위해 필요한 정보입니다. 하지만 그 정보를 애플리케이션의 사용자가 지정할 필요는 없습니다. 예를 들어 부록 A에서 메트릭 서버의 주소 지정을 위해 플래그를 사용했습니다. 하지만 메트릭 서버의 주소 자체는 사용자가 업로드하는 패키지의 이름이나 버전 정보처럼 사용자가 입력하는 정보에 따라 변화하지 않습니다. 거의 모든 경우에 애플리케이션의 사용자가 환경설정 정보를 지정할 필요도 없고, 해서도 안 됩니다.

비슷하게 환경 변수를 사용하여 애플리케이션 내의 민감하거나 민감하지 않은 환경설정 정보를 지정하였습니다. 예를 들어 11장에서 데이터베이스의 비밀번호는 환경 변수로 지정하였습니다. 커맨드 라인 플래그와 환경 변수는 직관적이어서 이해하기 쉽습니다. 또 표준 라이브러리만 사용하여 별도의 라이브러리를 사용하지 않아도 애플리케이션에서 사용 가능합니다. 그런데 애플리케이션의 규모가 점차 커지고 환경설정 정보가 많아지면, 무언가 다른 방법으로도 환경설정 정보를 관리할 필요가 생깁니다. 가령 커맨드 라인 플래그, 환경 변수, 파일을 복합적으로 이용하는 것입니다. 예를 들어서 민감하지 않은 정보에는 환경설정 파일을 이용하면 직관적으로 사용할 수 있습니다. 이를 구현하기 위해서는 환경설정 파일을 읽는 별도의 코드를 작성하여야 합니다. 비밀번호와 같이 민감한 정보에는 환경 변수를 사용하면 됩니다. 부록 A에서 작성한 패키지 커맨드 라인 클라이언트에 YAML 데이터 포맷의 환경설정 파일을 읽는 예시를 살펴봅니다. `https://pkg.go.dev/go.uber.org/config` 서드 파티 패키지를 활용하면 YAML 포맷의 데이터 파일뿐 아니라 환경 변수의 값도 읽을 수 있습니다. 커맨드 라인 클라이언트에 네 개의 환경설정 정보를 지정합시다. 각각 로깅 레벨, 메트릭 서버의 주소, 분산 트레이싱 시스템인 Jaeger 서버의 주소, 사용할 인증 토큰입니다. 이 정보들을 다음과 같이 YAML 포맷의 파일로 지정해줍니다.

```
---
server:
  auth_token: ${X_AUTH_TOKEN}
telemetry:
  log_level: ${LOG_LEVEL:1}
  jaeger_addr: http://127.0.0.1:14268
  statsd_addr: 127.0.0.1:9125
```

이 파일에는 두 개의 최상위 계층top-level 객체 `server`와 `telemetry`가 있습니다. `server` 객체에는 `auth_token` 키가 존재하며, 해당 값은 민감한 정보라고 판단되어 값을 환경 변수 `X_AUTH_TOKEN`으로부터 읽습니다. `telemetry` 객체에는 `log_level` 키, `jaeger_addr` 키, `statsd_addr` 키가 존재하며, 각각 로깅 레벨과 jaeger 서버의 주소, statsd 서버의 주소를 지정합니다. `log_level` 키에 해당하는 값은 환경 변수 `LOG_LEVEL`로부터 읽으며, 지정되지 않았을 경우 1의 기본값을 갖습니다. 이 레벨의 값은 부록 A에서 살펴본 `github.com/rs/zerolog` 패키지에서 사용되는 값입니다.

읽어 들인 데이터를 애플리케이션에서 사용하는 방법을 알아봅니다. 먼저 환경설정 파일의 데이터를 역직렬화할 세 구조체 타입을 정의합니다.

```go
type serverCfg struct {
    AuthToken string `yaml:"auth_token"`
}

type telemetryCfg struct {
    LogLevel   int    `yaml:"log_level"`
    StatsdAddr string `yaml:"statsd_addr"`
    JaegerAddr string `yaml:"jaeger_addr"`
}

type pkgCliInput struct {
```

```
    Server    serverCfg
    Telemetry telemetryCfg
}
```

첫 번째 구조체 타입인 serverCfg는 YAML 환경설정 데이터의 server 객체에 해당합니다. 두 번째 구조체 타입인 telemetryCfg는 YAML 환경설정 데이터의 telemetry 객체에 해당하며, 세 번째 구조체 타입인 pkgCliInput은 전체 YAML 환경설정 데이터에 해당합니다. 구조체 태그 값에 해당하는 `yaml:"auth_token"` 및 다른 구조체 태그 값들은 YAML 파일 내의 키 이름 값에 해당합니다.

이제 go.uber.org/config 패키지를 사용하여 YAML 포맷으로 된 환경설정 데이터를 읽습니다.

```
import uberconfig "go.uber.org/config"

provider, err := uberconfig.NewYAML(
    uberconfig.File(configFilePath),
    uberconfig.Expand(os.LookupEnv),
)
```

NewYAML() 함수는 하나 이상의 위치source로부터 데이터를 받아들입니다. 예시에서는 두 위치를 지정하였습니다. 첫 번째는 configFilePath 변수의 값으로 지정한 경로에서 데이터를 읽습니다. 두 번째는 func(string) (string, bool) 시그니처를 갖는 함수를 매개변수로 받는 Expand() 함수의 반환 값에서 데이터를 읽습니다. 두 번째 위치의 Expand() 함수의 매개변수로 사용되는 함수의 시그니처에 해당하는 함수를 표준 라이브러리의 os.LookupEnv 함수를 전달하였습니다. 그 결과 configFilePath 변수의 값에 해당하는 파일 경로에 존재하는 파일과 환경 변숫값을 모두 읽어서 애플리케이션에서 사용할 하나로 합쳐진merged 환경설정 정보를 생성합니다. go.uber.org/config 패키지의 Expand() 함수에는 ${X_AUTH_TOKEN}이나 ${LOG_LEVEL:1}과 같은 객체 값을 파싱할 수 있는 기능이 구현되어 있으므로, 이를 잘 활용하면 좋습니다.

NewYAML() 함수가 nil 에러값을 반환하면 데이터를 읽을 준비가 완료되었다는 뜻입니다. 다음의 코드는 데이터를 읽은 후 pkgCliInput 구조체 타입의 객체 변수에 읽은 데이터를 역직렬화합니다.

```
c := pkgCliInput{}
if err := provider.Get(uberconfig.Root).Populate(&c); err != nil {
    return nil, err
}
```

정상적으로 데이터를 역직렬화한 뒤에는 읽은 데이터의 유효성을 검사validation합니다. 예를 들면 다음과 같습니다.

```
if c.Telemetry.LogLevel < -1 || c.Telemetry.LogLevel > 5 {
    return nil, errors.New("invalid log level")
}
```

이 책의 소스 코드 리포지터리의 `appendix-b/command-line-app` 디렉터리에서 애플리케이션 환경설정 정보를 읽도록 수정된 버전의 `pkgcl`를 확인할 수 있습니다. 특히 `main.go` 파일에 있는 `readConfig()` 함수와 `config.yml` 파일을 참조하세요.

환경설정 정보를 읽기 위해 YAML 외의 파일 포맷을 사용해야 한다면, `github.com/spf13/viper` 패키지를 살펴보세요. 만약 클라우드 서비스 프로바이더가 제공하는 환경설정 정보 값, 혹은 secrets 관리 서비스[1]를 살펴보려면 Go Cloud Development Kit 프로젝트에서 제공해주는 기능이 도움이 됩니다. `runtimevar`에 대한 문서(https://gocloud.dev/howto/runtimevar/)와 `secrets`에 대한 문서(https://gocloud.dev/howto/secrets/)를 확인해보세요.

B.2 애플리케이션 배포

Go 애플리케이션을 배포distribution[2]한다는 건 보통 빌드된 바이너리 파일을 어떻게든 배포하는 것을 의미합니다. 기본적으로 go build를 수행하여 생성된 애플리케이션 바이너리 포맷은 빌드 환경의 운영체제와 아키텍처를 따라 빌드됩니다. Go 빌드 툴에서는 GOOS와 GOARCH의 환경 변수를 읽어서 빌드할 타깃 운영체제 시스템과 아키텍처를 인식합니다. 따라서 만일 다른 사용자들이 사용할 애플리케이션을 빌드해야 한다면, 각 운영체제 시스템과 CPU 하드웨어 아키텍처에 맞게 바이너리를 빌드하여 배포해야 합니다. 이를 위해 GOOS 환경 변수와 GOARCH 환경 변숫값을 설정합니다. 64-bit ARM 아키텍처의 리눅스 환경에서는 GOOS 환경 변숫값이 linux, GOARCH 환경 변숫값이 arm64가 됩니다. 64-bit AMD나 Intel 64-bit 프로세서에서 실행 중인 윈도우 환경에서는 GOOS 환경 변숫값이 windows, GOARCH 환경 변숫값이 amd64가 됩니다. 맥OS 또는 리눅스 시스템에서 윈도우 운영체제의 AMD64 프로세서를 대상으로 하는 바이너리를 빌드하려면 다음의 커맨드를 실행합니다.

---

1 (옮긴이) 데이터베이스 접속 정보나 관리자 암호 등 예민한 정보를 관리해주는 서비스. Hashicorp의 Vault가 대표적이며, AWS의 Secrets Manager, GCP의 Secret Manager, Azure의 Key Vault 등이 있습니다.

2 (옮긴이) distribution과 deployment를 둘 다 배포라고 번역하였는데, 유사하지만 다른 의미를 갖습니다. distribution은 다른 사람이 사용할 수 있도록 나누어 주는 것을 의미하며, deployment는 모든 사람이 사용할 수 있도록 나누어 주는 것을 의미합니다. 간단하게 생각하면 클라이언트 바이너리는 distribution하고, 서버 바이너리는 deployment한다고 이해하시면 됩니다.

```
$ GOOS=windows GOARCH=amd64 go build -o application.exe
```

빌드된 `application.exe` 파일은 마이크로소프트 윈도우 64-bit 운영체제를 사용 중인 컴퓨터에서 실행이 가능합니다. 게다가 바이너리 파일과 환경설정 파일 외에 웹 애플리케이션에서 필요로 하는 템플릿 파일이나 정적 파일들도 같이 배포해야 합니다.[3] 바이너리 외의 파일들을 수동으로 직접 배포하는 것은 너무 복잡하니 표준 라이브러리의 embed 패키지를 활용하면 빌드된 애플리케이션 내에 파일 자체를 임베딩할 수 있습니다. 예를 들어 다음의 코드를 봅시다.

```
import _ "embed"
//go:embed templates/main.go.tmpl
var tmplMainGo []byte
```

위의 코드를 포함한 애플리케이션을 빌드하면 바이트 슬라이스 타입의 `tmplMainGo` 변수에는 `templates/main.go.tmpl` 파일의 내용이 포함됩니다. 따라서 애플리케이션이 실행되면 해당 파일이 존재하지 않더라도 임베딩된 `tmplMainGo` 변수를 사용하면 됩니다. 당연하게도 빌드된 결과 바이너리 크기가 커지기에 임베딩할 때는 이를 주의합시다.[4]

애플리케이션을 빌드한 뒤에는 어떻게 배포해야 할지도 고민해야 합니다. 최근에는 Docker 컨테이너 이미지를 사용한 배포 방법이 굉장히 일반적이며, 또한 배포가 굉장히 편리합니다. Docker 컨테이너 이미지를 빌드하기 위한 첫 번째 단계는 Dockerfile을 생성하는 것입니다. Dockerfile은 애플리케이션을 빌드하고 빌드된 애플리케이션을 운영체제 시스템 이미지(대개 리눅스, 종종 윈도우)로 옮기는 일련의 방법을 담은 파일입니다. 다음의 Dockerfile은 pkgcli 커맨드 라인 애플리케이션을 빌드하고 환경설정 파일을 복사합니다.

```
FROM golang:1.18 as build
WORKDIR /go/src/app
COPY . .
RUN go get -d -v ./...
RUN go build

FROM golang:1.18
```

---

[3] (옮긴이) 그래서 전통적으로 사용하는 방법은 디렉터리를 압축해서 배포하는 것입니다. 자바의 `jar` 파일이 모든 바이트 코드의 클래스 파일과 관련 리소스를 하나로 압축한 대표적인 사례입니다.

[4] (옮긴이) 파일을 임베딩하며 생기는 장점은 배포가 간단해진다는 점, 애플리케이션 실행 시에 파일 역시 메모리상에 올라가 매우 빠르게 접근이 가능하다는 점, Disk IO가 발생하지 않는다는 점이 있습니다. 단점은 너무 많은 파일을 임베딩하면 애플리케이션 실행 시에 많은 메모리가 필요하다는 점입니다.

```
RUN useradd --create-home application
WORKDIR /home/application
COPY --from=build /go/src/app/pkgcli .
COPY config.yml .
USER application
ENTRYPOINT ["./pkgcli"]
```

첫 번째 부분(위의 다섯 줄; FROM golang:1.18 as build부터 RUN go build까지)에서는 애플리케이션을 빌드합니다. 두 번째 부분(밑의 일곱 줄; FROM golang:1.18부터 ENTRYPOINT ["./pkgcli"]까지)에서는 빌드된 애플리케이션과 config.yml 파일을 포함하는 새로운 이미지를 생성합니다. 최종 결과 이미지의 크기를 줄이기 위한 매우 다양한 전략이 존재합니다. 기반 이미지base image로 golang:1.18을 사용하는 대신에 매우 특별한 scratch[5]를 기반 이미지로 사용하거나, https://github.com/GoogleContainerTools/distroless 프로젝트에서 제공하는 이미지를 사용해볼 수 있습니다. 마지막으로 이미지의 ENTRYPOINT를 애플리케이션 바이너리 이름인 pkgcli로 설정합니다.

이미지를 빌드하기 위해 Dockerfile을 애플리케이션 디렉터리 루트에 저장하고 다음과 같이 Docker build를 수행합니다.

```
$ docker build -t practicalgo/pkgcli .
```

커맨드는 practicalgo/pkgcli라는 이름의 도커 이미지를 빌드합니다. 이미지가 빌드된 후에는 docker push 커맨드를 사용하면 빌드된 최종 결과 컨테이너 이미지를 컨테이너 이미지 레지스트리에 푸시할 수 있습니다. 이미지가 레지스트리에 올라가면 다음과 같이 레지스트리에 접근 권한이 있는 사람이 이미지를 받아서 사용할 수 있습니다.

```
$ docker run -v /data/packages:/packages \
  -e X_AUTH_TOKEN=token-123 -ti practicalgo/pkgcli register \
  -name "test" -version 0.7 -path packages/file.tar.gz \
  http://127.0.0.1:8080
```

docker run 커맨드의 일부분으로 -e 플래그를 사용하여 환경 변수를 지정한 부분을 살펴보세요. 또한 -v 플래그를 사용하여 도커 호스트 시스템의 특정 디렉터리를 컨테이너 내부의 특정 디렉터리로 마운트volume mount합니다. 예시에서는 패키지 업로드를 위한 디렉터리를 마운트하였습니다. 애플리

---

5   <u>옮긴이</u> scratch는 정말 아무것도 없는 공백 상태의 컨테이너입니다. scratch가 동작하려면 애플리케이션 자체가 정적 빌드되어야 합니다. 개인적으로는 distroless 프로젝트의 이미지를 기반 이미지로 사용하는 것을 권장합니다.

케이션과 `Dockerfile`의 전체 예시 코드는 이 책의 소스 코드 리포지터리의 appendix-b/command-line-app 디렉터리에서 찾아볼 수 있습니다. 대개 서버 애플리케이션을 배포distribution할 때 도커 이미지를 사용하지만, 기본 환경설정 파일 정보를 포함하여 커맨드 라인 애플리케이션을 배포할 때도 도커 이미지를 사용하면 편리합니다.

B.3 서버 애플리케이션 배포

HTTP 서버나 gRPC 서버를 다른 사람이 사용할 수 있도록 퍼블릭 인터넷, 혹은 내부 네트워크에 배포deployment할 때는 하나 이상의 애플리케이션을 실행시켜야 합니다.[6] 가상 서버에서 직접 서버를 실행시키거나 컨테이너에서 서버를 실행시키며, 내장 솔루션home-built solution,[7] 혹은 Nomad, Kubernetes 같은 오케스트레이터orchestrator 시스템을 사용합니다.

이후에는 애플리케이션에서 요청을 전달받을 수 있도록 로드 밸런서를 구성해야 합니다. 로드 밸런서와 애플리케이션 간에 발생하는 통신을 반드시 명확히 이해해야 합니다.

애플리케이션이 현재 새로운 요청을 처리할 준비가 되었는지 알기 위하여 로드 밸런서에서는 일반적으로 **헬스 체크**health check를 사용합니다. 헬스 체크는 로드 밸런서에서 애플리케이션 인스턴스의 헬스 상태를 체크하기 위한 수단입니다. 보통 애플리케이션에서는 이를 위해 별도의 HTTP 엔드포인트나 gRPC 메서드를 정의하여 로드 밸런서가 주기적으로 현재 애플리케이션의 상태를 확인합니다. **서비스 메시**service mesh와 같은 모던 소프트웨어 역시 마찬가지로 전통적인 로드 밸런서와 동일한 역할을 수행합니다. 또한 애플리케이션의 헬스 상태를 검사probe하고 트래픽을 애플리케이션 인스턴스에 전달할지 말지를 결정합니다. 애플리케이션 인스턴스의 헬스 체크에 실패하면 새로운 요청을 수신하지 않고, 상황에 따라서는 자동으로 트래픽 전달 대상에서 제거한 뒤 인프라 구성에 따라 새로운 인스턴스를 추가하기도 합니다. 헬스 체크는 두 종류가 있습니다. 하나는 단순한 헬스 체크health check이고, 하나는 **깊은 수준의 헬스 체크**deep check입니다. 단순하게 헬스 체크에 성공하면 단순히 애플리케이션 자체가 응답을 할 수 있음을 확인합니다. 하지만 깊은 수준의 헬스 체크는 애플리케이션이 다른 서비스나 데이터베이스 등 애플리케이션 의존성에도 문제가 없는지를 확인하기 때문에 매우 복잡하며, 결과적으로 네트워크 장애나 잘못된 인증 정보 등의 문제 역시 확인이 가능합니다. 깊은 수준의 헬스 체크는 덜 빈번하게 수행해야 하며, 대개 바로 확인할 수 있는 문제이므로[8] 애플리케이션이 시작할 때 한 번만 확인해도 족합니다.

---

6 (옮긴이) 고가용성을 제공하기 위해

7 (옮긴이) 리눅스 시스템의 systemd 등 운영체제에서 지속적으로 서비스를 운용하기 위해 제공되는 내장 솔루션이 있습니다.

8 (옮긴이) 인증 정보가 잘못되었거나 호스트네임을 잘못 입력한 경우 바로 오류가 발생합니다.

추가로, 이 책의 여러 부분에서 살펴보았던 타임아웃 설정값은 배포 시에 세심하게 주의를 기울일 필요가 있습니다. 클라우드 프로바이더에서 제공하는 로드 밸런서, 혹은 비슷한 역할을 하는 소프트웨어의 타임아웃 설정값은 연결이 종료되기 전까지 응답의 대기 시간을 결정하기 때문에 신경 써서 값을 조정해주어야 합니다. 또한 만약 gRPC 스트리밍 연결과 같이 오랫동안 지속되는long-lived 연결의 경우 타임아웃 값을 더욱 세심하게 조정할 필요가 있습니다.

7장과 10장에서 클라이언트와 서버 간에 TLS 인증서를 사용하여 HTTP 애플리케이션과 gRPC 애플리케이션을 암호화하는 방법에 대해 살펴보았습니다. 로드 밸런서 뒤에 위치한 애플리케이션의 경우 클라이언트는 로드 밸런서와 TLS 연결을 맺는 것이 일반적입니다. 따라서 로드 밸런서와 애플리케이션 간에는 암호화되지 않은 채로 통신이 이루어집니다. 보통 그렇게 하는 이유는 제일 구성하기 간단하고, 로드 밸런서와 애플리케이션 사이의 트래픽은 거의 여느 조직(클라우드 혹은 온프레미스) 내의 사설망에서 이루어지기에 보안을 신경 쓰지 않아도 되기 때문입니다. 다만 모든 네트워크상에서 발생하는 통신에는 보안 통신이 적용되어야 하며, 따라서 절대로 권장하지 않습니다. 앞에서 잠깐 언급한 서비스 메시의 경우 애플리케이션이 TLS 지원을 하지 않더라도 서비스 메시 내에서는 자동으로 네트워크상의 모든 통신을 암호화하기 때문에 보안 측면에서 유용합니다.

B.4 요약

이번 부록에서는 Go 애플리케이션을 배포할 때 고려해야 할 세 가지 핵심 개념, 환경설정 정보 관리, 애플리케이션 자체 배포하기, 서버 애플리케이션 배포하기에 대해서 살펴보았습니다. 여러분이 실제로 수행해야 하는 부분은 애플리케이션을 배포하는 환경에 따라 다르겠지만, 지금까지 살펴본 내용을 기반으로 확장해나갈 수 있길 희망합니다.